主要编写成员

名誉主编
　　李景泰　南开大学教授

主　编
　　白长虹　南开大学商学院教授、博士生导师
　　范秀成　复旦大学管理学院教授、博士生导师

副主编
　　郝胜宇　大连海事大学讲师、南开大学博士生
　　邱　琪　东北农业大学讲师、南开大学博士生

全国综合性管理学科协作组编选教材
天津市"十五"规划教材

市 场 学

（第3版）

名誉主编　李景泰
主　　编　白长虹　范秀成
副主编　郝胜宇　邱　琪

南开大学出版社
天津

图书在版编目(CIP)数据

市场学 / 白长虹,范秀成主编. —3 版. —天津：南开大学出版社,2007.10（2020.5重印）
ISBN 978-7-310-02754-5

Ⅰ.市… Ⅱ.①白…②范… Ⅲ.市场学 Ⅳ.F713.50

中国版本图书馆 CIP 数据核字(2007)第 147505 号

版权所有　侵权必究

南开大学出版社出版发行
出版人：陈敬
地址：天津市南开区卫津路94号　　邮政编码：300071
营销部电话：(022)23508339　23500755
营销部传真：(022)23508542　邮购部电话：(022)23502200

*

天津泰宇印务有限公司印刷
全国各地新华书店经销

*

2007 年 10 月第 3 版　　2020 年 5 月第 38 次印刷
260×185毫米　　16 开本　24 印张　2 插页　613 千字
定价：42.00 元

如遇图书印装质量问题,请与本社营销部联系调换,电话:(022)23507125

第3版前言

市场营销学是一门以经济科学、行为科学、管理理论和现代科学技术为基础，研究以满足顾客需求为中心的企业经营活动及其管理过程规律的综合应用科学。自从1912年哈佛大学教授赫杰特齐出版世界上第一本以"营销学"命名的教科书以来，营销理论已经在理论界拥有近一个世纪的发展史。营销学者们相继提出社会营销、关系营销、体验营销、网络营销和水平营销等理论，营销新理论层出不穷，我们似乎看到一个"营销理论丛林"。

在全球经济一体化和信息技术迅猛发展的背景下，各种组织也更加关注市场营销，无论是企业，还是非营利性组织，都力图以市场营销作为组织持续竞争优势的来源。营销主体更从个人和组织，跳跃到一个城市、一个地区，甚至一个国家。

李景泰主编、白长虹任副主编的《市场学》（第2版）自1996年出版以来，重印十余次，共计发行八万余册。新世纪的到来为我国经济发展带来了新的机遇和挑战，顾客需求愈加多元化和复杂化，市场竞争日趋白热化，企业必须审时度势，恰当地制定和执行营销策略，才有可能获得生存与发展，才有机会"基业长青"。与时俱进地吸纳营销学术界的最新理论动态，以及为企业界提供现代营销理论工具，成为我们此次修订《市场学》的主要动力。本书既可作为经济类和管理类专业本科生的教材，也可作为普通读者学习市场营销理论的参考书。

本书共分为六篇，即导论、市场机会分析、市场营销战略规划、市场营销策略、市场营销管理与控制和市场营销新理论。导论部分主要介绍营销的相关概念、市场营销观念、市场类型和需求形态；市场机会分析部分逐一分析营销环境、消费者市场与组织市场、营销信息系统、市场调研的理论与方法；市场营销战略规划描述市场营销战略、市场竞争战略、目标市场战略和产品市场开发战略；市场营销策略阐释产品策略、定价策略、分销渠道策略和促销策略；市场营销管理与控制则探讨市场营销计划、组织、控制和市场营销后勤管理；市场营销新理论反映了营销理论的新进展，如国际营销、网络营销和服务营销等等。

本书具有以下特点：

1. 结构安排更加科学。本书在保留第2版教材基本结构框架的基础上，进行了多项修订。全书由原来的五篇十六章扩展为六篇二十章。第二篇强调分析市场机会，因而将"市场细分与目标市场"与原书第四篇中的"市场营销战略"相结合，形成第三篇"市场营销战略规划"；原书第三篇和第四篇依次调整为第四篇和第五篇；原书第五篇增加"网络营销"和"21世纪营销新发展"形成第六篇。

2. 充分体现了营销理论的前瞻性。本书反映了营销学最新创新成果，如顾客关系管理、体验营销、水平营销、营销道德与社会责任等,使学生在学习经典营销理论的同时,了解学科动态。

3. 选用我国企业典型营销实践案例。菲利普·科特勒撰写的《市场营销管理》盛行近四十年而不衰的主要原因之一,在于紧密结合美国企业营销实践进行案例分析,这有利于学生在其熟悉的文化背景下更加深刻地理解营销理论,并将理论与实践相结合。因此,本书也主要选用一些我国企业的成功营销案例,提高学生分析问题和解决问题的能力。

本书由李景泰、白长虹、范秀成主编,郝胜宇、邱琪协助主编制定并实施修订计划。参与编写的作者有陈阳(第一、二、九章)、李中(第三、四、五章)、王越敏(第六、七、八章)、安士辉(第十、十一、十二章)、何训(第十三、十四、十五章)、郝胜宇(第十六章、第二十章的第一节到第四节)、陈晔(第十七章)、邱玮(第十八章)、卞晓青(第十九章、第二十章的第五节和第六节)。各章的讨论案例由白长虹、范秀成、卞晓青、陈晔、郝胜宇、邱玮、邱琪共同完成。全书由白长虹、邱琪、郝胜宇、邹瑜丁、肖骁总纂修改,白长虹、范秀成、邱琪终审定稿。

由于编者水平有限,书中难免存在不妥之处,敬请各位读者批评指正。

编 者

2007年6月

初版前言

　　1985年初,全国30所综合性大学得到国家高等教育一司的支持,成立了"综合性大学管理类学科协作组"。在"协作组"第一次全体会议上(1985年5月),决定由南开大学牵头,组织各校力量开展管理类专业系列教材建设。在各校的共同努力下,这项工作取得了一定进展,系列教材即将陆续出版,供各方面的管理类专业教学使用。

　　这套管理类专业系列教材现有二十余本,包括管理学科的六大部分:(1)管理数学,主要编写有关计量管理的基础理论和应用教材;(2)管理信息系统,主要编写有关计算机参与现代化管理的理论、手段和方法的教材;(3)管理学原理类,主要编写管理学的产生、发展、演变过程以及管理思想、理论、原则、职能、方法与管理特定历史、文化、价值观、道德观和政治、经济、科学、人口、生态环境等关系的教材;(4)会计统计类,主要编写有关经营管理人员必须掌握的财务、金融和统计的基础知识的教材;(5)微观经济管理类,主要编写有关微观经济的教材;(6)宏观经济管理学类,主要编写以中国宏观经济管理活动为中心,系统地介绍东西方经济管理活动思想、理论的发展、演变过程并加以比较、鉴别的教材。

　　编写这套书主要根据以下几点:

　　1. 我国管理专业教育受到上自中央、下至企业的广泛重视,各级领导机构为培养管理人才,付出了巨大的努力,积累了不少经验;综合性大学普遍建立了经济管理或管理科学专业或学院,有的还建立了研究机构,几年来已编写了相当数量的教材和参考资料。但是,管理作为一个大的学科类别,尚没有系统的教材。我们组织编写的这套教材,将力求在马克思主义理论指导下,为建立有中国特色的管理专业学科体系,作出点滴贡献。

　　2. 这套教材把管理学科作为一个大系统,六个部分是服从大系统要求的、各自相对独立的子系统,每本教材又各自在子系统下具有完成教学任务的独立功能。全套教材相互呼应,避免重复、脱节和重大的遗漏。这套书籍可以作为综合性大学管理类本科的专业教材,也可以用做其他类型管理专业教学的教材。

　　每本教材都努力结合自身所应完成的教学任务,贯彻当前政治、经济、科技、教育体制改革的要求和对外开放、搞活经济、古为今用、洋为中用的基本政策,阐述管理学的原理与继承、借鉴、改造、开拓、创新的辩证关系。

　　这套教材的陆续出版是综合性大学管理院系大协作的成果之一,是两百多名教师团结一致、通力协作,在较短时间内在新学科的建设方面取得的可喜成果。教材采取分章编写法,取各家之长。每本教材从审定大纲到最后定稿,从体系、体例、内容到文字都由集体讨论审定,最后由主编定稿,以保证质量。

经国家教育委员会高等教育一司批准,"协作组"成立了由北京大学、中国人民大学、南开大学、吉林大学、复旦大学、南京大学、武汉大学、厦门大学、中山大学、辽宁大学、内蒙古大学、山西大学、山东大学、四川大学、云南大学、湘潭大学16所综合性大学组成的"综合性大学管理学科教材编选协调委员会"。这个编委会,在国家教委高教一司的领导下,负责综合性大学管理类教材的组织、审查、协调等工作,并承担推荐综合性大学其他个人或集体撰写的优秀管理学科教材出版的工作。

目前,这套教材由云南人民出版社、云南教育出版社、天津人民出版社、复旦大学出版社、南开大学出版社、武汉大学出版社、内蒙古大学出版社等陆续出版。

综合性大学管理学科
教材编选协调委员会
1987.9

再版说明

在全国"综合性大学管理学科教材编选协调委员会"的组织和指导下,我们[①]编写了《市场学》一书,从1988年面市以来,印行逾二十万册,成为发行量最大的同类教材之一。众多高等院校的师生和工商企业界、政府管理部门有关人士采用本书作为专业教材或学习参考书。

市场学是一门经验性、实践性、综合性极强的学科。我国确立了以社会主义市场经济为改革和发展的目标模式以来,市场学所研究的营销活动规律与方法日益成为各类企业迫切需要的理论武器,成为企业在激烈的市场竞争中走向成功的必由之路。近年来国内外企业征战市场的缤纷实践,创造出许许多多新经验、新方法,同时也不断地面对新问题、新挑战。从理论上跟踪、总结企业营销实践的成功经验和共同问题,并及时反映到教科书中来,是我们此次修订《市场学》的宗旨所在。另一方面,近十几年来,国际国内学术界无论是对市场学还是对相关的管理学、经济学、社会心理学、统计学、传播学、计算机应用技术等领域的研究均有许多新发展、新成果,吸纳这些最新的学术成果以更新教材内容是我们修订《市场学》的又一动因。当然,最大的动力还是来自力求更好地满足各界读者的愿望和要求,特别是8年来我们自己在教学过程中不断得到使用本书的同行和一些思想活跃、才华横溢的学员提供的改进意见和其他帮助,如补充案例、修正公式以及校订标点、用字等。

本书在保留和集成原版已为广大读者认可的体系结构和部分章节内容的基础上,进行了以下几项修订:

1. 体系结构。进一步强调了从读者接受逻辑的角度结合营销活动实际过程安排篇章,以方便读者学以致用。全书由原来的四篇十五章扩展为五篇十六章:第一篇导论,旨在建立市场学与市场的基本概念,重点讨论现代市场营销观念问题;第二篇市场分析与研究,内容比原版有较大的扩充和加强,作为一切营销活动的基础和首要步骤,介绍了市场营销环境与机会分析、市场营销信息系统及市场调研、消费者市场及其购买行为、组织市场及其购买行为、市场细分、目标市场、市场定位等理论与方法;第三篇讨论市场营销四大策略,即产品策略、价格策略、促销策略和分销渠道策略,其中"产品策略"一章包含了原版第十五章"市场营销服务"的核心内容;第四篇研究为保证营销活动和策略实施有效、有力地进行的战略规划、计划与组织、财务分析与控制、后勤服务等营销管理过程;第五篇研究市场学原理如何运用于国际市场营销和服

[①] 原版作者有南开大学李景泰、山东大学胡正明、云南大学汤国辉、河北大学黄俊峰、内蒙古大学孟斌、复旦大学钱东升和马允中、杭州大学林大跃、湘潭大学李世雄、四川大学尤力,全书由汤国辉审阅和修改,最后由李景泰总审定稿。

务市场营销。

2. 内容。力求反映近年来市场学的新发展，特别是一些较为成熟的新思想、新理论、新方法。比如突出了现代营销的竞争导向、战略导向、管理导向、服务导向。为此，全书篇章内容基本上以战略营销过程为主线布局谋篇，此版增设了"市场营销环境与市场机会分析"、"市场细分与目标市场"、"消费品市场与组织市场"、"市场营销财务分析"、"营销物流管理"、"营销结算管理"、"服务市场营销"等新章节。

3. 兼顾原理性与实践性。本书仍以系统介绍市场学原理为主要使命。考虑到越来越多的来自实务部门的人士学习和进修的需要，特别是我国发展迅速的工商管理硕士（MBA）教育的需要，我们在本次修订中加强了有关方法与应用的内容，更多地选择了案例分析，采用了更多的图示与表格。

4. 全书所有章节都进行了重写，百分之八十左右的篇幅是新内容。

本书由李景泰主编，白长虹协助主编制定并实施修订计划。张忠民参与了计划的讨论。各章作者分工为：第一章由李景泰、白长虹编写，第二章、第五章、第十六章由赵伟（企管博士）编写，第三章由陆舟（企管硕士）编写，第四章由王迎军（企管博士，南开大学国际企业管理系副主任、副教授）编写，第六章由范秀成（企管博士，南开大学国际企业管理系副教授）编写，第七章由潘洁（企管硕士）编写，第八章由韩德昌（经济学博士，南开大学经济学系副教授）、谢作民（企管硕士）编写，第九章由沈岩（正大集团正大联合企业管理顾问公司高级顾问师）编写，第十章、第十二章由戴赜（正大集团正大联合企业管理顾问公司市场顾问师）编写，第十一章由李景泰、宋彤（企管硕士，深圳国际企业服务公司高级企划）编写，第十三章、第十四章由王志红（MBA，南开大学会计学系讲师）编写，第十五章由白长虹编写。全书由白长虹总纂修改，李景泰终审定稿。

责任编辑胡晓清先生为修订工作提供了许多宝贵意见，在编校排印方面更付出了大量心血；纪益员副编审、吴晓云副教授始终关心并支持本书出版；天津海德广告公司董事长赵世柱先生，总经理、著名设计师陈幼林副教授也一直关心并支持本书出版，陈先生并为本书友情提供封面设计，在此一并深致谢意。

现在奉献于各位读者面前的新版《市场学》受我们的水平所限，仍会有不足之处。我们深信，教科书应不断更新、不断完善，欢迎大家不吝指正，以便我们下次修订时改进。

作　者

1996.2

目 录

第一篇 导 论

第一章 市场营销学与市场营销观念 ……………………………………………（3）
    第一节 市场营销学的产生与发展 …………………………………………（3）
    第二节 市场营销学的概念与研究对象 ……………………………………（5）
    第三节 市场营销观念的演变 ………………………………………………（9）

第二章 市场类型与市场需求形态 ………………………………………………（23）
    第一节 市场的概念和要素 …………………………………………………（23）
    第二节 市场类型 ……………………………………………………………（25）
    第三节 市场需求的基本形态 ………………………………………………（27）

第二篇 市场机会分析

第三章 分析营销环境 ……………………………………………………………（35）
    第一节 宏观环境分析 ………………………………………………………（35）
    第二节 微观环境分析 ………………………………………………………（39）

第四章 消费者市场与组织市场 …………………………………………………（44）
    第一节 消费者市场与购买行为分析 ………………………………………（44）
    第二节 组织市场购买行为分析 ……………………………………………（58）

第五章 营销信息系统与市场调研 ………………………………………………（67）
    第一节 市场信息与市场营销信息系统 ……………………………………（67）
    第二节 市场调查的方法和技巧 ……………………………………………（71）
    第三节 市场营销数据分析 …………………………………………………（77）

第三篇 市场营销战略规划

第六章 市场营销战略 ……………………………………………………………（89）

第一节　市场营销战略的意义和特点 ………………………………………… (89)
　　　第二节　市场营销战略的制定 …………………………………………………… (91)
　第七章　市场竞争战略 ………………………………………………………………… (103)
　　　第一节　市场竞争者 ……………………………………………………………… (103)
　　　第二节　总体竞争战略 …………………………………………………………… (106)
　　　第三节　行业竞争者竞争战略 …………………………………………………… (111)
　第八章　目标市场营销战略 …………………………………………………………… (117)
　　　第一节　市场细分 ………………………………………………………………… (117)
　　　第二节　目标市场 ………………………………………………………………… (125)
　　　第三节　市场定位 ………………………………………………………………… (130)
　第九章　产品市场开发战略 …………………………………………………………… (135)
　　　第一节　新产品开发战略 ………………………………………………………… (135)
　　　第二节　市场开发战略 …………………………………………………………… (141)

第四篇　市场营销策略

　第十章　产品策略 ……………………………………………………………………… (149)
　　　第一节　产品与产品组合策略 …………………………………………………… (149)
　　　第二节　产品生命周期及其营销策略 …………………………………………… (153)
　　　第三节　产品包装与品牌决策 …………………………………………………… (159)
　第十一章　定价策略 …………………………………………………………………… (166)
　　　第一节　定价及其影响因素 ……………………………………………………… (166)
　　　第二节　定价方法 ………………………………………………………………… (171)
　　　第三节　定价策略 ………………………………………………………………… (177)
　　　第四节　价格变动与企业对策 …………………………………………………… (182)
　第十二章　分销渠道策略 ……………………………………………………………… (187)
　　　第一节　分销渠道概述 …………………………………………………………… (187)
　　　第二节　中间商 …………………………………………………………………… (191)
　　　第三节　分销渠道策略 …………………………………………………………… (196)
　　　第四节　分销渠道管理 …………………………………………………………… (204)
　第十三章　促销策略 …………………………………………………………………… (209)
　　　第一节　促销与促销组合 ………………………………………………………… (209)
　　　第二节　人员推销策略 …………………………………………………………… (213)
　　　第三节　广告策略 ………………………………………………………………… (217)
　　　第四节　营业推广策略 …………………………………………………………… (225)
　　　第五节　公共关系与销售服务 …………………………………………………… (227)

第五篇　市场营销管理与控制

　第十四章　市场营销计划与组织 ……………………………………………………… (235)

第一节　市场营销计划……………………………………………………（235）
　　第二节　市场营销组织……………………………………………………（239）
第十五章　市场营销控制与财务分析……………………………………………（249）
　　第一节　市场营销预算……………………………………………………（249）
　　第二节　市场营销控制……………………………………………………（257）
　　第三节　营销效益评估和顾客满意度分析………………………………（260）
　　第四节　营销审计…………………………………………………………（271）
第十六章　市场营销后勤业务管理………………………………………………（277）
　　第一节　销售合同管理……………………………………………………（277）
　　第二节　物流管理…………………………………………………………（278）
　　第三节　营销后勤服务管理………………………………………………（285）
　　第四节　销售结算管理……………………………………………………（288）

第六篇　市场营销新理论

第十七章　国际营销………………………………………………………………（293）
　　第一节　国际市场营销概论………………………………………………（293）
　　第二节　经济一体化与区域化对国际市场营销的影响…………………（296）
　　第三节　国际市场营销组合策略…………………………………………（299）
第十八章　网络营销………………………………………………………………（306）
　　第一节　网络营销概述……………………………………………………（306）
　　第二节　网络营销策略……………………………………………………（312）
第十九章　服务市场营销…………………………………………………………（323）
　　第一节　服务市场的类型和特点…………………………………………（323）
　　第二节　服务质量与管理…………………………………………………（329）
　　第三节　服务营销策略……………………………………………………（337）
第二十章　21世纪营销新发展……………………………………………………（345）
　　第一节　关系营销…………………………………………………………（345）
　　第二节　顾客关系管理……………………………………………………（349）
　　第三节　市场营销道德与社会责任………………………………………（352）
　　第四节　体验营销…………………………………………………………（356）
　　第五节　水平营销…………………………………………………………（360）
　　第六节　非营利组织营销…………………………………………………（365）
参考文献……………………………………………………………………………（372）

第一篇 导 论

市场营销学与市场营销观念

市场类型与市场需求形态

◇第一章
市场营销学与市场营销观念

市场营销学是一门以经济科学、行为科学、管理理论和现代科学技术为基础,研究以满足顾客需求为中心的企业经营活动及其管理过程规律的综合应用科学。学习和研究市场营销学的理论和方法,对企业在动态、复杂的营销环境中获得和保持竞争优势具有重要意义。

本章介绍市场营销学的产生与发展、研究对象、基本特征及内容体系,并重点讨论作为企业经营哲学的市场营销观念。

第一节 市场营销学的产生与发展

一、市场营销学的产生

市场营销学译自英文"Marketing"一词,其原意是指市场上的买卖活动。作为一门学科的名称,在我国最早被译为"市场学"。由于对"Marketing"一词概念和内容的理解和角度不同,除"市场学"以外,该词还被译为"市场营销学"、"市场经营学"、"销售学"等多种名称。也有的学者认为,"Marketing"是企业经营管理的一种职能,因此应译为"行销管理"、"市场营销"、"市场经营"或"市场运营"等等。

市场营销学是适应现代商品经济高度发展而产生和发展起来的一门关于企业经营管理决策的科学。作为商品经济高度发展、人类社会工业化和市场化的产物,市场营销学的产生与发展同西方社会经济的发展密切相关。

到19世纪中叶,市场营销作为企业的自觉实践开始在美国出现。第一个把市场营销作为企业的中心职能,并把满足顾客需求当作管理的专门任务的是美国国际收割机公司的赛勒斯·H.麦考密克,他创造性地提出了市场营销的一些基本工具和概念,如市场分析、定价政策等等。

20世纪初期,世界各主要西方国家先后完成了工业革命,出现了现代化大企业,社会生产呈现不断扩大的趋势。伴随着商品经济的高度发展,生产和资本日益集中于各种大企业和垄断组织,强大起来的经济力量遇到了不稳定的、需求增长缓慢的国内市场和国际市场。面对这种情况,企业不得不更加关心自己商品的销路,日益重视企业的市场营销问题。一方面,各个企业,尤其是大企业迫切要求了解和分析市场,以利于争夺和占领市场,使自己在竞争中处于有利的地位;另一方面,各种有关的社会科学和应用科学的发展及大企业内部组织计划性的加强,使人们有可能运用各种现代科学理论和方法(如市场调研、信息系统、统计分析技术等)了解和分析市场情况、预测市场发展趋势、规划资源配置、掌握市场的发展和变化规律,从而进行各种经营决策,并制定有效的战略、策略和经营计划。

早在1902年,美国密执安大学、加州大学和伊利诺斯州立大学的经济学系开设了市场营销学课程。1912年,哈佛大学教授赫杰特齐正式出版了世界上第一本以"Marketing"命名的教科书。不过当时的市场营销研究的内容仍很狭窄,只限于商品销售和广告推销术等,真正现代意义上的市场营销原理、观念和学科体系并未形成。同时,对于市场营销的研究活动基本上还只局限在大学里,与企业的实际经营实践联系尚不密切,因此还没有引起全社会的足够重视。进入20年代以后,特别是在1929年至1933年,一些西方发达国家爆发了经济危机以后,市场营销学才逐渐受到学术界和企业界的重视,各种流派的不同观点和研究方法相继出现,逐渐形成了市场营销的概念和理论体系。在美国,各种学术研究组织相继建立并不断发展,对市场营销学起了推动作用。1915年,美国正式成立全美广告教师协会(NATM),1926年改组为全美市场营销学和广告学教师协会。1931年,美国市场营销学会(AMS)成立。1937年,前述两组织合并成立美国市场营销学协会(AMA),并在全国各地设立几十个分会,在几十所大学里组织了市场营销学研究俱乐部,主要从事出版杂志、交流研究成果、组织人员培训等工作。这些大大促进了市场营销学理论与实践的结合与发展。

但是,直到这个时期,市场营销学的研究仍存在局限性,还没有超出商品流通领域,仍然只着重研究产品的推销术、广告术和有利于推销产品的组织策略等内容。

二、市场营销学的发展

二次世界大战以后,以美国为代表的主要西方国家的军事工业大量转向民用工业。随着战时和战后科学技术的进一步飞速发展,劳动生产率大幅度提高,社会产品数量剧增,企业之间的市场竞争更加激烈,企业和政府吸取了20世纪30年代经济危机的教训,推行了一套高工资、高消费和高福利的社会经济政策,以刺激和提高人民的购买力,促进了消费者需求和欲望的不断变化与发展。新形势要求企业家必须首先学会判断和分析消费者的需求,并据此创造和提供适宜的产品或服务,保证生产者和消费者之间的"潜在的交换(即生产者的产品或劳务要符合潜在消费者的需求和欲望)"得以顺利实现。否则,即使企业内部的生产管理水平再高,产量增长再快,也会由于产品不符合消费者的需要,不能满足消费者的新的欲望,最终不能销售出去,造成资金积压,使投资得不到理想的收益。在这一新认识的推动下,市场营销研究的内容向新的广度和深度发展,新概念和新理论不断涌现。"以消费者为中心"的新观念代替了"以生产者为中心"的旧观念。至此,亚当·斯密在200年前提出的"消费是生产的唯一目的"和"消费者至上"的理念终于得到实现。市场营销学的研究大大突破了商品流通领域,深入到了生产领域和消费领域,进而形成了现代市场营销学的理论体系和思想体系。20世纪60年代以后,市场营销学进一步与现代企业管理理论相结合,成为现代企业经营管理决策的重要组成部分,广泛应用于西方工商企业经营管理决策,日益受到工商企业家的重视。六七十年代以来,市场营销学进一步与经济学、心理学、社会学、统计学等应用科学相结合,发展成为一门新兴的综合性学科,并逐步传播到世界各地。

美国西北大学教授菲利普·科特勒是享誉世界的市场营销学权威学者,其代表作《市场营销管理——分析、规划、执行和控制》自1967年问世以来,已被译成多国文字并多次再版。他曾总结20世纪50年代以来市场营销学新概念的发展,参见表1-1。

表1-1　市场营销重要概念的发展

年　代	重要概念	提出者
20世纪50年代	市场营销组合 产品生命周期 品牌形象 市场细分 市场营销观念 营销审计	尼尔·鲍顿 齐儿·迪安 西德尔·莱维 温德尔·史密斯 约翰·麦克金特立克 艾贝·肖科曼
20世纪60年代	4P组合 营销近视症 生活方式 买方行为理论 扩大的营销	杰罗姆·麦卡锡 西奥多·莱维特 威廉·莱泽 约翰·霍华德/杰克逊·西斯 西德尼·莱维/菲利普·科特勒
20世纪70年代	社会营销 低度营销 定位 战略营销 服务营销	杰拉尔德·蔡尔曼/菲利普·科特勒 西德尼·莱维/菲利普·科特勒 阿尔·赖斯/杰克·特鲁塔 波士顿咨询公司等 林恩·肖斯塔克
20世纪80年代	营销战 内部营销 全球营销 关系营销 大市场营销	雷维·辛格/菲利普·科特勒 克里斯琴·格罗路斯 西奥多·莱维特 巴巴拉·杰克逊 菲利普·科特勒
20世纪90年代	营销决策支持系统	菲利普·科特勒

　　除了以上概念,菲利普·科特勒还总结了其他一些重要概念,如社会责任营销、宏观营销、本土营销、直接营销、定制营销和营销网络等等。

　　在20世纪,还有一些重要的市场营销概念值得我们关注,如肯·毕泰提出的"绿色营销"、唐·舒尔茨提出的"4R"和"整合营销传播(IMC)"、约瑟夫·派恩和詹姆斯·吉尔摩提出的"体验营销"、菲利普·科特勒提出的"非营利组织营销"等等。

　　"市场营销"重要概念的提出,进一步丰富和完善了市场营销理论,是市场营销理论在20世纪发展和创新的重要标志。

　　进入21世纪后,随着全球经济的迅速发展,市场营销理论也进入了新的繁荣阶段。市场营销主要从两个方面得到发展:一方面表现为营销理念的演进,如水平营销、定制营销等;另一方面表现为营销方法和手段上的创新,如事件营销、数据库营销等。

第二节　市场营销学的概念与研究对象

一、市场营销学的概念

　　一直以来,西方的营销学者都从不同的视角来诠释市场营销(Marketing)的内涵,试图使自己的定义能够恰如其分地体现出市场营销的科学含义,但这些诠释都存在着一定的局限性,有待于进一步完善(见表1-2)。

表1-2 不同营销学者提出的市场营销概念

作　者	市场营销的概念	缺　点
罗伊·奥尔德森	市场营销是消费者群体和供应者群体之间进行的交换	局限于营销的交换过程
雷·科利	市场营销包括公司创造性地、有效益地使自己适应所处环境的一切活动	过于笼统,缺乏可操作性
菲利普·科特勒	市场营销是个人和集体通过创造,提供销售,并同别人交换产品或价值,以获得其所需所欲之物的一种社会管理过程	未突出顾客的中心地位
马尔康·麦克纳尔	市场营销是创造和传递新的生活标准给社会	过于抽象和模糊
路易斯·E.布恩	市场营销是指对有关思想、产品、服务、组织和事业的概念、定价、促销和分销进行计划并加以执行的过程,目的在于创造和维护能实现个人和组织目标的关系	营销目标过于狭隘

一个恰当的市场营销概念要精确地界定较宽的活动范围,不应该只局限于商品和服务视野之内,还应包括思想观念等等。此外,任何一个市场营销概念还必须把顾客置于中心地位,只有满足顾客的需求,才能达到自身的目的。

美国市场营销学会(AMA)在不同的历史时期为市场营销下的定义非常具有影响力,在营销学界赢得了更加广泛的认同(见表1-3)。

表1-3 美国市场营销学会在不同历史时期的市场营销定义

时　期	市场营销定义
1935～1984	市场营销是引导产品或服务从生产者流向消费者所实施的企业活动
1985～2004	市场营销是计划和执行关于商品、服务和创意的观念、定价、促销和分销,以符合个人和组织目标的交换的一种过程
2004至今	市场营销是一种组织职能,也是为了组织自身及利益相关者的利益而创造、传播、传递客户价值和管理客户关系的一系列过程

从1935年至今,美国市场营销学会两次修订了市场营销的定义,每一次的修订都比前面的定义更加全面和完善地反映了营销理论的发展。首先,1985年对市场营销的修订主要体现为:扩大了产品的内涵,产品不仅包括商品或服务,还包括思想创意;扩大了市场营销的活动内涵,市场营销活动不再局限于流通领域的狭窄范围内,而是被视为企业经营的全过程;突出了市场营销计划的制定和实施;强调了交互过程。其次,2004年8月,美国市场营销学会更新了近二十年来对市场营销的官方定义,新定义在表述的重点和着眼点上都有了创新。具体表现为以下两个方面:

(1)着眼于顾客

新定义中明确了顾客的中心地位,尤其强调了要重视"管理客户关系",承认了顾客价值。新旧定义的交替实际上是承认了顾客价值驱动着市场,顾客构成市场。顾客凭借购买权驱动市场,因而具有了价值,这种价值足以使得企业千方百计地为顾客提供利益。此外,新的定义还强调了在营销的各个环节与顾客互动,使顾客越来越多地参与到营销活动中来。从新产品开放到售后服务,从营销战略开发到营销策略实施,在这样一系列的过程中应当更加重视客户的参与,也只有这样才能真正做到尊重客户价值。

(2) 肯定市场营销的特质

新定义不仅肯定了顾客的价值,而且也指明了市场营销的特质。新定义从客户价值的角度来阐述市场营销的过程,认为市场营销应该着眼于客户价值来综合运用各种营销策略,以期给客户提供更多、更有意义的价值。新定义认为,市场营销不仅要以本组织的利益为目标,而且还要兼顾到其他利益相关者的利益,这样才能保证市场营销活动的可持续发展。此外,新定义认为市场营销在理念上应该以关注客户价值为核心,专注于更好地创造、传播和传递客户价值,管理客户关系,专注于把自己的事情做好,这就是最好的市场营销,也是市场营销最本质的要求。

本书采用的是美国市场营销学会在 2004 年提出的市场营销概念。

二、市场营销学的研究对象

营销学者和企业界人士曾经从不同的角度对市场营销学的研究对象作过表述。这些不同的表述说明了在不同时期人们对于市场营销学认识的发展过程。

对于市场营销学研究对象的早期认识也可称之为狭义的认识,当时只是把市场营销看成是一门研究在流通领域内商品交换和分配的科学。整个市场营销学的研究对象起始于商品的生产过程完成以后,而商品一旦到达消费者的手中即进入到消费领域以后的问题,则又不属于市场营销学研究的范围了。显然,这是一种早期的、已经过时的市场营销概念。这一认识可以用图 1-1 表示。

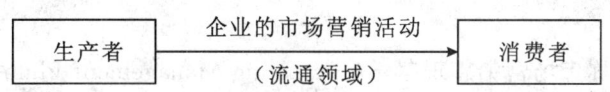

图 1-1 狭义的市场学研究对象图

现代市场营销学对于研究对象的认识可以称为广义的认识。它是随着现代市场营销学内容体系的发展而逐渐形成的。虽然时至今日尚未形成共识,然而,我们可以从以下几个定义或表述中看出其核心内容的发展。

英国市场营销学协会曾经指出:一个企业如果要生存、发展和营利,就必须有意识地根据用户和消费者的需要来安排生产。这一论述明显地突破了早期的理论,把市场营销与生产决策直接联系起来,揭示了市场营销学研究对象的新内容。日本企业界认为市场营销学是研究在满足消费者利益的基础上,如何适应市场的需要而提供商品和服务的整个企业活动。

由此可见,随着人类社会经济的发展,市场营销学的研究对象已经大大地突破了原来的商品销售(流通)领域,而向前延伸到了生产领域和产前的各种活动(包括市场调研、市场开发、市场发展等),又向后延伸到了流通过程结束以后的消费过程(包括售后服务和信息反馈等)。整个市场营销学的研究对象已经扩大到从研究消费者的需求开始,一直到如何保证消费者的需求得到真正和全部满足为止的全部过程。这一过程循环往复,称为市场营销循环,可用图 1-2 表示。

具体地说,市场营销学的研究对象应包括以下三个方面的内容:研究和了解市场需求;研究如何做到最大限度地满足顾客(市场)的需求;研究如何采用更好的方式和方法,使产品或服务有计划和有目的地进入最具利润潜力的市场,做到通过最大限度地满足市场需要,最大限度地实现企业的利润目标。

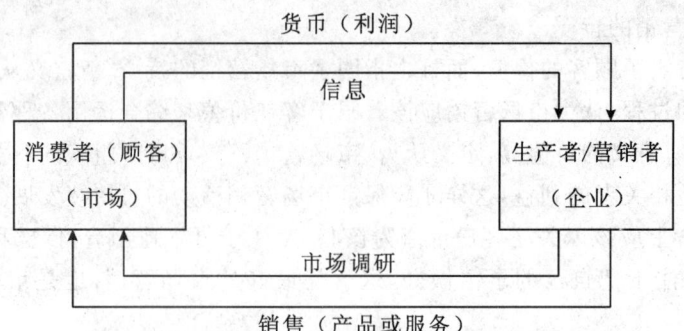

图 1-2 市场营销循环示意图

以上对市场营销学研究对象的进一步阐述,更具体地说明了市场营销学研究对象的另一重要内容——营利原则。强调这一点十分重要,因为就前面两个研究对象内容看,对所有营利和非营利组织几乎都是存在和适用的。最后一个对象内容,则只应该是对工商企业的要求,而且是不可缺少的要求。强调这一点,对于工商企业的领导者和经营者明确他们的企业和社会责任,是十分重要的。

市场营销学围绕消费者需求这一中心,从生产者(卖方)角度出发,建立起包括市场营销观念(即商业哲学)、市场营销一般过程、市场营销战略管理以及市场营销原理与方法在各类市场的应用等内容的理论体系。

1. 市场营销观念

市场营销观念也称市场营销管理哲学(Marketing Management Philosophy),是决定和指导企业一切营销活动价值取向和行为规范的内在动因,也是构建市场营销特定理论体系的核心与基点。现代市场营销观念要求以市场利益为导向,组织企业的全部经营活动。

2. 市场营销一般过程

这一过程往往从识别市场机会开始,包括分析市场营销环境,分析市场需求及特点;研究和选择本企业的目标市场;合理利用企业内部资源,最大限度地利用市场机会,满足目标市场的需求。即选择适当的地点,以适当的价格和促销方式,将适当的产品提供给适当的顾客。

3. 市场营销战略管理

企业通过制定有效的市场营销战略、策略和计划,建立合理的营销组织与控制体系,保证企业营销目标的实现。

4. 市场营销原理与方法的应用

市场营销原理与方法的应用包括企业在开拓国际市场的进程中,对其营销战略及策略进行调整以适应不同国际市场环境;探讨服务企业(或服务产品)市场营销的特殊规律;区别消费者市场与组织市场的差异性等等。

三、市场营销学的特点

市场营销学是西方国家商品经济高度发展的产物,是适应现代工商企业经营管理决策的需要而产生的科学。其显著特点是经验性、实践性、综合性和艺术性。

经验性是指市场营销学的全部内容几乎都是成功企业经验的总结。所谓实践性是指市场营销学不仅其内容及理论都来源于实践经验,其研究的目的也是为了指导工商企业的经营管理实践,并且在回答实践命题中不断地充实、丰富和发展自己。市场营销学的理论基础是经济学。但是,在其阐述和发展过程中,它进一步与心理学、社会学、经济计量学、数学、统计学、会计学和管理学等相结合,吸收和应用了这些学科的一些理论和成果。所以,市场营销学又是一门综合性的边缘学科。

市场营销学的全部内容并不难学,其理论阐述和方法内容也比较简单。但是,要把市场营销学的理论、原则联系实际并成功地灵活运用则不是一件容易的事情。因此,绝不应当把市场营销学当作纯粹的理论和教条来学习。从这个意义上说,市场营销学既是一门科学,又是一种行为准则,更是一门艺术。

四、市场营销学的作用

市场营销学的产生和发展适应了西方国家经济发展的客观要求。在高度发达的商品经济条件下,市场决定着企业的命运。一个企业要想生存和发展,要想实现自己的经营目标,必须首先研究和预测市场需求,并据此进行自身资源的合理分配,安排和调整生产活动,通过向市场提供适销对路的商品这一正确的途径来达到获取利润的目的,否则就会受到市场的惩罚。经济学家甚至认为,二战以后,西方发达国家经济虽几经动荡,但近五十年来并未再一次爆发像1929年那样的全球性特大经济危机,是与市场营销学的发展密不可分的。由于以市场需求为中心的市场营销观念的建立,对于市场机制认识的逐步深入和预测科学的发展,在很大程度上减少和避免了经济发展的盲目性,缓和了经济的矛盾。因此,在西方发达国家,市场营销学受到普遍重视。日本作为后起的发达国家,从二战以后系统引入和学习市场营销学,对于其恢复经济、逐步建立竞争优势、创造令世人瞩目的经济奇迹起了重要作用。日本企业现在被公认为当代世界第一流的市场营销者。

对我国企业来说,全面系统地学习、研究市场营销学同样具有重要的价值:

第一,有助于树立现代经营观念,适应我国社会主义市场经济发展的需要。

第二,有助于企业制定正确的经营战略,创造竞争优势。市场营销学的理论和方法可以帮助企业分析市场营销环境,识别和把握市场机会,运用各种战略、策略参与市场竞争,提高管理水平和工作成效,在激烈的竞争中求得生存和发展。

第三,有助于取得更大的经济效益,创造企业发展的后劲和动力。良好的营销总是追求在满足消费者需求的过程中取得满意的利润。

第四,有助于走向国际市场,促进企业国际化经营。

第三节 市场营销观念的演变

市场营销观念是指企业在组织和谋划企业的营销管理实践活动时,所依据的指导思想和行为准则。市场营销观念是企业对于市场的根本态度和看法,是一切经营活动的出发点,也是一种商业哲学或思维方法。

一种市场营销观念的形成不是凭人们主观臆造出来的,而是一个复杂的社会过程。市场营销观念是社会经济发展的产物。它是企业在所处的特定内外环境下,为了有效地实现企业的经营目标而在其经营实践中逐渐地产生和形成的。市场营销观念一旦形成,又会反过来对企业的经营管理活动产生积极的能动作用,指导和推动企业的经营管理活动。

一、市场营销观念的演变

市场营销观念从产生、发展到成熟,经历了五个演变阶段。

(一)生产观念(Production Concept)阶段

在19世纪末20世纪初,由于内燃机和电力等新技术的发展和应用,西方国家以制造业为中心的经济增长极为迅速,整个市场呈现出供不应求的现象。当时企业管理的中心问题是如何利用新技术扩大生产,提高生产效率,降低成本,即大量生产物美价廉的商品。生产者在其与消费者的关系中居于有利的主导性地位,一般只生产品种单一的产品,消费者需求比较被动,没有多少选择余地。泰勒(F. Taylor)所倡导的科学管理理论和方法就是在这种形势之下产生的。由于产品销路不成问题,所以不必考虑市场需求,销售工作也不受重视,生产管理是企业的中心工作。这种观念可以概括为:"我们会生产什么,就卖什么。"例如,美国皮尔斯堡面粉公司从1869年成立到20世纪20年代以前,一直是运用典型的生产观念来指导企业的经营管理活动。其代表性口号是:"本公司旨在制造面粉。"美国福特汽车公司的创办人福特曾说过:"不管顾客的需要是什么,我们的汽车就是黑色的。"当时,福特汽车公司通过采用大量流水线生产组织形式大大提高了福特汽车的生产效率,大幅度降低了汽车生产成本,从而大大降低了售价,出现了供不应求的市场形势,清一色的黑色汽车畅销无阻,不必讲究市场需求特点和推销方法。显然,在生产观念指导下,生产和销售的关系必然是"以产定销"。这种观念也称为生产者导向(中心)观念,是指导企业经营实践最古老的观念。

生产导向的企业在特定的经济发展阶段可以取得成功。但在市场形势逐渐转变为"买方市场"的条件下,企业的经营管理仍集中于生产价廉物美的产品上,看不见市场需要的变化,在产品发展上趋于保守,那么,将会因观念滞后于经济发展而使生产陷于困境。

(二)推销观念(Selling Concept)阶段

1929年至1933年,西方国家爆发了经济危机。各企业为了求生存,竞相采用新技术以提高劳动生产率和降低成本,整个市场逐渐呈现生产过剩和供过于求的局面。企业面临的首要问题已不再是如何扩大生产规模和提高生产效率,而是如何推销他们的产品。在这种形势下,各企业开始对推销产品的工作重视起来,纷纷采用加强推销机构、增加销售工作内容、增加和培训推销人员、研究推销技术和大力进行广告宣传等办法,努力推销自己的产品。一些有远见的企业甚至开始了市场调研工作。这样,推销观念就成为这一时期越来越多的企业遵循的指导思想,可以概括为"我们卖什么,就让人们买什么"。1930年左右,皮尔斯堡面粉公司发现自己的经销商有的已开始从其他厂家进货。为扭转这一局面,公司成立了市场调研部门并选派大量推销员上门推销,并更改了公司口号:"本公司旨在推销面粉。"一些存货待售的企业更是不惜采用大量广告宣传,甚至使用硬性兜售的手法推销产品,形成了所谓"高压推销"或"强力推销"的局面。

从生产观念转变为推销观念,使销售工作在企业经营管理工作中的地位大大地提高了一步。然而从生产者与市场的根本关系来看,仍然没有跳出"生产者导向"或"以生产者为中心"的范畴。所以基本上仍然属于以产定销、先产后销的旧的市场营销观念。推销观念和生产观念的不同点在于:推销观念认为消费者一般不会根据自身的需要和愿望主动地选择和购买商品,企业只能通过推销产生的刺激,诱导其产生购买商品的行为。因此,对于任何企业的产品,只要努力地去进行推销,都是可以销售出去的,因为任何顾客都可能通过推销工作被说服。至于产品是否符合顾客的需要,是否让顾客感到满意,是否会重复购买,都不是重要问题。广告行业和各种博览会、赛会、交易会的兴起和发展,都是这种观念的产物。

(三)市场营销观念(Marketing Concept)阶段

二次大战以后,以美国为首的西方企业的经营观念发生了重大转变,逐渐由传统的以产定销的生产者导向观念转变为以销定产的消费者导向观念,人们称之为"市场营销观念"。这种新观念的准则是:"市场(消费者)需要什么,就生产和推销什么"或"能卖什么,就生产什么"。

这一观念的重大转变有其社会经济发展的历史背景。二次大战以后,一方面,随着科技革命和主要西方国家庞大的军事工业转产民用产品,生产效率进一步提高,生产规模继续扩大,社会产品供应量剧增,品种花色日新月异;另一方面,由于西方各国普遍实行了高工资、高福利和高消费政策,刺激和促进消费者购买力不断地大幅度提高,使消费者的需求和欲望不断地发生变化,商品的购买选择性大大增强。企业处于空前激烈的竞争环境之中。市场的格局也发生了根本性变化,迅速由原来的卖方市场转变为以消费者为主导的买方市场。面对这一转变,许多具有远见的企业家认识到:只有顾客(市场)的需要才是保持和推动企业生存和发展的动力;面对复杂多变的市场,企业只能首先分析和研究市场的需要,了解顾客现在和将来的需求,并在此基础之上确定生产什么产品,然后采用各种有效的措施向顾客进行推销;只有在满足消费者需求的基础上,企业才能得到生存和发展。就是说,企业的一切行为都要以市场需要作为出发点,而又以满足市场需要为归宿。许多大企业提出:"哪里有消费者的需要,哪里就有我们的机会"或"一切为了顾客的需要"。1950年前后,皮尔斯堡面粉公司经过调查,了解到战后美国人民的生活方式已发生了变化,家庭妇女采购食品时,日益要求多种多样的半成品或成品(如各式饼干、点心、面包等),从而代替购买面粉回家做饭。针对消费者需求的这一变化,这家公司主动采取措施,开始生产和推销多种成品或半成品的食品,使销售量迅速上升。1958年,这家公司又进一步成立了皮尔斯堡销售公司,着眼于长期占领食品市场,着重研究今后3年至30年消费者的消费趋势,不断制造新产品,培训新的销售人员。福特公司在相当长的一段时间里,由于无视消费者需求的变化,坚持生产和推销款式单一和色彩单调的汽车,使该公司的销售量日趋下降,甚至面临倒闭的危险。后来,该公司改变了营销观念,根据消费者需求的特点改进了产品,推出了各种不同品牌、价位、型号和颜色的汽车,扭转了局面,打开了销路。

后来,消费者至上的思潮为西方各国普遍接受,保护消费者权益的法律纷纷出台,消费者保护组织在社会上日益强大。这些社会政治、经济条件进一步促进和强化了企业的市场导向观念。

(四)生态学营销观念(Ecological Imperative Concept)阶段

进入20世纪70年代以后,市场营销观念已在西方各发达国家中被普遍接受。但是,在实践中,有的企业片面强调满足消费者的需要,往往去生产企业并不擅长生产的产品。结果,并不能达到在满足消费者需求的同时获取尽可能多的利润的目的。因此,美国的一些营销学家在发展上述市场营销观念的基础之上,进一步提出了生态学营销观念以作补充。生态学主张,任何生物都必须保持与其生存环境的协调平衡关系,才能得到生存和发展。生态学营销观念认为企业也必须使它的行为和它周围的环境保持协调平衡的关系,才能求得自身的生存和发展。由于科学技术的不断进步、专业化分工的日益细致、社会政治和经济发展变化的加速,企业与外界环境的相互依存关系日益密切。企业在决定其生产的产品、数量、质量、采用的技术装备、使用的原材料、确定的价格水平、交货时间及方式等一系列的问题时,不仅首先要考虑市场的需求,还应该同时考虑企业自身的人力、物力、财力等各方面的条件和优势。要以自身有限的资源去满足消费者的需求,必须而且只能充分利用和发挥自身的特长,生产那些既是消费者需要又是自己擅长的产品(如图 1-3 交叠部分所示),以寻求企业与外界需求的协调平衡。

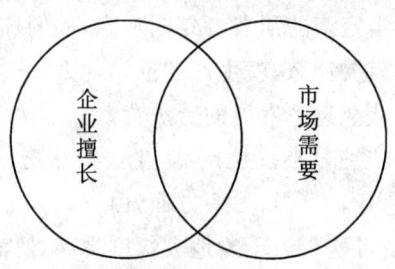

图 1-3　生态学营销观念图示

因为市场需求和企业的条件均处于不断的发展和变化之中,所以要求企业要做到审时度势,不断地增强企业经营管理的灵活性和灵敏性,在变化之中不断发现和捕捉新的机会。如果不是这样,只是一味地追求满足市场的需要,其结果有可能会因技术落后而难以提高产品的质量,或因消耗过大而使产品成本过高,或因销售不力导致产品积压,甚至浪费了社会资源,损害了公众利益,违反了国家政策,遭到消费者的反对或政府的干预,使预期的经营目标不能实现。

由此可见,生态学营销观念使市场导向的营销观念得到了进一步实现和完善,体现了产需结合和讲求经济效益的指导思想。

(五)社会营销观念(Social Marketing Concept)阶段

随着社会经济环境的新变化,人们的环境保护意识日益加强。西方一些有远见的企业家和营销学家又提出了社会营销观念,作为对生态学营销观念的进一步补充和完善。专家们认为过分强调市场营销观念可能会导致一些消极的后果,诸如:产品过早地被认为过时而被淘汰,造成社会资源的浪费;有的企业可能因为片面地强调生产市场需要的产品而使自然环境受到污染;有的企业的行为可能会影响其他行业的发展,造成社会的损失等等。社会营销观念的基本要求是:企业生产或提供任何产品或服务时,不仅要满足消费者的需要和欲望,符合本企业的利益,还要符合消费者和社会发展的长期利益。对于有害于社会或有害于消费者的需求,不仅不应该满足,还应该进行抵制性的反营销。近几年来,不少西方发达国家的企业家提出了现代企业的合理行为应该是努力做到满足社会发展、消费者需求、企业发展和职工利益四个方面利益的新理论,即社会营销观念。

图 1-4 较为直观地表达了社会营销观念的内容。企业通过协调社会利益、企业利益和消费者利益,从而使市场营销观念达到一个较完善的阶段。

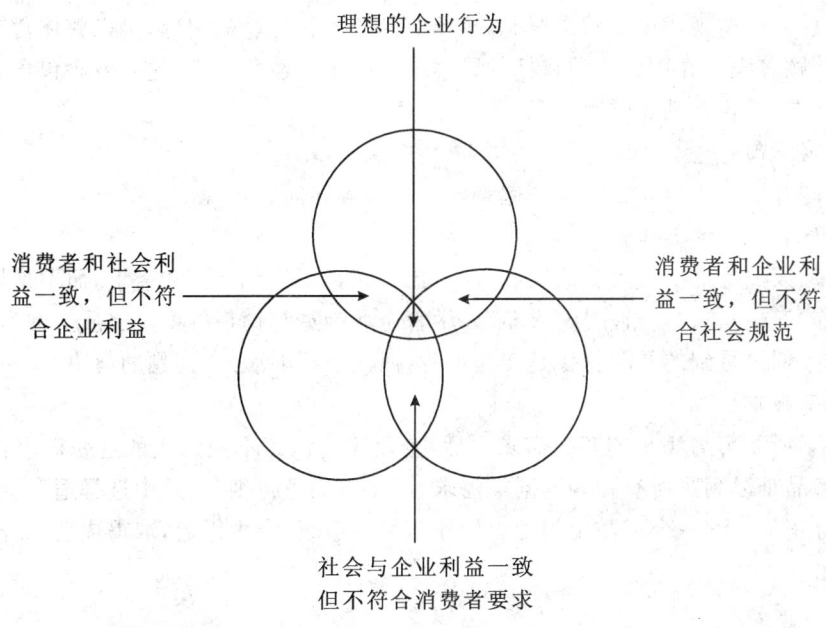

图 1-4 社会营销观念图示

以上 5 种市场营销观念归纳起来可分为两种类型:一类是以生产者为中心的旧观念,包括生产观念和推销观念;一类是以市场(顾客与消费者)为中心的新观念,包括市场营销观念、生态学营销观念和社会营销观念。

市场营销指导思想由旧的生产者导向转变为市场(消费者)导向,是现代企业经营管理思想的一次重要变革。营销学者对于这种转变给予了很高的评价,称之为商业哲学的一次革命。他们认为,在新旧两种观念的指导下,企业全部工作方针、行为内容、重点及手段和效果都是截然不同的。这种区别可参见图 1-5。

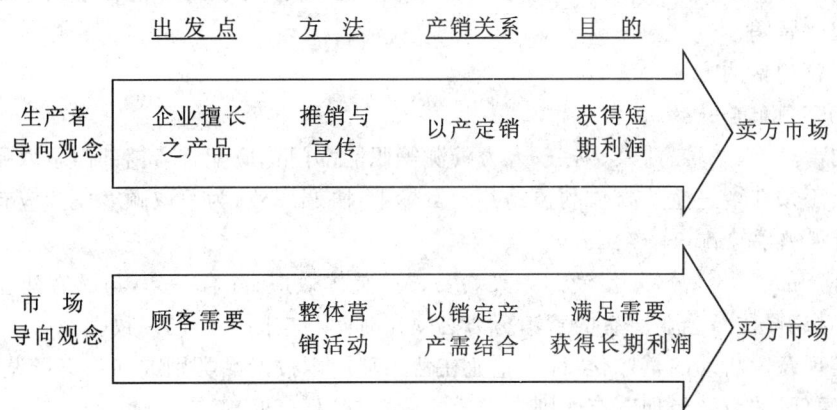

图 1-5 两种营销观念之区别

二、现代市场营销观念

从市场营销观念演变与发展的历史可以看出,在市场竞争激烈、新产品大量涌现、顾客需求层出不穷并能主宰市场的时代,树立以顾客为中心的现代市场营销观念是所有企业获得成功的先决条件。所谓现代市场营销观念,按照菲利普·科特勒的解释,是以整体营销活动为手段,来创造使顾客满意并达到企业目标的顾客导向的企业经营哲学。这一概念包含着三个关键要素:顾客导向、整合营销和顾客满意。

(一)顾客导向

就是把顾客需求作为营销活动的起点。讲求顾客导向应把握四个要点:

1. 确定顾客需求的真正含义

通常应从人类生活所需解决的问题入手,比如人类对于"运输"的需求;而不是从特定的产品出发,比如"三轮车"、"自行车"、"火车"。尽管企业制造与销售的都是实质上的产品,但顾客从购买行为中期望得到的并非仅仅是产品本身,而是欲望的满足、问题的解决。

2. 确定目标市场

在确定了所要努力满足的某一需求之后,企业应认识到不同的人的这一需求具有多样的形式,单一产品难以满足所有顾客的同类需求。应将市场进行细分,从中选择适合企业产品、价格、促销及分销策略的一个或数个细分市场作为目标市场,全力以赴,取得成功;而不是分散资源,全面出击。

3. 差异化营销

在市场细分基础上,企业应针对不同的目标市场提出不同的产品设计、价格、促销信息以至分销渠道,形成差异化的营销战略及行动方案,以求个个击破。

4. 研究顾客行为

认真辨明顾客的构成、特征、态度、行为、顾客需求的特点和动向,以使营销努力有的放矢。为此,应设置市场调研部门或借助外部调研机构。

当然,顾客导向不仅仅局限在满足已有的需求上。由于企业的生产经营活动同顾客需求的产生和变化在时间、空间、数量上有一定的差距,很多过去曾有过的需求会消失,此地发生的需求在彼地却不一定发生,表面看似没有需求的商品,通过一定的手段,可以把需求从潜在状态中刺激出来,因此,企业在满足需求的同时,还必须引导需求、激发和创造需求。

(二)整合营销

整合营销包括两方面含义:

1. 职能部门配合一致

企业内部生产、采购、研发、财务、人力资源等职能部门皆应配合营销部门争取顾客。各部门及全体员工须在增进企业整体利益的共同目标下,协调一致,为争取顾客发挥应有的作用。

2. 营销策略要素配合一致

即发挥产品、定价、分销、促销四大策略要素的整体效应、配合一致,与顾客建立有利的交易联系;同时还要注意企业所有的营销努力必须在时间与空间上协调一致。

为了实现营销活动的整体化,许多企业在营销部门内按产品类别或细分市场设置"产品经理"、"品牌经理"、"市场经理",有的则在企业内设置"产品事业部"。

三、市场营销新观念:顾客价值、顾客满意和顾客忠诚

在以顾客为导向的整合营销模式下,企业应该更加关注顾客价值和顾客满意,进而达到顾客忠诚,实现企业长期盈利的经营目标。

(一)顾客价值

企业的顾客无不以追求价值的最大化为目标,他们在购买产品和服务时,通常都会选择那

些具有最高让渡价值的产品。顾客是否会购买某一产品,从最根本的意义上讲,取决于两个方面:一方面是其可能获得的满足,即其所得到的效用或价值;另一方面是其在得到这一满足时的必要支出,即其所付出的代价和成本。两者比较,若效用大于代价,顾客就会倾向于购买;而若代价大于效用,顾客则可能放弃购买。

所谓顾客让渡价值(Customer Delivered Value),是指顾客从给定产品或服务中所期望得到的所有利益与其在评估、获得和使用该产品或服务时所产生的各种预计费用之间的差额。顾客让渡价值的大小与顾客整体利益和整体费用都有关。前者包括产品价值、服务价值、人员价值和形象价值等,后者包括货币成本、时间成本、体力成本和精神成本,如图1-6。顾客让渡价值为正时,购买行为很有可能实现;顾客让渡价值为负时,购买行为则很难发生。

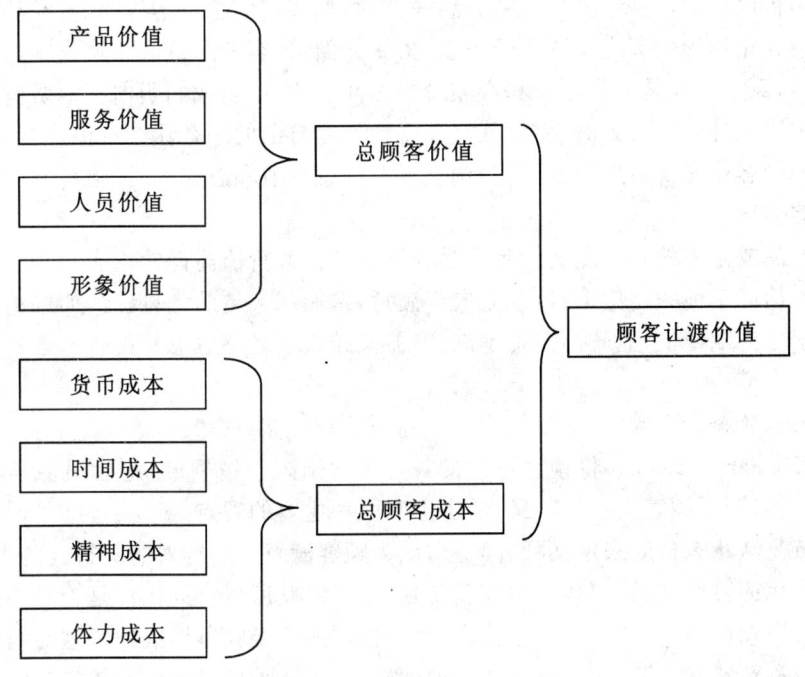

图 1-6　顾客让渡价值示意图

下面给出顾客总价值和顾客总成本的一些具体解释。

1. 顾客总价值

单纯用有形产品来说明这个问题是比较简单的,但大多数消费行为是有形产品和服务产品兼而有之。一位顾客在一次购买中可能得到的价值包括:

第一,顾客得到了产品价值。

第二,顾客得到了服务价值。

第三,顾客得到了人员价值。人员价值的含义十分广泛,主要指的是服务人员的可靠性、响应性、安全性和怡情性。

第四,顾客得到了形象价值。形象价值在许多时候表现为顾客心理上得到的满足。

2. 顾客总成本

顾客所付出的成本并不仅仅包括我们通常所理解的货币成本。事实上,货币成本只是顾客所付出的总成本的其中一部分。顾客在获得上述各种价值的同时,付出了如下一些成本:

第一,货币成本。很好理解,即顾客购买产品和服务所实际支付的金钱,包括后期的服务、维护和保养费用等。

第二,时间成本。顾客为了购买产品和服务所花费的时间,包括从搜集产品信息,到了解产品的整个过程的时间。

第三,精神成本。顾客在购买产品或服务之前,有一定的感知风险,特别是服务,它的无形性会带来购买风险的上升,顾客会搜集相关信息,反复比较,这些都给他们带来了精神上的成本。对此,服务商在广告中对自己可以提供的服务品质或服务的时间作出承诺,也是为了降低顾客可感知的风险,从而降低他们的精神成本。

第四,体力成本。为了产品和服务的使用所进行的体力上的付出,构成顾客的体力成本,如购买家具时要对家具进行搬运、安装等,消耗了顾客的体力。

了解顾客价值理论,主要是要明白两点:一方面,顾客在信息基本透明的情况下,会以顾客让渡价值的最大化作为购买决策的主要依据;另一方面,顾客的总价值和总成本都是包含多种因素的综合体,而不仅仅是产品效用和产品价格之间的比较。当我们明白了消费者会根据顾客的让渡价值来决定其购买行为时,企业就应当主动地对自己的顾客让渡价值进行测算和评估,并同竞争者的顾客让渡价值进行比较,以调整顾客的总价值和总成本,增强自己的竞争力。

(二)顾客满意

顾客对产品或服务的满意度会受到产品或服务的让渡价值高低的重大影响。如果消费者得到的让渡价值高于他的期望值,他就倾向于满意,差额越大越满意;反之,如果消费者得到的让渡价值低于他的期望值,他就倾向于不满意,差额越大就越不满意。我们有必要更进一步了解顾客满意的内容。

1.顾客满意的含义

1965年Richard Cardozo将顾客满意的观点首次引入营销领域,此后很多学者就该领域进行了研究。目前,对顾客满意的定义,学术上有两种主要的观点。

一种观点是从状态角度来定义顾客满意,认为顾客满意是顾客对购买行为的事后感受,是消费经历所产生的一种结果。如认为顾客满意是"顾客对其所付出的代价是否获得足够补偿的一种认知状态";顾客满意是"一种心理状态,顾客根据消费经验所形成的期望与消费经历一致时而产生的一种情感状态";顾客满意是"一种情感反应,这种情感反应是伴随着购买过程中产品陈列以及整体购物环境对消费者的心理影响而产生的";菲利普·科特勒则认为,顾客满意是"一个人通过对一个产品的可感知的效果与他的期望值相比较后形成的感觉状态,是感知的效果和期望值的差异函数"。

另一种观点是从过程的角度来定义顾客满意,认为顾客满意是事后对消费行为的评价。如认为顾客满意是"消费经历至少与期望相一致时而作出的评价";顾客满意是"顾客对所购买产品与以前产品信念一致时所作出的评价";顾客满意是"顾客在购买行为发生前对产品所形成的期望质量与消费后所感知的质量之间所存在差异的评价"。这些学者们认为,在顾客满意的内涵中,评价过程是其核心组成部分。从过程角度对顾客满意的定义囊括了完整的消费经历,指明了产生顾客满意的重要过程。这种定义方法引导人们去关注产生顾客满意的知觉、判断和心理过程,比从状态角度出发的定义更有实用价值。

2.顾客满意模型

无论是企业测量顾客满意度以改进自己的营销策略,还是研究人员测量顾客满意度来理解顾客的消费行为,都必须建立在某种顾客满意模型的基础上。从Richard Cardozo首先研究顾客期望(Expectation)、努力(Effort)和满意(Satisfaction)开始,理论界和学术界对顾客满意程度进行了大量的研究,提出了许多理论模型,解释顾客满意的形成过程。然而,迄今为止,理论界和学术界在这个问题上仍然存在着激烈的争论,没能形成一致的看法。

传统顾客满意模型是一个将感知价值(Perceived Value)与顾客满意相联系的模型,如图1-7。之所以将这个模型称为传统的顾客满意模型,是因为在这个模型里,感知价值是顾客根据产品或服务的感知绩效与产品或服务的属性或整体绩效标准相比较后而形成的,是一种传统的比较模型。感知价值对满意有三种影响效果:积极的影响(一般产生令人满意的结果)、消极的影响(一般产生令人不满意的结果)、零影响。这个模型还认为,顾客的满意程度会影响到顾客的行为。

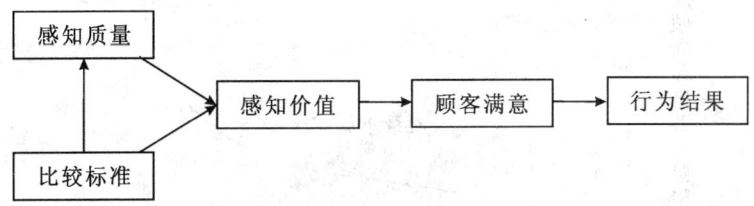

图 1-7 传统顾客满意模型

一些顾客满意模型将产品或服务本身客观的质量与感知到的质量进行了区分,图1-8表示的就是一个这样的模型。这个模型展示了感知的服务和期望的服务进行比较而产生满意,并且解释了服务期望形成和服务绩效感知的影响因素。其中,服务期望的形成受到所接触的公司职员的影响和其他输入变量(包括口碑、过去的经历、广告等)的影响,而产品本身的技术服务质量则在很大程度上决定了感知的服务质量。

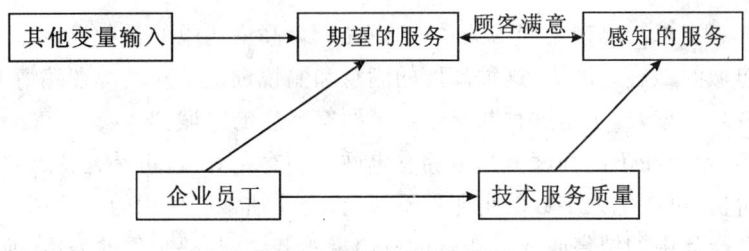

图 1-8 顾客满意来源模型

"顾客满意"衡量顾客对服务的实际感受达到顾客对服务的期望的程度;"顾客忠诚"衡量顾客从情感上认同、再次购买和口碑传播等的可能性。尽管这两种对顾客感受和态度的衡量有其内在联系,但却并不能等同。也就是说,顾客忠诚不同于顾客满意。

3. 顾客满意的实现

企业要想实现真正的顾客满意,就必须建立起以顾客为导向的市场驱动型经营模式,围绕顾客的需求,从产品的设计开始,到销售环节,到售后服务的全过程,都必须提供能够满足顾客需要的具有竞争力的产品或服务,吸引和保持顾客,维持高水平的顾客满意度。顾客满意作为企业的一种经营战略和理念,必须成为企业从高管人员到全体雇员的共同认识和行为准则。企业实现了顾客满意,则顾客忠诚和长期的顾客关系就很容易建立起来。

4. 非常满意带来顾客忠诚

究竟顾客满意与顾客忠诚之间是怎样联系的,许多学者认为顾客满意会导致顾客忠诚,但也有研究表明顾客满意与顾客忠诚之间关系十分复杂。C. W. Hart 和 M. D. Johnson 通过对施乐公司的实证研究发现了所谓的"质量不敏感区(Zone of Indifference)"的现象。他们的研究发现,那些宣称基本满意和满意的顾客的忠诚度和重购率是很低的。只有那些非常满意的顾客才表现出极高的重购率,并乐于为企业传播好的口碑,参见图1-9。正如图中所示,顾客忠诚曲线,也就是顾客保持曲线,在某个满意点上会突然上升。对服务业和制造业的研究结果都证明了这一点。

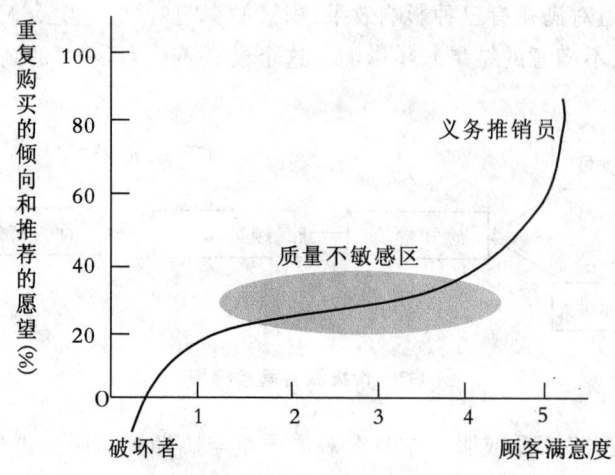

图1-9 顾客满意度与重复购买行为之间的函数关系

(三)顾客忠诚

我们已经知道满意与忠诚之间的关系,知道在一个高度竞争的行业里,只有高度满意的顾客才会是高度忠诚的顾客。因为,这种高度的满意和愉悦创造了对品牌在感情上的一种共鸣,而不仅仅是一种理性偏好,正是这种共鸣创造了顾客高度的忠诚。

其实,每个企业都在不同程度上知道拥有忠诚的顾客是好事。可是究竟忠诚的顾客对于企业来说有多少价值,可能绝大多数的企业并不知道。企业惯常所使用的会计利润常常掩盖了忠诚客户的价值。会计中的销售收入只能告诉我们量的概念,却缺少质的表达,即无法告诉我们收入中的哪一部分来自忠实的老顾客,更无法让我们知道,一个忠诚顾客的一生将给企业带来多少价值。

研究表明,企业经营的大部分情况下,顾客的利润预期与其停留的时间成正比。失去一个成熟的顾客与争取到一个新顾客,在经济效益上是截然不同的。哈佛学者以美国市场为研究标的,发现在汽车服务业,流失一位老顾客所产成的利润空洞起码要三位新客户才能填满。同时,由于与老客户之间的熟悉、信任等原因,使得服务一个新顾客的成本和精力要比服务一个老客户大得多。

除了利润之外,一个对企业高度满意的顾客会为企业带来如下的益处:

1. 忠诚于品牌更久

每一个购物或购买服务的顾客在没有接触到产品或服务之前都会有期望,也就是说,对他即将享受到的服务或(和)产品的品质作出预先的判断。如果最终他得到的服务或(和)产品的品质超过了他的期望值他就满意,超过得越多他就越满意;反之,如果最后他得到的服务或(和)产品的品质未达到他的期望值他就不满意,与他的期望值距离越大越不满意。

高度满意带来的不仅是理性的偏好,而且还有情感上的依赖,所以这种关系会比纯粹的理性的交易关系维持更久,因为这种情感不仅指向某个具体产品,还指向该公司的品牌。

2. 提高购买产品的量和等级

因为高度满意的顾客不仅是对某个产品,而且会对该品牌有高度的信任,所以这种信任会向该企业的其他产品扩张,当消费者想要购买更高等级的产品时,这种信任就降低了他对风险的评估,所以他们更倾向于作出购买该品牌属下的更多产品或高等级产品的选择。

在大多数行业里,顾客的消费量会随时间的推移而增加。例如在汽车行业里,顾客头一次光顾时,可能只是为了校正一下方向盘或添加一点机油。如果他喜欢你这里的服务,那么他下次可能还会来购买较为贵重的一些物品及服务,例如轮胎和发动机等,甚至购买一些附加的产品或服务,例如来这儿进行汽车装潢和光顾维修站的小超市等。据统计,在汽车服务行业中,按顾客对企业的人均贡献分析营业收入,一位合作关系长达5年的老客户能给企业带来的收益通常是一位合作关系仅1年的新客户所能带来收益的3倍多。

3. 为公司和它的产品说好话

这就是我们已经多次讨论的口碑效应,在某些复杂产品行业和服务行业,他人的意见对购买决策者的影响尤其大,这种正面的口碑首先会促使被建议者将该企业列入考虑的范围,如果正面的口碑有足够的强度,同时又与消费者的经验相符的话,就会促成这个消费者与企业发生交易。

4. 向公司提出产品或服务建议

这是高度满意的顾客所会做的事中最有价值的一件事,研究表明,在美国,有96%的不满意的顾客是不愿意投诉的,其中的原因包括:投诉无门、以前有过不悦的投诉经历、认为更换供应商更省力。如果这样,企业将很少有机会知道自己真正的缺陷,也就没有机会改进和完善自己。高度满意的顾客因为与企业有情感上的联系,希望看到企业的发展,向公司提出产品或服务的建议就是出于这种感情,企业也就因此有了更多改进的机会。

5. 由于交易的惯例化而降低了交易成本

调查表明,争取一个新客户的成本是与一个老客户交易的成本的5倍以上。为了把新顾客请进门来,几乎每个企业都得先行投入资金。这部分成本大都包括:针对新顾客展开的广告宣传、向新顾客推销所需的佣金、销售人员的管理费用等等。而与老顾客交易就相对简单和省钱。另一方面,对维修站这样的服务企业而言,预约是很重要的调节需求与供给矛盾的手段,而忠诚的老顾客比新顾客更习惯使用预约服务。

6. 更易接受新产品并推广它

顾客接受新产品是有风险的,在服务行业这种风险更高,只有对品牌信任的老顾客才会将这种风险评估得低些,因为他们完全有理由将他们对老产品的信任转移至新产品——原因是这两个产品出自同一家他所信任的企业之手。

7. 忠诚顾客的行为对员工有激励作用

忠诚顾客是对企业高度满意的顾客,这种高度满意来自企业员工提供给顾客的超过他们的期望的服务。雇员之所以会提供超值服务,是因为他们对顾客有感情,这种出自感情的自发行为是最能打动顾客的。事实上,人的感情往往是相互的,忠诚顾客更容易对他所忠诚的企业及其雇员产生感情,并会给他所忠诚的企业及其雇员朋友一样的关心,以此来表达自己对该企业及其雇员所提供服务的高度满意。这种来自顾客的关心,让员工觉得自己的工作十分有意义,从而将对该企业的员工产生很大的激励作用。

顾客满意理论及忠诚管理的进一步研究对传统的 4Ps 营销作了新的拓展,发展成 4Ps＋3R 管理。这 3R 分别指顾客保留管理(Retention)、相关销售(或称交叉销售)管理(Related Sales)、推荐人管理(Referrals)。

四、企业经营与市场营销

企业经营管理的现代化,首先是经营管理思想的现代化。转变旧的经营观念,树立现代市场营销观念,就要求企业从管理制度、企业方针、人员素质、运行规程诸方面进行变革,从而促进企业管理现代化。

首先,要进行全员培训。通过培训使企业从高层管理人员到作业人员,牢固树立以顾客为中心的市场观念,时时处处从顾客的需要出发指导各项行为。美国通用电器公司在开始贯彻这一观念时,公司总经理把原来的一个电扇和地毯部改名为"家庭舒适化服务部"。当时许多人不解其意,认为这个名称不伦不类。但是,这位总经理明白,这不仅是改变一个部门名称的问题,而且是改变整个部门的经营观念的大问题。确立起新的经营态度以后,这个部门很快就根据消费者的需求,大力发展了各种各样的家用电器。产品的品种增加后,销售额迅速上升,使企业获得了巨额的利润,并为别的企业树立了良好的榜样。

其次,要改革企业的经营管理体制。企业经营管理体制是一定的经营思想观念的体现,是为实现企业的经营思想和目标服务的。企业贯彻落实新的市场营销观念,必然要改变过去旧的管理体制,建立以市场营销为中心的新的管理体制。主要是提高和加强市场营销职能在整个企业经营管理系统中的地位和作用,使市场营销部门的管理者在企业功能中居于突出地位、拥有更大的决策影响力,形成一个以市场营销部门为战略管理核心,各部门合理分工、协同配合、共同面向市场需求的整体经营管理系统。

第三,强化和扩大市场营销部门的职能和业务内容,建立强有力的市场营销系统。在生产观念和推销观念支配下的企业一般只设立销售部门或增设广告宣传机构;现代市场营销观念则要求有更多的营销功能机构充实企业组织系统,包括市场调研、售后服务、实体分配、公共关系、销售促进、人员培训、企划策划、营销财务等,并且要配备强有力的专业人员。此外,还应建立高效实用的营销信息系统。

第四,建立科学的市场营销管理流程。现代市场营销观念要求企业不仅要重视内部管理和内部效率,而且更要重视企业环境变化带给企业的威胁与机会。市场调研应该贯穿企业管理的全过程。

复习思考题

1. 什么是市场营销?市场营销学的研究对象有哪些?
2. 什么是市场营销观念?生产者导向观念与消费者导向观念有何区别?
3. 现代市场营销观念包含了哪些要点?
4. 什么是顾客让渡价值?它包含哪两个方面的内容?
5. 什么是顾客满意和顾客忠诚?试述二者之间的关系。

案例分析

中国移动：从传统营销到服务营销

中国移动通信集团公司（简称中国移动）于2000年4月成立，是国内专注于发展移动通信的通信运营公司，主要经营移动语音、数据、IP电话和多媒体业务。随着移动通信高新技术的不断涌现和人们对移动电话需求的不断增大，中国移动几年来发展迅速，到目前为止，已建成一个覆盖范围广、通信质量高、业务品种丰富、服务水平一流的综合通信网络，网络规模和客户规模列全球第一。在发展之初，公司主要遵循业务品牌的战略导向，开发了若干以技术为中心的业务品牌，如基本语音、短信业务等，这些业务品牌基本能满足客户的需求；但随着技术的不断进步、人们消费需求的不断提高，业务品牌的劣势也逐渐凸现出来。普通大众难以了解诸多复杂的业务品牌，消费者在对各种业务进行功能使用、性能比较上都存在着困难。面对纷乱的移动通信业务，消费者常常无所适从。在这种情况下，公司意识到必须转换营销观念，进行从传统营销向服务营销的过渡，实现从业务品牌到客户品牌的转变，以客户细分为基础，进行品牌定位，建设客户品牌。

在这样的理念下，通过对消费市场的探察和细分，公司先后开发了"全球通"、"神州行"和"动感地带"三大客户品牌，详见图1-10。"全球通"品牌定位是"自我实现、追求"，品牌属性是"掌控、积极和品位"，注重营造成功、进取、有活力、不老气、有阅历、享受生活的气氛。对应消费群体的主要特征是年龄集中在25~45岁间，普遍使用移动服务年限较长（2至3年以上），在工作中使用移动服务比例比平均要高，价格敏感度相对较低，对服务要求相对较高，生活普遍较为安定，期望使用移动服务能更好地掌控生活。

"神州行"的品牌定位是"亲切、大众化"，品牌属性是"自由、实惠、便捷"，主要营造自由选择、经济实惠、方便快捷、能最恰当地满足自我需求的气氛。对应消费群体的特征是25岁以上的大众客户，灵活的资费是主要驱动力，大部分使用目前各种地方的促销计划，移动服务更多用在与朋友和家人的交流沟通上，移动服务费用绝大部分由自己支付，以本地通话和短信业务为主，对其他增值和数据业务兴趣较低，对价格敏感，注重方便和简单的使用方式。

"动感地带"的品牌定位是"新奇"，品牌属性是"时尚、好玩、探索"，注重营造有个性的、创新的、有趣的、探索未来的年轻人家园。对应消费群体的特征是年龄主要在15到25岁间，新业务和资费是品牌的主驱动力。潜在的中高端客户，追求时尚，对新鲜事物感兴趣，崇尚个性，思维活跃，移动服务需求中娱乐、休闲、社交比重较高，有强烈的品牌意识，容易相互影响。

公司在实施了客户导向的品牌战略后，不仅获得了顾客的青睐，显现了品牌优势，取得了令人欣喜的业绩，而且保持了快速、健康的发展态势。以"动感地带"品牌为例，从2003年3月上市到2003年年底，客户数已跨越1000万大关，到2004年年底，客户数已超过了3500万，很好地巩固了在国内移动通信市场中的主导地位。

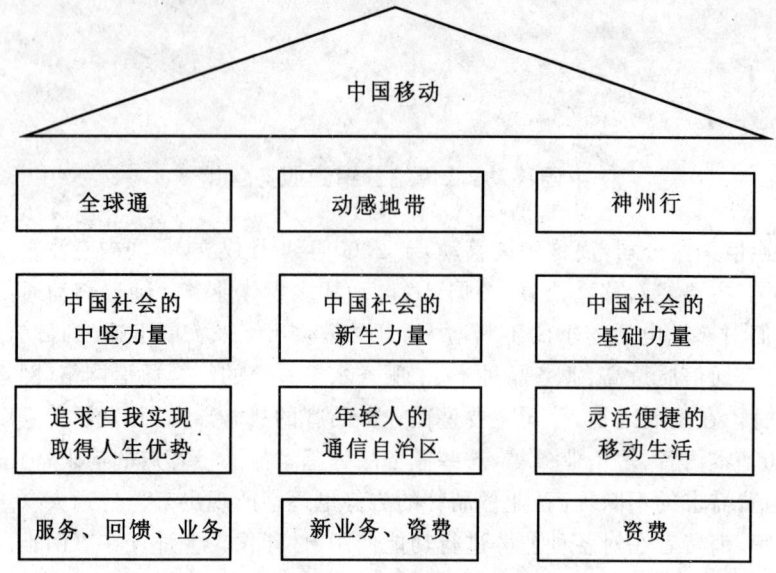

图 1-10　中国移动客户品牌

问题

1. 中国移动从传统营销向服务营销的转变说明了什么？
2. 中国移动的客户品牌策略都有哪些？其各自的特点是什么？

◇第二章
市场类型与市场需求形态

要制定正确的营销战略,首先要了解企业所面向的现实的和潜在的消费主体的集合,即市场营销学中所研究的市场。在明确市场概念及其一般特征的基础上,运用不同方法或从不同角度对市场进行分类,进而研究和分析不同市场的特征和需求,使企业能够针对各类市场的特点,制定和实施切实有效的市场营销战略和策略。

本章将从分析市场的概念入手,对市场的构成要素、不同市场类型的划分以及一般市场的需求形态等分别加以阐述。

第一节 市场的概念和要素

一、市场的概念

市场是生产力发展到一定阶段的产物,是随商品生产和交换的发展而发展的,相应地,"市场"这一概念在不同时期和不同场合具有不同的内涵。

从经济学角度讲,最早的市场概念指商品交换的场所,即具备买卖双方进行商品交换活动所需条件的地点,是从有形的"物"的角度描述市场的。这种说法至今在某些场合仍在使用,如集贸市场、超级市场等。不过,随着经济的发展,商品交换活动不再仅仅局限于同一时间、地点,由买卖双方直接完成,其内容和形式都发生了深刻的变化。由于生产力水平的提高,特别是劳动分工的深化,交换活动日益渗透于整个现代经济,成为联系现代经济体系的纽带。因此,广义的市场概念指以交换过程为纽带的现代经济体系中的经济关系的总和。这是从无形的"关系"角度对"市场"进行的描述。

由于市场营销学主要是为工商企业进行有效的经营决策服务的,而且工业化社会的市场主要呈现"买方市场"的状态,因此,现代市场营销学一般都站在买方的角度理解"市场"。美国营销学家菲利普·科特勒在《营销管理》一书中将"市场"定义如下:"一个市场是由那些具有特定的需要或欲望,而且愿意并能够通过交换来满足这种需要或欲望的全部潜在顾客所组成的。"从这一定义可以看出,市场营销学中关于市场的一般概念是建立在"消费主体"亦即"人"的基础上的,换言之,市场就是在一定时间、一定地点的条件下,对某种产品或劳务具有潜在购买欲望和购买力的消费主体集合。

二、市场的要素

从市场营销学关于市场的一般概念不难看出,市场是由消费主体、购买力和购买欲望三个主要因素构成的,其关系可用公式简单表示为:

市场＝消费主体×购买力×购买欲望

(一)消费主体

市场的消费主体是购买商品和服务的消费者和各类社会组织的总和。

1. 消费者。一个国家和地区消费者人口的总量决定着潜在市场的大小;而家庭户数的多少和家庭平均人口的多少直接影响着商品的需求结构和方向;不同年龄、不同性别的消费者及其需求与购买行为都有明显的差别;文化教育水平和职业、不同的民族与宗教信仰都会影响消费者的需求和购买行为;消费者人口的地理分布和流动也会影响到市场的构成和变化。

2. 社会组织。现代社会既是由个体消费者或家庭构成的,也是由各类社会组织构成的。这些组织包括各类工商企业、政府机构和其他非营利机构。因此,除了用于满足个体消费者及家庭需要而进行的消费外,还存在为满足社会组织生存与发展需要的消费,即组织消费。组织消费的结构和水平受到组织规模、类型、构成及活动方式的制约和影响。比如,工业企业数量的增多、规模的扩大,会带动对生产资料需求的增长。这不仅会提高生产性消费在整个消费结构中的比重,而且会使组织消费总量大大增加。在整个经济中,各类社会组织构成了与消费者市场不同的又一市场体系。它吸纳了相当数量的产品和服务,是许多企业开展市场营销活动的又一重要领域。

(二)购买力

人们的消费需求是通过利用手中的货币购买消费品来实现的。购买力就是消费主体支付货币购买商品或劳务的能力,包括消费者购买力和组织购买力。

消费者购买力是由消费者的收入决定的。所以,要研究消费者的购买力水平,就必须研究消费者的收入水平,后者可从以下两个主要指标得到反映:

1. 人均国民收入

人均国民收入的多少标志着一个国家或地区人民的生活水平和购买力水平,也影响着人们的消费结构。一般地说,在人均收入水平较低时,人们的收入主要用于购买基本的生活必需品,以维持自己的生存为主。基本生活必需品的需求是有限的,因此随着人均收入水平的提高,人们的消费需求在满足基本生活需要的基础上,会逐渐向满足发展体力、智力和娱乐享受的方面转变。就是说,在收入提高以后,人们购买食物的费用虽有所增加,但增加的幅度不大,因而占收入的相对量将会减少,而其他方面的费用却增加很快,占收入的相对量会相应增加。对于这一问题的研究结果,首先是由德国统计学家恩斯特·恩格尔(Ernst Engel)提出的,因此,国际上把这种现象叫做"恩格尔定律"。根据恩格尔定律,食物费用占家庭消费总支出的比例,称为"恩格尔系数"。食物费用占消费总支出的比重越高,恩格尔系数越大,说明所得的收入越少;反之则越多。研究消费结构的这种变化,对于确定企业产品的经营方向关系极大。它要求企业不能只生产单一档次的产品,要高、中、低档产品并举,以满足不同收入者的要求。

2. 个人收入

个人的收入水平,对消费者市场的总量和构成有着很大的影响。研究个人收入,要对收入的不同部分作具体分析。消费者的收入可分为总收入、可供支配的收入和可供任意支配的收入三个层次。总收入是指消费者每月所得的货币收入总额,包括工资和工资以外的其他收入。从总收入中扣除个人直接负担的支出部分(如税款),余下的就是可供支配的收入。在可供支配的收入中,有些是必须按期支付的,如房租、水电费,买粮食、煤炭、食用油、食盐、服装等的费用及到期应付的其他款项等。可供支配的收入中扣除这一部分,余下的就为可任意支配的收入。它既可以用于储蓄,也可以购买商品;既可以购买这一类商品,也可以购买那一类商品。对于大部分企业来说,研究的重点是可任意支配的收入,因为它是影响消费者需求的最重要的因素。

组织购买力是指包括各类工商企业、政府机构和其他非营利性社会机构在内的社会组织的货币支付能力。它不仅包括各类组织购买消费资料的能力,也包括购买生产资料的能力。组织购买力的大小取决于各类组织的收入或其他资金来源的状况,如工商企业的经营收入、政府的财政收入、公益事业得到的政府拨款或社会捐资等等。

(三)购买欲望

购买欲望是指消费主体购买商品的动机、愿望或要求,是消费主体把潜在购买力变为现实购买力的重要条件,因而也是构成市场的基本要素。

构成市场的三个要素是密切相关、缺一不可的。消费主体因素是前提,没有消费主体就没有市场。人口的多少和社会组织的总体规模是决定市场大小的基本条件。当然,还要看消费主体的收入状况。就拿消费者市场来说,若人口多,而收入水平很低,市场也不会大;相反,人口不多,但收入很高的国家或地区,其消费者市场可能要大些。只有人口多而居民收入又高的国家或地区,才拥有一个真正大的和有潜力的消费者市场。有了消费主体及其收入,还必须使商品和服务能符合消费主体的要求,能够引起消费主体的购买欲望。当然,激发消费主体的购买欲望,并为消费主体顺利实施购买行为创造必要的条件,往往离不开提供产品和服务的工商企业所制定和实施的市场营销策略。从这个意义上说,企业的市场营销能力甚至也可以被看作是市场的一个要素。只有同时具备了消费主体及其购买力和购买欲望以及企业的市场营销能力几个要素,才能保证企业的产品和服务有一个现实的市场。

第二节 市场类型

市场是一个完整而复杂的体系,为了更好地研究和了解市场,必须对市场进行分类,以便从不同角度对其加以考察,充分把握市场整体和局部的特性。市场分类的方法很多,这里只选择一些有代表性的加以说明。

一、按照产品或服务供给方的状况划分

这种分类是微观经济学中对市场结构的一般划分。按照产品或服务供给方的状况,可以分为完全竞争的市场、完全垄断的市场、垄断竞争市场和寡头垄断市场。严格地说,其中的市场概念与市场营销学中的一般市场概念并不一致,它是微观经济学中所定义的"一组为买卖某种商品而相互发生联系的厂商和个人",即包含了产品和服务的供求双方及其相互关系。这种划分的依据是构成一个市场或行业的厂商的数量及产品的性质、厂商对价格的控制程度、资源流动的难易程度及售卖方式等状况。

完全竞争的市场具有以下特点:存在着大量的买主和卖主,产品和服务是同质的,资源流动不受限制,买卖双方可获得完全的信息等。这种市场竞争十分充分,价值规律能够充分发挥

作用，产品或服务的供求几乎完全靠市场价格自发地调节。这种市场是一种理想的模式，现实中几乎不存在，只有极少数农产品市场与之类似。

完全垄断市场指某种产品或服务只有唯一的供给者，而且不存在相近的替代品的供应者。这种市场上不存在竞争，唯一的供给者可以在很大程度上控制价格。一般来说，企业取得完全垄断地位的方式有以下几种：控制了用于生产某种产品的某种基本投入的全部供给；某些特殊产品生产中强烈的规模经济性的存在；以专利的形式取得使用某种生产技术或生产一定产品的独占权；得到政府给予的在一定地区生产经营某种产品或服务的独占的特权等。处于完全垄断地位的企业的营销目标往往是最大限度地利用垄断地位，赚取高额利润，同时设法阻止其他竞争者的加入，尽可能地维护甚至加强自身的垄断地位。不过，完全垄断市场多出现在由国家垄断经营的一些诸如邮电、电力等关键的产业或公用事业部门。除此之外，真正处于完全垄断地位的企业并不多见，因为它们的行动在很大程度上会受到政府或其他机构通过制定和实施"反垄断法"等措施而进行的抑制和反击。

垄断竞争的市场是介于完全竞争和完全垄断之间，而且近于前者的市场结构。在垄断竞争的市场上存在大量的企业，它们进入市场不受限制，它们生产具有一定差别且互为相近替代品的产品。由于产品存在差异性，企业具有一定的垄断力量，其垄断力的大小与产品差别度成正相关；由于产品间具有替代性，企业为数众多且新企业的加入比较容易，因此，每个企业又不得不在营销过程中与其他企业展开激烈的竞争。不过，没有一个企业能够控制整个市场。在垄断竞争条件下，企业通过确定垄断产量和垄断价格来实现利润最大化的目标。为了达到合乎自身利益的产品销量，企业往往采取多种价格和非价格竞争手段，诸如调整产品价格、改变产品的特性和性质（如改变产品设计、颜色、型号、包装或更换商标等）、扩大广告和宣传支出等。

寡头垄断市场也称寡占市场，是介于完全竞争和完全垄断之间且近于后者的一种市场结构。其特征是少数几家大厂商生产和提供某种产品的全部或大部分。由于只有少数几家实力雄厚的企业存在，其中一家的任何行动都会影响到其他企业。因此，企业彼此间对其他各方的行动都十分敏感，在决定有关市场营销策略时，都要注意它们会给竞争对手带来什么影响。正是由于寡头企业行为的这种相互依赖性，它们往往把主要目标确定为盯住竞争对手，在取得必要的利润的前提下，使本企业的增长速度与对手保持同步，以维持自己的相对市场份额不变。因此，寡占市场中企业总体行为呈现出以下特征：某个领头企业率先行动，其他企业则随即作出反应，并采取对抗措施，意在抵消竞争对手首先采取行动所得到的好处，保持彼此间的力量均衡。根据不同的方法，可以将寡占市场分成几类：从产品性质异同上看，分为纯粹寡头垄断和差异寡头垄断；从厂商的数目看，分为双头垄断、三头垄断和多头垄断；从企业行为方式上看，分为非勾结性寡头垄断和勾结性寡头垄断等。

由于企业开展营销活动的实质是在同行竞争的基础上满足消费主体需求的过程，因此，企业的营销活动不仅与市场需求的状况有关，也与产品或服务供给状况有密切联系。

借鉴经济学中有关市场结构的划分，有助于企业了解竞争的性质及一般规律，从而更好地制定有效的市场竞争策略。

二、按照消费主体的身份划分

按照消费主体的身份，可分为消费者市场和组织市场。消费者市场是由所有为了个人消费而购买商品和服务的个人和家庭组成的。根据消费者的年龄、性别、职业、民族等具体情况的不同，还可以将消费者市场细分为一系列子市场。组织市场指由各类组织单位所组成的对产品或服务的购买方。根据组织的性质,组织市场又可分为生产者市场、转卖者市场、政府市场和非营利性团体市场。

对于指导市场营销的实践来说,这种划分方式是非常有意义的。不同行业的企业所面临的市场,由于其消费主体的身份不同,其特点和需求会有很大的区别。

消费者市场的主要特点有:

(1)该类市场的购买人数众多,需求差异较大。购买者主要是消费者个人或家庭,他们的需求也较为复杂。因此该类市场几乎面对着所有消费者,他们具有不同的年龄、职业、性别和生活习惯,地理位置分布广泛。

(2)消费者市场中的顾客,其购买量较小,但购买频率很高。受到消费水平、财力以及贮存等方面的影响,这些消费者一次的购买量通常不会很大,但是会经常购买。

(3)消费者市场中的购买多为冲动性购买。也就是说,该类市场中的主体在购买企业产品的时候,是以非专家的身份购买的,对产品知识了解较少,随机性比较大,对价格比较敏感,易受到促销活动的影响。这就要求企业在制定营销策略时,必须考虑该类群体的决策过程和影响因素。

组织市场的主要特点有:

(1)与消费者市场相对应,组织市场的购买者数量少,购买的规模较大。这是由该类市场的购买者的购买目的所决定的。

(2)组织市场的需求是一种派生的需求,主要取决于市场对最终消费品的需求,因此这类市场的需求也是不断变化的,但相对的弹性要小。

(3)组织市场中的购买多为专业购买。由于该类市场的产品技术性和专业性都非常强,购买金额又比较大,因此购买者在购买的时候,都具备较为完善的产品和技术知识,多为经过培训的专业人员,购买和决策过程较为谨慎,少有冲动行为。

三、按照消费客体的性质划分

按照消费客体的性质不同,可分为有形产品市场和无形产品市场。有形产品市场为消费者或组织提供有形物质产品,也就是一般的商品市场。无形产品市场也称服务市场,它通过提供具有方便性、知识性、娱乐性、保健性和辅助性的服务活动和服务过程来满足消费者或组织的某种需求。服务市场中的消费客体以无形产品为主,有时也包括部分实物商品和变通形态的商品(如车船票、影视票等)。按照服务的方向,可将服务市场分为生产服务部门和生活服务部门。生产服务部门主要为工商企业、政府机构或其他社会机构的经营或运转提供服务,如金融业、咨询业等;生活服务部门主要为个人和家庭的生活消费提供服务,包括餐饮、旅游、保健、娱乐、教育等部门。当然,多数服务部门往往同时提供生产服务和生活服务,如保险、通讯、交通运输等。按照商品的经济用途,商品市场还可以进一步分为生产资料市场和生活资料市场。

第三节 市场需求的基本形态

市场需求和如何满足需求是事物矛盾的两个方面,任何一个企业都面临着如何了解和解决这一矛盾的问题。随着社会生产力水平的提高和技术更新速度的加快,市场需求呈现多样性、复杂性和易变性的特点。为了能够在激烈的竞争中站住脚,实现自身的经营目标,企业必须认真研究市场需求及其可能出现的各种形态;并在对内外环境条件分析的基础上,充分利用市场机会和一切条件,有效地利用企业的内部资源,采取适当的生产组织方式和市场营销策略,主动、充分地满足市场需求,并最终取得消费者、企业和社会整体利益的最大化。从整个市场角度看,市场需求可以分为正需求、负需求和零需求三种形态,其中一些还可以进一步细分。

一、正需求

(一)潜在需求(潜伏需求)

指市场上消费者已对某种产品或服务有了明确的需求欲望,而这种产品尚未研制出来,服务尚未有人开展;或指在一定市场环境下,市场需求的最高限量中扣除现实需求后的那一部分需求。如许多人都想拥有一种性能更好、更安全舒适、省油、少污染的汽车;新一代高效抗病强身药物的问世定会适应人们希望健康长寿的需求……随着科技的发展和人们消费水平的提高,潜在需求的内容和层次将更加丰富。善于发现和了解市场的潜在需求不仅是工商企业的任务,更是其发展壮大的机会,是保证企业开发新产品、开辟新市场、增强企业生存能力和竞争发展能力的最可靠的源泉。因此,企业的高层领导,特别是具有战略眼光的企业家,应该把主要注意力集中在研究市场潜在需求这个问题上,进而领导企业开展开发性或引导性营销活动。也就是说,应针对需求的紧迫性,结合企业的条件,果断决策,锐意开发新产品,并积极引导消费者使用和购买新产品,将顾客的潜在需求化为现实的需求。

(二)动摇性需求(退却性需求)

指市场上对某种产品或服务的需求逐渐减少,出现了动摇或退却的现象。这种情况多是由于新的产品或服务的加入和冲击造成的。例如:由于彩色电视机的问世,黑白电视机的需求产生动摇。由于产品和服务都有一定的市场生命周期,当其上市一段时间后,需求经历了上升和高涨之后必然会趋于衰退。然而,通过营销努力,企业可以在相当程度上扭转或缓和这种局面,从而延长已退却产品的市场寿命。解决这一问题的主要途径是进行重复性营销。例如,实行改变市场的策略,开拓和寻找新市场或进行市场转移;实行产品改进策略和改进营销手段的策略。目的是通过寻找新市场,开发潜在市场,刺激起更多的顾客对该产品产生需求,或使现有的顾客增加使用频率等,努力使开始退却的产品重新焕发新的生命力。当然,任何产品和服务最终必然会趋向衰退。因此,有计划地进行资源的战略转移,主动地用新产品取代老产品,实行产品的更新换代,不断创新,才是企业的根本出路。

(三)不规则需求(波动需求)

指市场需求量和供应能力之间在时间上或地点上不吻合或不均衡,表现为时超时负、此超彼负的现象。一般地说,产品的供给受企业生产能力变化的限制,往往是较均衡的,即与市场需求的平均水平大致相当。但市场需求则是比较活跃的,因此往往是不均衡的,在不同的时期、地点往往表现出较大的差别。许多季节性商品和旅游产品的供求关系都表现出这种规律性。又如医院里外科手术室在每周的开始几天常常是需求大于供给,公共汽车在上下班时间出现客流量的高峰等,这些都属于需求的不规则性。针对这种情况,企业应该设法采取各种同步性(调节性)市场营销手段,调整供给与需求,使二者实现适当的同步变化。例如,增加合理的产品库存,以应付旺季的需要,加强淡季的广告宣传,鼓励淡季购买或消费;调整季节差价,旺季适当提价,淡季合理降价;调整付款方式,实行预销售或提前销售或分期付款等。

(四)饱和需求(充分需求)

指市场上的需求水平和需求时间与企业预期的需求水平和需求时间基本上一致,供需之间大致趋于平衡。这是市场营销的理想状态,但这种情况的出现往往是相对的或短暂的。由于产品需求受多种因素的影响,而客观环境在不断变化,再加上竞争的存在,供求水平协调平衡的现象随时都可能被打破,从而出现新的不平衡情况。特别是产品更新换代的加速和消费者兴趣点的增多,使得任何一种产品的畅销都只能是短时期的现象。所以,企业经营者面对饱和需求,决不能满足于现状、掉以轻心,应该居安思危,自觉地采用各种营销手段和策略,积极进取,以保持稳定甚至进一步扩大需求。这叫维持性营销。其主要途径有:严格控制成本,保证产品质量,灵活调整价格;稳定销售渠道,维持必要的销售量;保持优良的销售服务;增加提示性广告宣传,进行各种非价格竞争等。

(五)趋饱和需求(过度需求或增长性需求)

指市场需求超过了企业的供应能力,呈现供不应求的现象。一般以紧俏商品或暂时缺货的商品较多。企业面临超饱和需求,等于自己的产品市场出现了"空档",如果不能及时补充,则根据市场竞争规律,别的企业就会瞅准机会打进来,甚至最终取而代之。为避免这种情况出现,企业可采取两种方式:积极的措施当然是在市场预测的基础上,有计划、有步骤地迅速扩大生产规模,增加供应量,即采取增长性营销方案;如果企业一时难以扩大供应量,可以暂时采取降低性营销策略限制需求,主要途径有暂时提高价格,减少服务内容,降低促销和推广努力,目的是使消费者暂时降低需求水平,但决不是杜绝需求。

二、负需求

(一)否定需求

否定需求指全部或多数消费者对某些产品(或服务)不但不产生需求,反而对其持回避或拒绝的态度。这可能是由于消费者对某种产品(或服务)存在误解,或该产品(或服务)本身的确不适宜消费者。例如,工业品使用者对于某些可靠性差或维持费用高的产品拒绝使用;糖尿病人回避含糖量高的食品,高血脂患者回避高脂肪食品;特定地区或种族的人由于宗教禁忌或风俗习惯而对某些特定产品或服务持拒绝态度等等。针对否定需求,企业应进行改善性或扭转性营销。也就是在充分进行市场调研,了解消费者对产品的意见、消费者的信念、价值观及其真正需要的基础上,采取各种办法消除使消费者产生厌恶和回避倾向的因素,使否定需求变为肯定需求,或者干脆放弃不适宜的商品。其实质是认真分析顾客的需求特点,然后采取措施,将顾客真正需要的产品送到顾客手中。

(二)有害需求

有害需求指那些无论是从消费者利益、社会利益还是生产者利益来看,都只会给人们带来危害的需求。例如,产品中包含了过量的某种对人有害的物质、假冒伪劣商品、有毒及霉烂食品及其他损害公众利益的商品(赌具、毒品、黄色书刊)等等。由于上述产品的特殊性质,对它们的任何需求都被认为是过分的,将引起有组织的抵制消费的活动。对于这种产品及其需求,必须进行反击性营销。其任务是指出该种产品及需求的危害性,促进消费者自动放弃对这些产品的需求。一般地说,保护消费者、生产者和社会公众利益的任何宣传、法律及组织行动都属于反击性营销内容。

三、零需求(无需求)

不同于负需求,不是由于消费者对产品产生厌恶或反感情绪而对产品采取否定态度,而是由于对产品还缺乏了解或缺乏使用条件,因而对产品不感兴趣或漠不关心,既无正感觉,也无负感觉。

导致无需求的情况一般有三种：第一种是对于某些熟悉的、被认为是没有价值的事物无需求，例如，到处可见的炉灰渣、汽水瓶等人们常识中的废弃物品即属此类。第二种是某些商品通常是有价值的，但在某一特定的市场内却没有价值，因而没有需求。例如，山区居民对于游船没有需求，热带农村对于滑冰用具无需求。第三种情况是由于消费者对商品的效能缺乏认识，因而没有需求，这种情况多发生在新产品刚刚上市时。

针对上述情况，市场营销任务是设法使无需求变成有需求，要采取促进或刺激性营销的策略。通常可用的方法是，努力将产品或劳务与市场上现有的需求结合起来，如结合建筑的需要，研究和宣传利用炉渣制作新型建筑材料；改变市场环境，创造新的需求，如积极赞助和推动山区有关部门修建水库，发展旅游业以形成对游船的需求；加强宣传，大做广告，促使顾客认识产品的优点，了解产品能给顾客带来的好处，以激发人们的购买动机。

复习思考题

1. 什么是市场？它的构成要素有哪些？
2. 按照消费主体的身份不同，可以将市场分为哪两种类型？它们各有什么特点？
3. 市场需求有哪些基本形态？试述针对不同形态的市场需求企业营销工作的重点。

案例分析

蒙牛向高端奶市场的进军

随着乳品市场竞争的加剧，各个乳品企业都将市场细分作为竞争的有力武器，特别是在液态奶的市场上，细分化的竞争已经走向高潮，早餐奶、纯牛奶、低脂奶、牛初乳、卡式奶、芦荟奶等，各种各样的液态牛奶概念被其背后的企业集团当作一枚枚棋子推出。这种近似于在大片空白土地上插旗帜似的排兵布阵模式，无疑给了这些企业愉悦的战斗快感，也给予了消费者很大的选择空间，但同时，这种眼花缭乱的抢夺战法，也让人无所适从。从企业角度看，每当一个基于新的细分市场产生的液态牛奶概念一经推出，为了避免被夺走市场份额，会立刻推出相似产品，结果是产品同质化严重，价格战愈演愈烈，牛奶的毛利率已经低于行业平均水平。2005年统计结果显示，销售收入前10位的企业利润率平均仅为4.9%。身处于这样的竞争当中，位于中国乳业前三甲的蒙牛集团也意识到了面临的危机，目前的低端液态奶市场已经基本饱和，再进行盲目的市场细分无疑就像放下一枚定时炸弹，随时可能引爆炸伤自己。

在这种情况下，公司转变思路，把眼光投放到顾客的需求欲望上，开始挖掘潜在需求，通过产品研发和市场开发，把潜在需求变为现实需求。经过系统的分析，公司认识到目前的竞争主要在低端市场上，而低端市场又是一个可以随意进出的范围，很多中小企业也一同争抢市场份额，导致市场饱和，因此，开辟高端市场，挖掘高端消费者的潜在需求对于大型乳业公司应该是一个更好的选择。随后，蒙牛推出了全新的高端优质牛奶品牌"特仑苏"，"特仑苏"在蒙语中是"金牌牛奶"之意，其价格比纯牛奶贵一倍多。"特仑苏"富含造骨牛奶蛋白OMP，它能够加强骨骼对钙的吸收，帮助人体增强骨密度，因此，特仑苏的每100克牛奶中蛋白质含量大于等于3.3克，比国家标准高出13.8%，是全球第一款"吸收钙、留住钙"的牛奶产品，也是中国乳业第一款拥有自主知识产权的高科技牛奶产品。从产品的需求市场来看,随着中国人民生活质量的提高,对健康的重视程度不断增加,对牛奶的品质要求也随之提高,这种潜在需求其实已经在不知不觉中走进人们的生活。在很多发达地区,高品质牛奶已经成为一部分消费者的首选。相关调查显示,台湾1999年的高优质奶销量为0.16亿升,普通奶1.52亿升,到2004年这个数字分别为0.9亿升和1.2亿升。在台湾,排名前3位的乳品品牌已经占到整个乳品市场的80%以上,而这些品牌无一例外都是将高优质奶的生产销售作为发展的重点。

然而,高端奶的市场并非任何乳品企业都可以进入的,因为,高端奶的关键因素是奶源,只有建立优质牧场而不是收取奶农的散奶才能保障"奶源"的品质。特仑苏牛奶出自蒙牛澳亚国际牧场,这样的优质奶源是很多中小型企业所不具备的。因此,蒙牛进军高端奶的市场,不仅是对顾客潜在需求的开发,同时也是建立竞争优势的关键一步,中小型企业只能竞争低端市场,苦于实力有限而对高端市场望尘莫及。这样,蒙牛脱身于同质化的价格战,为自己开辟了一条新的道路。

问题
1. 蒙牛对于市场需求类型的挖掘有何意义?
2. 蒙牛的高端奶战略有何优势?

第二篇 市场机会分析

分析营销环境

消费者市场与组织市场

营销信息系统与市场调研

◇第三章
分析营销环境

现代企业的营销活动是多方参与、多方影响的结果。营销活动的各个参与部分和影响力被称为营销环境要素。一系列营销环境要素就组成了企业营销活动赖以存在和发展的营销环境。营销环境又可以分为企业内部营销环境和企业外部营销环境。

企业内部营销环境是由企业内部的营销环境要素组成的。这些要素反映了企业自身拥有的物质、非物质的条件以及企业主观工作等方面的情况。其中,反映企业拥有的物质条件的要素主要包括:人员、资金、支持经营活动的机器设备和厂房设施、信息资源等;反映企业拥有的非物质条件和主观工作情况的要素主要包括:企业文化、组织结构、规章制度和管理水平等。

企业的外部营销环境是由企业以外的营销环境要素组成的。根据对营销活动影响的程度,它可分为外部微观营销环境和外部宏观营销环境。外部微观营销环境直接地与企业的营销活动发生相互作用和影响。它主要包括以下几个方面的要素:供应、营销中介、顾客、竞争、公众。外部宏观营销环境间接地与企业的营销活动发生相互作用和影响,主要包括以下几个方面的要素:政治、法律、经济、社会文化、技术和自然因素。

内部营销环境是营销活动的基础,外部营销环境是营销活动的保障条件和制约。内部营销环境要素通常是可控的,外部营销环境要素则基本上是不可控的。

第一节 宏观环境分析

一、政治法律环境

政治法律环境主要指营销活动面临的政治形势与法规情况。政治法律环境对企业营销活动的影响体现在以下三个方面:

第一,企业所在国家和地区的政治形势对企业开展营销活动起着决定性的作用。总的来说,动荡的政治局面、频繁更迭的政权,必将会危害企业营销活动的长期、稳定发展。

第二,政府的大政方针也左右着企业营销活动发展的方向与规模。这在政府对经济活动控制很强时,尤为明显。在国家进行意识形态改造、政治与经济体制改革、进入或退出国际贸易经济组织等方面有重大举措时,由于人们的思想观念、经济生活受到了一定程度的冲击,营销活动的对象、规模也需要随之加以调整。

第三,国家有关法律法规对企业营销的具体活动起着保障与约束作用。国家往往通过制定相应的法律、规章制度来达到以下目的:(1)保证企业间公平竞争,消除不公平竞争和垄断行为,如《中华人民共和国反不正当竞争法》、《广告法》的有关规定。(2)保护消费者合法权益,免受不法商业行为的危害,如《消费者权益保护法》、《产品质量法》的有关规定。(3)维护国家和社会长远的、整体的利益。国家通过立法在宏观上协调社会各方的利益,使社会经济总体发展方向和速度符合政府的意图,使国民生活水平与生活环境质量得到保证。这方面的法律规定如专利、价格管理、专卖制度、海关税收制度、环境保护、能源使用等方面的有关规定。

大环境的政治形势和有关法规是企业必须弄清楚的。在针对企业的法规越来越多的今天,具备一定规模的企业,都应有其专门的政策与法律顾问。

二、经济环境

经济环境状况主要包括国民经济发展规模与发展速度、经济结构、国民购买力、公共事业(如交通运输、能源)等方面的情况。

宏观国民经济发展形势如何、各产业行业比例关系是否协调、公共基础设施健全与否对企业营销活动都有着不同程度的影响。国民购买力更直接地影响到消费者市场的规模及其大小。

消费者市场的规模由其中的消费者数量与消费者的购买力共同决定。消费者购买力主要是由消费者的收入情况、消费支出占收入的比例以及消费支出的结构模式决定的。

对购买力情况的分析需注意两个方面:(1)营销活动感兴趣的是消费者的实际收入,即在考虑了通货膨胀、税收、储蓄、信贷等因素的影响之后消费者可支配的实际收入。(2)营销活动需要研究的收入一般不是平均收入,而是某特定消费者群体的具体收入水平。在收入很不均衡的国家和地区,其平均收入水平往往不能作为企业制定营销策略的依据。

此外,需要特别指出的是,通货膨胀会极大地影响消费者的购买力和企业的竞争能力,尤其是日用消费品、必需消费品价格上涨过快过猛,会严重危及市场需求;同时也会带来企业经营成本提高、银行贷款利率上升等环境威胁。因此,通货膨胀应作为考察经济环境的一个重要指标。

三、技术环境

在现代经济中,在以国家或私有研究和开发经费为动力的推动下,强大的技术基础为竞争和经济的高速增长提供了有力的支持,新的技术创造了新的市场和机遇。然而,新技术的普及也会侵蚀原有技术的市场。例如,数码相机的广泛使用侵蚀了传统照相机市场,MP3 的出现也沉重地打击了磁带和光盘等音乐载体。

技术影响到营销组合的所有要素:创造新的产品和服务、改进现有产品、通过更经济的分销流程降低价格、利用新技术与顾客沟通。因此,企业营销人员应紧跟有关科技发展的形势,分析研究技术环境发展变化的趋势。

当代企业的科技环境有以下发展趋势:

(一)技术的发展速度越来越快

现代技术工艺正在以一定的加速度向前发展。现代社会所使用的大多数商品都是近年来才出现的,像笔记本电脑、MP4、移动电话等等。不仅如此,新产品的研发周期也正在不断缩短,产品的更新换代加快。

(二)创新机会广泛

现代技术在微处理器、无线通讯系统、智能机器人、材料科学、生物技术、医学、太空技术等领域有着长远的发展前景。这些领域内的新技术、新工艺的不断开发所引致的创新机会给企业带来了越来越多的机遇与挑战。

(三)研究预算越来越多

企业认识到了技术的重要性,意识到了经济效益上的优势往往来自技术水平的领先。于是,企业在技术研究开发上的预算也越来越高。同时,竞争的激烈程度与范围的不断加大,导致了多个企业联合研究开发新产品、新工艺这一现象的出现,这又进一步增加了技术研究开发的总预算。

(四)针对技术革新的法规增多

技术的革新不可避免地要对生态环境和人们的社会生活产生影响。过分追求局部利益和考虑不周的革新活动有时往往会对社会环境、生态系统以及个人生活造成危害。所以,政府往往从社会的长远发展、国民的切身利益出发,制定越来越多的法规以限制企业的随意革新。企业应密切注意与自身有关的技术发展,在避免技术环境变化对企业产生不利影响的同时,充分开发和利用市场导向的、无危害的新工艺、新技术为企业的营销活动服务。

四、社会文化环境

社会文化环境分析有助于企业了解消费者的需求特征,更好地确定营销目标市场。它主要包括人口因素和文化因素两方面。

(一)人口因素

人口状况的特征主要有人口数量、年龄与性别、家庭状况、人口的地域性分布等。

1. 人口数量与结构

人口数量的变化往往意味着总市场购买力的增减,但人口数量的增加并不一定会使所有方面的市场购买力都增大。因此,营销人员不仅要注意到人口数量总的变化,更要弄清楚人口数量结构的变化。

2. 人口年龄与性别

不同年龄、性别的群体,需求有所差异,营销手段的侧重点也应有所不同。同时,当消费者的年龄、性别比例结构发生变化时,营销人员也应能针对市场新的年龄、性别情况调整其营销策略或进行市场的重新选择。例如,美国强生公司在市场年龄和性别结构发生变化时(婴儿出生率降低,婴儿用品消费者减少),对消费者市场进行了重新选择,他们说服成年人使用其原来只供婴儿使用的产品,如婴儿爽身粉、洗发精等。

3. 人口的地域性分布

营销者应注意到由于人员在地域上的流动(如城市、农村之间的人口流动)导致的市场结构特征发生的变化。在此基础上,企业应根据人员流向地的地区消费者的需求特点及时调整营销目标市场与营销手段策略。

4. 家庭情况

家庭的购买力是巨大的,营销人员应认真研究分析消费者的家庭情况。家庭情况主要指家庭规模(即成员的多少)、结婚与生育的年龄、离婚率、家庭中男女就业等方面的情况。家庭情况的变动需要营销人员相应地调整其营销策略。例如,晚育家庭的增加意味着更侧重于成年人用品的营销策略;离婚率的上升会导致单亲家庭增加,即家庭的总数增加,这意味着营销策略应更侧重于家庭用品(如住房、家具等);独生子女家庭也提供了特殊的市场机会。

(二)文化因素

文化环境的情况是由营销环境中人们的民族与宗教信仰、风俗习惯、文化知识水平、受教育程度、职业等文化特征决定的。具有不同文化特征的人们形成了具有不同文化价值观的亚文化人群。从某种意义上讲,一个社会成员的行为就是其文化价值观的具体化和物质化。对特定的亚文化人群,由于他们具有较一致的文化特征,他们的购买习惯和消费行为往往具有一定的共性。营销人员应能够在掌握各个亚文化人群的价值观与消费行为特点的基础上,在针对特定的人群进行营销活动时投其所好,避之所忌,确定适合其文化背景的营销策略。社会文化环境的发展变化一般是缓慢的、渐进的。这就使企业有足够的时间来观察和分析研究社会和文化环境,从而更容易地适应环境的变化。

五、自然环境

自然环境是指那些能够影响社会生产过程的自然因素,包括自然资源、地理位置、气候条件和生态环境等因素。自然环境的分析可以使企业更好地识别自然资源、气候条件等因素的变化给企业带来的有利的和不利的影响。自然环境对企业营销活动的影响往往是通过某些社会团体的行为、原材料供应情况的变化以及政府立法措施等来实现的。

营销人员应注意近年来自然环境状况发展变化的三个趋势:

(一)自然资源短缺

自然资源的短缺可能使一个公司受损,也可能促使其开发新的市场。例如,日本汽车业在20世纪70年代石油危机时期,通过寻找市场空隙,开发生产节能的小型汽车,一举夺取了美国汽车市场很大的份额。地球上的自然资源有三大类:第一类是取之不竭、用之不尽的资源,如空气。但这类资源污染严重,有待改善。第二类是有限但可以更新的资源,如森林等。这类资源必须防止过量采伐和侵占耕地。第三类是有限但又不能更新的资源,如石油、煤等。这类资源最为短缺,应合理开发利用,寻找替代产品,降低消耗,并通过价格机制来调节资源的合理使用。

(二)环境污染程度越来越严重

一些工业企业产品的附带物一直在污染着自然环境,直接或间接地危害着居民的健康。许多国家和地区的居民因此成立了抵制这些企业的产品的各种组织和团体。对这些企业来说,如果不能消除污染问题,企业的营销活动必然面临巨大的困难与压力。在这种情况下,积极与环境保护组织合作的企业往往会比那些拒绝合作的企业更容易实现其营销目标。当然,社会对环境污染问题的关注,为那些能进行废物回收或能够开发、研制、生产废物回收系统的企业以及能够进行净化环境工作的企业提供了很好的获利机会。

(三)政府在环境资源管理中的干预加强

政府在环境资源管理中的干预加强,力求达到保护自然环境、合理利用资源的目的,许多国家的政府已经开始通过立法来限制企业的某些经营活动。企业应时刻注意到政府机构在这方面的新动向,并采取积极响应的态度和行之有效的预防措施,以免遭到政府法规的束缚和惩罚。

第二节　微观环境分析

一、供应商

供应情况的分析主要包括对企业所需物资和资金的供应来源及渠道情况的研究分析。企业营销人员要尽量寻求在质量、价格、运输条件、信贷承诺、风险等方面综合最优的供应商。选择合适的供应商对企业生产和营销活动起着不可忽视的作用。例如，供应物资质量差或不能按期交货、生产产品所需关键材料价格上涨等势必影响到企业正常的生产进度及所生产产品的价格与质量。这种情况极易招致顾客对企业的不满，从而最终影响到企业营销活动的正常进行。企业可以通过建立多个供应渠道来增加选择上的自由度，以减少上述变化带来的危害。但是，这意味着企业平时要付出更多的精力与财力。

二、营销中介

营销中介是指在企业将产品卖到最终顾客手中这一过程中，承担对企业产品的促销、运输、分销和出售职能的各类组织。按其承担的工作划分，营销中介主要分为中间商、物流公司、营销服务机构和金融机构四种。

（一）中间商

中间商帮助企业寻找买方，或直接将企业产品出售给顾客。中间商主要包括各种零售商和批发商，如小百货店、专卖店、连锁店和超级市场等。企业营销部门必须仔细挑选能与之长期合作的中间商。

（二）物流公司

物流公司负责将产品从制造场所运输到最终目的地，一般通过火车、汽车、轮船、飞机等交通工具来完成。企业应结合自身产品的特点，在综合考虑运输的费用、安全性、速度等诸多因素之后选择最适宜的物流公司。

（三）营销服务机构

这是那些帮助企业寻找目标市场及帮助企业促销产品的机构，主要有市场调研机构、广告代理公司、营销咨询机构等。一些大企业拥有自己的营销服务机构。如果企业必须选择企业之外的营销服务机构，就应先综合了解备选机构的专业素质，并在选定以后还要监督其工作完成的实际情况。

（四）金融机构

金融机构是那些在企业买卖货物产品时能够向企业提供资金服务的信托公司、保险公司和银行部门等。同样，企业也需要根据金融机构提供的服务条件进行选择。在综合权衡、选择之后，也还要注意与其保持友好的合作关系。

三、顾客

企业营销活动面临着多种顾客市场。每种顾客市场的特点各不相同，具体的市场需求规模、市场占有率、发展速度的调研和估算方式也有所不同。因此，对于不同顾客的营销策略要有其差异性和针对性。

企业的顾客主要包括四种类型市场：(1)消费者市场。以购买个人和家庭用品满足个人消费为主的消费者。(2)工业用户市场。以购买原材料、零配件、能源动力和其他用品，投入生产经营活动过程以获利的组织。(3)中间商市场。购买产品和服务以获利的组织。(4)政府市场和非营利组织市场。购买产品和劳务满足其工作和职能需要的政府机关、事业单位和群众团体。

四、竞争

竞争环境分析在整个营销环境分析中具有极其重要的意义。营销的根本任务就是要比竞争对手更好地满足企业的顾客市场的需求。这就要求企业不仅要了解顾客需求的状况，还要了解其所在竞争环境的特点。

按经济学上传统的分法，竞争可以分为四种不同市场条件下的竞争：完全竞争、垄断竞争、寡头垄断竞争和完全垄断竞争。

弄清所面临的竞争形势如何，有助于企业在制定竞争发展战略时树立起全局、长远的观点。清楚已经或即将进入的竞争环境是哪种竞争市场，认清现实的或潜在的竞争者，分析与竞争对手间的相互关系（如与竞争者之间是领导关系还是跟随关系或是平等相对的关系），是企业确定其竞争出发点和努力方向的前提条件。不同竞争形势下竞争的最关键因素如表3-1。

表3-1 四种市场条件下竞争的最关键因素

竞争类型	竞争最关键因素
完全竞争	销售渠道及方式
垄断竞争	价格
寡头垄断竞争	促销及产品差异
完全垄断竞争	无

总之，企业应分析其所在的竞争环境的形势以确定其竞争出发点、竞争方向和目标。在此基础上，企业应结合自己的实际条件，发挥竞争优势，恰当运用竞争的战术手段（如针对产品、价格、销售渠道、促销等方面的措施），有效地夺取竞争对手的顾客市场。

五、公众

在企业的微观环境中的另一个重要因素是公众。公众是指对公司的营销目标和能力有实际影响或潜在利益的群体。企业的公众有以下几种类型：

（一）融资公众

融资公众是对公司筹集资金、融通资金有着直接影响的机构和组织。例如，银行、投资公司、保险公司、证券公司等等。确保这些机构的支持，对保证企业实施营销计划所需资金是非常重要的。要取得融资公众的信任和支持，公司必须善于运用资金，创造良好的经营业绩，发布令人信服的财务报告。

（二）媒体公众

媒体公众是指各种大众宣传媒介，主要指报纸、杂志、电台、电视和网络等媒体。充分利用和控制媒体公众，处理好与媒体公众的关系，是企业公共关系部门的重要职责。

（三）政府公众

政府公众是指影响企业经营的政府部门。政府是社会利益的调节者和执行者，公司的营销计划必须和政府的发展计划、政策和法律法规相一致。企业的营销人员应该时刻关注和研究政府的相关政策和法律法规的颁布,如产品安全、卫生、广告真实性和销售方式等方面的内容。

(四)特殊利益团体公众

特殊利益团体公众是指各种群众团体,如消费者协会、妇联、工会、环保组织等。这些组织直接代表了企业内外的各种特殊利益,企业要关注这些群众团体的宗旨和动向,处理好企业与之的关系。

(五)社区公众

社区公众是指企业所在地邻近的居民和社区组织。任何企业都要在一定的地区开展生产和营销活动,因此,取得社区公众的理解和支持,与之建立和保持良好的关系,是企业取得长远发展的重要保证。

(六)一般公众

一般公众指上述关系公众之外的公众。虽然一般公众没有严密的组织来影响公司的经营行为,但是其正面和负面评价都可以通过口头传播而扩散,从而直接影响到企业形象。因此,为了维护和提升企业的良好形象,应该努力赢得一般公众的认可。

(七)内部公众

内部公众指的是企业的内部员工。企业的员工是营销计划的制定者和实施者,他们的工作质量直接影响到产品质量和服务质量,因而,获得内部员工的支持,提升企业内部满意度,才有可能使最终顾客满意。

复习思考题

1. 市场营销的宏观环境主要包括哪几个方面?
2. 市场营销的微观环境主要包括哪几个方面?

案例分析

三大病症芭比娃娃失宠

著名的芭比娃娃多年来一直是美国的标志型玩具,每个小女孩都梦想着拥有一个芭比娃娃,这使芭比的制造商美泰公司(Mattel)连续四十几年成为玩具市场的霸主。然而在流行文化风向频繁变幻的状况下,美泰——这位昔日的市场领导者的销售额不断下滑,甚至股价跌落,加上新的竞争对手争相出现,尤其是美国MGA公司推出了与芭比风格大为迥异、贴近流行文化的"闪亮小天后"Bratz娃娃系列之后,使得美泰公司的处境颇有雪上加霜的味道。

芭比娃娃的顽固自大症

对文化更替认识不足,对品牌自我保护意识过于强烈,将芭比娃娃隔离在新时代之外,目标消费者越来越窄。

在Bratz出现之前,美泰以及整个玩具行业,都发现了一种叫做"童年浓缩"的现象——儿童心智年龄提前成熟,随着年龄的增长,很快就不适合玩传统玩具。美泰内部的人士也表示,"因为计算机、网络与电视、录像带等信息的洗礼,现在许多八九岁的孩子,思想成熟度已经像是十三四岁的青少年,所以她们对于太过孩子气的玩具会排斥"。营销者们称她们为Teens(意为年龄在 8~12 岁之间的儿童),她们的思想相比年龄过于成熟,不再当自己是小女孩,更加追求自我,口味变幻频繁。

过去,12 岁的女孩子可能还会玩娃娃,可是今天洋娃娃最主要的消费群却是 3~5 岁的小女孩。在 Teens 女孩们迅速更换的口味中,芭比娃娃就成了一个婴儿玩具。较大的女孩子正在对它的旗舰产品失去兴趣,甚至 6~7 岁的小女孩们也被姐姐们影响了,开始与芭比疏远起来。2000 年,芭比的全球销售额为 16 亿美元,这个数字比 1997 年的 18 亿美元少了 2 亿美元。

从 2000 年开始,美泰关注于一系列商业上的挑战(收购计划),加上内部的问题,因而这个关系到未来市场发展的文化心理现象没有受到重视。

果然,芭比遇到了有"街头美少女"、"闪亮小天后"之称的 Bratz 娃娃的空前挑战。Bratz 是美国 MGA 公司针对 7~12 岁女孩子推出的一组流行时装娃娃,有一系列不同的种族形象,拥有被称为"绝对危险、绝对野蛮和绝对另类"的流行时尚。据零售业调查机构 NPD Funworld 公司的统计,2003 年 1~10 月,Bratz 娃娃组合的销售额在时装玩偶中排名第一,芭比的"散步与游戏"系列落居第二。虽然 Bratz 在整体销售额上还无法与娃娃天后芭比相抗争,但其骄人战绩却不得不让芭比感慨"后生可畏"。

另一个原因是,美泰比较奉行品牌保护主义,芭比娃娃曾是美国的标志性玩具,给美泰带来了巨大的成功,因此它拒绝对芭比一贯的形象作出改变。尽管美泰也愿意为了应对竞争不得不作出一些非常规的改变,然而"保护芭比形象的公司文化已经成为美泰的 DNA"。美泰前任设计师赖恩特表示,美泰顽固不化,坚决不允许对芭比有所改动。这也许是他将自己的设计——身着嘻哈服饰的大头娃娃 Bratz 的设计卖给美泰宿敌 MGA 的原因。

一些业内人士的评论一针见血:"芭比的成功是工业文明的产物,现在已进入电子文明时代,文化的多元化和消费者口味的多元化注定了芭比终将在这个新的时代里风光不再。这是历史的必然,非人力所能改变。"

芭比娃娃的行动迟缓症

对市场反应迟钝,美泰没有能够引导潮流,竞争对手趁机切分了其市场份额。

2001 年夏天,竞争对手、玩具制造商 MGA 娱乐隆重推出了流行时装娃娃 Bratz 系列,大胆挑战芭比娃娃的形象,再也不是四十年来芭比标志性的形象——金发碧眼、甜甜的微笑,以及完美得不现实的身材。Bratz 四位成员,分别叫做雅斯敏(Yasmin)、科洛(Cloe)、小玉(Jade)和萨莎(Sasha)的"街头美少女",一改芭比娃娃端庄、高贵的完美造型,令人耳目一新。她们肤色各异,来自不同种族,着装前卫,热力四射。MGA 深谙在一个标榜个性的时代,女孩们追求自我的心理——Bratz 系列宣扬的是与众不同的个性、玩世不恭的态度,以及走在最前端的潮流,因此大受欢迎。在 Bratz 娃娃推出的头六个月,销售额就达到 2000 万美元,Bratz 娃娃获得了两个玩具产业协会颁发的"玩具年度大奖",而且数字显示,日益增长的销售量正直接地吞噬着芭比娃娃的销量。MGA 占据了市场中令人垂涎的区间——6 岁至 12 岁年龄段的女孩——千真万确。走街头路线的 Bratz 在严重地威胁着芭比的统治地位,更可怕的是,它取代了芭比,被认为是玩偶中的皇后。

面对这种市场状况,美泰反应缓慢。足足等到 14 个月之后,美泰才推出一款芭比娃娃的分支产品——My Scene 娃娃,它以生动大胆的妆容加上夸张的服饰为特色,这些都是小女孩们想要的。

然而时间长得足以使 Bratz 轻松地做好应对准备。在 2004 年,Bratz 的全球销售额达到 70 亿美元,相比上一年同期增长 45% 以上,而此时的芭比娃娃则停滞不前,销量保持在 15 亿美元。芭比在时尚玩偶市场上的份额从 2000 年的 75% 萎缩到 60%。

情况似乎更为糟糕,新的对手不断加入竞争,Integrity Toys 的产品 Janay and Friends,Tolly Tots 的 Girls On The Go 以及迪士尼的 Princess Line 也蜂拥而至,大举进攻玩偶市场,市场竞争愈演愈烈。美泰当然可以看到这一切,然而它仍然没有采取对策。

这就是美泰跌跤的地方,按照顾问们的说法,两个因素使美泰反应迟缓,即内部的重重挑战——这严重干扰了管理,以及公司自身的价值取向——他们不想改变芭比。美泰甚至拒绝了媒体的采访请求,理由是繁忙的商业计划使之不能分身,而与此同时,MGA 四处出击。

美泰的自大心理也是原因之一。来自玩具行业协会的顾问 Jim Silver 评论道,美泰没有作出迅速以及有力的反应,它总是认为 Bratz 会是昙花一现,只不过是另一个不会长久的对手而已。美泰的这种想法是有根据的,例如在 1991 年,美泰推出全美选美皇后芭比娃娃,大胜孩之宝(Hasbro)旗下推出的有着丰满身材、金发碧眼形象的玩偶系列——美国小姐。相似的,Tyco Toy 的小人鱼玩偶系列开始推出时也是不可一世,然而在美泰的人鱼芭比娃娃面前最终归于沉寂。

芭比娃娃的方向失灵症

面对竞争,美泰作出的决策失误重重,干扰了它的正确发展。除了反应缓慢、没有及时出售之外,其他策略也不令人满意。

因为芭比的风靡一时,美泰前 CEO Jill Barad 进行了一系列错误而昂贵的收购,使这家全球最大的玩具生产商股价长期陷于低迷。虽然 2000 年,前卡夫食品的首席执行官 Robert Eckert 接管该公司,他有条不紊地削减成本,提高存货周转率,并改善供应链流程,使美泰股价曾飙升 55%。但遗憾的是,Eckert 却始终未能改善美国境内的销售状况,华尔街也开始对此产生疑虑,股价再次出现回落。

此外,美泰在新产品的推出上,表现得也不尽如人意,新款设计的风格也有决策失误的嫌疑。比如,在 1999 年及 2000 年时,美泰曾推出 Diva Starz 产品迎合十几岁女孩们不断变化的口味,然而这个举动似乎没什么效果,新推出的 Diva Starz 虽然有明朗的面部特征以及时尚服饰,但是缺乏充斥于电视与杂志上的刺激、新鲜的流行元素,反响平平;而久负盛名的车模系列最新版"Hot Wheels 100"也没有燃起多少男孩子们的热情;2004 年情人节,也许是为了吸引注意力,美泰甚至决定让芭比与"相恋"43 年的"男友"肯尼分手,引起芭比迷的悲伤,然而这似乎更令人感觉芭比大势已去。

目前,虽然美泰公司仍旧是玩具行业里的航空母舰,但是谁也不能保证不会有更强大、更快捷的战舰出现,在市场经济波涛汹涌的浪潮中,美泰似乎"罗盘"失灵,遭遇迷航。

问题

1. 分析芭比娃娃失宠的主要原因。
2. 以 Bratz 的崛起为背景,分析市场的挑战者如何从领导者手中争得市场份额。
3. 如果你是美泰的 CEO,面对芭比娃娃的颓势,你会如何力挽狂澜?

◇第四章
消费者市场与组织市场

消费者市场与组织市场具有不同的特点。为了针对不同类型市场，有针对性地开发和实施有效的市场营销战略和策略，必须深入研究消费者购买行为和组织购买行为的特点，搞清楚影响消费者购买行为的各类因素，透彻地把握消费者购买决策的过程。区分生产者市场、中间商市场、政府及非营利机构市场等不同组织的购买规律和要求。

第一节 消费者市场与购买行为分析

一、消费者市场

消费者市场指为个人生活消费而购买或取得商品和劳务的全部个人和家庭。由于个人生活消费是社会的最终消费，所以消费者市场又称为最终消费者（或消费品）市场。消费者市场与广大人民群众的生活直接相关，在整个市场结构中占有重要地位，它的兴衰不仅影响着生活消费品的供求状况，也直接或间接影响和制约着生产性消费品的供求，因为后者最终是用来为生活性消费品的生产和流通服务的。为了更好地把握消费者市场的性质，有针对性地开展生产和营销活动，企业必须对消费者市场的基本特征、消费品的类型以及消费者的购买行为特点有所了解。

（一）消费者市场的基本特征

1. 市场广阔，购买人数多而分散。
2. 消费者市场上购买者购买次数较多，购买的时间分散，每次的购买数量较少。
3. 消费者市场的专用性不强，消费者选择欲强，需求多变。大多数消费品有较强的互替性。所以，增加消费品的花色品种，突出产品特色，对于促进消费者购买商品，具有现实意义。
4. 消费者市场上的购买者大都缺乏专门的商品知识和市场知识，他们在购买时往往主要凭个人的感情和印象，因此，他们的购买决定容易受广告宣传、商品的包装和装潢、推销方式、服务质量的影响。因此，消费品的推销更应注意研究和运用各种策略和促销手段，改进包装，提高服务质量，以引起消费者的购买欲望。
5. 购买力流动性大。由于购买者易于流动，购买力也随着流动。

6.消费品的购买决定多由妇女作出。

(二)消费品的分类

消费品的分类方法主要有两种:

1.按消费品的购买特点,可以分为日用消费品、选购消费品和特殊消费品

(1)日用消费品。日用消费品一般指那些日常生活必需、消费者经常购买、单价较低的商品,如各种食品和日用杂货等。消费者对这类商品的购买特点,一是由于日常需要,因而购买次数多,一般不受时间的影响,每时每刻都可能去购买。因此,消费者希望就近购买,以节约时间,所以销售网点多,要接近居民住所。二是由于经常使用和经常购买,消费者都具有一般的消费知识和消费习惯。因此,只要品质和价格没有太大区别,用户不想多作挑选,多属于习惯性购买。但也有些商品属于冲动性购买,就是买主不作事先计划,看到商品的颜色、味道、形状才引起购买欲望,因此,那些形状、色彩特殊的小商品也会吸引许多买者。三是由于日用消费品价格低,人们对商品的品牌商标一般不过分偏好,有的甚至希望使用新品牌。但是,由于日用品的购买频率大,有时也会建立品牌偏好,而品牌信誉一旦建立即可简化交易过程。日用品的生产经营者应该根据上述特点采取灵活的对策。

(2)选购消费品。选购消费品是指消费者在购买以前一般经过挑选、比较后才作出购买决定的消费品。如服装、鞋帽、床上用品、家具等等。这类商品的购买特点是购买频率较低,没有固定的消费习惯。有的消费者喜欢式样新颖的新产品,有的消费者强调价廉物美,有的消费者则特别注重产品的商标等。消费者对这类商品除了内在质量的要求外,对外观质量的要求也比较高。因此,在购买时往往要货比三家,对商品进行质量、价格、花色品种、式样的比较,经过考虑后才决定购买。对这类商品的经营应采取与日用品不同的策略:从生产企业来说,要增加花色品种,生产价廉物美的商品,并提高产品质量,创建知名品牌。要做到这一点,就必须了解市场信息,掌握市场动态。

(3)特殊消费品。主要是指那些价高、使用时间长的高档和耐用消费品。如小汽车、电冰箱、洗衣机、电视机、高级音响设备、空调机、高级照相机、高级手表、高档家具等。这类商品的购买特点是:由于它们的价格高,使用时间长,消费者的购买频率较小。所以,消费者在购买这类商品时,宁愿多花时间,经过慎重考虑才作出决定。消费者对这类商品的品牌特别重视,有的甚至坚持特定的品牌,因为名牌产品有着更大的吸引力。

2.按照消费品在使用中消耗的特点,可以区分为易耗消费品和耐用消费品

(1)易耗消费品。指那些在使用过程中一次性消耗完毕或在较短时间内用完的消费品。如食品、燃料、纸张、墨水、肥皂、牙膏等。由于这部分商品的使用寿命较短,因此,要求不断得到补充。经营这类商品就要不断增加供应来占领更大的市场。

(2)耐用消费品。指那些使用时间较长、价格较高的商品,如家具、家用电器、交通工具等。由于这类商品的使用时间较长、价格较高,因此称为家庭的固定资产。消费者在购买这类商品时都比较慎重,使用时也比较细心。

二、消费者购买行为

消费者的购买行为就是消费者在一定的购买欲望(动机)的支配下,为了满足某种需要而购买商品的行为。消费者购买行为的形成是一个复杂的、受一系列相关因素影响的连续行为。从其形成过程来看,购买行为是由于消费者首先受到了某种内部的或外部的刺激而产生某种需要,由需要而产生购买某种商品的动机,最终导致购买行为发生,如图4-1所示。

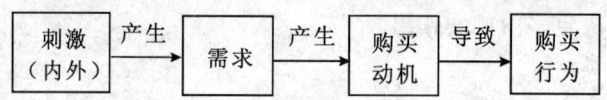

图 4-1 购买行为形成过程

企业研究消费者行为的目的是为了能够更好地开展营销活动,从这一角度去剖析消费者的购买行为,可以将两个关键要素突出出来:刺激和回应。前者指消费者在进行相关决策过程中受到的来自外部的直接影响,它包括环境因素和企业的营销活动给消费者造成的影响;后者指消费者受刺激后的最终回应,也就是作出的关于产品、数量、卖主等的购买决策。当然,消费者从受到刺激到作出反应,其间还要经历一个过程,这也就是具有一定特征的消费者个体的购买动机形成并开始购买决策的过程。由于消费者的购买动机属于主观的范畴,购买决策也是一个自觉的心理过程,它们与消费者的个体特征密切相关。因此,企业对这一内在的,看不见、摸不着的过程难以准确把握。这一带有某种"神秘性"的过程往往被称为"消费者黑箱"。完整的"刺激—反应"模式是图 4-2 中所显示的一个过程。

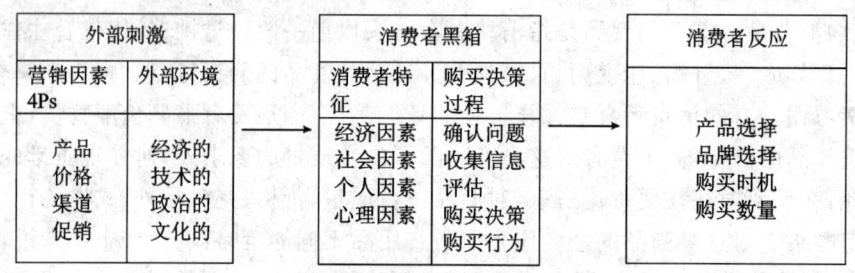

图 4-2 消费者购买行为模式

(一)影响消费者购买行为的内在因素

消费者购买行为受多种因素的影响,企业营销因素和环境因素固然与消费者有着密切联系,但终究是外在于消费者的,那些构成消费者个体特征的经济的、社会的、个人的和心理的因素才是决定消费者购买动机和购买行为的内在的、根本的因素。

1.经济因素

经济学的理论认为,消费者的购买行为是一种理智的行为,即认为消费者总是会在他们预算允许的范围之内作出最合理的购买决策。他们总是会在自己的收入范围之内尽量考虑以最合理的方式安排他们的开支,以达到最大限度地满足自己需要的目的。经济学在阐述和分析上述规律时,遵循的是"最大边际效用原则"。

所谓边际效用,就是在一定的时间内,最后增加一个单位的消费时所增加的效用。可以用公式表示如下:

$$边际效用(Mu) = \frac{效用的增加量(\Delta U)}{消费的增加量(\Delta Q)}$$

经济学理论认为,消费者之所以要购买某一商品,主要是由于该种商品对于消费者具有一种能够满足其某种欲望的效用。他得到的这种商品越多,他的欲望就越能得到满足。但是,随着购买某一种商品数量的增多,效用总量的增加是递减的,即边际效用是递减的。这种现象,叫做边际效用递减法则。可以用图 4-3 表示当消费量增加时,总效用和边际效用的变化情况。可以看出,总效用与消费量的关系不是线性关系,而是递减的关系。随着消费量越来越大,边际效用则越来越小,最终变为零,甚至变成负值。这时,总效用(满足)不但不再增加,反而会趋向减少。

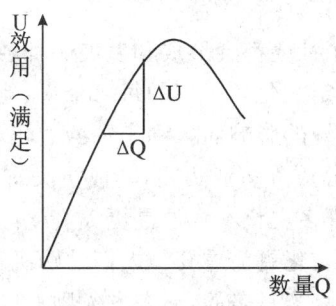

图 4-3 边际效用(满足)曲线

根据边际效用递减规律,即使那是他当时很需要的东西,市场上的任何一个购买者都不会把他仅有的钱集中花费在购买某一项商品或劳务上。在一个市场上,一个消费者决定把他仅有的钱花在哪里,主要取决于当时哪种商品对他来说边际效用最大。由于消费者的购买力是有限度的,他把钱用于购买甲商品后,就可能会影响对乙商品的购买。所以,只有当他花钱买了甲商品能够得到更多的满足时,他才会买甲商品而不买乙商品。由于每一个人在市场上购买商品时,都会遵循边际效用最大法则,用他的钱尽量去优先购买对他来说边际效用最大的商品,所以,一旦各种需要的商品都购买到以后,会出现一种均衡状态,即花费在各种商品上的每一元钱所得到的边际效用是相等的。如下式所示:

$$\frac{Mu_1}{P_1} = \frac{Mu_2}{P_2} = \cdots = \frac{Mu_n}{P_n}$$

式中,$Mu_1, Mu_2, \cdots, Mu_n$ 为各种商品的边际效用;$P_1, P_2, \cdots, P_n$ 为各种商品的价格。

边际效用递减法则对于购买行为的影响在任何市场上都是存在的。由于这一法则的作用,某一种商品,当其价格下落时,一般地会产生新的需求;同时,产品的改进,也会刺激新的需求。这就是"物美价廉"的道理。根据经济学关于购买行为的理论,生产企业一般可以通过了解消费者购买某一种商品的频率来预测市场的需求;同时,要采取各种有效措施,使得消费者每花一块钱购买本企业的产品时所得到的边际效用值尽可能地增大,以促进消费者更多地购买本企业的产品。例如:降低成本,降低售价,增加产品的功能,改进产品用途,提高产品质量,改进外观和装潢,延长产品使用寿命,增加服务内容等,都能产生这种效果。

随着社会经济的发展,人们可以任意支配的收入部分逐渐增加,市场上的商品日益多样化,人们的需求范围和内容不断扩大和复杂化。事实表明,单纯用经济因素和经济学的理论不足以解释消费者的动机和行为。除了经济因素对人们的购买动机和行为的支配与影响作用之外,社会、个人和心理因素的作用相对地日益增大了。

2. 社会文化因素

社会学理论认为,人们的需求和欲望,受其所处的社会地位、社会文化环境和社会相关群体的影响而各不相同。这主要表现为以下各个方面:

(1)社会角色和购买行为。所谓社会角色是指某个人在一定的社会上所处的某种在权利和义务方面的地位。社会无形地为每一个人规定了他所扮演的角色的职责,并且以一定的社会规范为标准来衡量和评价每一个角色履行其职责的情况。所以,每一个角色都会自觉地按其角色的规范行事。生产企业通过了解和识别每一个人担任的角色,就可以了解他的行为,而每一个人都是通过消费行为表现他的角色的。例如:一个教师和一个舞蹈演员的购买行为是不会相同的。另外,随着人们收入水平的不断提高和生活内容的日益多样化,每一个人可能在不同的时间里扮演不同的角色,甚至同时扮演多种角色。

(2)文化和购买行为。每一个社会都会形成和发展一种独特的生活和学习方式,并将这些方式传给它们的后代。生活在一定文化环境中的每一个人,他们认识事物的方式和习惯、行为准则和价值观念都会受其文化传统的影响而区别于别的文化环境中的人。随着人口的增加,社会日益复杂化,同一社会内部又分成许多亚集团,其成员具有该集团的独特的生活方式,形成所谓亚文化或集体文化。其实,许多文化本身便是更大文化的亚文化。在很多情况下,亚文化对消费者个人的影响甚至比综合文化更为重要。人们的购买行为明显地受其文化传统的影响和支配。例如:有的东西,西方人认为是美的,而东方人则不以为然;工业发达国家的人珍视手工产品,而中国人也许觉得很平常;在中国,许多地方的消费者喜欢棕皮鸡蛋,而另一些地方的人则更喜欢白皮的;许多国家或地区对于某些颜色、图案、动物、花鸟敬若神明,视为高贵,而有些国家和地区则正好相反,视其为丧气或禁忌。不了解文化上的差异,可能会给市场营销带来一系列的障碍。

(3)社会阶层和购买行为。在有些国家,社会上存在着强烈的社会等级意识,在那里,社会等级对于购买行为的影响很大。例如:美国的零售商业就分为百货公司、专业礼品商店、超级市场、折扣商店、仓库商店、杂货店和地摊等等。各种不同的商店专门面向不同等级或阶层的顾客。同样的或基本上相同的商品,在不同等级的商店里,价格可能差别很大。

在我国,社会上虽然没有明确的等级之分,然而,由于工作、职业和收入水平等各方面条件的不同,阶层的差异是存在的,不同阶层的人的购买行为和消费方式也是存在着差异的。研究社会阶层的购买行为,对于市场营销具有十分重要的意义。按照社会阶层进行市场细分,对每一个细分市场采取有针对性的营销策略,必定会取得好的效果。

(4)相关群体和购买行为。相关群体主要指社会关系群体,包括家庭、学校、朋友、邻居、同事、社会团体等等。

家庭是相关群体中最重要的因素。人们的行为准则很大一部分是从家庭学到的。家庭本身就是一个基本的购买单位。每个人一生至少要经历两个家庭:父母的家庭和结婚以后自己的家庭。每一个家庭都存在形成、发展直到解体的过程。从一对夫妇开始建立一个家庭到下一代建立起新的家庭,称为一个家庭的寿命周期。家庭寿命周期的各个不同阶段有不同的需求,表现为不同的购买行为。对于未婚的青年,常常对新产品十分敏感,成为新产品购买的带头人。而且,青年人是未来家庭的组织者和承担者,他们的爱好和兴趣往往代表着未来消费的发展方向。新婚夫妇常努力追求家庭用品的完备,表现为十分旺盛的购买欲望。随着家庭中孩子的诞生和孩子年龄的增大,购买内容会不断地发展变化,直到孩子成长为青年为止。如此循环不断地发展,在家庭寿命周期的各个不同阶段里,家庭的不同成员分别扮演着购买行为的影响者、决策者、购买者和使用者等不同角色。随着年龄的增大,这些角色的扮演者及其地位不断地发展变化。

人们在其生活中,无时无刻不受相关群体的影响。由于相关关系的不同,影响程度可能不同。相关群体对于人的消费和购买行为的影响一般表现为以下几种:一是提供一种相似的生活行为和生活方式;二是引起群体成员仿效的欲望;三是促进群体中人们的行为趋向于某种"一致化"。

因此,研究相关群体对消费行为的影响和消费特色,对企业经营是十分重要的。有的时候,某种并无直接关系的相关群体的影响,对于消费者行为会产生很大的作用。例如:某些电影电视的演员或其中某一个角色、某一个体育明星的某一消费行为,常常成为群众模仿的对象;许多消费者竞相购买曾在某一电影或电视中出现过的服装、家具、车辆或某些甚至是十分细小的东西。市场上曾经流行过的贝克汉姆"莫希甘"发型就是例证。

3.个人因素

消费者购买行为往往与不同个体的具体条件有着密切联系。消费者个人的年龄、职业、收入、生活方式及性格等在很大程度上影响着他的购买决策与购买行为方式。

(1)年龄与生命周期阶段。人的饮食、衣着、娱乐等消费的内容与形式无不随其年龄的增大而变化。通常,人的成长发育过程可以分为不同阶段,如初生儿期、乳婴期、幼儿期、儿童期、青年期、成年期、老年期等。其中一些阶段甚至还可以细分,如:青年期可分为前期(初中生)、中期(高中生)和后期(大学生及成人一部分);成年期最长,可分为 20 岁、30 岁、40 岁、50 岁等;老年期可分为退职前、退休期、高龄期和终年期等。在这些不同的阶段,消费者对产品和劳务的需求显然不同。比如,儿童一般喜爱玩具,而老花镜、假牙等多为老年人使用;享受美容服务的多为中、青年,而光顾动物园的多是儿童及其家长。此外,尽管在人的发展过程中存在着较大的个体差异,但处于同一生命周期段上的人群的消费需求常常表现出一定的相似性。企业开展营销活动,就是要把握不同年龄段的消费者的差异性,及同一年龄段消费者的近似性,把适宜的产品和服务送到合适的人手中。

(2)职业与收入状况。不同职业和收入水平的消费者往往表现出很大的消费差异,比如国家公务员与私营业主的消费内容与习惯相去甚远。这种差异性的存在要求企业必须对不同职业群体和不同收入群体的需求特征进行深入的了解,以选择适宜的生产和营销策略。

(3)生活方式。无论生活背景是否相同,不同的人往往表现出各异的生活方式。所谓生活方式是指人们在世界上的生活形态,集中表现在他们的活动、兴趣和思想见解上。人的生活方式所展示的是与环境相互作用后形成的更加完整的人,它全面反映着一个人的所思和所为。因此,它比单纯的社会阶层或性格等所表达的个体特征更加完整、深透。为了便于认识和把握千姿百态的生活方式,研究人员通过心理测量的方法对人的生活方式进行了分类,其中较为有代表性的是"AIO 架构"和"VALS 架构"(见表 4-1、表 4-2)。企业进行市场营销就要摸清各种生活方式群体的特点及其对产品和服务的需求状况,以便确定出适当的目标市场。

表 4-1 AIO 架构(活动、兴趣和意见架构)

女性生活方式	男性生活方式
1. 满意的家庭主妇 2. 漂亮的郊区居民 3. 风雅的社会名流 4. 主张男女平等的母亲 5. 旧时尚的因循者	1. 白手起家的企业家 2. 有新建树的教授 3. 奉献于家庭的男人 4. 不景气的工厂中的工人 5. 退休的以家庭为中心的人

表 4-2 VALS 架构(价值观生活方式架构)

群 体	内 容
实现者	拥有丰富资源的成功的消费者,关注社会问题、对改变持开放态度
自我实现者	满足、爱思考且生活安逸,他们倾向于实践,重视功能性
成就者	职业导向型,偏爱预计风险或自我发现

续表

群 体	内 容
体验者	年轻而冲动,喜爱反传统或冒险的经历
信仰者	有很强的原则,并且喜爱可靠的品牌
奋斗者	与成就者有相似,但拥有少量资源,非常在意他人的认同
制造者	行动导向,通常把自己的精力集中在自给自足上
挣扎者	处于经济阶梯的底层,最关注满足眼前的需要,缺乏能力去获取任何超出满足生存的基本物质需要的东西

(4)个性特征。消费者在购买行为中往往带有明显的个性痕迹。个性特征是一个人经常表现出来的、比较稳定的、本质的心理特征的总和。它具体表现在一个人的气质、能力和性格等方面。

气质是人的典型的稳定的心理特征,表现为人的心理活动的动力方面的特点,它与人的神经活动有着密切的联系。公元前5世纪,希腊著名医生希波克拉底提出,人体内有血液、粘液、黄胆汁和黑胆汁四种液体,根据它们在人体内所占比例的不同,可将人的气质划分为多血质、粘液质、胆汁质和抑郁质四类。前苏联著名生理学家巴甫洛夫则从高级神经活动的特点入手去研究人的气质。他认为,人的心理活动是以大脑两半球的皮层细胞活动力为基础的,包括兴奋和抑制两个基本过程。根据神经系统兴奋过程与抑制过程相互作用的强度、平衡性和灵活性三个方面的特点,可以把高级神经系统活动分成兴奋型、活泼型、安静型和抑制型。它们表现在人的行为方式上就是人的气质。不同气质的人在购买行为上会表现出相应的差异性(如表4-3、表4-4)。一方面,企业的营销人员应该研究消费者的气质类型及其特征,弄清消费者购买行为表现的内在影响因素,为进一步利用消费者气质中的积极面、控制其消极面、提高营销活动的绩效打下基础。另一方面,企业通过对自身营销人员的气质与行为特征加以了解,不仅可以有意识、有步骤地对员工的气质加以调节和完善,从而提高员工心理素质,提高营销工作质量,而且有助于企业合理地选拔和培养适应营销活动需要的人才,使具有不同气质特点的员工在营销队伍中找到各自合适的位置,达到营销人员结构的优化。值得指出的是,胆汁质、多血质、粘液质和抑郁质只是人的气质的几种基本类型。事实上,一个人的气质往往同时具有多种类型的特征,从而形成各种各样的"混合型"气质。这是企业在开展营销活动过程中应该注意的。

表4-3 气质类型与购买行为(1)

高级神经活动类型		气质类型	购买行为特征
强型	不平衡(兴奋型)	胆汁质	此类消费者在进行购买活动时易于冲动,忍耐性差,稍不合意便会发脾气,举止傲慢,对销售人员的要求高,容易发生矛盾
	平衡 灵活性高(活泼型)	多血质	此类消费者活泼热情,属于"见面熟",在购买过程中健谈,购买决策快,但改主意也快,并且易受环境和他人的影响
	平衡 灵活性低(安静型)	粘液质	这种消费者比较内向,反应慢,他们购买态度认真,一般要经过周密调查和慎重考虑。他们喜欢独立决策,不易受暗示及他人影响
弱型	抑制型	抑郁质	这类消费者反应速度慢,刻板,多疑,慎重小心,对商品反复挑选,并且喜恶不形于色,难以捉摸

表 4-4　气质类型与购买行为（2）

划分标准	类型	购买行为特点
按意志、情绪、理智三种心理机能的优劣势来划分	理智型	言行受理智支配，在购买活动中善于权衡利弊得失
	情绪型	言行举止受情绪左右，容易受各种诱因的影响而进行冲动性购买
	意志型	购买目标明确，决策果断
按心理活动的倾向性划分	内向型	沉静、内向，作出购买决策前要经过深思熟虑，左右权衡
	外向型	开朗、善于交际，在购买活动中易受周围环境、售货员及其他消费者态度的影响和感染
按个体活动的独立性划分	独立型	有主见，能独立自主地作出判断和决策，不易受外界因素的影响，往往是家庭购买决策的关键人物
	顺从型	缺乏独立性和主见，易受环境及他人的暗示，购买时犹豫不决
按社会生活方式划分	理论型	有自己认可的生活模式，并根据相应的消费模式从事购买行为
	经济型	讲求实惠，购买时追求物美价廉
	审美型	讲求生活的格调，在选择商品时对种类、质量、外观等有特殊要求

能力是一个人在活动中表现出来的，借以顺利完成该活动（如购买活动等）并直接影响其活动效率的个性心理特征。消费者的能力往往表现在他所掌握的商品知识、鉴别商品质量以及完成购买决策过程的技能和熟练程度上。一般来说，消费者的能力是由多种能力综合而成的，诸如观察能力、记忆能力、比较能力、决策能力、人际交往能力、应变能力以及因具备某些专门的知识和技能而产生的特殊评价或鉴赏能力等。由于不同消费者的具体条件不同，他们的能力往往存在很大差异，这又会影响到他们的购买行为。比如，具备一定制冷方面知识的消费者在购买冰箱时可以通过观察和了解冷凝器、蒸发机及压缩机等关键部件的性能与运转状况来判断冰箱优劣并据以作出决策；而不具备制冷知识的一般消费者则通常依据听别人说过的一些有关冰箱的常识，或仅通过比较冰箱的外观、型号来作出购买决策。由于对冰箱的质量与性能没有确切把握，他们在购买过程中或者犹豫不决，或者常常受售货员及其他人的建议左右。消费者能力的这种差异对企业选择促销方式、恰当地引导消费提出了要求。

性格是人的个性心理特征中最重要、最显著的部分，是指一个人较稳定的对现实的态度和与之相适应的习惯化的行为方式。它一般包括态度、意志、情绪和理智四个方面的特征。由于这些性格特征相互作用以及相伴而产生的习惯化行为方式的不同，消费者表现出明显的个性差异。根据不同的划分标准，可以将消费者的性格归结为几种典型的类型（如表4-4）。但是由于受多种因素的影响，消费者的性格类型往往不是单一型的，而是中间型或混合型的。企业可以通过对顾客购买态度、购买情绪、购买方式进行观察、分析和判断，来了解消费者的性格类型，进而选择适当的营销方式。

总之，消费者千差万别的购买行为往往是以他们各具特色的个性心理特征为基础的。一般来说，气质影响着消费者行为活动的方式，性格决定着消费者行为活动的方式，能力标志着消费者行为活动的水平。它们通过影响企业营销对象的购买行为而间接地左右着企业营销活动的内容与方式。

4.心理因素

心理学认为，消费者的购买动机和任何其他行为的动机一样，都产生于某种尚未得到满足的需要。而人的需要是多层次的，这种需求层次理论已被人们广泛地承认。在各种需求层次理论中，美国心理学家马斯洛（A.H.Maslow）的"需求层次论"占有重要的地位。马斯洛把人的需要分为五个不同的层次，形成一个人类需要层次差别体系（见图4-4）。现分别叙述如下：

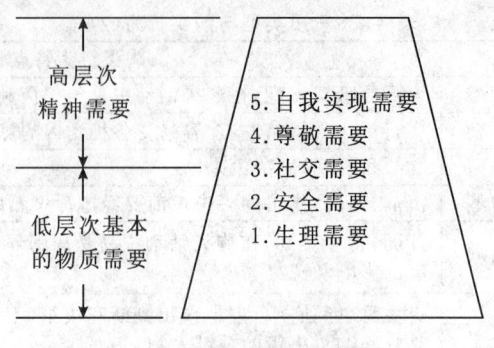

图 4-4 马斯洛需求层次体系

(1)生理需要。指人们为了求得生命延续的最低的基本需要,包括满足人们解除饥饿、抵御寒冷和寻求栖身之地等对于衣、食、住等方面的低级的物质需要。人们总是追求吃得更好一些,穿得更好一些和住得更好一些。这种需要是人们所共有的需要,也是最低层次和最容易得到满足的需要。

(2)安全需要。指人们为了避免受到生理方面及心理方面的伤害而产生的需要。

(3)社交需要。每一个人都生活在一定的社会之中,除了上述生理方面和安全方面的需要以外,还希望得到友谊、爱情、家庭生活的温暖,还需要正常的社会交往活动并希望归属于一定的群体或组织,成为其有形或无形的一员,得到人们的承认。

(4)尊敬需要。人们总是希望自尊和受别人的尊敬,希望在才能、品德及成就等方面得到他人的好评,受到别人的承认。这种需要的产生和满足,可以促使人们自信、自尊、廉洁自爱、奋发向上。

(5)自我实现需要。指人们对于为获得某种成就、实现某种理想而愿意不惜一切代价,贡献和牺牲自己的一切的需要。

马斯洛的需求层次论本身有其固有的缺陷。但是,他比较科学地向我们提供了在一般情况下,人们的需要的一个基本层次体系。他告诉我们,社会上每一个人的行为动机,一般是受到不同的需要支配的。这五种需要又可以归纳为物质的需要和精神的需要两个层次。这一理论的基本内容,为分析消费者的需求倾向、做好商品销售工作,提供了一个明确的方向。例如,在一个生产力水平和收入水平很低的市场上,大部分消费者都为获得基本生活条件而劳动。那么,他们主要需求的将会是满足其基本需要的衣、食、住、行的必需的商品和某些有关的基本商品。同时,在这种市场上,消费者对商品的挑选性不会很强烈,对商品的品种、花样和质量、档次等要求都不会太高,对推销的技术要求也不高。随着生产的发展和人们收入水平的逐渐提高,消费者的需求会日益发生变化,需求的层次逐渐上升,需求的内容日益复杂。而且,精神及心理因素对人们购买行为的影响和支配作用会越来越大。许多商品销售的成效,往往取决于能否满足消费者的心理需求。例如,某些商品的推销重点已不再是强调其基本的使用功能,而是强调其外观和作为礼品馈赠亲友的意义和作用;又如,有不少人购买木工工具,其目的已不在于做家具,而是为了满足其自我实现的需要。

需求层次的产生和满足不是孤立的,在一般情况下,当某一层次或某几个层次的需要占有主导地位时,其他层次的需要可能会同时存在,表现为不同的特点和需求。日本的宇野政雄教授在其《市场学总论》中,从日本战后的实际情况出发,把日本人民的消费结构及其动向分为三个阶段,其内容如表 4-5 所示。

表 4-5　日本战后消费的发展

	第一阶段	第二阶段	第三阶段
衣、食、住	扩大量	充实量	充足
生活环境	不足	充实量	充足
余暇活动	不足	扩大量	充实量
	衣、食、住为中心	安全舒适为中心	生存意识为中心

表 4-5 表明，日本战后消费结构发展的第一个阶段是满足基本生活需要，其主要内容是扩大衣、食、住的量，显然，这属于最低层次的需要；第二阶段是既要求充实基本生活的内容，同时也要求充实生活环境的量，由于基本生活需要已经得到满足，需求的内容已经转变为以追求安全舒适为主；第三阶段是充实余暇活动的内容，这是在基本生活和改善生活环境两方面的需要都已经得到满足以后，需求的内容已转变为以生存意识的满足为主了。

如上所述，消费者的需要除了物质的（生理的和安全的）需要以外，还有精神的（心理的）需要。心理的需要具有社会倾向性的特点，较为普遍的有以下几种社会心理倾向。

求实心理：讲求商品的实用性，强调商品本身的使用价值。在这种心理支配下，消费者要求商品具有可靠的质量和实际效用。因此，他们在选择商品时首先注重经济实惠、牢固耐用，然后才是外观上的满足。在现阶段，我国的大多数消费者，特别是那些收入水平一般的顾客，在选择具有一定价格水平的日用商品时常常受这种心理支配。因此，企业应树立牢固的质量意识，不断完善产品本身的功能，把具有实际用途、质量过硬的产品推向市场。

求新心理：追求新产品、新花色和新款式，这是消费者共有的一种心理倾向。新产品尽管有时价格较高，实用价值也不比老产品高多少，但也有人购买。因此，不断创新和不断地改进产品，可以争取更多的顾客。

求名心理：追求名牌、信任名牌，对著名厂家或著名品牌有忠实感，看到名牌产品就买，对名牌产品的细微变化非常敏感。这是消费者的一种普遍心理现象。因此，努力创出名牌产品，对于巩固企业的市场、扩大销售，具有现实的意义。

求美心理：爱美是人类的共同心理特质之一。随着人们生活水平的不断提高，消费者对产品不但要求品质好，还要求在外观、造型、包装、装饰和色泽方面具有美的特点。因此，向顾客提供美的产品是生产企业的社会任务之一。然而，美具有主观性和潮流性，产品在外观方面的某一个内容特征在某一时期或某一地区可能被认为很美，在另一个时期或另一个地区内可能不尽如此，甚至可能得到相反的结论。所以，在不断改变和改进产品的式样和外观的同时，要研究美的潮流性和心理倾向性，以适应消费者对美的需要。

求廉心理：希望"少花钱，多办事"乃人之常情。绝大多数消费者在购买大多数商品时总要关注其价格情况。比如，在商品紧缺、价格看涨时有争购心理，而在商品充足、价格趋降时又有观望心理。对于同类或近似的产品，价格是否便宜、合理往往是决定其市场份额的最重要的因素。广大消费者格外看重商品的价格因素，他们在购买商品时总希望尽可能地少花钱，甚至还存在着一个比较大的偏爱购买廉价处理商品的特殊消费群体。因此，企业要占领市场，必须在保证产品质量的同时，努力降低成本，确保产品价格的合理性，以增大产品对顾客的吸引力。

求速心理："时间就是金钱"。在现代社会里，讲求效率越来越成为人们行为准则中的重要组成部分。除了少数赋闲阶层（如家庭主妇、退休老人等），大部分消费者在购买商品时总要斟酌自己的时间。由于他们一天的大部分时间用于紧张工作，只有很少的时间用于采购，即使是周末或节假日，也希望把更多的时间用于休息或调节精神生活。因此，出售地点好（距离近，或上下班顺路,或交通便捷,或网点集中等)、时间好(营业时间合于作息安排)、方式好(销售简便,服务周到)的产品能够赢得更多的销路。比如,有些顾客宁愿多跑些路,也不愿排队等候;有些则喜欢到以信用卡方式结算的商店购货等,就是为了缩短购买时间,特别是购买过程中的等候时间。在提倡快节奏、高效率的今天,企业要扩大产品销量,就要选择合适的零售商,采取必要的营销策略,力争为顾客提供快捷、方便的购货条件。

求全心理:希望能够在购买商品过程中得到多方面的满足。随着生活水平的不断提高,人们开始追求整体生活质量的改善。相应地,在购买商品时,顾客不仅关注商品本身的质量、外观等,还强调完美的售前、售时和售后服务,甚至对购物环境是否整洁美观、设施是否完备方便都"在意"。比如,强调售前提供商品介绍、说明和咨询服务;销售时态度热情诚恳,服务细微周到;售后保证辅助运送、安装、维修和退换等,以期从中获得有形的和无形的满足。"求全心理"与消费者的消费水平有一定的相关性。随着人们生活水平的进一步提高,这种心理会越来越普遍。

好奇心理:在高收入的消费者和青少年中普遍存在。这种心理促使人们对新奇的、与众不同的产品产生强烈的"试一试"的愿望。

习惯心理:心理学家认为,习惯的产生有其生理基础,也有其心理基础。在人们的购买行为中,习惯的力量是不可抵挡的。"用惯了"是人们对于自己喜欢用的商品的一种常用评语。正因为如此,名牌产品和传统老产品在市场上常受到顾客的特别宠爱。

同步心理:消费者在购买和使用商品时,总希望和他周围的相关群体保持同步。我们常常见到,某一种商品或购买行为很容易在一定相关团体内得到普及。例如,某种款式的服装在某一个城市里迅速流行开来,某种商品的使用在某一机关里迅速普及。建立"电视村"的推销方式正是对这种心理现象的应用。

优越心理:某些购买者之所以花高价购买某些商品,目的在于在其所处的环境和社交圈子里显示出其优于别人。这时,被选购的商品具有某种心理上自我优越的"地位功能",其效用远远超过其使用功能。例如,在一些人眼里,购买和使用某种名牌商品、某些著名人物使用过的东西,或者在精品购物中心、奢侈品商店中出售的商品能够显示其气派,因此,这类商品往往可以定更高的价格。

以上是一些有代表性的心理动机,其实,消费者在购买活动中的心理状况是千姿百态的。不同的消费者在不同的时间和不同的情况下,对不同的商品会产生种种不同的心理动机,即使是同一顾客在购买过程中,往往也会同时表现出多种心理动机,如既求美、求新,又求廉。不过,这其中必有主次之分。分析消费者的心理动机,就是要把握消费者潜在购买行为的内在驱动力,特别是抓住其主要的心理需求倾向,通过商品营销活动有针对性地予以满足。

(二)消费者购买决策过程

企业开展市场营销活动,不仅要了解消费者的特征,还要对消费者购买决策的内容、过程以及购买行为类型加以把握,这样才能制定和实施有效的营销策略。

1. 购买决策内容

消费者在市场上进行购买决策时往往面临各种各样的问题,其中最主要的可以归纳为七个方面,也就是通常所说的"5W2H":

(1)为何购买(Why),即确定购买原因。消费者购买动机不同,实施购买行为的原因也是多种多样的。同样是购买金银首饰,有的是为了满足自身美的需要,有的是为了显示气派,有的是为了送礼,还有的是用来保值。

(2)购买什么(What),即确定购买对象。决定购买什么是消费者购买决策的核心,它往往是由为何购买而决定的。确定购买对象不仅仅是决定购买哪类商品,还包括选择商品的名称、品牌、商标、款式、规格及价格等。

(3)谁来购买(Who)。谁来购买包括两个角度:谁是我们的主要消费者及谁参与了购买决策。

(4)何处购买(Where),即确定购买地点。消费者在确定购买地点时往往要考虑距离远近、交通是否方便、商品是否齐全、价格是否合理、服务是否周到等。因此,起主导作用的往往是求廉心理、求速心理、求全心理等。有的顾客由于某些原因会对某个商店情有独钟,因而成为它的常客。

(5)何时购买(When),即确定购买时间。这取决于消费需求的迫切性以及市场行情的变化状况等因素。此外,还与商业、服务业的营业时间以及消费者自身的作息时间有关。

(6)购买多少(How many),即确定购买数量。消费者在确定商品或服务的数量时,取决于其实际需要、支付能力以及市场的供应情况。

(7)如何购买(How),即确定购买方式。如网购、邮购、预购或代购等方式,并决定是支付现金、开出支票,还是分期付款等。

2.购买决策过程

通过对消费者购买行为的研究发现,消费者的购买决策过程往往带有很强的个体差异和较复杂的购买条件,一般由五个阶段构成,即确认问题、收集信息、备选产品评估、购买决策以及购后行为。

(1)确认问题。也就是产生需要,在内外刺激要素的作用下,使消费者意识到自身的现实与期望之间存在差距,产生不满足感,进而获得求得满足的内在驱动力。比如,感到饥渴使人有寻找可供吃喝的东西和场所的动力,而工作的压力和劳累使人产生渴望休息和娱乐的动机。

(2)收集信息。在多数情况下,消费者的需要产生后并不能迅速、轻易地得到满足。于是这种需要便存储在消费者的记忆中,使消费者处于某种"警觉"状态,比较容易接受有关能够使需要得到满足的事物的信息,甚至促使消费者积极主动地去收集有关信息。

通常消费者的信息有以下四种来源:①人际来源。如亲戚、朋友或其他顾客推荐或介绍等。这类信息往往因其传播者对消费者本人的影响而具有很大感召力。据国外的一些调查表明,平均算来,每一名消费者在购物之后往往会通过各种方式向30名潜在消费者传递购物感受,从而起着商品"义务宣传员"的作用。正因为如此,营销人员十分重视使顾客在购物中获得充分的满足,其根本目的在于为自己的产品树立良好的"口碑"。②商业来源。从事商品销售活动的组织和人员所开展的诸如广告、促销等活动往往可以给消费者提供大量的、广泛的商品和服务信息,由于这种信息源带有赤裸裸的商业色彩,它对于广大消费者实际上只起着告知的作用,对于消费者任何更深层次的打动取决于消费者本身的需求状况以及厂商促销活动的技巧。③公众来源。报刊、杂志、广播、电视等大众媒体以及消费者协会之类的公众组织对某类产品或服务进行的带有舆论性的评价或描述,其影响面相当大。④经验来源。这里指消费者根据过去对该产品或类似产品的购买、使用等情况形成的有关该产品的知识。这种认识一般具有持久性,它的改变往往依赖于消费者的新的实践活动。

(3)备选产品评估。消费者根据从各种渠道获得的所需产品的品牌种类及其他信息,对各种备选产品进行分析、对比、评价和初步选择。事实上,不同消费者选择、评价商品的标准和方法有很大差别。不过,就某些消费者的评价过程的本质而言,多少有些共同之处:消费者往往将某类商品看成是一些特定属性的组合,他们根据各自的偏好将这些属性在头脑中排成最重要、比较重要、重要、一般、不重要、没必要的顺序,并相应地加上一个大致的权数,然后对同类型的不同产品在这些属性方面达到的程度分别打分,最终将这些分数与其权数乘积求和,得出不同产品的"总分",这也就是消费者心目中的不同商品的"感觉价值"。它的大小决定了商品在消费者进行购物选择时的优先顺序。这一过程可用下列公式来表示:

$$B_i = \sum_{j=1}^{n} W_{ij} A_{ij}$$

$$B^* = \text{Max}\{B_i\}$$

其中:B_i——第 i 种品牌的商品;

W_{ij}——该产品第 j 种属性的权数;

A_{ij}——该产品第 j 种属性的消费者估价;

B^*——首选品牌。

例如,有同类型的 A、B 两种洗发香波,根据消费者对该类型香波的属性观念(主要应具备 8 种属性)及对两种产品的具体认识,可以绘出 A、B 两个品牌的评估曲线(如图 4-5)。这两条曲线代表了 A、B 两种香波在消费者心目中的形象,图中的虚线表示消费者心目中的理想品牌的形象。

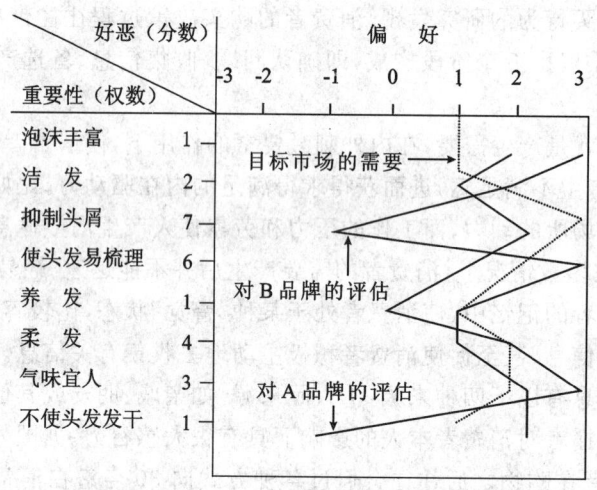

图 4-5　A、B 两个品牌的评估曲线图

根据图中所示的数据,可以得出 A、B 两个品牌的感觉价值:

$B_A = (2 \times 1) + (1 \times 2) + (2 \times 7) + (1 \times 6) + (0 \times 1) + (2 \times 4) + (3 \times 3) + (-1 \times 1) = 40$

$B_B = (3 \times 1) + (2 \times 2) + (-1 \times 7) + (3 \times 6) + (1 \times 1) + (1 \times 4) + (2 \times 3) + (2 \times 1) = 31$

$B^* = \max(B_A, B_B) = B_A$

显然,相形之下,A 品牌比 B 品牌的香波更受消费者的喜爱。

(4)购买决策。这是消费者购买过程中最关键的阶段。消费者要根据已掌握的商品信息作出买与不买、买哪种、买多少、在哪儿买、何时买、愿意出什么价钱以及如何支付等的最终决断,这是一个包含许多项目的总抉择。决策内容的这种具体性和复杂性决定了消费者的购买决策会受多种因素的影响和制约。比如有关商品市场行情的新动向、商店的购物环境、售货员的态度和推销技巧等一些细微变化都可能使消费者改变原来的购买决策,如更换品牌、减少数量、改变地点或推迟采购等。

(5)购后行为。消费者对所购商品的使用过程,也就是其满足自身需要的过程。在这个过程中,不同的消费者会产生不同的购后感受,如满意、基本满意或不满意等。这些感受往往会通过各种各样的行为表现出来,形成所谓购后行为。它是对商品及有关企业的肯定性或否定性的再评价,对商品及企业的信誉和前途有很大影响。

一般认为,消费者购后感受可用两种理论来描述:一种叫"期望满足理论",另一种叫"认识差距理论"。

"期望满足理论"认为,消费者对商品的满意程度取决于其对产品的预期(E)和产品本身在使用过程中的实际绩效(P)之间的差距。如果 $E=P$,则消费者是满足的;若 $P>E$,则消费者高度满足;若 $E>P$,说明消费者的预期需求没有完全得到满足,消费者感到不满意,而且,其间的差距越大,消费者的不满就越强烈。根据这一理论,企业在进行诸如广告、推销等市场营销活动时,要尽量做到实事求是,切不可夸大其词、虚张声势,使消费者对产品的期望达到不合实际的高度,使期望与绩效之间形成负差,引发本可能避免的不满情绪。有些企业甚至从这一理论出发,在宣传本企业及产品时故意采取"低姿态",压低消费者对产品的预期水平,以达到使消费者获得高度满足,进而达到顾客对本产品的持续需求的目的。

"认识差距理论"认为,由于一种商品同时具备优点与不足之处,而消费者的注意力往往较多地落在已购商品的缺陷上,因此,消费者在购买商品后总会有不同程度的不满意感,而且,当其他同类产品具有较强的吸引力时,这种不满意感会随之增大。消费者在出现不满情绪后总会试图通过某些方式将其排遣,比如,收集更多的信息,以期证实自己的购买行为没有上当,从而求得心理上的安慰;或要求退货;或暗下决心,以后再不购买该产品等。这些反应多数是不利于企业及其产品市场发展规划的。因此,企业开展市场营销活动的任务不仅仅是将货真价实的商品送到尽可能多的顾客手中,更重要的是采取各种措施,使消费者相信自己的选择是正确的,从而将他们的购后不满意感降至最低。

3.购买行为类型

消费者的购买行为是消费者在购买动机的支配下满足自身的某种需要而购买商品的具体活动。由于受消费者的性格、修养、价格观念、气质和情绪等个人特质影响较大,而且与购买行为实际发生的具体环境密切相关,消费者的购买行为呈现出多样性的特点。根据消费者的性格和购买心理状况,可以将消费者及其购买行为划分为7种基本类型。

(1)习惯型。有些消费者往往愿意购买他们习惯使用的一种或几种商品。由于经常使用,他们对这些品牌的商品十分熟悉、信任,体验较深,因而产生了偏爱,注意力稳定、集中。再次购买时往往不再进行比较,不轻易改换品牌,迅速地形成重复购买。

(2)理智型。有的消费者在每次购买商品前,对所要购买的商品,进行较为周密的研究比较,购买时头脑冷静,行为慎重,善于控制自己的感情,不易受广告、宣传、包装及促销方式的影响。

(3)经济型。有的消费者特别重视价格,唯有低廉的价格才能使其满意。在购买商品时,对于价格的反应特别灵敏,善于发现别人不易发现的价格差异。与追求廉价者相反,喜欢专门购买高档价格商品的消费者却是另一种消费行为的表现。

(4)冲动型。有些消费者容易受商品的外观、包装、商标或某些促销努力的刺激而产生购买行为。对商品的选择以直观感受为主,从个人兴趣或情绪出发,喜欢新奇的产品,不大认真考虑商品的实际效用。

(5)想象型。有些消费者感情丰富,善于联想,对商品的外观、造型、颜色甚至命名都比较重视,常以自己丰富的想象力去衡量商品的意义,只要符合自己的理想就乐意购买,所以在购买商品时,注意力容易转移,兴趣也容易变换。

(6)疑虑型。这种消费者属性格内向者,言行谨慎、多疑。他们在购买前三思而后行,购买后还会怀疑上当受骗。

(7)不定型。有些消费者的心理尺度尚未定型,因而缺乏一定的主见、没有固定的偏好,一般是随遇而买或顺便购买。这种消费者,只要售货人员态度热情,服务良好,善于介绍,就比较容易被说服而迅速产生购买行为。

第二节 组织市场购买行为分析

消费者市场常常是一个国家最重要的市场,但并不是全部市场。工商组织及其他社会团体也常常成为大量商品或服务的购买者。它们构成了与消费者市场并列的组织市场。与消费者购买商品用于个人生活消费不同,组织购买者从事购买活动的目的是复杂多样的。这取决于组织的性质,不同的组织表现出很大的差异,有的是为了取得生产资料或生产手段,以维持或扩大生产经营规模、创造利润;有的则是为了开展公益事业,提高国民、社区居民或组织成员的福利。

一、组织市场及其分类

所谓组织市场,是指各种组织为购买产品和服务所形成的市场。根据市场主体性质的不同,可以把组织市场划分为四种类型:

(一)工业市场

工业市场是由那些为了生产用于出售、租赁或供给他人的产品和服务,而从事产品和服务的采购活动的个人和组织构成的,又称为生产者市场或产业市场。主要包括农业、林业、渔业、矿业、制造业、建筑业、运输业、通讯业、公共事业、银行业、金融业、保险业和服务业等产业。

(二)中间商市场

中间商市场由那些主要为了将所获产品转卖或租赁给他人以获取利润而进行购买活动的组织和个人构成,也称转卖者市场。中间商不提供形式效用,而是提供时间效用、地点效用和占有效用。中间商由各类批发商或零售商组成。批发商是指购买产品和服务并将之转卖给零售商和其他商人以及产业用户、公共机关用户和商业用户等,但不把产品大量卖给最终消费者的商业单位。而零售商则是把产品和服务直接提供给最终消费者。

(三)政府市场

政府市场由那些为执行政府主要职能而购买或租赁产品的各级政府机构组成。为了开展日常政务,政府机构要经常采购物资和服务。由于拥有税收等财政来源,国家的各级政府掌握着很大一部分国民收入,相应地,巨额的政府支出形成了包括形形色色的商品和服务的巨大市场。政府机构往往是市场活动的最大买主,占有20%~30%的份额。

(四)非营利组织市场

非营利性组织市场是组织市场的类型之一,它由那些为了向它们所关心或有责任照顾的人提供商品或服务而进行采购活动的各类社会机构组成,比如学校、博物馆、监狱、福利院及其他一些社会公益组织。

二、影响组织市场需求的基本因素

组织市场上的需求主要是对各类工业品的需求。因此,它受到作为工业品购买者的工商企业、政府部门及其他社会机构的情况的影响。一般说来,这些影响主要有以下几个方面:

(一)工业品使用单位的规模、数量和结构

不同的企业使用不同的工业品,而各种工业品需求的多少,首先取决于使用单位的规模,其次要取决于使用单位的数量,再次还取决于使用单位的结构。企业的结构包括两个方面:一是产业结构,二是规模结构。产业结构是指使用这些工业品的企业属于哪些产业,是属于第一产业、第二产业还是服务产业。每一个产业中又包括许多部门。不同的部门需要工业品的数量是不同的。规模结构是指使用工业品企业的大、中、小类型。不同类型的企业在使用企业总数中所占比重的大小不同,对工业品的需求量也各不相同,如果大型企业占的比重大,对工业品的需求量就大;如果小型企业所占的比重大,需要的工业品就相对少。

(二)使用单位的经营管理水平

使用企业的经营管理水平,对工业品的需要量从两个相反的方面产生着影响:一方面,单位的经营管理水平越高,需要的工业品数量越少。因为管理水平提高,既可以提高设备的利用率,使已有的设备发挥更大的效用;又可以节省原材料的消耗,使对原材料的需求相对减少。同时,由于管理水平提高,可以减少工业品的库存量,从而使需要量减少。另一方面,管理水平提高,又会增加对工业品的需要量,因为管理水平提高,可以提高企业的劳动生产率,会使单位时间内生产的产品量增加,因而需要的原材料和其他设备都会增加。

(三)使用企业的财务状况

不同企业购买工业品的资金来源不同,有的来自国家拨款,有的靠银行贷款,还有的以发行股票、债券等方式自行筹集。企业的资金总量、资金结构以及有关资金运用等的财务计划对于企业对工业品的需求状况有很大影响。

(四)固定资产更新状况

对生产资料的需求中有很大一部分用于企业固定资产的更新,因此,后者的状况对前者有很大影响。这种影响表现在固定资产的更新期限和集中程度两个方面。固定资产的更新期限越短,需要的生产资料就越多;如果是在固定资产的集中更新期,就会引起对生产资料的大规模需求。

(五)国家经济发展的速度

经济的发展取决于生产的扩大,而生产扩大又会促进经济发展。因此,国家经济发展的速度对生产资料的需求量有着直接影响。经济发展速度越快,需要追加的投资就越多,对生产资料的需求量就越大。

(六)国家的方针、政策和措施

国家财政收支状况以及有关的经济政策和措施不仅直接决定政府购买力的大小,也会对包括企业在内的各种社会集团的购买力和购买行为产生很大影响。比如,当国家实行紧缩政策时,整个社会需求,特别是工业品的需求就会受到一定程度的抑制。

此外,一个国家的社会组织构成状况、商品流通体系的具体状况等因素都会影响组织市场的需求。当然,这些因素对不同产品的影响程度是有差别的。

三、工业市场

在组织市场中,产业市场的购买行为与决策颇具代表性。工业市场与消费者市场在满足某种需要而担当购买者角色、制定购买决策等方面具有一定的相似性。然而,工业市场在购买者数量和需求弹性等方面仍然具有一些显著的特点。

(一)工业市场的基本特征

1. 市场比较集中,购买者的数量较少,而一次购买量较大,购买关系比较固定。工业市场的大部分交易量往往都集中在工商业较发达的少数地区、规模巨大的重要产业部门以及与有数的大买主之间的贸易往来。由于交易次数不十分频繁,但交易量庞大,因此,买卖双方不仅要具备从事大宗商品的交易、运输、存储等物质方面的条件,而且要更注重建立牢固的关系,比如通过签订中长期的订货合同,在商品检验、交货等方面开展密切的合作。

2. 商品专用性强,技术要求高。工业市场中的买主对产品都有比较明确的技术要求,不能随意互相代替。为此,卖方要了解用户商务及实业要求,在保证产品性能及质量的基础上,尽可能地增加产品的品种、规格、型号,以满足各种用户的需求。同时,还要做好技术服务、技术培训和技术咨询等工作。

3. 工业市场中的买方一般都掌握有关产品与技术性能方面的知识,不易受广告宣传及外观和推销方式的左右,多数属于理智型决策。因此,要求卖方对产品附详细的使用说明,配备懂技术的销售人员进行技术咨询、操作表演、维护使用,必要时还可以提供给客户试用。

4. 购买一般属于集体决策。由于工业市场中的采购对象主要是贵重的机器设备及大宗的原材料等,采购工作复杂,事关重大,因此,买方往往由若干技术专家及有关高级主管组成的采购委员会负责进行采购决策,并指导采购活动的实施。

5. 工业市场的需求属于生产需求,具有较大的波动性。工业市场的需求是一种生产性需求,也就是说,买方购买产品或服务主要是为了从事生产经营活动,而后者最终是用来满足消费者市场需求的。所以,工业市场的需求归根到底要受消费者市场的影响和制约,在某种意义上属于后者的派生需求。一般来说,工业市场需求的波动性比消费者市场大。根据经济学中的所谓"加速原理",当消费者市场需求增加时,为满足这一规模的需求增量,就要有更大规模的追加投资,如开设新的工厂或增添新的设备,而这些"资本货物"激增又会带来对原材料(如金矿或其他矿产品)的更大的需求,于是消费者市场的需求增长刺激了工业市场需求以更大幅度增大。反之,当消费者市场出现需求下降时,工业市场特别是那些与消费者市场有密切关系的工商业组织的需求就会迅速萎缩。正因为工业市场需求存在这种波动性,许多工商企业组织往往实行"多角化经营",以便尽可能地增加产品品种,扩大企业经营范围,减少消费者需求变动带来的风险。

6. 工业市场的产品需求弹性较小。与消费者相比,工业市场中的购买者对商品和服务的需求受价格变动的影响不大,特别是在短期内,工业市场的需求弹性极小。这是由于这些买主多为生产性企业组织,对价格变动有一定的承受力。一方面,这些生产者不可能在短期内改变生产方法或转产,为了能够维持生产经营活动,它们不得不承受价格变化的风险;另一方面,生产者购买的生产资料往往是多样性的,当其中一种或几种在制成品总成本中占比重很小的原料的价格出现变化时,并不会对总成本产生较大影响,生产者对这类价格变动不会过分计较。此外,有些生产者还可以通过改变自己产品的价格等方式将原材料价格变动的部分抵消甚至全部抵消。

（二）工业采购者的购买行为

1. 工业采购的类型

工业采购者购买决策的复杂程度往往与其购买行为的具体方式有关，一般来说，工业采购有新购和重购两种情形，而后者又分为直接重购和变更重购。

新购指企业第一次购买某种商品或服务。由于没有现成的信息或渠道可以利用，企业新购决策的任务量大，面临的困难多，因此，要投入较多的人、财、物力，决策时比较慎重。另一方面，企业新购决策的复杂性既对供货企业提出了较高要求，也为之提供了机遇。供货企业往往要派出强有力的经销人员小组，尽可能地向购货企业提供其所需的商品信息及其他服务，争取获得订货。

直接重购指企业从已往打过交道的供应商中选择"合适"的卖主，向其订购过去采购过的同类商品。由于这种购买行为近于惯例化，有现成的经验和供货关系可以利用，因此，企业的购买决策活动大大简化。对于被选中的供货企业来说，以高质量的产品和服务保住现有客户是其营销活动的关键。

变更重购指企业根据自身的生产经营需要适当改变所要采购的产品的品种、规格、价格等条件或供应商。变更重购比直接重购的情况复杂，因而企业决策的难度和任务量也随之增大。由于变更重购给原来的供货单位造成了威胁，同时，又为新的供货者提供了机会，因此，产品供给方的竞争将更加激烈。

2. 影响工业采购者购买行为的主要因素

同企业其他经济管理活动一样，工业采购者的购买行为既充分体现着经济性，又表现出很强的人性化倾向。也就是说，商品或服务本身的价格、质量以及供货商的实力等客观指标是工业采购者在决策过程中首先要考虑的，同时，采购决策者的个人性格、偏好以及与供货商的交情等也会对最终的决策结果产生不同程度的影响。

事实上，影响工业采购者购买行为的因素是多种多样的。不过主要的影响因素归为四大类，即环境因素、组织因素、人际关系因素和个人因素。如图 4-6。

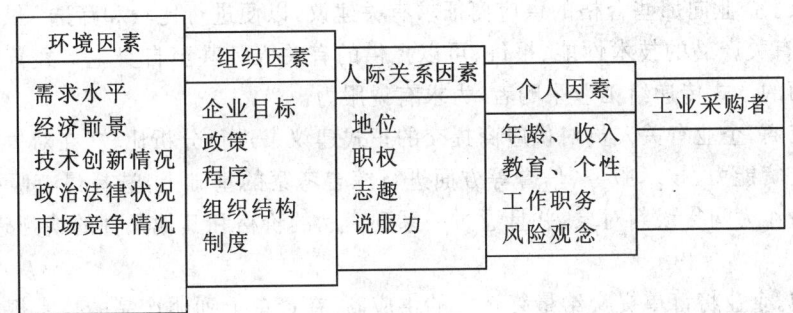

图 4-6 影响工业采购者购买行为的主要因素

3. 工业采购者的购买决策

（1）购买决策的参与者。工业采购行为规模大、风险高、过程复杂，因此，工业采购决策往往是由多类人员共同参与完成的。这些人员包括：产品的使用者，他们根据自身工作需要提出产品采购的初步建议；决策影响者，包括采购企业内外直接或间接影响购买决策的人员、对有关信息进行初步评估的企业技术人员等；决策者，有权决定产品采购量和供货商的企业有关部门的领导或采购员本人；批准者，有权对决策方案或采购计划拍板的人员；采购者，具有组织实施采购工作（如选择供货商，与供货商谈判等）正式职权的人员；信息控制者，企业内外能够对传向决策者和使用者的有关信息流进行阻隔或沟通的人员，如采购代理商、接待员等。这些人员在工业采购决策中扮演不同角色，发挥着不同的作用。

（2）购买决策的内容。工业采购者的决策内容随其具体采购行为方式的不同而变化。一般来说，直接重购的决策内容最少，主要是根据以往的记录选定供货商；在变更重购时，企业不仅根据所要变更的产品规格、价格、交货条件及其他情况重新考察原有供货商的供货情况，同时，还要对新的供货者可能提供的条件加以考虑；在新购时，企业决策内容最多，常常要涉及产品的规格、价格、交货条件、交货日期、服务、付款条件、订货量及供应商等各个方面的情况。

（3）购买决策过程。工业采购活动是为满足企业生产经营发展需要而合理、合法地购买产品或服务的复杂行为。通常采购者的购买决策过程包括 8 个主要阶段：识别需要、确定需求、产品分析、寻找供应商、征求建议、选择供应商、正式订购、绩效评估。

识别需要。企业中的有关人员在刺激因素的作用下认识到有必要购买某种产品，以满足企业的某种需要。这些刺激因素可能来自企业内部，如设备老化或原料库存不足等；也可能来自企业外部，如广告或供货方的推销努力等。

确定需求。企业发现自身的采购需要后，要进一步确定所需产品的品种和数量等，这一过程往往由使用者、工程技术人员和采购人员共同参与完成。供应商的市场营销人员要设法参与这一过程，并提供必要的帮助。

产品分析。企业指定专家小组对所需产品进行分析，以确定合理的产品技术规格。分析方法多采用价值工程法，即将产品及其构件的功能与各自的成本或费用相对比，得出它们的经济效益，确保产品功能的必要性。供货方也可以采用同一方式向企业展示自身产品在具备必要的功能方面具有的优越性。

寻找供应商。企业通过各种途径搜集有关供应商的信息，将那些有良好信誉和合乎自身要求的供应商列为备选对象。供应商应通过各种途径宣传介绍自己，扩大知名度，树立良好的信誉。

征求建议。企业向那些合格的供应商征求有关建议，以便进行比较和筛选。供应商要根据对方要求，将有关产品的技术性能、报价、可以提供的有关服务甚至自身生产经营能力等情况以口头或书面的形式传递给工业采购者，力求有说服力。

选择供应商。企业有关人员对供应商提交的正式建议书进行分析比较，在对供应商的产品质量、价格、交货能力、技术服务、信誉等方面进行综合考察的基础上，选择最有吸引力的一个或几个供应商作为购货谈判对象，并且通过一系列商品的价格和其他条件的谈判磋商，最终确定供货者。

正式订购。企业将订单提交给最终选定的供应商，在订单上列明产品的技术规格、需要量、期望交货时间，以及退货条款和保证条款等。如果企业希望长期、大量地购买产品，还可以与供应商签订"一揽子合同"，彼此间建立起更紧密的联系。这对于双方都是有利的：购货者可以在需要时随时获得按约定价格条件提供的供货，减少库存费用和风险；供货者拥有一个长期稳定的客户，不易为竞争者所打入。

绩效评估。企业有关部门对所购货物的使用情况、供应商履行合同的情况等进行检查和评估，以便决定是否维持原来的采购渠道。

四、中间商市场

中间商出于自身运营的需要购买商品或服务,但这不是他们的目的和主要任务。他们所购商品的绝大部分用于再销售,他们在促进商品流通的过程中获取利润。由于中间商的采购行为也是一种经济管理活动,因此它与工业采购者的购买行为有一定的相似性,同时也带有自身的特点。

(一)中间商采购类型

中间商采购商品有三种情况:新品采购,即决定是否购进一种新产品来销售,这完全取决于中间商的条件和产品盈利性,因为中间商不像工业采购者那样有购进某类产品的必要;选择最佳供应商,即在经销规模有限的情况下,选择对自己最有利的供应商或愿意生产中间商品牌商品的制造商;改善交易条件,即从现有的供应商中争取得到更好的供货条件或更多的优待。

(二)中间商购买行为的影响因素

转卖者的采购过程同工业采购一样,也受到来自环境、组织、人际关系和有关个人的因素的影响。如图4-6所示。

(三)中间商的购买决策

1. 决策参与者:一些批发商或零售商往往有专门的采购部门。他们利用一些掌握市场行情、本组织的经营状况及产品一般特点的专家来对有关产品和供应商进行评估和筛选。此外,采购人员提出的建议也会引起注意。当然,握有最大权力并起着重大作用的是商店经理。

2. 购买决策内容:中间商的购买决策涉及产品类别、供应商以及购买条件和价格等方面的内容。其中,经销产品的花色、品种决策是十分重要的,它决定着中间商在市场中的位置。中间商通常有四种经营战略:(1)独家经营,即经销同一品牌的不同产品,如某企业设立的专销商店或专销柜台;(2)专深经营,即经销不同品牌的、各种规格型号的同类产品,如西装店、自行车行等;(3)广泛经营,即经销各种系列的相关产品,如服装店、五金商店等;(4)杂乱经营,即经销多种多样、彼此毫无关联的产品,如大型百货公司、超级市场等。

3. 购买决策过程:在进行新购决策时,中间商往往要经历与工业采购者的决策相似的过程。购买标准性商品时,中间商的购买过程就非常简单了,或者在库存降到一定水平时向原来的供应商续订,或者在经营利润下降到一定程度时与原来的供货商重新议定进货价格。

在中间商的购买决策中,确定合理的订货量和订货次数是十分重要的。因为,采取少量多次订货策略可以减少商品库存,加速资金周转,降低经营费用,但却使订货的工作和费用增加,进货价格也较高;而采取多量少次订货策略则正好相反。因此,中间商要根据自身及市场的情况,权衡得失,确定适当的订货点。

五、政府市场

政府采购商品和服务的目的在于维持政府机构运转、加强国防建设、改善基础设施、扶植关键产业,以及加强社会福利事业等等。也就是说,政府充当着将民众的钱通过税收等途径集中起来,合理地安排和运用,使民众的整体利益得到改善的角色。政府在进行采购活动时必须兼顾经济和社会效益。一方面,作为经济行为,政府要精打细算,在决定购买商品的种类、数量、价格以及供应商等事项上,强调经济合理性;另一方面,作为社会行为,政府采购行为又与工业组织或转卖者的行为有所不同,这表现在有些政府采购行为常常更容易受政治的、道义的等非经济因素的支配。事实上,政府的采购行为会受到一些专门的管理机构以及社会公众的监督,以便确保其绩效。

一般情况下,政府采购决策不仅受制于政府的现行政策,而且要严格遵循规章,按照繁杂的手续完成。因此,政府采购决策复杂、迟缓。在采购方式上,政府采购者通常采用议订合同或公开招标等方式。前者指政府直接与一家或几家企业接触,在洽谈、比较的基础上,与其中选定的企业议订合同,进行交易。这种方式往往适用于为风险大、技术要求较高的复杂项目选择胜任的供应商,或供应商之间不存在有效竞争的情况。公开招标的方式则是由供应商根据政府提出的采购要求进行投标,彼此开展竞争,政府从中选择报价最低、条件最优越的供应商。这种方式显然对政府采购者更有利,但前提是确保竞争充分、合理。

六、非营利性组织市场

按照组织的性质,非营利性组织包括促进群体交流的机构,即旨在促进思想的交流、宣传普及某种知识、推动某项事业发展的各种非营利组织,如宗教组织和行业协会等等;包括提供社会服务的机构,即为了满足某些公众的特定需要提供服务的非营利性组织,如图书馆、医院、学校和福利机构等等。

非营利性组织的资金一般来自政府资助、企业或个人捐赠,或出售特殊产品或服务的所得等。由于经费的预算与支出都会受到严格的控制,因此,这些机构在采购商品时必须从经济性方面加以考虑。但是,他们采购的目的并非赚取利润或实现成本最小化,他们还必须考虑一些非经济的因素,如确保所购产品或服务达到适当的标准,以满足自身行使职能的需要。

团体采购将成为非营利性组织市场的一个重要发展趋势。所谓团体采购,就是指几十家机构组成一个联合采购单位或委托专门的采购组织进行采购。通过团体采购,可以获得低价、优质的各类产品和服务的供给。同时,团体采购还具有削减各成员的管理费用、使采购规范化等优点。

事实上,这些机构的行为往往在一定程度上受到政府规章和公众舆论的监督和控制。总之,非营利性组织的购买需要和购买决策具有很多独特之处。这是有关供应商应该有针对性地加以研究和了解的。不过,非营利性组织的购买行为与政府采购者的购买行为的确有不少相似之处。

复习思考题

1. 试述消费者市场与组织市场有何不同。
2. 影响消费者购买行为的内在因素有哪些?
3. 影响组织市场需求的基本因素有哪些?
4. 试述消费者购买决策的基本过程。
5. 试述工业采购者的决策过程。

案例分析

向 THE BODY SHOP 学客户关系
—— 与消费者达成共识按摩你的心灵

或许许多商家都没有意识到,消费者一直在试图和他们所消费的产品建立联系,他们寻求有助于证明自己的产品——有的时候是财力,有的时候则是某些价值观。而 1976 年诞生在一个普通家庭主妇手中的美体护肤产品却更早地明白了这个道理,今天对于许多人来说,疯狂购买 THE BODY SHOP 产品已经成为赴英旅游的头等大事,每 0.4 秒 THE BODY SHOP 就售出一件产品,消费者对它的热情甚至超过了以往吊唁戴安娜以及看歌舞剧《西贡小姐》的程度。

THE BODY SHOP 最初在英格兰南岸布赖顿市的一家小店起家,当时只出售大约二十五种手工制作的护肤品,而到 2004 年底,它的足迹已经遍及全球五十多个国家、两千多家门店。THE BODY SHOP 的秘密是从一开始就将自己企业的责任与社会的道德贡献紧密联系在一起。所以,不要奇怪,这个从不做广告的美体产品却愿意出资 30 万美元设立国际人权奖,因为当 THE BODY SHOP 将 AAT(Against Animal Testing,反对动物试验)的标志印在自己的每一款产品上时,就已经将自己和传统的女性化妆品品牌区别开来,确立了自己崇尚自然的先锋角色。THE BODY SHOP 让消费者意识到自己消费产品的过程,也是表达自己对世界关爱之情的过程。企业与消费者在情感上的共识是基础所在。

今天,许多年轻人愿意为了生态的平衡和自己身体的健康作出清醒而理智的选择。这会是一个好消息吗?

英国平凡的家庭主妇安妮塔·罗迪克会给你一个肯定的答复,无论是 1976 年,还是现在。这可能要首先归功于她在创业之前的全球旅行,在环游世界的过程中,安妮塔了解到许多独特的美容方法,斯里兰卡妇女教会她用菠萝内皮洗澡,而澳大利亚的土著则让她见识了用茶树精油做消毒剂和杀菌剂。

从 THE BODY SHOP 诞生的那一刻起,它就坚持所有的产品原料来源都取之于大自然,不用任何有化学成分的东西作为其产品的原材料,它开发的苦瓜洗面奶、海菜洗发精等都是纯天然制品,包装也同样朴实无华。而真正让 THE BODY SHOP 明确自己视觉讯号的举措是在 1990 年发表了第一份有关环境的声明——《绿色书》,THE BODY SHOP 宣布将在自己的产品和包装中逐步淘汰 PVC 材料。此后,THE BODY SHOP 的标志设计、产品包装、店面装饰和所有视觉讯号都被确定为最自然的绿色。

"我们的经营根本上是一种和人类的关系。"这是 THE BODY SHOP 的经营哲学,当然更是品牌的一种价值取向。这家在全球首创以道德导向为宗旨的美体护肤制造商和零售商,坚持认为任何企业都有义务和责任去保护它所在的社区以及整个地球的环境,因为"这是我们赖以生存的基础"。

安妮塔提出 THE BODY SHOP 的五大理念:一、反对动物实验;二、支持社区公平交易;三、女性自觉意识;四、捍卫人权;五、环保主张。以此为基础制造出符合顾客的需求、高品质功效的产品,更进一步对我们的环境有所贡献。

THE BODY SHOP 赞助和参与各种环保的公关活动。基于这种品牌基础,THE BODY SHOP 推出了社区贸易计划,该计划在全球范围内和那些确实需要帮助的国家和地区建立了持久的贸易合作关系,并不是单纯为了获得原材料,更重要的是通过这种贸易关系,帮助一些贫穷的国家和地区解决家庭生计问题,并为他们的教育和健康带来好处。

消费者在接受 THE BODY SHOP 产品品质的同时,也接受了它所倡导的环保主张以及价值观,这是从不做广告的 THE BODY SHOP 能畅销全球的内因。很多人承认,吸引他们的不仅是 THE BODY SHOP 的视觉形象和产品品质,更重要的是在开发过程中 THE BODY SHOP 所坚持的开发理念。

行销全球的"巴西豆护发乳"、"雨林沐浴球"可能就要经过亚马逊雨林区贫穷母亲的手采集原材料,THE BODY SHOP 相信这些程序也是整个经营活动的有机组成部分,可以摒弃以往对资源掠夺式的开发,转而借用非市场化的资源开发出独一无二的新产品。

刚刚结束的一项针对两千三百多名消费者的量化调查显示,影响消费者购买行为中的情感因素不容忽视,关爱自己和表达强烈的个人风格开始成为重要的指标。

而"注重自我评价"一直是 THE BODY SHOP 最具卖点的一个附加值。无法否认顾客在购买美体护肤产品时对外在形象的考虑,但安妮塔提出的观点是:"对我们而言,美丽是每天生活中积极的方面。它包括个性、好奇心、想象力以及幽默感,总而言之,它是对你所喜欢自身一切的一种积极的外在表现。"每一个人都要从积极的方面认识、评价自我;自我意识、自信、自尊和自我接受;照顾自己的身体,也看护自己的灵魂,并且为自我和现在的你而骄傲。这是 THE BODY SHOP 打动消费者的根源。

企业的价值观和消费者的价值观通过产品品牌传递的信息达到某种情感上的共鸣,THE BODY SHOP 不仅要让消费者获得外在的变化,还要触摸消费者的灵魂。消费者不仅要对 THE BODY SHOP 进行评价,也要在消费的过程中完成自我评价。

越来越多的消费者,特别是兼顾家庭与事业的消费者正在抱怨自己的时间永远不够,没有片刻喘息,他们需要在劳累一天后犒劳自己的身体和灵魂,注入活力,舒缓紧张的情绪。全天然的 THE BODY SHOP 不仅让他们的精神面貌焕然一新,也让他们自我感觉更加良好。

THE BODY SHOP 的"母亲"安妮塔在她的《与众不同的商业》一书中这样概括 THE BODY SHOP 和消费者之间的关系:"这就是我们所谓的自己对顾客肩负的责任远比关心他们的外表重要得多。我们努力赞颂的是整个个体。"THE BODY SHOP 带给消费者激情和自信。"在美体小铺,我们知道你是唯一的,并且我们将一如既往地把你当作唯一的个体来对待。我们不会将你和任何人作比较,我们喜欢的就是你的这个样子。"

THE BODY SHOP 或许还正在为这些持有同样价值观的人们营造一个空间,"当我知道她也在用 THE BODY SHOP 的时候,我会格外关注她,甚至我们会有更多的约会语言,"刚刚结束完一次成功约会的单身汉这样说。

事实上,所有人都需要某种归属感,而在寻找的过程中,THE BODY SHOP 简直就成了大家互相识别的标签甚至是对话的工具。

所以,别再将 THE BODY SHOP 当作一个简单的美体护肤产品,因为它早已超越了性别、年龄甚至是种族的区隔。

问题

1. 分析 THE BODY SHOP 从一家英格兰小店制作的手工护肤品成长为风靡全球的女性护肤品牌,其打动消费者的主要原因有哪些。

2. 结合 THE BODY SHOP 的案例,试述影响消费者行为的个人因素主要有哪些。

◇第五章
营销信息系统与市场调研

第一节 市场信息与市场营销信息系统

市场营销环境分析、市场机会的发现与价值评估、对最具价值的市场机会的把握,都必须建立在有效利用市场信息的基础之上。为此,应积极开发市场营销信息系统。

一、市场信息

市场信息是反映企业内、外营销环境要素特征及其发展变化情况的各种消息、资料、数据、情报等的统称。

(一)市场信息的特点

1. 广泛性

由于市场信息反映了所有内、外营销环境要素的特征与发展情况,它所涉及的内容是广泛的,它的数量是巨大的。

2. 资源性

市场信息与企业的人、财、物一样,都是企业营销活动的重要资源,它有助于企业各项活动的顺利开展,是可以为企业创造更大利益的资源条件。

3. 时效性

由于营销环境的动态性特征,反映其状况及发展变化的市场信息是否及时,往往决定了市场信息的价值大小甚至对错。

4. 连续性

由于营销环境在许多方面的发展变化有一定的规律性,所以反映这些变化的市场信息往往可能蕴含了某些过去的和未来的内容。

5. 公用性

市场信息既可以为不同的企业所利用,也可以为同一企业的不同部门所利用。这是因为信息可以被传递、可以被重复利用。

(二)市场信息在营销中的作用

市场信息的重要作用贯穿整个营销活动的始终,具体体现在营销活动的四个主要环节中。

1. 市场信息是营销环境分析的目的和保证

营销环境分析实际上是一个根据所掌握的、反映营销环境过去情况的市场信息,去获取新的、反映营销环境现状的市场信息,以对比分析环境的发展变化及趋势的过程。作为营销活动初始环节的营销环境分析,首要任务就是为营销活动的进一步展开提供必要的信息。一定量的营销环境信息也是营销环境分析本身得以顺利进行的保证。

2. 市场信息是市场机会分析的条件

企业在识别市场机会和环境威胁时,在评估、预测市场机会的价值及其发展变化时,在确定作为企业营销目标的需求市场时,都必须拥有足够的市场信息的支持才能作出正确的判断。

3. 市场信息是制定企业营销策略的依据

企业只有依靠反映营销环境实际发展变化情况的市场信息来制定营销策略,才会有的放矢、切实可行。

4. 市场信息是营销活动具体管理过程的主要根据和重要手段

企业对其营销活动进行计划、组织和控制的具体管理过程,主要是根据企业营销目标、组织结构、自身的优势和弱点、外部环境发展状况等信息制定营销战略战术,协调各职能机构,再根据营销战略战术的执行进展情况的反馈信息对营销的具体操作发出指令以进行调整。可见,市场信息既是企业营销管理活动的根据,也是一种营销管理的手段。所以,合理、有效地利用市场信息可以提高营销管理的绩效。

（三）市场信息的基本管理方法

市场信息管理操作的基本方法包括信息的收集、分类、分析、编码、数据统计与模型化、传输、排序、检索、存贮等。

信息收集是信息管理的基础和前提;信息分类是信息加工、处理的开端;信息分析是解决信息管理质量问题和信息管理本身的关键;信息的编码、统计、图表化和模型化是信息管理的有效方式;信息传输是信息管理的必要步骤;信息排序、存贮、检索是信息管理的必要条件;信息的控制及反馈是提高信息管理水平的重要手段及检验标准。

上述市场信息的基本管理方法是建立和维护市场营销信息管理系统的基本手段。

二、市场营销信息系统

营销决策是营销管理活动的核心,良好的信息支持是正确进行营销决策的基础。为了使营销决策科学化、合理化,企业需要建立营销管理信息系统以支持营销决策。

市场营销信息系统(Marketing Information System,简称 MkIS)是一个由人员、机器设备和处理程序组成并相互作用的结构系统。它通过对市场信息连续有序地收集与分析处理,满足营销人员的需要。

（一）建立和发展市场营销信息系统的意义

MkIS 是 20 世纪 60 年代到 70 年代逐渐形成的。建立和发展 MkIS 的意义体现在以下六个方面:

(1) 可以满足营销人员对营销信息越来越多的需要。由于营销决策日趋复杂与难以确定,营销决策人员越来越需要具备可得性、可靠性、及时性、准确性、系统性和完整性的信息来支持其各种决策活动。

(2) 可以适应顾客要求越来越高的需要。随着人们生活水平的提高和竞争的日益激烈,满足顾客需求的方式越来越多,顾客对所需的产品、服务的要求也越来越高。所以,企业有必要获得关于顾客的更多、更详细的信息。

(3)可以适应营销活动地域范围不断扩大的需要。从原来的地区性营销到今天的全国性营销乃至国际性营销的发展,迫切需要更多、更广、更及时的信息。

(4)可以适应营销活动内容不断丰富的需要。宏观营销、环境营销、服务营销等新营销方式的出现,以及营销活动内容的不断丰富,使得竞争的非价格因素日趋增多,非营利性的营销活动愈发重要,从而最终要求营销人员要对大量的社会信息进行更深入的分析。

(5)可以适应整个社会信息量急速增加的需要。现代社会的信息量每10年就翻一番,有观点认为,现代社会已从"工业社会"过渡成为"信息社会"。企业所面临社会的信息量是巨大无比的,营销人员不可能直接完成对所有信息的收集与分析,他们迫切需要运用MkIS帮助其对信息进行收集、分类、提炼。

(6)可以利用性能更佳、应用范围更广的计算机系统。由于计算机系统的功能越来越强,使用越来越方便,价格成本越来越低,利用计算机为企业的信息管理服务已成必然。越来越多的企业具有了建立、发展、完善其营销信息系统的物质条件。

(二)市场营销信息系统的组成体系

市场营销信息系统由营销信息收集系统和营销信息处理系统两个子系统构成。信息收集系统又由内部环境记录系统、外部环境监视系统、营销调研系统三个子系统组成;信息处理系统由信息操作系统和信息分析系统两个子系统组成。

1. 信息收集系统

该系统收集一切与企业营销活动有关的信息。按信息的来源划分,它可分成以下三个子系统:

(1)内部环境记录系统。该系统对反映企业内部环境状况的信息进行收集。内部环境记录系统提供的信息既经济又迅速,是评估企业营销管理工作效果的重要依据。该系统收集信息的来源主要有:企业财务会计部门的各种账目、报表、报告,关于生产部门工艺水平、机器设备、生产能力、库存以及生产进度情况的记录,销售人员收到的各地区的订货单以及企业内部的销售记录等。

由于企业内不同部门经营侧重点不同,从其他部门收集的信息通常需要经过一定的处理才能为营销人员使用。

(2)外部环境监视系统。此系统对反映企业外部营销环境各要素及其发展变化的信息进行收集。外部环境监视系统通过对企业外部环境要素的观察、跟踪以及信息收集,为企业识别市场机会与环境威胁提供第一手材料。近年来,一些企业的营销人员认为外部环境监视系统收集到的信息对营销活动越来越重要,甚至超过了营销调研系统收集的信息。外部环境监视系统的信息收集工作主要包括:征询企业的顾客、公众、供应方、营销媒介等各方对企业营销策略及执行情况的意见与建议;收集本企业人员从市场上带回的信息;获悉竞争对手的营销活动意图,包括收集其对外宣传、新闻发布、企业报表、广告中所包含的信息;收集政府立法方面的信息;与本企业有关的科技工艺发展情况的信息收集;关于社会时尚、文化价值观念变化方面的信息收集;经济环境发展趋势的信息收集,等等。企业除了直接寻求这些信息之外,还可以通过征询外部专家如律师、商业经济顾问、咨询公司、学者等,以及查阅报纸及行业期刊杂志、接收电视广播报道等许多其他方式进行外部环境信息的收集。

(3)营销调研系统。内部环境记录系统和外部环境监视系统的信息收集一般是常规性的。营销调研系统的信息收集则是有目的的,是常规的,其过程是企业营销人员主动去收集关于某特定问题的信息。营销调研系统有如营销信息系统这一照明系统的探照灯,是按营销需要有目的、有针对性地收集某些特定方面的信息。

营销调研系统虽可以作为营销信息系统的一个子系统,但其在整个营销活动中的地位和作用是很特殊的。

2. 营销信息处理系统

营销信息处理系统的任务是将营销信息收集系统收集到的多而杂的原始信息进行整理与加工,以使其成为可以被营销人员直接、方便地使用的信息。它接收营销人员某种形式的信息需求,并向营销人员输出必要的信息。该系统的工作由以下两个子系统来完成。

(1)信息操作系统。信息操作系统对收集系统所收集的原始信息以及信息分析系统产生的结果信息进行操作。它负责建立、维护和更新信息数据库。具体的工作是:将原始信息或分析结果信息按要求进行编码(主要是进行数据化)、分类、建立索引,修改、删除旧信息,存贮、追加新信息,并在需要时进行查找和检索工作。信息操作系统的工作可以通过在计算机上建立相应的数据库管理系统来完成。

(2)信息分析系统。信息分析系统的工作主要是通过对收集系统新收集到的原始信息数据以及信息数据库中已有的信息数据进行各种方式的计算,以分析各信息变量的特性并试图找出它们之间的相互关系。该系统通常含有一个存有各种经济数据模型和统计方法、公式的数据库。

对信息变量进行的特性及相互关系的分析研究主要是进行统计上的分析,即通过对营销信息数据样本的方差、相关系数等统计量的计算,对样本进行相关性、回归、时间序列、因果关系等分析。常见的经济模型有风险判断、市场预测、成本费用线性最优化、投资决策树、项目关键路径等。操作人员既可以将现有数据代入模型获得结果,也可以利用模型以假定的数据进行模拟与预测。

营销信息分析系统通过对信息数据的计算与研究分析,从各种信息中总结、提炼出满足营销人员需要的结论。它决定了信息处理系统工作质量的好坏。包含丰富的统计分析功能及大量经济模型、使用越来越便利的软件包的出现,使信息分析系统的工作质量与速度得以不断提高。

在上述营销信息系统的结构体系中,信息传输是联系系统各模块的纽带。因此,要保证信息在各模块之间流动的安全、快速和流畅。

三、营销决策支持系统

营销决策支持系统(Marketing Decision Support System,简称 MDSS)是在营销信息系统基础上产生和发展起来的。MDSS 是面向营销人员、更加侧重于营销决策、能够在更大程度上支持营销决策及消除营销信息与实际决策问题之间障碍的人机交流系统。它通常包括决策者、计算机设备(如网络终端)、信息数据处理程序、统计方法和经济模型库、营销信息数据库以及决策反馈系统等组成部分。

MDSS 具有以下四个特点:

1. 指导性强

在某种意义上,MDSS 可以看作是在 MkIS 的基础上精炼提纯而成的。但是,MDSS 的侧重点已由分析变为决策。MDSS 主要是为解决个人决策者的具体决策问题服务的,具有更强的"问题"与"实际"相互转化的功能,可以更好地按营销决策的要求对营销环境发展变化进行解释。

2. 灵活性好

MDSS 的灵活性好体现在两个方面：其一，决策者可以通过不同方式的操作，获得不同形式的答案。如选择市场可以从 MDSS 处获得一张图表，而确定竞争策略则可以从 MDSS 处获得一份详细的文字报告。即 MDSS 可以更好地适应解决决策人员手中的不同问题的需要。其二，MDSS 没有固定的程序员，由决策人自己操纵，从而使 MDSS 具有一定的非固定程序化和非固定结构化的灵活性。

3. 交流界面好

MDSS 具有更友好的人机交流界面。决策者可以自行设定人机间的交流方式，只需发出简单的指令即可获得所需要的服务。同时由于决策者与计算机系统之间的界面（通常是网络的终端）直接处于决策者的控制之下，不必通过程序员，因此减少了等待时间。

4. 主动性强

MDSS 不仅可以提供决策者解决某一问题所需的概念、方法、数据与模型，而且还可以帮助营销人员发现问题。MkIS 以统计方法和经济模型等为工具分析问题，而 MDSS 则在此基础上更注意对问题因果的研究。MDSS 可以主动地用假设的信息数据进行模拟、试验，从而通过预测探知趋势，提出新问题。

MDSS 的上述四个特点表明，MDSS 在提高营销活动的主动性、预见性，增加解决决策问题的有效性方面，有着不可替代的重要作用。

MDSS 自 20 世纪 70 年代末出现以来，得到迅速的发展。它对营销活动的帮助作用越来越大。许多企业既有 MkIS，又建立了 MDSS。近年来，一些企业的营销人员甚至认为 MDSS 将会取代 MkIS。

MDSS 的迅速发展，一方面是由于营销决策对信息支持的要求越来越高，另一方面是由于 PC 机的出现与迅速发展，计算机网络技术的不断提高。由于这两方面的原因今后仍然存在，所以 MDSS 有着长远的发展前景。功能日益丰富完善、人机交流界面日益友好的 MDSS，无疑会使所提供的支持信息越来越接近实际的决策问题。这正是今后营销信息管理系统的发展方向。

第二节 市场调查的方法和技巧

无论市场研究的目的或内容有何不同，一般都要通过市场调查来收集客观资料信息。调查方案设计得周详、合理，就能以最少的时间和费用获得完整可靠的信息，达到及时性、准确性和效率性的目标。一般说来，在市场调查的目的及内容确定之后，设计调查方案时还要考虑三个问题，即如何选取调查对象、以何种方式与调查对象接触和如何进行调查。长期以来，围绕这些问题的解决，有一系列的方法和技术。每种方法都有各自的优缺点，需要根据调查内容和性质合理地进行选择，不可随意乱用。

一、抽样方法

抽样调查是指从全部调查对象中根据一定规则抽取一部分对象进行调查，然后用调查结果推断总体情况的方法。尽管从调查结果的准确性来看，它不可避免地含有调查误差，不及全面普查准确可靠,但全面普查通常要投入大量的人力和资金,需要耗费很长的时间,只能用于特定的研究项目中。抽样调查不仅相对省时省力,调查误差还可用统计方法加以估计和控制,调查的准确性可以达到令人满意的水平。因此,一般市场调查多采用抽样调查的方法。

根据抽样规则的不同,常用的抽样方法可以分为随机抽样和非随机抽样。

(一)随机抽样方法

即按照随机的原则抽取样本。所谓随机原则,是指全部调查对象中每个成员被抽到的可能性完全相等,抽样必须是随意的,排除人们进行有意识的选择。随机抽样的方法完全是根据统计理论设计出来的,具有统计推断的功能,能够根据事先给定的要求计算出应该抽取多少调查对象以及样本的代表性程度。但使用随机抽样时,必须对全体调查对象的情况有一定程度的了解;另外,当一部分被抽取的对象难以寻访或缺乏合作意愿时,调查效率也会降低。随机抽样的方法主要有:

1. 简单随机抽样

这种方法先将全体调查对象逐一编号,不作任何有目的的区分,单纯使用随机的方法从中抽取若干个体作为样本。抽样工作可以借助于随机数码表或计算机中的随机计算程序,也可以在编号后按相等间距抽取样本。后一种方法又被称为系统抽样或等距离抽样。

2. 分层随机抽样

当调查对象的主要特征有显著差别时,先将全体对象按主要特征进行分类,每一类称为一层;然后再从各层中随机抽取样本,即为分层随机抽样。这种方法可以避免简单随机抽样有可能过分集中于某层调查对象的缺点,使调查结果更好地反映出每层的情况。使用分层随机抽样时,每层样本的大小可按各层占全体对象的比例来确定。

3. 分群随机抽样

与分层抽样相反,分群随机抽样先将全体对象分为若干同质的群体,即每群中都比较均匀地包含有不同特征的对象,群体之间的特征十分接近;然后随机抽取若干群体作为样本,对被选中样本中的对象进行普查或抽样调查。最典型的分群抽样方法是根据地区划分群体,比如要在某城市中调查 1000 户家庭,可先利用户籍资料将城市划分为若干小区域,每个区域中约有 50 户居民,再从这些小区中随机抽取 20 个作为样本,并对每个被选中小区中的家庭进行调查。由于调查对象集中,这种方法可以明显地降低调查费用。当然,它的误差也比简单抽样或分层抽样方法大一些。

(二)非随机抽样方法

当人们对调查对象的总体缺乏了解或是总体太庞大、太繁杂时,随机抽样就变得十分困难,而采用非随机抽样往往能够取得较好的效果。非随机抽样是根据调查人员的判断和要求进行抽样,每个调查对象被抽中的机会是不均等的,误差大于随机抽样。但这类方法实施简便,省时省力,在市场调查中占有重要的地位。

常用的非随机抽样方法有:

1. 任意抽样

这种方法由调查人员根据场合机会,任意选择调查对象。比如与路遇行人或商店中顾客进行访谈,就属于任意抽样法。这种方法抽样偏差大,结果不够可靠。通常只用于试探性调查。

2. 判断抽样

这种方法是根据专家判断来选取调查对象。当调查的设计者对总体情况比较熟悉时,可以依照总体特征选择若干有代表性的典型作为样本,然后通过典型调查进一步研究总体情况。判断抽样适合于特殊目的的市场研究,调查的回收率较高。但如果判断有误,将会导致很大的抽样偏差。

3. 配额抽样

与分层随机抽样的方法类似,配额抽样也要将调查对象按一些特征分类,规定每层的样本配额,然后由调查人员对每层抽样调查。也可以说,这种方法是分层的非随机抽样方法。由于它简单易行,抽出的样本不致过分偏重某一层面,比任意抽样能更好地反映出总体情况,因此实用性很强。但如同其他非随机抽样方法一样,配额抽样缺少统计理论依据,无法准确地估计调查误差。

4. 固定样本调查

固定样本是由调查人员用随机抽样或非随机抽样方法选择出的并且在一定时期内保持不变的样本。对固定样本进行连续调查,可以得到对照性很强的结果,有利于发现调查对象某些特征的变化,如消费者的品牌忠实度、购买动机、对产品的使用情况,以及广告发生作用的过程、新产品扩散过程等。这种方法的回收率很高。而且样本一旦确定,每次调查时就无须再行抽样,因而能够加快调查进度。为保证样本有充分的代表性,一般要定期更换样本。

二、调查方法

调查方法的含义很丰富,这里仅针对调查人员获取信息的方式而言。由于市场研究所需要的主要信息蕴含于消费者的行为、情感或思想之中,每种信息的特性都不同,因此,需要选择适当的方式来收集,才能减少误差,避免信息失真。

常用的市场调查方法有三类,即询问法、观察法和实验法。

(一)询问法

询问法就是由调查人员将事先拟定好的调查事项以访谈、信函等方式向被调查者提出,要求他们给予答复。按调查人员与被调查者接触方式的不同,询问法又有访谈、电话调查和信函调查三种形式。

1. 访谈法

即调查人员通过走访被调查者,当面向被调查者提问,以获得所需的情报、信息。访谈法是市场调查最常用的方法之一。它的优点主要是:有激励效果,调查人员的恰当的提问能激发被调查者的热情和参与意识;有观察机会,调查人员不仅可以通过交谈,还可以通过观察被调查者的情绪、反应来获取信息;适用范围广,可以仅就某个问题进行简单交谈,也可以向被调查者出示样品或进行提示,深入了解他们的习惯与爱好。这种方法的缺点是调查费用较高,并且被调查者有可能受到调查人员的诱导而提供不真实的答案。根据不同的调查内容,访谈调查可以采用个人访谈、小组座谈、一次访谈、多次访谈以及深层访谈等形式进行。

2. 电话调查

即调查人员按照抽样要求,用电话征询对方意见。使用电话调查,往往能在很短的时间内调查到较多的对象,而且费用很低。电话调查对了解诸如消费者对促销活动的反应、电视节目的收视情况等问题非常有效。其缺点是难以询问比较复杂的问题,调查内容一般只限于最近发生的事件,而且无法使用物质刺激手段调动被调查者的积极性。

3. 信函调查

信函调查就是将设计好的问卷寄给被调查者,请其自行填写寄回。这种方法不仅成本低,而且可以在广阔的地域范围内对距离遥远的调查对象进行询问。信函调查的另一个优点是被调查者有充分的时间思考问题;由于调查人员不直接接触被调查者,也不会对他们的行为、情绪发生影响。但是,信函调查回收率很低,严重降低了这种方法的效率。

(二)观察法

观察法是由调查人员直接或使用仪器在现场观察调查对象的一种方法。在观察过程中,调查对象不知道自己在被调查,行动一如既往,毫无掩饰成分,所以观察结果准确客观。观察法在市场调查中的用途很多,如通过观察消费者的购买行为来分析品牌知名度或促销效果,通过观察零售商店售货情况来分析销售方式对顾客购买行为的影响等。此外,人们还专门设计了一些仪器和记录装置来研究广告效果。

观察法与询问法的主要区别在于:询问法所获得的资料来自被调查者的回答,直接表明了他们对问题的意见、判断,但有时受到社会舆论或虚荣心理的影响,被调查者会拒绝承认自己的真实想法;观察法则能够发现被调查者真实的行为特征,但无法观察到一些内在因素,如消费者的内心活动。有时将这两种方法结合使用,能够收到更好的效果。

(三)实验法

实验调查是进行因果性研究的主要方法。它起源于自然科学的实验求证,采用了与自然科学实验完全相仿的原理和步骤,即通过干预或调整一些市场条件来影响调查对象,然后观测他们的反应,最终判明各因素之间内在的因果关系。与询问法和观察法相比,实验调查往往能得到更深刻的结论,因此在市场研究中有着重要的用途。

实验调查可分为两种类型:一种是实验室调查,即调查人员在人工模拟的环境中进行调查。比如在模拟的商店中,调查人员将不同价格或不同包装的产品陈列在货柜上,邀请部分消费者扮演顾客购货,以便研究价格、包装等因素的作用。另一种是现场实验,即在完全现实的环境中进行实验调查。美国有一家公司为研究广告与产品价格的交互作用,在两个地区实行了完全不同的价格策略,结果发现在产品价格较低的地区,广告对产品销售有明显的积极影响,而在价格较高的地区,这种影响大为减弱,从而得出定价偏高将会抵消广告效果的结论。

实验调查的优点在于方法科学,获得的资料有重要的价值;其缺点是费用很高,特别是大规模的现场实验,有可能对企业的经营策略产生持续的影响,所以,应该慎重使用。

三、调查技术

市场调查质量与调查方法有关,也与实施调查的具体手段和方式有关。所谓调查技术,就是指这些具体手段和方式。在市场调查中,为获取不同性质的信息,需要使用不同的调查技术。

(一)询问技术

在询问调查中,首先要把问题以一定的方式转达给被调查者,使他们作出符合要求的回答。常用的方式有:

1. 一项选择法

又称为真伪法或是非法。这种方法是只为被调查者提供了两种可供选择的答案。例如"您是否使用过某产品"、"您每天都看电视新闻吗"等提问方法都属于一项选择法。这种方法的优点是回答方便,观点明确,容易统计结果;缺点是不能表示意见的程度差别。

2. 多项选择法

为缓和一项选择法中强制性选择的缺点,多项选择的问题中列出了多个提示答案,使被调查者有较大的选择余地。例如:"您在购买空调器时,认为下列哪些性能或条件最重要?如制冷力强、经久耐用、省电、价格合理、无噪音"。调查中可允许被调查者选择一项或数项答案,视调查目的而定,提示答案应包括所有可能情况,但数量不宜过多,一般不超过 10 个。

3. 顺位法

这种方法要求被调查者根据自己的认识,将提示答案排出顺序。比如在上面的问题中,可以要求被调查者将选购空调器时考虑的多个因素按重要性排序。从形式上看,顺位法的调查结果比多项选择法更深刻。但实际上,多数消费者对所考虑的因素并没有如此清晰的认识,他们往往只能把最关心的一两个因素和其他因素区分开。因此,在使用顺位法时,被调查者选出的第一、二位答案更值得分析。

4. 自由回答法

即调查人员提出问题后,允许对方随意发表意见,不受任何限制。这种方法的优点是能够调动起被调查者的积极性,创造出良好的调查气氛,而且有可能收集到一些富有建设性的意见;缺点是调查人员的表达能力和提问方式会影响调查效果,调查结果的整理工作很繁重,而且无法进行统计分析。

5. 回忆法

这种方法适用于测定消费者对企业标识、广告、品牌等的印象强度。为了区分不同被调查者对调查内容熟悉程度的差别,可以在询问过程中增加提示。例如:"请您说出您所知道的洗发水的名字。"被调查者说出了若干他所熟悉的品牌之后,调查人员还可以再行提问:"您还知道哪些药物洗发水?"

显然,被调查者对第二次回忆到的品牌的印象强度低于前一次。通过计算每一种品牌第一次被回忆到的比率和第二次被回忆到的比率便可以发现它们的印象强度。使用回忆法时,提示内容应该根据调查目的设定。

6. 配合法

该方法主要用于调查消费者对产品功能或品牌的认知。

例如:"您认为下列每种营养保健品最适宜哪些人服用,请用直线把两者连结起来。"

产品名称　　　　　服用者
XX 牌蜂王浆　　　　老年人
XX 牌口服液　　　　儿童
XX 牌营养液　　　　胃病患者
XX 牌参汁　　　　　身体虚弱的人

7. 评定法

这种方法要求被调查者自己评定对某些问题的态度或认知程度。当被调查者熟悉所问事项时,使用评定法可以迅速地获得调查结果。例如:

"您喜欢吃方便面吗?(请选择您认为适当的回答)"

很喜欢　比较喜欢　无所谓　不大喜欢　很不喜欢

评价等级一般分为五级或七级,以数值、图表、体现不同态度的词句等形式列出。使用评定法时,评价等级不宜划分得过细,否则被调查者会因为无法区分各等级之间的细微差别而感到无所适从。

(二)投影技术

直接询问方法只有在人们对所问事项有较清楚的认识而且愿意坦诚地回答问题时才能达到预期目的。有时由于各种原因,人们不愿意或是无法表明支配其行动的真实动机,直接询问就很难得到正确答案。比如许多男人不愿承认自己对化妆品感兴趣;又如有些人声称他们不喜欢含有添加剂的饮料,而在选择商品时却又完全忽略了这一因素。这时使用投影技术,可以收到较好的效果。

所谓投影技术是指为调查人们的意见、态度或动机,根据心理学原理设计出的一些间接询问方法,通过向被调查者提示一些模糊的或不完整的线索,激发起他们的联想,使他们的内心活动在回答中表现出来。比较常用的方法有:

1. 词句联想法

调查人员提出若干词汇或句子,要求被调查者马上说出他们联想到的内容。这种方法常用来测试广告用语和品牌名称。由于被调查者的回答差别很大,比如对"春天"一词,人们可能会联想到"绿色的树木",或是"青春",或是"四季",因此对联想结果的分析是一项非常复杂的工作,通常要由心理学专家协助完成。

2. 角色扮演法

这种方法要求被调查者扮作另一个人来完成某件事情,比如扮作推销员推销产品,扮作家庭主妇做家务,然后观察他们的举止言行。一旦被调查者进入角色,就有可能将自己的内心活动投影到所扮角色的行动中。在研究消费者购买动机时,可以使用这种方法。

3. 转问法

对于一些令人困窘的问题,如果不是直接向被调查者提出,而是问及他的同事、朋友的情况时,他的戒备心理就会有所放松,并在回答中融入自己的意见。转问法将询问对象改为想象中的第三人,如"您的邻居"、"您的朋友"等,借以发现被调查者的真实想法。

转问法的一种变形是让被调查者描述某个虚拟人物的特征。比如列出若干产品名称,然后要求被调查者回答出这些产品的购买者会是什么样的人,以及他的收入情况、生活经验、品行等。这种方法在研究消费者购买动机、对产品的认知程度等问题时,很有用处。

四、问卷设计

问卷是市场调查的主要工具之一。一份设计完好的问卷中记载着需要向被调查者了解的全部问题、这些问题最清楚的表述方式,以及提问的语气措辞和顺序。使用这样的问卷进行调查,可以在一定程度上消除被调查者的反感心理,促成他们与调查人员的合作。调查问卷还能帮助调查人员迅速规范地记录信息,有利于简化资料的整理汇总工作。无论通过何种途径实施调查,通常都要设计问卷。

由于每次市场调查的内容和对象都不会完全相同,因此问卷设计并没有统一的严格规则。但人们从大量的实践经验中,总结出了下列一些需要注意的事项:

1. 问卷开头应该以亲切的口吻,提出人们比较愿意回答的简单问题。在调查的开始阶段,调查人员与被调查者之间存在着潜在的隔阂,调查人员有必要使用一些简单有趣的问题,消除双方的隔阂,调动对方的参与意识。至于那些容易使人困窘的问题,如有关个人的身份、收入等方面的情况,如果必须提出的话,最好放在问卷的结尾。

2. 尽量避免提问超出被调查者经验或记忆范围的问题。比如对"去年夏天您喝了多少瓶汽水?"这样的问题,很少有人去作准确计算,更不会留心记忆,因此回答的结果往往是靠不住的。又如在"如果产品质量进一步改进,您会购买吗"这个问题中,含有一些令人无法认清的假设,被调查者在看到产品的样品以前,很难判断产品改进后的形态,只好随意作答。

3. 不要使用诱导性的语句。例如:"您喜欢XX牌饮料吗","许多人都不愿使用XX牌化妆品,您的意见呢",这样的提问容易把答案引导向一个方向,增加调查误差。

4. 用语准确清楚,避免使用多义词或模棱两可的语句。被调查者对一些词汇如"经常"、"一般"等的理解往往因人而异,同样的答案中可能包含着不同含义,从而使调查结果失去价值。因此,问题表述应该尽量具体,如有必要,还可以进行适当的补充说明,避免让人产生误解。

5. 问卷篇幅应该简短。问卷的简繁程度主要取决于调查的目的和途径,但如果问卷过长,问题太多,容易使被调查者失去耐心,影响调查效果。有人认为,在作询问调查时,回答问卷的时间最好能控制在15分钟以内。当然,这并不是一个绝对的界限。

问卷草稿拟订好后,还要进行试验性调查,以便发现问卷中的问题,对它进行调整订正。一般说来,无论事先考虑得多么周密,在实际调查中都可能发现意外情况,如果问卷中含有错误,就会严重影响调查结果的可信性。

第三节 市场营销数据分析

一次成功的市场调查能为企业带来大量有价值的数据信息,但这些原始信息很少能够直接用于支持经营决策。它们只有经过分析处理,才能显露出内含的价值,才能作为决策的依据。因此对调查数据的分析处理工作,有如琢玉成器,是市场调研中一个非常关键的环节。

市场调研所使用的数据分析技术中,统计分析,特别是多元统计分析占有重要地位。这些分析能够有效地压缩信息量,从浩繁的数据资料中抽取出市场的主要特征,揭示市场变化的内在规律;而且分析过程很少带有主观成分,结论准确可靠。几乎在所有的描述性研究和因果性研究中,统计分析都是必不可少的。一些复杂的分析技术如相关分析、多元回归分析、区分分析和聚类分析等已经成为研究市场问题的有力工具。熟练地掌握这些方法不仅是研究人员应该具备的基本素质,即使对营销管理人员来说,了解这些方法的用途也是十分必要的。

一、相关分析

相关分析是测定各种市场变化之间有无联系以及相互联系的程度的一种方法。许多市场变化之间存在着相伴而生或是此长彼消的现象。比如随着居民收入的增加,市场对家用电器的需求也在迅速上升;电视机普及率不断提高的同时,报刊读者和电影观众却减少了。这反映出上述现象之间存在着某种联系。在研究这些联系的内部机理之前,应该先用统计分析方法,确认其有无显著意义。

根据变量性质的不同,常用的分析方法包括以下几种:

(一)关联强度分析

关联强度是指两个类别变量相互联系的程度。许多市场因素可以用类别变量描述,如电视节目类型、报刊种类、消费者的职业特征以及居住区域等。研究两个类别变量的相关性是市场研究中经常遇到的问题。例如:

——人们在选择报刊或电视节目时,是否受到所从事职业的影响;

——不同地区的消费者选购产品时最关心的因素有无明显差别;

——男女青年所喜爱的产品包装形式是否相同,等等。

进行关联强度分析时,需要先把调查结果整理成交叉数表,然后再计算卡方值或其他可以反映关联强度的系数。

(二)等级相关分析

等级变量主要用于说明不同程度之间的顺序关系,如消费者的受教育程度可分为大学、大专、中专、中学等，对产品的喜爱程度可分为完全满意、比较满意、一般、不大满意等，这些都是等级变量的表现形式。等级相关就是指两个等级变量之间的相互联系。属于等级相关分析的问题可以是：

——消费者的文化水平与他对某个广告认知程度之间的关系；

——消费者的收入水平是否影响着他对某种产品的态度，这里收入水平可以划分为高收入、中等收入、低收入几个等级；

——消费者对两种产品的态度的相关性，即喜欢某种产品的人是否也喜欢另一种产品，或者相反，等等。

反映等级相关程度的系数有伽玛系数、斯皮尔曼系数等。

（三）相关分析

当两个变量都是可以连续变化的数值变量时，就可以用相关系数来测定两者之间的相关程度，如产品销售量与促销费用之间的相关程度、消费者家庭月收入与对某种产品使用量之间的相关程度等。

相关系数和等级相关系数都有方向性，其中正相关是指两个变量的变化方向相同，同时增减；负相关是指两个变量的变化方向总是相反；如果相关系数接近零，则表明两个变量是基本无关的。

二、多元回归分析

多元回归分析是最常用的多元统计方法之一。在市场研究中，它主要用于分析多重因素对某个市场因素的影响。比如一个地区的国民收入、人口数量、企业和事业单位个数、公路通车里程等因素与该地区汽车保有量的关系，或是企业产品的次品率、销售价格、竞争产品价格、企业的广告支出等对销售额的影响。多元回归实际上是一种拟合技术，即通过统计计算建立一个回归方程，将需要解释的因变量和一组自变量的复合函数连接起来，复合函数的数值应该最大限度地接近因变量的实际观测值。多元回归分析中，复相关系数表明了自变量和因变量之间的拟合程度。通过回归分析，人们既可以看出某个自变量对因变量的影响，也可以看出一组自变量的复合作用。

多元回归分析不仅被应用于市场研究之中，它也是研究各种经济和管理问题的有效方法。例如，美国在20世纪70年代开展的一项针对工业品市场的研究项目ADVISOR计划中，经过对企业调查资料的回归分析，得到以下方程：

$P=0.618VEN+0.104UTS-1.881CONC-1.989STA-0.892CYC+1.503PLA$

$M=0.712VEN+0.082UTS-1.633CONC-0.305DIF-0.993STA-0.424CYC$
$\quad +0.809PLA+0.528PRO$

式中符号的含义为：

P——企业的广告费用；

M——企业的促销费用；

VEN——销售额；

UTS——企业的顾客数量；

CONC——顾客的集中程度（指大型客户采购额占企业销售额的比重）；

STA——非标准产品占企业销售额的比重；

CYC——产品寿命周期；

PLA——产品线的宽度；
DIF——顾客对产品差别化的认知程度；
PRO——产品的复杂程度。

对比两个方程,可以看出这一时期美国企业的广告和促销费用都是随着产品从成长阶段转入成熟阶段而减少,但广告费用比促销费用下降得更快。另外,回归方程中还显示出产品的非标准化程度、顾客集中程度等因素对企业的广告和促销费用有重要影响。这些结论对企业制定营销策略极有参考价值。

三、区分分析

从形式上看,区分分析与回归分析非常相似,两者都是用线性方程来描述一组自变量和因变量之间的关系。但在区分分析中,因变量是类别变量,它将研究对象分为不同的群体,如使用本公司产品和其他公司产品的顾客、愿意分期付款和不愿采用这种方式购买物品的消费者等。区分分析使用一组指标测量每个对象的具体形态,然后分析这组指标与群体划分之间的关系。

区分分析有两个重要目的：一是建立能够判别每个对象应该属哪个群体的综合标准；二是通过对这组标准的分析,认识每个群体的主要特征。例如,美国学者阿尔特曼等人曾经调查了一些破产企业和正常运行的企业,然后运用区分分析对每个企业(包括破产企业在破产前)的销售额、流动资本、保留盈余等指标进行分析,得到了著名的 Z 比值。

$$Z = 1.2X_1 + 1.4X_2 + 3.3X_3 + 0.6X_4 + 1.0X_5$$

式中各项的含义为：
X_1——流动资产与总资产的比率；
X_2——保留盈余与总资产的比率；
X_3——税前收益与总资产的比率；
X_4——企业市场价值与账面价值的比率；
X_5——销售额与总资产的比率。

分析表明,绝大多数破产企业的 Z 比值低于 1.8,而健康企业的 Z 比值通常大于 3。两类企业的类别突出地反映在税前收益与总资产的比率上。这个结果被许多企业用来衡量自己的经营状况。

区分分析在市场研究中的应用很多,比如分析细分市场的特征,分析影响消费者偏好的主要经济社会因素。这种方法甚至可以帮助企业迅速识别哪些顾客最有可能成为本企业产品的购买者,从而使企业采取更有效的推销方式。

四、聚类分析

市场研究中经常会遇到分类问题。从本质上讲,市场细分就是对消费者的一种分类。对产品的分类研究也非常有意义。根据产品价格、性能、知名度等对市场上的产品进行分类,有利于企业认清哪些产品处在与本企业产品直接竞争的地位,或是哪些产品类别更受消费者欢迎。另外,通过对同一行业内的企业进行分类来研究每类企业的经营特征,也是竞争分析中一种很有用的分析方法。在上述分类问题中,分类的目的都是将研究对象分为若干群组,每一组内的成员尽量相似,组与组之间则尽量不同。

在解决分类问题时,如何衡量"相似性"很重要。研究的目的不同,采用的指标也不同。有的方法使用单一的相似性指标,主要是为了解释这个指标在不同群体中变化的原因。在聚类分析中,衡量相似性的指标不是一个,而是一组,目的在于从多种角度反映每个群组的综合特征。

聚类分析一般以自下而上的方式进行。假设选定 N 个指标,则每个研究对象的指标值都是一个 N 维向量,或者说是 N 维空间的一点。聚类过程开始时,每个点被视为一组,然后将相邻的组合并成更大的组,经过逐次聚合,使群组个数下降到某个标准为止。所谓聚类,就是把距离相近的点聚合为一类,从而达到分类的目的。以下是实际应用聚类分析的一个例子。

为了制定合理的历史古迹管理政策,推动文化事业的发展,法国政府的历史古迹管理机构在 20 世纪 70 年代初期组织了一次调查,目的是了解公众心目中历史古迹的形象。调查人员首先访问了几十名公众,然后根据初步调查结果,明确提出调查的问题和范围。在正式调查阶段,调查人员向 984 名年龄大于 18 岁的公众了解了各种有关事项。经过聚类分析,这些接受调查的人被分为 5 组。以上分析的结果为一系列的文化宣传活动提供了明确的目标。

复习思考题

1. 为什么要建立市场营销信息系统?
2. 试述市场营销信息系统的组成及功能。
3. 为什么要发展营销决策支持系统?
4. 设计问卷时应该注意哪些问题?

调研报告

山东白酒市场调查

山东是白酒生产和消费大省,省内有大小酒厂六百多家。白酒是山东省的支柱产业,也是地方财政收入的重要来源。山东素有"要当好山东的县长,先经营好酒厂"之说。

由于国家政策、产业结构的调整,山东白酒产业结构和人才匮乏表现异常突出,整个行业呈现产量下降、效益下滑的态势。2002 年山东白酒产量 65 万吨,占全国产量的 17%,比 2000 年下降 2 个百分点。

下面是 2002 年山东白酒企业总体经营状况。

一、竞争状况

山东作为白酒生产大省和消费大省,巨大的市场容量使得白酒厂商纷纷抢滩。由于山东东西经济水平的差异,消费观念也不尽相同,各地的竞争激烈程度也有差异。下面就代表性地区的竞争分析如下:

山东白酒的中心:济南

济南作为山东中西部的中心,消费上具有很强的带动作用,而且市场容量超过 10 亿元,成为省内外众多知名品牌抢滩山东市场的制高点。2002 年山东传统名酒在济南市场纷纷落败,省外白酒品牌唱了主角。金六福、五粮春、五粮醇、泸州老窖、古井贡、口子窖、郎酒、小糊涂仙、湘酒鬼、浏阳河等外地酒占据了绝对优势,而鲁酒只剩下趵突泉、景芝、兰陵等少数几个品牌在济南市场扎根。在鲁酒纷纷衰落之时,趵突泉占据地利,依靠在济南市场的出色表现,扛起了鲁酒的大旗,成为山东白酒的后起之秀,年销售额达 2 亿元。

鲁西:济宁、菏泽、聊城、泰安

西部地区白酒竞争呈现明显的地域特色。由于当地酒厂众多,酒厂在地方财政上的重要地位和当地的消费习惯等因素,使得当地品牌成为主流。济宁表现得最为明显,当地的知名品牌竞争异常激烈。孔府家、孔府宴、金贵特曲、心酒、钢山等品牌成为当地白酒的主流,外地品牌进入难度较大,除全国名酒外,外地品牌不敢轻举妄动。菏泽为梁山英雄故乡,白酒市场容量很大。菏泽市除花冠外,没有很强势的品牌,但曹州老窖、四君子、水浒等品牌在本地占有绝对统治地位。聊城的东阿王、雁冰、景阳冈、温河王等品牌在当地中低端市场占有较大优势,高端市场仍由五粮液、金六福等名酒占据。泰安是山东四大酒业集团生力源的根据地,为当地的主导品牌。

鲁中:淄博、潍坊、莱芜

淄博、潍坊具有一定规模的白酒厂家众多,淄博的中轩、高清扳倒井、黄河龙等品牌均具有一定实力,特别是中轩集团是2002年山东省白酒行业效益最好的企业(当然其主营业务是保健品),扳倒井也是曾经辉煌过的白酒企业,黄河龙在当地具有较高知名度和忠诚度。潍坊是山东白酒竞争最为激烈的地区之一,当地的知名品牌众多。其中有鲁酒四大家族之一的景芝酒厂,曾经辉煌的秦池、齐民思,具有一定历史根基的板桥宴,区域发展不错的云门春,2002年经营困难的坊子酒厂等,加上外来名酒五粮液、金六福、郎酒、全兴、古井贡等抢滩,竞争异常激烈。莱芜市中部地区是白酒竞争相对较为平和的地区,当地只有广寒宫较为强势,外地品牌较多,但没有特别强势的品牌,目前店小二、小糊涂仙、鲁源等品牌占据较大市场份额。

鲁北:德州、滨州、东营

德州当地的白酒占据了市场的主道,主要品牌有古贝春、禹王亭、洛北春等,其他小酒厂只能在本地占有一定市场,外地品牌有泸州老窖、衡水老白干等品牌。滨州、东营当地的白酒品牌势力较弱,外来品牌唱了主角。当地品牌邹平的范公酒厂、博兴董酒、东营黄河口酒是当地的主要品牌。由于当地品牌的弱势,外地品牌较多,缺少强势品牌。

鲁南:临沂、枣庄、日照

临沂是鲁酒四大家族之一的兰陵集团的根据地,兰陵酒品类较多,满足了不同白酒消费者的需求,而且具有一定的历史根基,理所当然地成为当地的强势品牌,在周边地区影响力也较大。此外,费县的温河王在当地具有一定影响力。枣庄当地白酒品牌十里泉具有一定影响力。兰陵在当地影响力较大,其他沱牌、板桥也有一定影响力。日照酒厂和沂蒙小调在日照依据本土的优势占据一定市场份额,但高端仍被名酒所占据。

胶东:烟台、威海、青岛

胶东地区经济较发达,消费水平较高,当地知名白酒品牌较少,因而,胶东地区是白酒厂家必争之地,也是省内厂家扩大市场份额、省外厂家登陆山东的一条捷径。胶东地区本地品牌主要有烟台张裕、青岛琅琊台等。除白酒外,即墨老酒、张裕保健酒和红酒、青岛啤酒等具有一定替代作用。由于胶东地区人口稠密,白酒消费水平较高,具有实力的白酒厂家不遗余力,都想从中分得一杯羹。

二、消费者分析

(一)饮用习惯

1.最常饮用品牌

调查发现,大多数受访者通常饮用本地餐饮场所最为流行的白酒,该品牌通常由本市或市辖县生产,具有从几元钱到上百元的各个不同规格、不同档次的品种。消费者多根据场合的不同来选择同一品牌的不同品种。如济南人喝白趵,青岛人喝琅琊台,烟台人喝烟台古酿,德州人喝古贝春,商河人喝娇泰(今朝)等。

2. 消费者心目中的好酒

受访者对好酒的描述:

- 清香、绵软、口味醇和。
- 酒味不能太呛鼻,香味不能太重,酱香型的就不行。
- 不能太冲,喝完以后不上头,不容易喝醉。
- 有别人难以效仿的防伪措施。
- 名牌好酒多为高度酒,但不宜多饮,也不适合在公共场合喝。

山东消费者比较喜欢喝浓香型白酒,认为其适合自己的口味。对于茅台、泸州老窖等名牌酒,他们认为是好酒,但带有粮食香味,他们较难接受这种香味,部分人表示一闻到就失去饮酒的欲望,甚至想呕吐。

3. 消费者对白酒度数的喜好与评价

山东的白酒消费者多数比较喜欢中低度酒,在调查中发现 38°～42°之间的白酒最受欢迎。白酒消费者在不同的场合饮用白酒的度数不同,一般受访者在家中饮用白酒的度数要高于在外饮用白酒的度数,但每次饮用量要低得多。高年龄组的受访者从品酒和养生的角度出发,对高度酒有一种好感。青岛消费者因为长期习惯喝青岛啤酒,所以口味趋淡。

不同度数的白酒在饮用上的区别:

- 在外吃饭这种交际场合,要是喝酒不让别人喝过了就觉得过意不去,这也是山东人的习惯和礼仪特点,但你让人家多喝点,首先就得自己多喝点。通常需要大杯大杯地喝酒,这时如果喝高度的,谁也受不了,因而交际场合多喝中低度酒。
- 真正的好酒都是高度的,这种酒口感确实好,喝了以后回味无穷,不是很正式的场合,如果是自己或老朋友一起可以适当喝一点,品品味道,过过瘾。
- 有一些人喜欢喝酒,喝低度酒不过瘾,选择喝烈酒。
- 到了一定年龄(40 岁以上),喝点高度酒,对身体有好处。用高度酒来泡些药,更是可以保养身体。泡药酒以散装白酒为主,如二锅头、东北的大曲酒、当地的散酒等。

4. 白酒消费心理

(1)消费者在饮酒前谈论的话题:

- 现在喝酒(包括白酒和啤酒)、抽烟都是一个阶段、一个阶段的,前几年如何,现在如何如何,饮酒跟着潮流走。
- 某某酒现在假的太多,不敢喝了。
- 某某酒的防伪包装不错,别人难假冒,喝起来放心。

(2)消费者在饮酒时谈论的话题:

- 在山东酒规比较多,一般在酒位上一坐,见面就三杯酒,有的接下去就"四季发财、六六大顺、八仙过海"。
- 在酒桌上有地位、有身份的人喝到一种酒说好,大家尝尝味道还可以,口碑传播效果很好,很快就能传开了。
- 招待外地人时一般用本地酒,味道不错,体现特色。

(二)购买习惯

1. 购买场所

根据不同情况,受访者购买白酒场所不同:

- 城市一般在超市购买白酒,一方面价格合理,另外产品保真;乡镇或农村平常自己喝,一般就近到小商店买,都是老客户,一般不会以假酒骗人。
- 过年过节或者有活动要请客就到批发市场或厂家批发部去买,便宜一些。
- 到超市连锁店去买,比较方便,也比较放心。另外,有好多酒只是知道牌子,不知道价格,在超市里可以随便看。
- 一般酒店不让自带酒水,多数时候酒店促销员推荐什么酒,就要什么酒。在酒店多数因为公事或求人办事,不管价格怎样,关键要体面。

2. 根据不同用途购买白酒的品牌与价格情况

(1) 自己喝

年轻人喝白酒跟着潮流走,价格在 10~15 元之间,济南和胶东等经济较发达地区价格稍高一点。中老年人在家中饮用白酒频次较高,量较大,他们购买的一般是略为低档、度数稍高的品种,价格多在 10 元以下,如济南、青岛有些人常买二锅头、景芝、尖庄。农村地区散酒仍受欢迎,一些高粱酒、粮食酒等有一定市场。

(2) 请客时或酒席上

- 招待普通客人时,本地有个还可以的牌子,价格也还合适,二三十元,肯定就用它。
- 朋友聚会吃饭,一般都是喝比较合大家口味或经常喝的品牌,二三十元的居多。
- 有重要的客人或求人办事时,一般根据事情大小或主宾的喜好,另外合潮流、够体面,这样可能办事会较顺利。

(3) 送礼时

- 根据不同情况决定送的品牌,一般亲戚朋友就五六十元的(两瓶),有求于人的话,几百元一瓶的也得送,要够档次。
- 送酒注重品牌,一般要送有名气的,广告打得响的。喝酒的人对酒价心里都有数,一看你送什么酒就能估摸出价钱来。
- 酒的包装要好看些,有的酒有专门的礼品装,如两瓶装、四瓶装,送礼方便。

3. 品牌转换情况及原因

前几年人们喝酒跟风,受广告的影响较大,现在消费者对广告产生了不信赖感,普遍对广告名酒有警惕心理,而对地方品牌和历史名酒的品质则相对较信任。这些地方品牌经过一定的广告促销,达到了让人们认知和品尝的目的,由于口味不错,通过口碑相传,逐渐成为了当地的品牌。

(三) 购买因素

1. 购买白酒通常主要考虑的因素

不同的用途决定了人们购买时考虑的因素各有侧重。自己喝时首先要考虑自身承受能力和酒的价格,其次是看酒的口味香型和度数是否适合自己的口味。请客时面子很重要,买酒时主要考虑"时兴"、"口碑"和"价格",会选择那些流行的、口碑好、中档价位的品种,因为流行的品牌口味能被大众接受。送礼时主要考虑酒的品牌、名气的高低,广告做得多或历史悠久的酒较受欢迎。酒的包装一定要好看,有礼品包装的最好。根据送礼对象,酒的价格从几十元到几百元不等。

2. 白酒包装对购买的影响

大部分受访者都认为酒的包装不是购买时考虑的首要因素,但包装精美别致的品牌会让人产生好感,特别是送礼或请客时。

- 有礼品包装，如两瓶或四瓶装，送人时感觉就好一点。
- 包装大红大绿的太俗，但颜色太白太素也不好，看上去不太吉利。
- 酒的包装都是红色或金黄色的，好像很喜庆，其实没有特色。可以画上当地风景或山水画，下面注一首有关酒的古诗，既能反映地方特色，一看包装就知道是哪里出的酒，又能体现白酒的历史文化感。
- 包装盒里可以装个小礼品或有趣的小谜语什么的，让大家一起高兴高兴、热闹热闹，对调动气氛有一定作用。
- 酒瓶上贴的标签一定要精致，要和酒的形象相配。特别是不熟悉的品牌，就要选择包装好看一些的。

3. 酒文化对购买的影响

大部分消费者喜欢喝有文化品位的酒，如家人团聚喝孔府家，朋友相聚喝青酒，庆功喝浏阳河或金六福，文化人在一起喝酒鬼或水井坊，请政府官员喝茅台，请商界朋友喝五粮液，请老乡喝家乡产的酒等。

4. 酒瓶材质、瓶型对购买的影响

大多数消费者喜欢透明的酒瓶，对瓶子的精细与粗糙非常重视，瓶子很粗糙的就会怀疑是假酒。透明瓶可以倒转过来看看有没有杂质，这是最常用的鉴定假酒的方法。磨砂瓶就不行，不知道是不是假的，不放心。

瓷瓶酒好像都是较贵的名酒，贵酒经常用仿茅台包装，送礼时才用。

近年来中档酒流行陶瓶，让人感觉经过长时间窖存，具有历史感，看起来比较高档；另外，现在酒瓶造型也日趋多样，各种造型具有一定收藏价值。

5. 对防伪措施的看法与建议

防伪措施与开启方便是一对矛盾的问题，多数受访者希望防伪复杂些，但又容易开启，即简单实用的防伪包装是消费者渴望的。

6. 广告对购买的影响

大多数消费者认为现在广告泛滥，只能让人记住白酒的牌子，是否购买还会考虑口碑、价格、口味等。可见广告的影响力在下降。

7. 促销对购买的影响

现在消费者对促销品不太感兴趣，但在酒店里酒瓶里放打火机还是很实用的，一般酒店里烟酒不分家，这样会比较方便。白酒搞抽奖一般很难引起消费者的兴趣，一般消费者见多了，认为这是骗局。免费品尝，或者向社会上有影响的单位送一些产品，具有公益性质的，新闻单位就会免费为你宣传。

总结消费者白酒消费特征：消费越来越理性，自己消费讲求经济实惠，更看重品质，物超所值；在请客送礼时，首先讲究体面，让人看着有面子，其次才是价格和品质。

三、通路分析

白酒销售渠道基本有两种模式，即酒店模式和批发—零售（含商超）模式。

由于国家产业政策的调整，中低档白酒的利润越来越低，各地酒厂纷纷调整产品结构，提升产品品质，生产中高档白酒，甚至超高档白酒。而高档酒的消费主要是酒店和礼品市场，尤以酒店为主。因而，一些有实力的白酒企业，在大中城市投巨资买断一些酒店白酒销售权，争夺市场的制高权，从而带动批发—零售的销售。

目前，山东省内的酒店消费水平基本和经济发达水平成正相关。青岛、济南、烟台、威海、东营等地酒店消费水平相对较高,而西部城市相对较低。酒店销量最大的是20~80元/瓶的中档白酒,其销量约占总销量的70%;高档酒、超高档酒的利润较高,但除五粮液的销量较大外,其他厂家的销量都很有限,很难成为企业的主打产品。

批发-零售模式中,一般本地酒所占比重较大,除少数走礼品市场外,中低档产品居多。在城市批发酒水中,50~70元一箱的瓶装酒占了很大比例;在乡镇,则40~50元一箱的瓶装酒成为主流。一般在农历节气期间白酒的销量较大,如传统的八月十五、春节都是白酒销售的旺季,约占白酒年销量的70%。

四、促销分析

山东的白酒促销基本经历了白酒广告时代和促销品时代。广告时代是鲁酒兴盛的时期,孔府宴、孔府家、金贵、秦池等都是在广告时代迅速成长起来的。随着广告作用的下降,各式各样的促销活动兴盛起来。现在的促销已经有了明显的变化,更注重品牌形象的塑造和酒店终端的推介,即促销的品牌时代已经来临。靠单纯的广告或促销品已经不能吸引消费者的眼球,消费者更注重的是喝酒的感受,以及除酒品质以外所带来的价值认同,包括心理感受等。

第三篇　市场营销战略规划

市场营销战略

市场竞争战略

目标市场营销战略

产品市场开发战略

◇第六章

市场营销战略

"战略"一词来源于军事学,是同"战术"一词相对而言的。从广义上说,战略是指任何一个组织的有关全局性或决定性的谋划。一个企业为了有效地开展经营活动,实现其经营目标,必须在现代市场营销观念的指导下,针对目标市场的需求,全面考虑影响市场营销的各种因素,制定有效的市场营销战略,以提高企业的竞争能力。

第一节 市场营销战略的意义和特点

市场营销战略是企业的领导人在现代市场营销观念的指导下,为了实现企业的经营目标,对企业在一定时期内市场营销发展的总体设想和规划。其目的是使企业的经营结构、资源特长和经营目标,在可以接受的风险限度内,与市场环境所提供的各种机会取得动态平衡。

企业的经营管理工作一般地说可以分为两大类:一类是在产品方向和市场方向既定的情况下,组织好产品的生产和销售。这一类工作经常地重复出现,通常可以制定出一套相对稳定的工作程序,叫做日常业务管理。日常业务管理的决策属于企业中层或基层的短期性或技术性决策,又叫战术性决策。它是在战略性决策作出以后,保证完成具体任务的决策。另一类的管理工作则是涉及企业全局性发展方向的问题,是不经常出现的问题。例如产品组合或市场发展方向的选择、企业规模的扩大、多种经营的发展问题等等。对于这一类问题的设计、谋划、抉择和实施,直到达成企业预期总体经营目标的全过程,叫做战略管理。企业的战略管理为日常业务管理指明方向和内容,日常业务管理则是战略管理的基础和具体实施。战略管理决策是企业高层领导人最重要的工作,又叫战略决策。市场营销战略是企业战略管理的一个重要部分。

一、市场营销战略的意义

20世纪70年代以来,西方工业发达国家企业的管理重点发生了新的转移。如果说,50年代以前,管理的重心是生产,60年代的重心是市场,70年代的重心是财务,那么,80年代则是战略。这一重心的转移不是偶然或人为的,而是现代生产力水平和社会经济发展的必然结果。其原因主要表现为以下几个方面:

第一,科学技术的飞速发展,使得科学新发现或新发明转化为社会生产力的周期越来越短,从而使生产设备和产品更新速度大大提高。

这一客观现实迫使任何一个国家或企业的领导人必须高瞻远瞩,具有战略发展的观念,认识和预见未来发展可能带来的影响和挑战,作出正确的战略决策。

第二,市场(消费者)需求日益变化,新的需求层出不穷。

随着社会经济和消费者收入水平的不断发展和提高,消费者需求日益向多层次及多样化发展。要求企业的产品具有更多的品种、更多的档次和花样、更高的质量和服务。任何一个企业的产品,今天可能受到顾客的欢迎,明天也许就不再能满足顾客的需要。消费者需求的不断发展和变化,迫使企业着眼于满足潜在的和未来的需求,求得可靠的生存和发展。

第三,社会政治、经济形势复杂多变,时刻给企业的生存和发展带来新的机会或造成新的威胁。

这就使得每一个企业必须预计到各方面可能出现的变化和影响,并时刻能够作出应变反应。20世纪70年代,西方世界发生的一系列经济变动,例如经济滞胀、价格上涨、资源短缺、收入增长停顿等,对于各国企业都构成了威胁,使得战略问题成为与电子计算机应用问题同等重要的两大现代企业管理的重要课题。

第四,企业的规模日益扩大,经营范围和内容日益复杂。

现代化大生产的企业经营,已经从过去单纯抓生产和销售扩大到一个包括市场需求研究→制定发展规划→开展科学研究→进行科技开发→深化产品研制→加强工厂生产→改进包装运输→强化批发零售→全面市场服务和信息反馈等各环节密切配合的动态大系统。企业的经济活动形成了大规模的从市场到市场的经济循环活动系统。其中的任何一个环节都不能脱节,否则,就会在薄弱环节上形成"瓶颈",使整个系统效益受到影响。生产经营活动规模的扩大,使得企业领导人不能只看近期利益,必须作长远的战略考虑。

二、市场营销战略的特点

企业市场营销战略的上述意义,决定了企业战略具有以下几个方面的特点:

(一)全局性

企业的市场营销战略体现了企业全局的发展需要和利益。例如,如何估计一定时期内市场需求发展的趋势和变化,相应地发展某一新技术、推出某一新产品,这是关系企业发展兴衰的大事情,属于战略决策,具有全局性的特点。当然,全局又是由它的一切局部有机地构成的。所以,照顾各个局部之间的关系,也是战略决策的一项重要任务。

(二)长期性

战略着眼于未来,要指导和影响未来一个相当长的时期。因此市场营销战略又具有长期性的特点。一个具有战略头脑的领导人不会只顾眼前的利益,他会更重视长远的利益。当然,未来又是以当前为出发点的,任何未来的发展都要以当前为依据。因此,立足当前,放眼未来,协调当前和未来发展的关系,是市场营销决策的关键。

(三)系统性

系统性就是说企业各个方面的问题是一个彼此紧密配合和有机联系的整体。系统有层次之分,又有主次和大小之分。对应于各层次和各部门系统的战略,又只能是整体系统战略的一个局部。局部应该服从全局。就一个企业内部而言,应该把整个企业的战略作为一个整体系统工程来统筹制定,追求整体发展的最大效益。

(四)适应性

企业的营销受外部环境和内部条件的综合影响。当外部环境发生变化(如市场需求、政治或经济形势变化、政策与法令变更、原材料供应变化等)时,必须不失时机地作出战略调整。企业的内部条件变化也会对市场营销产生影响。战略决策应该适应内外环境变化而作出创造性的反应。也可以说,企业战略是以现在为基础而对将来作出的决策,是积极地和有准备地迎接未来挑战的决策。

(五)风险性

任何营销决策都不可能是在信息绝对充分的条件下作出的,都是对未来所作的预计性决策。环境的多变性和复杂性以及企业自身的条件的不断变化,使得任何战略都是时间的函数,具有不确定性和瞬时性的特点。某个机会的价值大小,往往取决于企业当时的地位、实力和素质条件,很多机会往往是稍纵即逝。机会与威胁经常是可以互相转化的,一次机会就是一份有利的战略资源,谁能及时抓住时机抢先利用,谁就会得到有利的报偿。对于失去机会的企业来说,可能会面临更大的威胁。2001年的美国"9·11"事件使美国航空业遭受了沉重的打击,却为电子商务带来了商机,许多企业通过网络视频会议洽谈业务,来替代商务旅行。

第二节 市场营销战略的制定

一、市场营销战略的决策程序和内容

(一)市场营销战略的决策程序

企业市场营销战略的决策程序是一个如图6-1所示的完整系统。其步骤和内容表述如下:

1. 确定企业的任务和目标

要制定企业的市场战略,必须先规定企业的任务,明确企业的目标。没有明确的任务和目标,就不可能进一步作出别的决策,各种决策方案的分析和评价也就失去了意义和依据。

2. 环境与形势分析

市场环境形势分析是制定企业市场战略的客观依据。形势和环境分析必须建立在深入的市场调研和准确、充分的市场信息的基础之上。形势分析的目的是寻找和发现战略机会并避免风险,为战略决策内容寻找依据。

3. 拟订预选战略方案

在对市场环境和形势进行全面分析的基础上,要进一步拟订出几个不同的战略方案。各个预选方案包括了不同的营销策略组合内容。在拟订预选方案时,要提倡科学分析和创新精神,提倡群众路线和科学论证,实行决策民主化和科学化。

4. 综合评价选优

这是制定市场战略的关键性步骤。在对预选各方案进行综合评价过程中,对各个可行方案进行财务可行性研究是十分重要的。必须通过对市场销售情况的再预测,并从财务角度分析计算可能实现的效益(果),看其是否能达到预期的目标(主要是利润和利润率目标)。如果能达到目标,则这个方案是可行的;反之,就是不可行的方案。对于财务上不能达到预期目标的方案,要反馈回去,重新审查或制定决策方案(反馈至1);或重新从形势分析开始,进行各项决策(反馈至2);如果仍不可行,则说明企业的目标定得不恰当,则应反馈至3,重新确定企业目标,再

进行一次全过程决策。

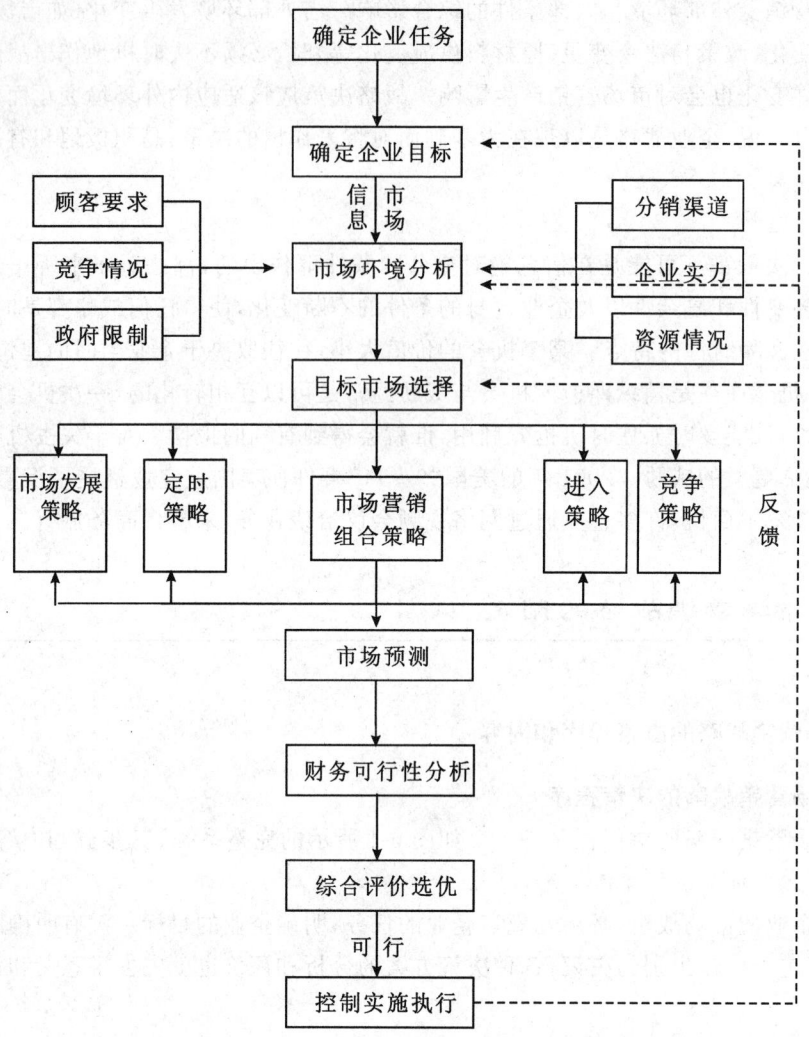

图 6-1 市场营销战略决策程序

(二)确定企业的任务和目标

企业的任务和目标是指在一定的时期内,企业市场营销工作的服务对象和预期所要达到的目的。这是制定企业市场营销战略首先必须明确的问题。只有在任务和目标明确的前提下,一切营销决策和策略才具有明确的方向和现实的意义。企业的任务和目标二者不可分割,都是企业营销战略的基础和出发点。企业的目标是企业任务的具体化,而企业的任务则是企业实现目标的具体途径。

企业的任务具体表现为企业的业务经营范围和领域,是企业寻求和识别战略机会的活动空间和依据。虽然随着时间的推移和内外环境条件的不断变化,企业的任务也会相应地改变。但是,任何一个企业在确定其具体任务时,都应该明确地回答以下几个问题:"本企业是干什么的?""本企业的主要市场在哪里?谁是本企业的主要顾客?""顾客的主要追求和需要是什么?本企业应该如何去满足这些需求?"通过对这些问题的回答,就能明确地确定出企业的任务。因此,企业任务一般应具备以下的特点:

第一,体现以市场为中心的现代市场营销观念。在确定企业的任务,明确企业的经营领域时,应该以明确地满足外部市场的某种需要的方式来表达,这样比用产品表达的方式更能体现以市场为中心的原则。因为,任何先进的产品和技术都有可能会随着时间的推移而陈旧老化,被市场所淘汰,而市场上的某种需求却是长久存在和不断发展的。当电子计算器发明以后,计算尺就被市场淘汰了。如果生产计算尺的企业规定自己的经营业务是"满足顾客计算的需要",就不会因为计算尺被淘汰而失去主向,就可以不断地开发与计算工作有关的各种产品和市场,使企业在不断创新中适应环境的变化而不断得到发展。美国通用汽车公司为自己规定的任务是生产交通工具,由于任务规定得比较广泛,所以,它既生产卡车,也生产轿车、公共汽车和其他多种与交通工具有关的产品。同样道理,生产照相胶片的企业把任务定为"满足情报记录的需要",化肥公司把业务领域定为"满足粮食快速增长的需要";吸尘器生产企业把任务定为"提供美化环境的工具",等等,都是恰当的。这种把企业的业务领域明确地定为为某一顾客群或某一个细分市场的需求服务,是以市场为中心的营销观念的体现。

第二,可行性。企业的业务领域不宜规定得过窄或过宽。过窄会使企业的潜力不能充分发挥,过宽又往往使企业力量分散而使目标难以实现。例如,美国国际电话电报公司的任务是"提供更迅速、更有效的传达信息的工具",这样的任务规定是可行的。而如果一个铅笔制造公司把自己的任务规定为"生产信息传播的工具",那就定得太宽了,就会使人摸不着头脑,难以实施。当然,随着企业业务范围的不断扩大,企业的任务也是可以改变的,通过企业任务的及时修订,可以及时向职工提供明确的方向,而且可以使顾客看到企业的业务不断扩大,在顾客中树立起良好的形象。例如,上述这家铅笔制造公司可以遵循这样的步骤来规定企业的任务:铅笔制造公司——小型书写器具公司——文字输出设备公司。

第三,激励性。企业的任务应该对企业全体员工具有鼓动性,产生激励感。通常企业的职工总是愿意感到自己工作的重要性。因此,企业应该让全体职工了解企业任务的意义,从而鼓舞职工的士气。上述"为农业增产而提供化肥"及"为美化环境而提供工具"的任务就都具有这种作用。

第四,明确性。企业任务应具体明确。不仅任务要明确,而且应该有明确的方针措施。即实现这些任务的途径和方法。例如:"应当如何对待顾客"、"如何对待中间商和供应商"、"如何对待竞争者"、"如何对待公众",等等。使企业在重大问题上有共同一致的一套行为准则,以保证全体员工齐心协力,为实现共同目标而努力。

企业任务确定以后,应该进一步把任务具体化为企业的经营目标。企业的经营目标不应该是单一的,而应该是一个综合的或多元的目标体系。企业的经营目标应该包括:贡献目标、市场目标、发展目标、利益目标等各个方面的内容,并表现为产品品种、数量、销售额、利润额、利润率、市场占有率、产品创新和树立形象等一系列的目标值。

一个企业制定出了明确的目标,可以使企业的各项工作在统一的目标指引下得到协调,从而减少内部阻抗及离心力量,减少经营的盲目性,提高企业的经营效果。统一的经营目标还能够鼓舞员工的士气,激发员工的潜力,使经营活动更具有活力和群众基础。

企业目标的制定,应遵循以下原则:

第一,科学性与现实性相结合。所谓科学性,就是说目标要经过科学的预测和计算,有充分的科学依据。所谓现实性,就是说目标是在全面分析企业各种条件及主观努力程度以后确定的,是可以达到的。目标的制定需把二者结合起来,目标过高或过低都不利于调动职工的积极性。

第二,关键性和数量化。目标要突出企业经营的主攻方向,目标不宜太多或过分庞杂;目标不应只是一些定性要求或概念化原则,要尽可能地用数量表示,使之具有可考核性和可比性;除了要有数量目标外,还应该有时间目标和空间目标,以便在整个管理过程中进行计划和控制执行。

第三,层次化(体系化)。一个企业的目标应是多种多样和有层次的。在总体目标的统帅下,要有各部门和各环节的分目标。这样,形成一个自上而下、主次分明、协调一致、相互保证的目标体系。各目标之间具有主次、纵横的层次和关系。这种关系,可以用图 6-2 和图 6-3 表示。

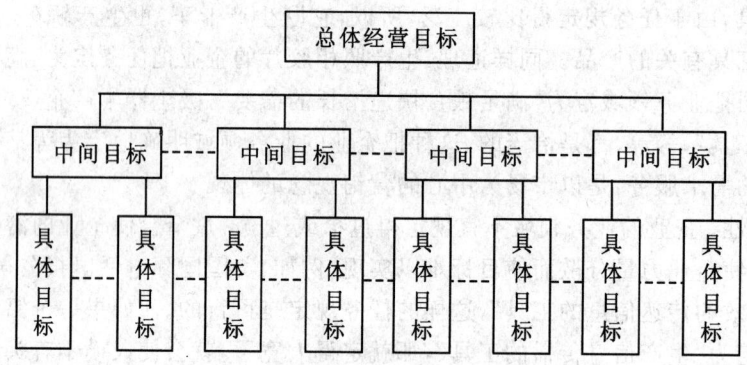

图 6-2 经营目标体系

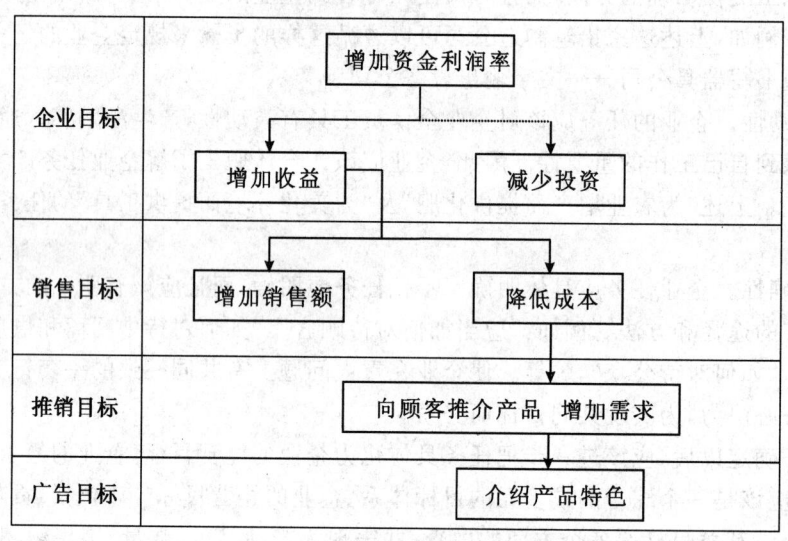

图 6-3 企业目标层次

第四,协调一致性。企业提出的许多目标之间,往往产生不能协调一致的情形。企业在规定目标时,要权衡这些目标之间的矛盾和利弊得失,使目标能协调一致。

第五,灵活性。企业的目标应该根据内外环境条件的变化而及时进行调整,改变已经不切合实际的目标,使之具有新的生命力。

(三)环境与形势分析

企业市场营销及经营管理的实质,就是谋求和保持企业外部环境、内部条件和企业目标三者之间的动态平衡。在上述三个系统要素中,企业的外部环境因素是最重要的和最活跃的因素,又是企业不能支配和控制的因素。因此,从某种意义上说,企业的活动只能是适应和服从外部环境的变化,根据外部环境情况及其变化,结合企业内部条件优势,寻找和发现经营的机会,并通过正确的战略,使内部环境和条件协调平衡,从而实现其目标。

企业的内部条件分析和外部环境分析是两项相互关联的工作。二者互相结合,构成战略决策的依据。外部环境分析的结果,可能反映出某些对企业有利的机会或不利的威胁。通过企业内部条件的分析,可以提供企业能否利用机会,如何利用机会,如何避免可能的威胁的一个信息或线索。

从以下小汽车行业的环境分析,我们可以看出,环境分析对市场营销战略决策的重大影响。图 6-4 是代表小汽车行业中外部环境不利因素的"环境威胁矩阵"。

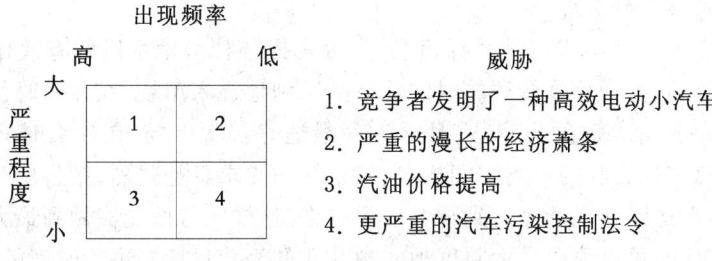

图 6-4 环境威胁矩阵

图中可以看出左上角的威胁是关键性的,因为它会严重地危害公司的利益,并且出现的可能性也最大。公司需要对这种严重的威胁制定一个应变的计划,以阐明在威胁出现之前、出现时和出现后,公司采取的具体战略步骤的选择或对原战略计划及营销方案的调整。右下角的威胁比较微弱,可以不加理会,至于右上角和左下角的威胁一般不需要应变计划,但需要密切关注,因为它可能发展为重大威胁。

与此同时,公司最高管理决策层更应识别环境所带来的重要营销机会。这些机会可以按其吸引力以及每一个机会可能获得成功的概率加以衡量并分类。公司在每一个特定的机会中的成功概率取决于它的业务实力是否与该行业成功所需要的条件相符合。

图 6-5 是公司所面对的市场机会矩阵:

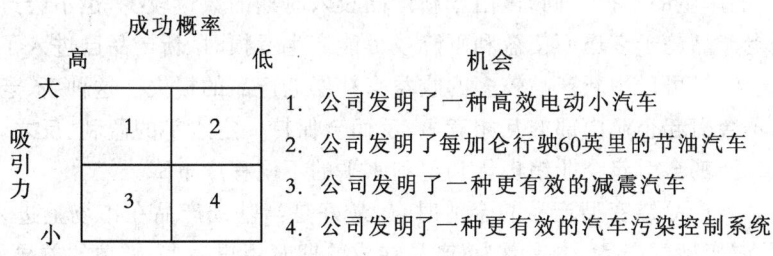

图 6-5 市场机会矩阵

根据这个机会矩阵,公司所面临的最佳机会在左上角位置,管理决策部门应准备有关的计划追求这一机会,同样右下角的机会极小,可以不予考虑。右上角和左下角的机会应该密切加以注视,因为其中任何一个机会的吸引力和成功的概率都可能发生变化。

总之,通过以上方式,可以把公司所面临的威胁和机会集中图解出来,勾勒出整体情况和主要特征。适应性强的公司在了解了整体竞争环境的趋势和特点及公司的优势和劣势之后,不会坐等环境的剧变,以致延误时机,而是将预见重要的环境威胁和各种机会,并积极地准备计划,迎接挑战。

(四)市场营销战略的内容

市场营销战略的内容,实际上就是综合考虑外部环境的机会与威胁、内部条件的优势与劣势,为了实现企业的战略目标,对一系列可供利用的市场策略的规划和组合。

在众多的可供采用的市场策略中,主要有:目标市场选择策略、市场定时策略、市场进入策略、市场营销组合策略、市场竞争策略、市场发展策略和企业形象策略等。目标市场选择策略、市场竞争策略和市场开发战略等将于后续章节单独阐述,这里简要介绍市场定时策略和市场进入策略。

1. 市场定时策略

定时策略是企业为了实现占领目标市场、充分发挥各种营销手段的有效作用时间的目标所作出的决策。例如:选择什么合适的时间让产品顺利地进入市场,在什么时候发展新产品才能最好地配合产品按计划时间上市,在什么时间最适宜扩大市场,在什么时间必须退出市场等。就是说,要把握住最有利的市场时间机会,在市场的需求日趋强烈、销售额和利润水平日益增长的最好时机,最适时地把产品送到顾客的手中去。这样一方面能够做到最大限度地满足顾客的需要,另一方面又可以争取最大限度地实现企业的经营目标。决策时间的过早或过迟,都会使企业的各种经营结构和手段不能与变动的外界环境实现动态的均衡协调,从而失去市场机会,使整个营销活动陷于被动的局面。

选择引导产品进入市场的有利的时间决策,主要取决于市场需求和产品两个方面的特性因素。

其一,新产品进入一个新市场以填补市场的需求空白时,进入市场宜早、宜快。先入为主应该是这类产品应采取的策略。为此,要在调研和发掘用户新需求的基础之上,紧跟科技发展的趋势,力争在竞争者尚未试制成功之前,尽快地安排产品的研制计划,生产出独具一格的产品,抢先导入市场,满足潜在的市场需求。

其二,以换代的新产品进入市场取代老产品时,进入的时机要合适。应在老产品处于销售旺季时(成熟期的早期或中期)导入换代产品。这样,可以使老产品有较多的收益来补偿新产品投入市场时期可能产生的亏损。同时,由于新产品投入时期的数量较少,也不会过于影响老产品的销售量。当老产品趋于衰退而使盈利下降或可能产生亏损时,新产品已进入了成长期的后期或成熟期。这样,又可以用新产品较多的收益来补偿老产品的损失。这种新、老两种产品重叠的销售方式,不会引起企业内部的互相竞争,反而会保持一定水平的盈利。反之,新产品过早或过迟地投入市场,都会引起企业销售量和盈利水平的不同程度下降。

其三,发展系列产品或变型产品的合适时点,最好是当基础产品在市场上进入成熟期时,导入系列新产品或变型新产品。这是因为,产品在成熟期时用户最多,需求的差异性表现明显。在这个时候发展产品的新品种或规格,可以提高企业产品满足用户需求特点的适应性,一方面提高用户对企业的信任感,同时,产品的生命周期也可以得到合理的延长。倘若过早地向市场供应变型产品,在产品总销售量变动不大的情况下,可能因为产品的规格、型号增多,批量减小而使生产成本提高;过晚地提供变型产品,又有可能因丧失部分用户而降低市场占有率。

其四,企业仿制产品加入市场竞争的合适时间策略,应该是在竞争产品进入成长期时迅速跟进市场。这样既可以利用竞争对手开拓新产品的市场成果,又可以使自己的产品有充分发展的余地。如果投入市场时间太晚,在竞争者已占有相当的市场优势,需求已在相当大的程度上被满足的情况下,欲再争一席之地或求较大的发展,势必遇到较多的困难。

最后,除考虑市场需求总量及其趋势以外,还要考虑需求的不规则情况,例如什么时间购买力最旺盛、消费者的主要购买习惯是什么等等。对于某些季节性强的产品或生命周期很短的产品,更应加倍地重视进入市场的时机问题,以免失去机会,造成损失。此外,广告等促销工作要同时配合,要组织好销售队伍,保持销售渠道畅通,保持足够的产品储备,使各项工作互相协调配合,才能收到好的效果。

2. **市场进入策略**

在目标市场选定以后,要进一步考虑有效地进入市场的方法及方式问题。市场进入策略就是企业要在合适的时点占领目标市场时,如何相应地在生产能力和销售能力两个方面作出可靠的措施保证,以保证产品顺利地、按时进入市场的决策。其内容主要包括生产能力形成决策和销售能力形成决策两个方面。

第一,生产能力形成决策。生产能力形成决策是企业为了在必要的时间内形成进占目标市场的生产能力所进行的方法决策,包括独立发展策略和综合发展策略。

第二,销售能力形成决策。销售能力形成决策是企业为了在必要的时间内解决流通渠道及销售方式等问题,形成必要的销售能力和市场渗透能力所进行的方法决策。

二、企业形象战略与企业识别系统

企业的最终效益是由产品的销售来体现的,传统市场营销的最大王牌是质量的差别化和价格的差别化,就是以高质、低价达到占领市场的一种战略。但随着科学技术的发展,对于许多"大众消费品"来说,由于技术上已进入成熟期,不同公司的产品在基本质量上已经大同小异,"质量差"的市场营销战略已经不能成立。价格方面,如汽车、家电产品、照相机等,各家公司都致力于降低成本,却难以形成过于悬殊的价格差。因此,质量、价格差别化的市场营销战略已经很难适应现代市场经济的需要。比如:几种商品,它们的价格、用途、特点、质量都相同,那么影响消费的主要因素是什么呢?很大程度上是由形象设计或根据所获得的信息所"制造出的印象"来决定的。因此,在现代企业的市场营销战略中,企业形象战略越来越为企业所重视,并成为市场营销战略中最重要的组成部分。企业识别系统则是推行企业形象战略的有力工具。

(一) **企业识别系统的内容**

企业识别系统(Corporate Identity System,简称CIS)是将企业经营理念与企业文化,包括企业的个性、目标、特征和相关信息,融入现代设计及企业管理的理论、观念、手段,且综合运用各种传播媒介,表现企业个性,突出企业的精神,与企业内外的公众建立双向沟通、互相理解和支持的关系,使消费者产生强烈的认同感,从而达到促销目的的经营策略方式。

企业识别系统由企业理念识别(Mind Identity,简称MI)、行为识别(Behavior Identity,简称BI)和视觉识别(Visual Identity,简称VI)三个系统构成。MI指在经营过程中的经营理念和经营战略的统一;BI指在实际经营过程中所有员工行为及企业活动的规范化、协调化;VI指纯属视觉信息传递的各种形式的统一。所谓企业识别系统,则是这三方面因素协调运作的整合性成果。企业识别系统的一般构成要素可表示为图6-6。

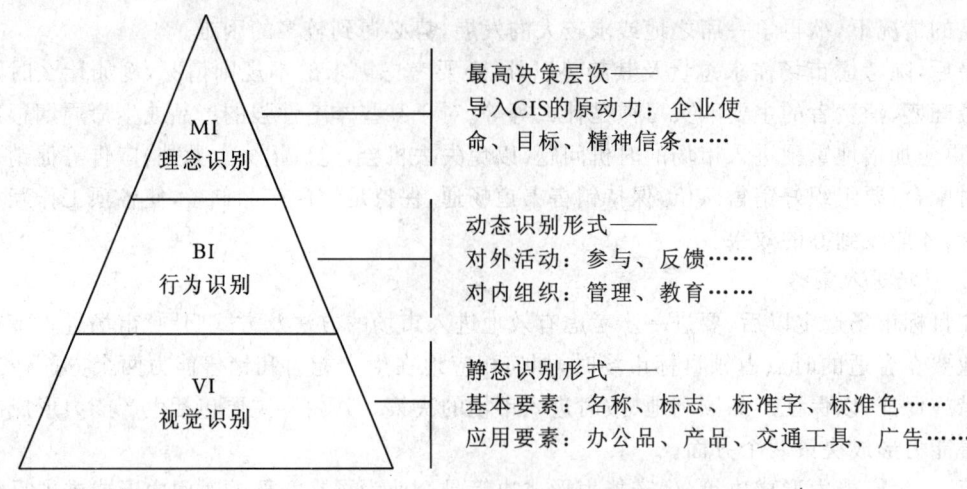

图 6-6　企业识别系统构成要素

（二）MI、BI 和 VI 之间的关系

MI、BI、VI 三者相互关联，带动企业经营的发展，塑造企业独特的形象。MI 是 CIS 的基础和基本精神所在，是企业在长期发展过程中形成的、具有独特个性的价值体系，是企业宝贵的精神资产，是企业不断成长的根本驱动力；MI 决定企业的差别，左右企业的素质，更在相当程度上影响企业的市场定位。

BI 是在企业理念指导下逐渐培养起来的、企业全体员工自觉的行为方式和工作方法。它可以直接显示 MI 的内涵。

VI 是企业所独有的一套识别标志，是最外在、最直观的一部分。因为人们接受外界信息有 83% 来自视觉，因此视觉传达成为企业讯息传达的最佳手段。VI 能将企业识别的基本精神内涵的差异性充分表达出来，并可让消费者一目了然地掌握其中传达的情报信息，达到识别、认知的目的。

CIS 的核心是 MI 和 BI。通过企业内部的形象调查、市场调查、产品分析、经营实绩分析和检讨，制定出企业的基本形象概念、经营理念和行为规范，才是塑造良好企业形象的关键。VI 只是把上述基本形象概念转换为具体可见的形象符号。如果没有 MI，视觉设计只能是简单的装饰品，所以说，MI 是 CIS 的基础核心和灵魂；相反地，没有 VI，MI 也将无法有效地传播和表现。

（三）企业识别系统的基本功能

企业识别系统的基本功能有如下几个方面：

1. 管理功能

在开发和导入 CIS 的进程中，最终企业应当制定 CIS 手册，作为企业内部"宪法"，让企业全体职工共同遵守执行。这样才能保证企业识别的统一性和权威性。

2. 识别功能

CIS 的开发和导入，能够促使企业产品与其他同类产品区分开来，有利于在消费者心目中取得认同，建立起品牌的偏好和信心。

3. 协调功能

良好的 CIS 可以加强各子公司的归属感和向心力，齐心协力为企业的美好未来而效力。

4. 应变功能

企业导入 CIS,能促使企业商标具有足够的应变能力,同一商标可以随市场变化和产品更新应用于各种不同的产品。如日本索尼公司的著名商标"SONY",同时拥有电视机、摄影机、音响设备等多种商品。

5. 传播功能

CIS 的导入和开发,能够保证信息传播的同一性和一致性,并使传播更经济有效。

(四)企业识别系统的基本特征

CIS 的构成和功能,决定了它的基本特征。具体表现有以下几个方面:

1. 客观性

CIS 的导入和推广必须实事求是地从企业实际出发,才有坚实可靠的基础。企业经营者与 CI 设计公司联手开发 CIS 的时候,一定要抓好企业形象调查这一环节。

2. 社会性

企业的生存与发展离不开社会的理解、支持和合作。企业的根本利益和社会整体利益是一致的。企业的宗旨和目标应体现强烈的使命感和社会责任感。因此,企业的 CIS 必须具有社会性的特征,以便 CIS 在更广泛的范围内被社会认知和传播。

3. 战略性

CIS 的战略性是指必须从企业的全局、企业发展的长远目标考虑。即坚持从战略上着眼,密切注意长期的效益。

4. 系统性

CIS 是一项有机的系统工程,是软件系统(MI 和 BI)和硬件系统(VI)的结合,是基础系统和应用系统的结合。将 CIS 等同于包装设计或一项广告作业,都有其片面性。

5. 独创性

只有独创的、有个性的东西,才有存在的价值,才有生命力。相反地,雷同的、千篇一律的东西则没有存在的价值,缺乏生命力。所以,企业在实施 CIS 工程时,要注重形象识别的独创性。这是 CIS 工程策划与实施的关键,即无论从理念精神到行为规范到视觉识别,都要刻意表现出与众不同的、让人易于识别的良好形象。

6. 稳定性

CIS 工程在导入和实施过程中,是一个开放系统,它不能不处在一个动态变化过程之中。但是,CIS 总概念和各个识别系统一旦形成,并纳入整体规划,制定成推进手册之后,就会具有一定的稳定性。例如,以企业标志为例,可口可乐的商标一百年来外形基本上没有很大变化,因为变更频繁不能给人以深刻印象。

(五)企业形象策划的程序

企业进行形象策划的程序可以分为以下几个阶段:

1. 准备阶段

企业应成立以最高负责人为中心的 CI 计划准备委员会,明确企业实施 CI 计划的意义和目的,并聘请 CI 专业设计公司,安排 CI 计划的项目和时间。

2. 现状分析阶段

现状分析主要包括企业内部环境分析与外部环境的调查和分析。主要是了解企业管理者和员工的 CI 意识,寻找公司存在的问题,并进行市场分析和竞争对手形象的分析。

3. 企业理念和事业领域的确定阶段

在环境现状分析的基础上,重新思考企业原有的理念和事业领域,考察是否符合企业的现状和发展方向,以企业的经营理念和社会、市场背景为基础,预测未来,以确定公司的事业领域。

4. 整合企业结构阶段

企业要设计和完善组织结构、管理体制和管理信息系统,以形成适应企业发展目标的新的企业结构体制。

5. 综合行为识别与视觉识别阶段

企业可推行员工教育活动,开展企业理念的贯彻实施计划,使企业的整体行为形成统一的形象,同时通过统一的视觉识别系统,把企业的理念有效地传播出去。

复习思考题

1. 试述市场营销战略的意义。
2. 确定企业的任务和目标应遵循哪些原则?
3. 试述市场营销战略的决策程序。
4. 简述企业识别系统的基本功能和特征。

案例分析

价格战:华龙的营销战略

在方便食品行业,近年来最为抢眼的方便面企业,也许就属河北华龙了。2004 年,随着华龙与世界最早的方便面厂家日本日清的全面合作,从而催生了世界上最大的方便面生产基地。的确,最近的几年,华龙可谓是抢尽了方便食品行业的风头,从大手笔地引进外资和人才,到产销量和规模的大幅攀升,彻底改变了中国大陆方便食品行业的市场格局,并最终形成了康师傅、华龙、统一三大巨头"三足鼎立"的竞争局面。

在这场激烈的市场角逐中,华龙无疑是成功的。但纵观华龙几年来市场发展的轨迹,我们便不难发现,其实贯穿华龙发展始终的,就是华龙企业营销组合策略的有效运用,尤其是价格战策略的灵活掌控,成就了华龙今天的辉煌。华龙企业,是方便食品行业实施价格战策略的最大赢家,也是从价格战走出的真正"英雄"。

1994 年,华龙在创业之初,就把产品准确定位在 8 亿农民和 3 亿工薪阶层的消费群身上,农民和工薪阶层消费水平不高,购买力有限,怎么办?在当时,华龙就依托当地优质的小麦和廉价的劳动力之资源优势,将一袋方便面的零售价定位在 0.6 元以下,比一般的名牌低 0.8 元左右,在市场上开始了最原始的潜意识里的价格战。此次价格战的结果,实现了华龙"从商品到货币这惊险的一跳",也正是这一"跳",使华龙完成了最原始的资本积累,并开始在行业里"崭露头角"。

2000 年,尝到了价格战甜头的华龙公司,为顺利实现向全国大举进攻的战略需要,首先推出了极具竞争力的产品"华龙 108"、"甲一麦"等低档产品,其中"甲一麦"90 克双面块产品终端零售价 0.5 元,有的零售商甚至卖到了 0.4 元/包。此系列产品的推出,让华龙借助价格战的"东风"一路"过关斩将",一举攻占了包括河北、河南、山西、陕西、山东等在内的北方广大区域,使华龙开始走上规模化经营的道路。

2002 年,针对"强龙"齐聚的河南及东北等市场,为顺利实现战略突破,华龙以"惊人的不跪(贵)"、"南来的,北往的,开车炒股上网的……大家都来可劲造,可劲造,你说香不香……"之鲜明广告创意,推出了"六丁目"、"可劲造"等低端策略性产品,全面拉开了在河南、东北等农村市场的价格战,并以此为起点,在全国各地遍点价格战的"烽火"。同年,统一企业为狙击华龙大举入侵河南市场,从而也分市场"一杯羹",以实现"包抄"农村市场的战略企图,当时策划了一个名叫"逐鹿中原"的营销专案,推出了零售价 0.5 元/包的低档冲泡面,以图"得中原者得天下"之区位优势。针对统一这一举措,华龙推出了每包零售价格仅为 0.4 元(给经销商的价格是 0.24 元/包)的方便面,针锋相对,战至最后,统一由最初的信誓旦旦转为偃旗息鼓,以致后来在市场上销声匿迹,华龙最终取得了这场价格战的实质性胜利。

2002 年,华龙历经价格战的"腥风血雨",终于取得了产销量的历史性突破。在这一年,华龙以年销售 55 亿包的产销量,首次超过统一企业,从而坐上了方便面行业的第二把交椅。

2002 年以后,为实现战略扩张的需要,同时也是为了更好地大打价格战,华龙开始大举"跑马圈地",不仅在战略要地河南许昌、东北长春、山东兖州等地区建立了生产基地,以更好地参与成本与价格竞争,而且还根据品牌升级及战略的需要,推出了华龙发展史上具有划时代意义的"今麦郎弹面",并以此为新的卖点(USP)和突破口,大举进攻城市的高端市场,与第一品牌的康师傅、统一展开了"短兵相接"和"殊死较量",从而实现了"农村包围城市"的战略转型,不仅使品牌得到了较大幅度的提升,而且也进一步巩固和捍卫了其在方便面行业不可撼动的市场地位,上演了一场精彩纷呈的本土品牌的进攻防御战,被食品行业誉为"最具特色的中国营销实战范本"。

华龙企业为更有利地大打价格战,根据战略市场发展需要,形成了目前集种植、养殖、加工运输为一体的产业链,逐渐推广生产、销售、人员、物流、原材料供应本土化策略,以有效整合资源,降低成本和损耗,从而更好地参与价格角逐。比如,2002 年,华龙为强压河南的"地头蛇",针对该区域方便面品牌众多的状况,清理门户,在河南许昌建立面粉加工厂及方便面生产基地,实现了资源的本地化,使成本降至最低,最后,使河南的大多二线方便面品牌只有退守一隅,牢固"盯紧"自己的战略要地,从而使华龙"挺进中原"的战略得以实现。

华龙挑起的价格战,往往都不是价格策略单独发挥作用,而是产品、价格、渠道、促销、宣传、品牌等营销组合策略"多管齐下"的多元表现,通过这股强大的营销"合力",从而达到无坚不摧的神奇力量。比如,为更好地发挥价格战的"威力",华龙在推出"甲一麦"、"六丁目"不盈利策略产品的基础上,还采用了箱内设奖以及刮刮卡等终端拦截的方式,同时加以颇具特色的大力度广告宣传策略,如在河南推行的角色行销演绎不跪(贵)、山东人的"实在"快板、改编雪村的"东北人都是活雷锋"、有弹性的"今麦郎"等,通过促销、广告、渠道拉动等多种营销策略,展露了华龙多元化企业营销战略的深厚积淀。

华龙的价格战,给我们本土企业如何运用价格战——这个最敏感的话题——来运作市场树立了一面旗帜,不仅给方便食品行业吹来一股清新的风,而且还带来了诸多的思考。作为方便食品企业,要想在未来的市场竞争格局中脱颖而出,就一定要从辩证的角度正确、科学、全面地看待价格战,使用价格战,并通过价格战这个最直接、最有效的市场利器,将竞争对手逼向一隅,从而实现企业的战略发展目标,使方便食品行业走向共赢的市场大结局。

问题
1. 华龙的价格战有何独特之处?
2. 华龙的营销战略配合价格战还有哪些组合营销手段?

◇第七章
市场竞争战略

企业的生命在于竞争,竞争是社会主义市场经济发展的重要机制。处于竞争日趋激烈的当今社会,每一家企业都不可避免地受到竞争者的攻击,同时也可能自身就是竞争行列的新加入者,或者是试图改变市场地位而展开竞争攻势的老企业。在优胜劣汰的竞争法则面前,市场中的每个企业都是平等的,如何参与竞争并使自己在市场竞争中拥有优势,是企业能否获得营销成功的核心所在。

第一节 市场竞争者

市场不同竞争力量的态势,对企业产生的竞争压力是不同的。企业要拓展业务,在不同的竞争对手面前,要选择不同的竞争策略才能保证挑战成功。同样,即使是实力强劲的老牌企业,面对不同竞争对手的攻击,也必须采取不同的防范措施以保存自己的阵地。因此,对市场竞争者的充分研究,是企业全方位参与市场竞争的基础。对市场竞争者分析主要包括五大部分内容,目的在于全面了解市场竞争者的竞争动力是什么,其在做些什么,其能做些什么,以及其如何对市场作出反应。

通过对市场竞争者,包括所有重要的现有竞争对手和可能会出现的潜在竞争对手的营销目标、营销假设、现行营销战略以及市场竞争者面对竞争挑战的相对反应等方面的了解,可以帮助企业对市场竞争者作出比较全面的分析。

一、市场竞争者的营销目标

企业在营销活动中所承担的营销任务不同,所以各有自己的营销目标。然而不管企业的营销目标如何,终会形成一定的目标体系,并且在实际为之奋斗的营销操作程序中显示出来。对市场竞争者营销目标的分析,有助于了解其对企业目前市场地位和财务状况的满意程度,从而可以推断这个竞争对手是否会改变其营销战略,了解其对外部营销环境变化所能作出的反应。比如,一个注重销售稳步增长的企业和一个对保持投资回报率感兴趣的企业,二者对某种市场下降趋势或对于某个企业市场占有率增加的反应可能会是完全不同的。同样,如果企业面对的竞争对手是为了达到其关键营销目标而采取战略行为时,必须认真对待,因为对手必然会是全力以赴的。

竞争者的最终目标是追逐利润,但在实现最终目标的过程中,每个竞争者都有侧重点不同的目标组合,如获利能力、市场占有率、现金流量、技术领先和服务领先等等。企业要了解竞争者的重点目标,并以此来判断他们对竞争行为的反应。例如,一个以"低成本领先"为目标的企业对竞争企业在制造过程中的技术突破会作出强烈的反应,而对竞争企业增加促销投入则不会太关心。竞争者目标的差异也会影响到其经营模式。美国企业一般都以追求短期利益最大化的模式来经营,因为其当期业绩是由股东评价的。如果短期利益下降,股东有可能失去信心,抛售股票,导致企业资金成本上升。日本企业一般按市场占有率最大化的模式来经营,由于日本企业以提供就业机会为主要目标,而且企业的资金主要来源于追求平稳利息的银行,所以,日本企业能够以低价进行市场渗透。

二、市场竞争者的营销假设

每个企业都会对自己所处的营销环境进行一系列的假设,其中既有对自身情况的假设,也包括对整个行业及行业中某些企业的情况假设。不管企业的这种假设正确与否,都会指导企业的行为方式和其对营销环境变化的反应方式。例如,一个市场竞争者认为自己是社会上的知名企业,自以为产品拥有最大的顾客忠诚度,而事实并非如此,那么在这种情况下,竞争对手采用刺激性降价是可能获得市场份额的好方法。前者很可能对这种竞争挑战不以为然,它会认为这种降价行为不会影响它的市场占有率而拒绝作相应的降价反击,而当它认识到自己的假设是错误的时候,昔日良好的市场地位已经岌岌可危了。因此,识别市场竞争者的假设,可以帮助企业恰当地估计竞争对手的行为。

市场竞争者的营销假设一般包括以下一些内容:

(一)竞争对手对优劣势的看法

包括竞争者在成本、产品质量、技术领先和营销实务等关键方面,本企业相对地位的看法,这些看法正确与否等等。

(二)竞争对手对市场竞争的看法

包括竞争者对其竞争对手营销目标和营销能力的看法,是否会高估或低估其中的任何一位竞争对手的实力等等。

(三)竞争对手对市场需求及行业发展趋势的看法

包括竞争者在产品设计、质量、制造地点、销售方法、分销渠道等方面是否有某些因历史原因和感情色彩而迅速扩展营销的策略,这种思维方法左右其认识事物的程度如何;竞争者是否会毫无根据地对市场需求缺乏信心而不愿投入更多营销能力,或者因为相反原因而迅速扩展营销能力;竞争者是否容易错误地估计某种特定趋势的重要性,如信奉行业的"传统思路"等等。

三、市场竞争者的现行战略

任何一个企业都有自己的竞争战略,从根本上讲,一项具体竞争战略的制定,即为企业规定了一种广泛应用的程式,以指导企业在营销实务中该如何投入竞争、应该实现什么样的竞争目标,以及在贯彻执行这些目标时需要采取的措施等。

企业的竞争战略可以是明确地在其整个营销计划过程中提出,也可能通过企业各个职能部门的活动而含蓄地表示。一般而言,分析市场竞争者现行战略最有效的方法是,把该竞争对手的战略看成是其各个职能部门中主要的、关键的营销策略,并分析其如何实现各职能部门间的相互联系、相互协调。

市场竞争者现行战略一般包括以下内容:

(一)竞争对手企业内部实现营销目标的一致性

包括竞争者的营销目标是企业全体成员的共识还是仅是领导层的意愿,竞争者企业各职能部门对营销目标实现的协调措施如何等等。

(二)竞争对手营销目标和方针与营销环境的适应性

包括竞争者是否存在影响企业对环境看法的严谨的组织准则或法规,竞争者企业创始者当初信奉的策略如今是否仍起作用,竞争者是否存在影响企业对事物认识的文化性、地区性或民族上的差异等等。

(三)竞争对手的特定产品、具体营销策略的业绩

包括竞争者获得成功的历史如何,竞争者曾经在什么情况下遭到失败,为什么等等。

四、市场竞争者的营销能力

市场竞争者的营销目标、营销假设和现行战略会影响其对市场竞争作出反应的可能性,同时也决定了这种反应行为的时间选择、性质和强度。市场竞争者的营销能力则决定其在营销活动中竞争出击和反击的实力。相对而言,任何企业都会有一定的优势和劣势,而这种客观存在的强项和弱点,就是企业应付营销环境变化及其实现营销目标的能力。

市场竞争者的营销能力一般包括以下一些内容:

(一)竞争对手的核心能力

包括竞争者各职能部门的实力如何、竞争者的最佳能力在哪个部门、最薄弱环节在何处,以及随着企业发展,竞争者具体能力的发展趋势如何等等。

(二)竞争对手的成长发展能力

包括竞争者是否存在潜在的能力,这种能力发展的潜能在何处,竞争者在人员、技能、营销能力、财政方面能承受的增长速度和幅度如何等等。

(三)竞争对手的适应变化能力

包括竞争者对成本竞争的适应力,竞争者对产品更新换代的适应力,竞争者对服务竞争的适应力,竞争者对政府行为的适应力等等。

(四)竞争对手的持久耐力和快速反应能力

包括竞争者的资金储备量如何,竞争者管理层的协调统一性如何,竞争者财务目标的中长期水平如何,竞争者的借贷能力如何,竞争者固定设备的利用率如何,竞争者准备推出的新产品如何等等。

五、市场竞争者的反应

在市场竞争者的营销目标、营销假设、现行战略和营销能力分析的基础上,企业能预测市场竞争者对营销活动中的种种问题如何作出反应。

(一)进攻性行为

1. 把竞争对手的营销目标与其现有市场地位进行比较,结果显示了竞争对手对自身地位的满意程度,这种满意程度预示其是否可能会着手发起改变市场地位状态的战略行为。

2. 再进一步根据竞争对手与其现有市场地位相关的具体营销目标、营销假设、营销能力分析，则能了解竞争对手对营销趋势的见解，及其对自身实力的评估。这些见解和评估反映了其将视谁为竞争对手、会如何去竞争。

3. 同时，对竞争对手营销目标和营销实力的对比研究，能够用来评估其可能采取行动的预期强度。同样，评估竞争对手可能从这次行动中会获取什么样的收益并与其营销目标相结合，就可以判断竞争对手采取行动的严肃程度。

（二）防御性行为

在市场竞争中，除了企业主动采取竞争攻击行为以外，还有就是面对进攻企业的防御反击行为。

1. 对于进攻者来说，寻找的是竞争对手容易受到打击的那些战略行动、政府行为、宏观经济政策、行业事件。实施的是在一定时限或一定范围内，使竞争对手无法冒风险而采取相应行为，自己则能获利的战略行为。

2. 对于防御者而言，当遇到的竞争挑战威胁到自身地位和营销目标实现时，不管愿意与否，都会被迫实施报复反击行为。而且大多数企业都会有反映在既定目标、情感上的承诺等方面的"敏感点"，一旦被触及，往往会作出超常反应。因此在市场竞争者营销目标、营销假设、现行战略和营销能力分析基础上，能清楚了解到竞争对手会不会作出反应，其是否会由于某种因素的阻碍而无法反击或者反应迟缓。同时，能提醒企业避免触及竞争对手的"敏感点"，从而提高竞争的成功率。

第二节 总体竞争战略

竞争是商品经济的必然产物。社会主义企业之间的竞争，对于社会主义经济的发展和企业经济效益的提高都具有促进作用。企业应该树立明确的竞争观念，敢于和善于参加竞争，争取在竞争中取得胜利。一般地说，明确地树立起"新"、"好"、"快"、"廉"、"信"的竞争意识，灵活地运用价格和非价格的竞争手段，采取"人无我有，人有我好，人好我新，人新我廉，人廉我转"的方法，都是行之有效的原则方法。然而在具体运用上述原则和方法时，还必须根据企业具体情况，制定适合本企业的竞争策略。要制定企业的竞争策略，首先要了解企业的竞争环境和竞争形势。一般地说，除了一般社会及文化环境以外，任何一个企业都存在来自五个方面的竞争压力，即同行业中竞争对手的压力、潜在进入的同行业对手的压力、供应厂商的压力、购买者的压力、替代品生产者的压力。

在一定的时间、地点和条件下，企业所承受的竞争压力是不相同的。竞争环境分析的目的就是要了解每一种竞争力量的势态，从而制定出有效的竞争策略。

一、市场竞争的性质与类型

企业要想发展，必须敢于和善于参与竞争。在不同的时间、地点和条件下，企业面临的竞争压力不同。企业制定有效竞争策略的基础是，分析竞争环境和竞争形式，充分了解不同竞争力量的态势。企业所面临的竞争力量一般有五种：潜在竞争力量、同行业现有竞争力量、买方竞争力量、供货者竞争力量和替代品竞争力量（见图7-1）。

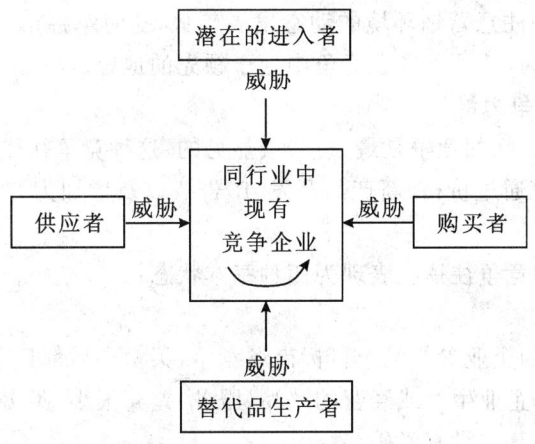

图 7-1 企业竞争者压力示意图

(一) 潜在的竞争力量

营销环境是由多种动态变化的因素所构成的,每个行业随时都可能有新的进入者参与竞争。它们会给整个行业的发展带来新的生产力,同时也会形成行业内企业之间更激烈的竞争。作为一种潜在竞争力量,新进入者面临的威胁主要表现在参与竞争时可能遇到的阻力程度。如果新进入者势如破竹,那么其就会长驱直入,甚至给企业造成某种剧变;反之,如果遇到竞争对手较为强烈的反应,那么其可能就会因为障碍重重给现存企业带来的竞争威胁相对小一些。

对新进入者与竞争对手之间的抗衡情况,应该重点注意以下三个方面:

1. 卖方密度

卖方密度指同行业或同一类商品经营中卖主的数目,在市场需求量相对稳定时,直接影响到企业市场份额的大小和彼此竞争的激烈程度。

如果在容量相对稳定的目标市场中,同类产品经营者比较多,那么有新进入者的参与就会相对降低部分老企业的市场份额。显然,在卖方密度较高的目标市场里,新进入者往往会遭到竞争对手较为强烈的抵御。

2. 产品差异

产品差异指同一行业中不同企业同类产品的差异程度,这种差异在许多产品上均有表现,它应该是消费者所能察觉到的,代表着企业努力追求的品牌、顾客忠诚度上的优势。产品差异使各企业的产品有不同特色而互相区别,和企业竞争实力的大小高度相关。

如果新进入者能为消费者所认可,并有具有明显特色的产品进入目标市场,那么其具有较强的竞争力量。

3. 进入难度

进入难度指某个企业在加入某个行业时所遇到的困难程度,特别是技术的难度和资金的规模。

不同的行业,新进入者遇到的进入难易程度是不同的。比如高科技产业是一般企业难以进入的,因为它需要巨额投资和较高的专业技术;而小家电、塑料制品等一般生活用品生产行业则相对容易进入,因为这类产品生产投资不高,技术也不复杂,上马投产周期短。不同的进入难度会导致不同的影响,进入难度强的行业中,价格和利润往往比较高,竞争相对较弱;而进入难度不强的行业,其结果则相反。

因此，企业必须密切注意营销环境的动态发展趋势，随时掌握市场任何细微的变化，才能及时调整自身的营销行为，从而争取在竞争中处于领先的地位。

（二）同行业现有竞争力量

同行业内现有企业之间的竞争是最直接、最显见的。这种竞争往往因为企业争取改善自身的市场地位而引发，一般通过价格、新产品开发、广告战以及增加为客户提供的服务内容等手段表现。

一般而言，行业内的竞争往往会表现为四种基本状态：

1. 完全竞争

完全竞争指有较多的企业参与某个目标市场竞争，买卖交易都只占市场份额的一小部分。在完全竞争的市场中，各企业生产或经营的产品（服务）差异很小，买卖双方对市场的信息充分了解，市场的进入和退出基本没有障碍。

如果在需求尚不能满足的情况下，处于完全竞争态势下的企业间可能会有一段时间的和平共处；然而更多的事实是，为了争取有限的市场份额，一个企业的拓展必然会使另一个企业衰退。在这种竞争状况中，企业一般通过追求降低营销成本来保持竞争优势。

2. 垄断竞争

垄断竞争指参与目标市场竞争的企业尽管比较多，但彼此提供的产品（服务）是有差异的，一些企业会由于其在产品或服务上的某些优势而获得部分市场的相对垄断地位。

这些企业间的竞争一般通过提高产品质量、优化销售渠道网络、加强各种促销手段等途径进行；或者企业也可以根据"差异"优势，通过变动价格的方法寻求更强的竞争优势。在垄断竞争态势下，许多企业也可以相互联合，以各自的长处协作生产某种产品（服务）进入目标市场，用合力产生竞争优势。

3. 寡头竞争

寡头竞争指一个行业被少数几家相互竞争的大企业所控制，其他企业只能处于一种从属的地位。寡头竞争中控制市场的企业依赖的主要是实力优势而不是产品或服务的差异。

寡头竞争态势下，由于部分企业基本控制了市场，在一段时间内，别的企业要进入是相当困难的，但并不等于永远没有市场机会。寡头之间仍然存在竞争，他们互相依存，任何一个企业的独立活动都会导致其他几家企业迅速而有力的反应而难以独自奏效。他们一般都具有很强的成本意识。

4. 完全垄断

完全垄断是指由某一家大企业对整个市场全部占有，其他企业基本无法进入。完全垄断除了极少数是由于实力的优势之外，基本上是由于资源上或技术上的垄断地位所形成的，也有的是由于政府对于某些行业所实行的政策性垄断所致。由于世界上许多国家对于完全垄断是在法律上予以限制的，所以完全垄断的情况一般很少见。

因此，同行业内现有企业之间的竞争，除了企业的营销策略、营销能力以外，对市场供求、竞争状况进行全面、综合的了解是很重要的。关于行业内的竞争基本状态，在第十一章中将进一步阐述其对企业定价的影响。

（三）买方竞争力量

买方是企业产品（服务）的直接购买者和使用者，关系到企业营销目标的实现与否。买方的竞争威胁往往意味着企业让利的代价，他们可以通过压低价格、追求更好的产品质量、寻求更全面的服务项目等，从竞争企业彼此对立的状态中获得好处。

一般而言,买方竞争力量会有以下表现:

首先,如果某个特定买主的进货量很集中,占企业销售的比例也很大时,那么就相应提高了该买主讨价还价的能力。当买方所购买的产品占到其成本或购买数额的相当大部分时,或者在买方感到营销实际利润不高时,一般都会为了压低购买成本而慎重地选择购买。

其次,如果买主面临的产品供应者相对稳定,而且又是多源的话,那么其就会利用供应者之间的相互竞争,来提高自己讨价还价的能力。而当买主的某个特定购买活动对其而言是至关重要的,或者当供应者的产品对买方产品质量有很大影响时,买方对价格一般就不会那么敏感。

最后,对一般消费者而言,那些毫无差异、与其收入相比价格偏高,或者产品质量对他们而言并不特别重要的产品,往往会使消费者表现出对价格的敏感。

因此,为了减少买方讨价还价的威胁,企业应该向最可能赢得的客户推销自己的产品。一般而言,企业选择理想的目标客户符合以下特点:其特定的购买需求必须与企业的相对供应能力相匹配;其讨价还价的能力和所要求的服务成本相对比较低;其具有比较大的发展潜力。

(四) 供货者竞争力量

企业营销目标的实现,必然要依赖于某些特定的原材料、设备、能源等的供应。如果没有经营供货保障,企业也就无法正常地进行营销运转。因此,企业面临的所有供货者,自然就构成了一种对企业营销活动产生威胁的竞争力量。供货者可以通过提价或降低其所提供的产品(服务)的质量,或者从供货的稳定性和及时性等各方面显示其讨价还价的能力。供货者的这种威胁,会迫使购货企业提高产品成本而失去利润。

一般而言,供货者竞争力量有以下表现:

首先,如果企业面临着实力强大的供货者,那么通常是供货者在价格、质量和贸易条件等方面具有相当大的主动权。当供货者面临着同类产品供应者或者某些替代产品供应者的激烈竞争时,即使是再强大的供货者,这时候其讨价还价的能力也会受到一定的牵制。

其次,如果某个特定企业是供货者的重要客户,那么由于关系密切,供货者会有相对积极的态度,通过合理的价格和各种促销手段来保证彼此关系的协调发展。

如果当供应者的某种产品成为购货企业营销活动中一个至关重要的因素时,那么显然就会提高供货者讨价还价的能力。

因此,为了减少供货者的竞争威胁,企业应该在保证供货相对稳定的基础上,尽可能使自己的供货者多样化,这样可以促使供货者之间的竞争,使企业处于相对有利的竞争位置。

(五) 替代品竞争力量

广义地看,企业的竞争对手并不局限于同一行业中。许多企业尽管彼此生产的产品(服务)在形式、内容等方面并不雷同,然而这些产品(服务)却都从特定的角度满足市场的需求从而吸引社会购买力。事实上,对于争取社会购买力而言,替代产品竞争力量同样会影响到企业的市场地位,甚至是生死攸关的大问题。

一般而言,替代品竞争力量会有以下表现:

第一,愿望竞争力量。愿望竞争力量指提供不同产品以满足不同需求的替代竞争力量。比如对于家电经营企业而言,房产、证券、文化娱乐、汽车等不同类型的行业都属愿望竞争者。在整个市场一定时期内相对稳定的购买力面前,大家都在竭力争取消费者最终的购买投向,这就形成了一种现实的替代品竞争力量的威胁。

第二,平行竞争力量。平行竞争力量指提供能满足同一种需求的不同产品的替代品竞争力量。比如自行车、助力车、摩托车、汽车等都可以用做家庭交通工具,这几种产品的经营者之间必然存在竞争关系,他们互相成为各自的平行替代竞争者。

第三,产品形式与品牌竞争力量。产品形式竞争力量指生产同种产品,但不同规格、型号、款式的替代品竞争力量;产品品牌竞争力量指产品相同,规格、型号等也相同,但品牌不同的替代竞争力量。显然,这两种替代竞争力量来自同行业,十分激烈。因此,为了减少替代品竞争力量的威胁,企业要广义地正确认识替代品。同时,企业必须注重在行业内采取改进产品质量、增加营销努力、提供更大的产品有效性等措施,以改善行业整体竞争环境,从而从根本上提高企业的竞争力。

二、市场竞争战略

企业在总体上可以采取以下三种竞争战略中的任何一种或几种,以争取有利的地位。

(一) 低成本战略

所谓低成本战略即通过建立具有相当经济规模的工厂,通过积累生产经验和其他措施(配备先进设备、采用先进技术、控制生产费用和销售费用等),在保证产品和服务质量的前提下,追求在同行业中的低成本优势,然后采取低价格策略,使企业具有同时抵御上述五种竞争力量的优势。

低成本战略要求企业建立起高效规模的生产设施,在经验的基础上全力以赴地降低成本,控制管理费用,以最大限度地减小研发、服务、推销、广告等方面的费用,最终使本企业的成本低于竞争对手。若本企业产品成本较低,意味着在与竞争对手同时以低价渗透市场的情况下,企业仍然可以获利。低成本战略可以为企业带来高于产业平均利润的利润和较大的市场份额,并以此作为潜在进入者的进入壁垒。值得注意的是,一旦竞争对手采用同样的战略进入市场,企业现有的竞争优势将难以得到保障。

(二) 差异化战略

差异化战略就是创造本企业产品或服务的独有特性,使之与同行业其他产品或服务具有明显的差异性。例如,产品在设计、使用功能、外观、商标和品牌、包装、服务和推销方式等方面的不同,使顾客对本企业的产品更感兴趣,产生依赖,消除价格的可比性,从而产生强大的竞争力量。

这种战略的重点是创造被全行业和顾客都视为独特的产品和服务。采用差异化战略有利于强化顾客的品牌偏好和忠诚,并能够提升企业形象。但是,这种差异化的创造不能忽视成本,因为实现差异化常常意味着企业以高成本为代价,高成本的产品必然以高价格进入市场,这势必影响企业占领更大的市场份额。

(三) 集中化战略

集中化战略就是专门为某一个或某几个特殊的细分市场服务。如为某些特殊的消费群或集团服务。这种战略的前提是,企业能够以更高的效率、更好的效果为某一特定的细分市场服务,从而超越更广范围内的竞争对手。由于目标及力量集中,从而实现了产品的高度差别化或低成本,或者兼而有之,在目标市场上具有特殊的竞争能力,可以赢得较高的利润率。

成功地实施以上三种总体竞争战略需要不同的资源与措施,在组织管理方面也应有不同的要求。这些战略和要求条件如表7-1所示。此外,还需要不同的领导风格,形成不同的企业文化宗旨和气氛。

表 7-1　总体竞争战略的必要条件

总体战略	资源与措施	组织安排
低成本战略	大量投资,资金充足,工人的技术熟练,产品易于制造,低成本的分销系统	严密的成本控制,健全的组织结构与规章制度,有效的激励机制,责任制
差异化战略	研发能力强,设计水平高,高质量,强大的营销规划能力,高效的营销渠道,声誉卓著,历史悠久	对研发部门、产品试制部门和营销部门协调力量强,适于雇用勇于创新的员工
集中化战略	将上述两种战略要素结合用于细分市场	

下面是世界橡胶行业几家大公司具有不同特色的市场竞争战略,由此我们可以清楚地认识到战略目标与方向的选择对于一个企业的发展具有的重要意义。

世界最大的轮胎制造商——固特异轮胎橡胶公司。该公司采取的是低成本策略。它通过大量投资,实现工厂规模经济,以降低成本、提高质量、加强竞争。近年来,世界橡胶轮胎行业增长缓慢,生产能力过剩,价格竞争激烈。如果公司不投入大量资金,开发研制高质低价的产品,并通过全面的营销及广告在中间商及用户心目中建立信誉,公司将无法保持领先地位并实现增长。公司的低成本市场竞争战略使公司产品的市场占有率大大提高,从而为公司带来了丰厚的利润。

世界第二号轮胎制造商——法国米其林公司。该公司采取的是产品差别化战略,通过不断地创新产品,以高质量赢得了"卡迪拉克"(Cadillac)的声誉,使公司有条件通过较高的价格来获取理想的利润水平。

阿姆斯特公司。该公司采取的是专营化战略,通过开发和弥补市场空缺,在某一细分市场上获得领先地位。例如,在满足农用设备车辆、旅游车辆的轮胎市场上显示了高超的营销技能。

由于上述三个公司能够出色地适应环境,发挥自身技术、资源及营销优势,虽然行业内增长缓慢,生产能力过剩,但它们却都取得了令人瞩目的经营成就。

以上所说的是企业的总体市场竞争战略。在具体的竞争中,还要进一步结合企业产品的市场占有率情况,分别采取相应的具体战略。

第三节　行业竞争者竞争战略

上一节里,我们谈到的是企业的总体市场竞争战略。在具体的竞争中,还要进一步结合企业产品的市场占有率情况,分别采取相应的战略。

一、企业在行业中所处地位

竞争策略的核心问题是企业在市场上的相对地位,这种地位显示了企业是否具有竞争优势。一个地位选择得当的企业,即使在行业平均盈利水平不高的情况下,也能有较高的收益率。在一个不完全竞争的市场上,企业一般可分为四种不同的类型。

(一) **市场领导者(Market Leader)**

在行业中占绝对竞争优势的企业,一般占有最大的市场份额,其营销行为会对市场产生很大影响。

(二) 市场挑战者 (Market Challenger)

在行业中仅次于市场领导者的一些企业,同样具有较强的竞争优势,有能力向市场领导者发起挑战,争取取代市场领导者的地位。

(三) 市场追随者 (Market Follower)

一大批在竞争实力上远远不如市场领导者或市场挑战者的企业,它们往往不可能以自己的行为去影响市场的发展趋势,而只能跟随市场竞争力强的企业去开展经营活动。

(四) 市场补缺者 (Market Nicher)

一些虽然竞争实力不强,但并不追随市场主流趋势,而选择市场上大多数企业所忽略的或不愿进入的市场为自己的目标市场的企业,它们往往会因这样的市场无强大的竞争压力而获得经营上的成功。

这四种类型的企业实际上又可以分为两个层次:一是强势企业层次,主要由市场领导者和市场挑战者所组成。它们是对市场具有影响力和控制力的企业,所以也可将这一层次称为"市场控制层"。二是弱势企业层次,主要包括市场追随者和市场补缺者。它们没有同强势企业抗衡的实力,而在策略上则可选择追随强势企业或避开强势企业两种不同的做法。

在竞争性市场上处于不同地位的各类企业,其竞争策略显然也是各不相同的,企业必须根据自身的地位和市场的具体情况制定相应的竞争策略。

二、行业竞争者竞争战略

(一) 市场领导者竞争战略

处于市场领导者地位的企业,往往有着行业内比较大的市场占有率,在产品价格变动、新产品开发、市场覆盖率的变化、销售方式的选择等许多方面起着相对支配或者领先的作用。同时树大招风,领导者企业面临着众多其他企业的竞争威胁。因此,市场领导者企业必须保持高度警惕,采取适当的竞争战略,以维护自己的竞争优势。

一般而言,市场领导者企业要维护竞争优势,有以下三种竞争策略:

1. 扩大市场需求总量

当一种产品的市场需求总是在扩大时,收益最大的往往是处于领导者地位的企业。所以促进产品总需求量不断增长,扩大整个市场容量,是领导者企业维护竞争优势的积极措施。

市场领导者企业可以有三个途径达到扩大市场需求总量的目的:

(1) 寻求新的消费对象。

(2) 开辟产品新的用途。

(3) 刺激原有消费者群体增加使用量等。

2. 维护市场占有率

在市场领导者企业面临的竞争对手中,相对总会有一个或几个实力雄厚者。要防止和抵御其他企业的强攻,维护自己现有的市场占有率是领导者企业守住阵地的有效竞争策略。

市场领导者企业可以有两个途径达到维护市场占有率的目的:

(1) 进攻措施。即在降低成本、提高销售效益、产品创新、增强服务水平等方面争取能始终处于行业领先地位,同时针对竞争对手的薄弱环节主动出击。

(2) 防御措施。即根据竞争的实际情况,在企业现有阵地周围建立不同防线。如构筑重点在企业目前的市场和产品上的防线;构筑不仅能防御企业目前的阵地,而且还能扩展到新的市场阵地,作为企业未来新的防御和进攻中心的防线等。

3. 扩大市场占有率

市场占有率与投资报酬率密切相关,一般来说,企业的市场占有率越高,其投资收益率相应就越大。许多企业把市场占有率作为自己的营销目标,领导者企业可以根据经济规模的优势,降低成本,扩大市场占有率。

市场领导者企业在采用扩大市场占有率的竞争策略时,必须注意三个问题:

(1) 引起反垄断的可能性。

(2) 为提高市场占有率所付出的成本。

(3) 采用何种营销组合策略。

(二) 市场挑战者竞争战略

处于市场挑战者地位的企业,一般都具有相当的规模和实力,在竞争策略上有相当大的主动性,它们随时可以向市场领导者企业或其他企业发动进攻。然而,作为市场挑战者的企业,盲目地进攻是愚蠢甚至有害的,要使自己的挑战获得成功,必须明确企业营销目标和挑战对象,然后选择相应的进攻策略。

1. 确定挑战目标

明确企业的竞争对手和主攻方向,是市场挑战者企业成功与否的基础。

一般有三种挑战目标可供市场挑战者企业选择:

(1) 向处于领导者地位的企业挑战,意在夺取其市场份额和产品优势。

(2) 向与自己实力相当的企业挑战,意在扩展自身市场份额以改变市场地位。

(3) 进攻力量薄弱的小企业,意在夺取其市场份额或进行兼并,扩充自身实力。

2. 选择挑战竞争策略

市场挑战者企业发起挑战是一种主动的攻击行为,进攻方向及具体运用的营销策略是经过认真选择的。

(1) 正面进攻。当市场挑战者企业实力明显高于对方企业时,可以采用正面或全面进攻的策略。比如经营和竞争对手相同的产品,进行价格竞争,或者采用势均力敌的促销措施等。这是集中全力向对手的主要市场阵地发动攻击的策略,进攻的是对手的强项而不是弱点,胜负取决于双方力量的对比。

(2) 迂回进攻。如果竞争对手的实力较强,正面的防御阵线非常严密,市场挑战者企业可以采用迂回进攻的策略。比如选择竞争对手忽视的细分市场进攻,或者选择竞争对手产品销售薄弱地区、服务较差的地区进攻。这是集中自己的优势力量攻击对手弱点的策略,成功的可能性更大。

(3) 游击进攻。如果挑战者企业暂时规模较小、力量较弱的话,可以采用游击进攻的策略,根据自己的力量针对竞争对手的不同侧面,进行小规模的、时断时续的进攻。比如进行有选择、有限度的降价,采用突然的强度促销措施,与中间商联合行动等,达到干扰对手的士气、争取消费者的目标。这是以小型的、间断性的攻击手段,逐渐削弱对手的实力,以占据长久立足点的策略。

(三) 市场追随者竞争战略

优胜劣汰的竞争法则是无情的,在市场竞争中,持续的正面竞争往往会造成两败俱伤,因此许多企业会避免与市场领导者企业正面发生冲突。同时,对于相当一部分中小企业而言,在产品创新上所需的大量人力、财力、物力以及相应的市场风险,它们无力承担。因此在实际营销活动中,许多企业采用追随策略,从事产品仿造或改良,在投资少、风险小的基础上,获取较高的利润,并保持企业相对有利的竞争地位。

一般而言,市场追随者企业有三种可供选择的追随策略:

1. 紧密追随

市场追随者企业在进行营销活动的所有市场范围内,都尽可能仿效市场领导者企业,以借助先行者的优势打开市场,并跟着获得一定的份额。但是要注意,所谓的紧密追随并不等于直接侵犯市场领导者企业,那样的话会遭到被追随者凶狠的报复。

2. 保持距离追随

市场追随者企业在营销策略的主要方面紧跟市场领导者企业。比如选择同样的目标市场、提供类似的产品、紧随其价格水平、模仿其分销渠道等。在企业营销策略的其他方面则发展自己的特色,争取和领导者企业保持一定的差异。

3. 有选择追随

市场追随者企业根据自身的具体条件,部分地仿效市场领导者企业,择优追随。同时在其他方面自行其是,坚持独创。比如主动地细分和集中市场、有效地研究和开发等,尽量在别的企业想不到或者做不到的地方去争取一席之地。

(四)市场补缺者战略

处于市场补缺者地位的企业,其目的在于利用自身特长寻找市场中的空隙并努力去满足它。在现实营销活动中,这类企业可以在市场、消费者、产品、渠道等各个方面实现自己的目标,比如为一些特殊的消费者群体服务。市场补缺者企业的竞争策略关键在于专业化、精细化营销,由于营销目标和营销力量相对集中,所实现的产品高度差别化,会使企业具有其他人无法轻易仿效的特殊竞争力量。当然,补缺者企业实施专营化竞争战略并非易事,必须注意两个问题:

1. 识别"补缺基点"

所谓的补缺基点就是市场空隙。一个好的补缺基点应该具备以下特征:

(1) 所发现的补缺基点对主要的市场竞争者不具有吸引力,或者是大部分市场竞争者不屑一顾的。

(2) 所发现的补缺基点有足够的购买潜力,企业如果进行开发后,是有利可图的。

(3) 企业具备弥补该市场空隙的营销能力,并且能够与竞争者抗衡。

2. 坚持补缺观念

市场补缺者企业一般是指精心服务于市场某些细小部分,在这些小市场上通过专业化经营来获取最大限度收益的企业。这种在大企业夹缝中求生存和发展的策略,是坚持补缺观念,以连续不断创造新的补缺市场为基础,而不是只追求一个补缺基点。

(1) 创造补缺市场。补缺观念指导企业积极适应特定的市场环境和市场需要,努力开发专业化程度很高的新产品,从而创造无数的补缺市场。

(2) 扩大补缺市场。补缺观念指导企业在开发出专业化程度很高的新产品以后,还要进一步提高产品组合的深度,创造更多需要这种专业化产品的市场需求者,以扩大市场占有率。

(3) 保护补缺市场。补缺观念指导企业关注竞争者的动向,及时采取相应的策略,提高市场忠诚度,全力维护自己在特定市场的领先地位。

复习思考题

1. 试对市场竞争者进行全面分析。

2. 简述企业一般会面临哪几类竞争力量,以及它们各自的具体表现如何。
3. 简述基本的市场竞争策略。
4. 根据所处的市场行业地位不同,其竞争战略有何差异?

案例分析

"隐形冠军"的独特战略

"隐形冠军"是德国管理学者赫尔曼·西蒙20世纪90年代初提出的概念,用以描述默默无闻却在行业里成为最强的中小企业。这些拥有全球领袖地位的中小企业,在某一个窄小的行业里面做到顶峰,它们甚至常常拥有各自所在市场60%至90%的全球市场份额。它们有难以动摇的行业地位,有稳定的员工队伍,有高度的创新精神,还有丰厚的利润回报。它们选择的产品一般是大企业不甚重视的中间产品或配套业务,也就是所谓的"利基市场",但它们精于技术、善于管理、勇于创新,走出了一条不寻常的成功之路。

圣雅伦公司就是一例。梁伯强1998年在广东中山市的小榄镇成立了圣雅伦公司(St. Allen's Co.),生产当时没有几个商人看好的产品:指甲刀。不声不响之间,三年时间内把"非常小器的圣雅伦"做成中国指甲钳第一大品牌,进入世界前三,每年的产量高达数千万只,小小的指甲钳年产值高达1.6亿元。

圣雅伦公司从20世纪90年代中期开始迅速成为中国乃至全球专业市场中坚力量的数百家默默无闻的中国企业之一。当地媒体称之为"隐形冠军",他们利用中国廉价的劳动力,投资进行创新和提高质量,并大力开拓为其他人所忽视的领域。

圣雅伦公司的创始人从一开始也面临着诸多挑战。梁伯强曾卖过冰淇淋,也做过人造首饰生意,在看到本地报纸一篇报导称前总理朱镕基抱怨"不论我使多大劲,国产的指甲刀用了两天就剪不动了"之后,他就从1998年开始转向生产指甲刀。

当时,韩国的Three Seven Corp.以其777品牌控制着中国的高端指甲刀市场。中国的数百家企业则在低端市场上各据一方。梁伯强说,他用过去经商所得购买了价值120多万美元的Three Seven指甲刀经销权,同时他也得以了解其中的制作和设计工艺。

同中国其他指甲刀厂家不同,梁伯强特别重视质量。2000年3月,他当着员工的面销毁了300万副价值约24万美元的有质量问题的指甲刀。他说,我想让质量的重要性深入到每个员工的心中,不管付出多大的代价。

他的产品价格也高于本地竞争对手(尽管一副售价为1.50美元,但要比777指甲刀低出40%)。梁伯强将客户群定位于中国中等收入阶层,他们不但有能力购买更贵的指甲刀,还常常会购买好几副。

根据中国五金制品协会(China National Hardware Association)的数据,2005年圣雅伦公司的指甲刀在中国高端市场的占有率为2/3,在整个市场的占有率为1/3。梁伯强预计,圣雅伦公司的收入2007年将达到6000万美元,比2004年的2400万美元增加一倍以上。梁伯强计划在3年内培训500家加盟商,以扩大公司的营销网络。目前圣雅伦共有50家加盟商,2005年上半年的销售量比2004年同期增长了30%。

圣雅伦公司最新推出的留出了题字位置的折叠式指甲刀已被一些保险公司、宾馆和银行用做纪念品。"每隔四五天,当人们用它剪指甲时,就会想到赠送指甲刀的人。"

有人问梁伯强,如何能在如此小的市场上取得成功。他回答道,我们一直听到的都是不要把所有鸡蛋放到一个篮子中,对于投资而言,的确是应该多元化;但对一家公司而言,你只能专注于一个市场。

在中国,这样的企业并不少。一个叫做"福达合金"的温州企业,是国内生产银合金电接触材料最具规模的企业,国内市场占有率达到80%左右,2005年销售收入突破3亿元,连续5年稳居国内同行第一。作为下游产业的供应商,它只制造下游企业所需的某个或某些零部件,但在这个部件的市场占有率非常高,因此其获利能力非常强,它的竞争对手,甚至包括潜在竞争对手也非常少。

中山天朗电器公司最主要的产品一直是"琴键开关",也就是电风扇的开关,小小一个琴键开关,天朗已经拥有七十多项专利。在这项产品的重要技术指标上,天朗已经能够制定标准。

"隐形冠军"企业的崛起在某种程度上反映出中国民营企业的不断成熟。在20世纪70年代末中国改革开放后,许多企业家开始创业,他们缺乏长远眼光,经常从一个行业跳到另一个行业中寻找快速致富的机会。到了90年代中期,随着中国政府放宽对私有企业的限制,许多私有企业也积累了更多的资金和经验。它们放弃了多元化经营的想法,开始关注一个行业,发展规模经济,建立市场渠道,积累技术知识。它们比国营企业更加敏锐,比海外对手更了解中国市场的趋势,低廉的价格帮助它们抢占了市场。

问题
1. 这些"隐形冠军"企业的共同竞争战略是什么?
2. 它们在市场营销的模式上有什么特点?

◇第八章
目标市场营销战略

市场需求是企业生产经营的起点和最终归宿。通常情况下,由于所处地理环境、文化背景、收入水平等多种因素的影响,顾客需求往往表现出较明显的差异。任何一个企业,无论是小企业还是大公司,要想满足所有消费者的不同需求是很困难的,而且在经济上也不尽合理。因此,在对市场进行分化整合的基础上,选择适宜的、特定的顾客群作为企业服务的目标市场,是企业营销部门的一项重要工作。此外,随着科学技术的迅猛发展和生产力水平的提高,同一目标市场上卖方之间的竞争愈演愈烈,市场定位对企业市场竞争力的作用越来越明显。本章主要介绍市场细分的概念及其作用,市场细分的标准、方法、程序和原则,目标市场选择策略,市场定位的步骤、依据和类型。

第一节　市场细分

一、市场细分化

市场细分(也叫市场细分化,Market Segmentation)是指企业根据消费者之间需求的差异性,把一个整体市场划分为若干个消费者群体,从而确定企业目标市场(Target Market)的活动过程。每一个需求特点类似的消费者群叫做一个细分市场(Market Segment)。市场细分是20世纪50年代中期由美国市场营销学家温德尔·史密斯(Wendell R. Smith)在总结企业按照消费者不同需求组织生产经营经验的基础上提出的一个重要的市场营销理论。

满足顾客需求是企业生存和发展的基本条件。客观地讲,除极个别的产品外,消费者对绝大多数产品的需求特点存在较显著的差别。就拿饼干来说,有的消费者重视营养,有的则重视口味,还有的重视花色品种、包装装帧。再以服装为例,有的消费者追求流行款式,有的追求流行颜色,有的则注重结实耐穿。这种顾客需求的差别性就构成了市场细分的客观基础。当然,不同顾客需求的差别程度也不完全一样,有的顾客间需求差别十分明显,而有的顾客间需求差别较小,表现出较多的共同性。市场细分实际上就是致力于分析确认顾客需求差别,按照求大同存小异的原则,将一个错综复杂的具体市场划分为若干个部分,使各个部分内部的异质性减少,表现出较多的同质性。需要特别指出的是,市场细分不是根据产品分类进行的,而是从消费者角度划分的。

企业对市场进行细分不是为细分而细分,而是为了通过对市场的分化整合,从中选择企业服务的目标市场。由于消费者需求千差万别、千变万化,一个企业无论其规模多么巨大,都不可能满足全部消费者的所有需求,而只能满足市场上部分消费者的部分需求。每个企业的生产经营条件都有所不同,各有各的优势和劣势,脱离现实地盲目开展生产经营活动只能是事倍功半甚至劳而无功。因此,任何一个企业的经营者在制定营销决策时,都必须首先确定那些最有吸引力,并能为之提供最有效服务的市场部分作为自己的目标市场,以此提高企业营销活动的效率和效益。

作为一种重要的市场营销思想,市场细分化并不是由人们凭空想象出来的,它是对一些企业的成功的营销经验在理论上的升华,是在一定客观历史背景下产生的。这一思想在西方的形成和出现经历了一段漫长的发展过程。

西方国家在工业化初期,由于生产力水平低下,商品短缺,市场供不应求,许多企业实行大量市场营销(Mass Marketing),对顾客不加区别,大批量生产销售单一品种、单一花色的产品,试图以一种产品吸引市场上的所有顾客。企业认为,这种营销方式可以充分享受规模经济效益,以较低的成本和价格占领市场。美国可口可乐公司就曾经长期只生产一种口味、一种包装的可乐,并希望这种饮料成为老少皆宜、人人喜爱的产品。

进入20世纪20年代以后,随着科学技术进步的加快和科学管理方法及大规模生产方式的普及,西方国家生产力水平大幅度提高,买方市场形态出现,企业竞争日趋激烈。在这种情况下,不少企业发现,由于各企业经营的产品大体相同,企业难以控制产品价格。于是,一些企业意识到产品差别的优势,开始实行产品差异市场营销(Product-Differentiated Marketing),通常向市场提供两种或两种以上在外观、质量、式样、包装等方面有所不同的产品,吸引更多的顾客,增加产品销售。当时,企业这样做是为了向市场提供多样化产品,增加顾客的选择机会,产品差异的出发点是生产者而不是市场需求。

20世纪50年代,在现代科学技术的推动下,西方国家买方市场形态得到进一步加强,市场供求矛盾日益尖锐,竞争愈演愈烈。在此情形下,以市场为中心的市场营销观念产生并为广大企业所接受,不少企业开始实行目标市场营销(Targeting Marketing)。选择目标市场,运用有针对性的市场营销策略,适应和满足目标市场顾客的需求,成为企业市场营销部门的重要工作。一系列有关市场细分的方法和技术应运而生。可以说,市场细分化是对市场营销观念的认识的深化,是市场营销发展过程中一次重要的变革。

市场细分化理论出现后,经过了一个逐步完善的过程。起初,人们普遍认为市场细分越细越好,越能满足消费者的不同需求,越能增加企业利益。然而,20世纪70年代以后,由于石油危机的冲击,西方市场普遍不景气,过度的市场细分只能导致产品线增多、管理难度加大、企业效益降低。因此,西方出现了"市场同合化"理论。这种理论不是对市场细分化理论的简单否定,而是主张要根据成本和收益的关系,适度细分市场,是对过度细分的一种反思和矫正,同时也是市场细分化理论走向成熟的标志,是市场细分化理论发展的新阶段。

二、市场细分的作用

市场细分是一个创新性的营销概念,它为企业开展营销活动提供了新的思路,对企业营销的成功具有重要的作用。

(一) 市场细分有利于企业挖掘市场机会,形成新的有吸引力的目标市场

企业营销的成功首先有赖于能否准确认识和把握有利可图的市场机会。通过科学合理的市场细分,企业可以对纷繁复杂的各类消费需求进行分类,发现哪些需求已经满足、哪些尚未完全满足、哪些根本没有满足。那些未得到满足或充分满足的市场需求便是客观存在的市场机会,可能形成新的目标市场。例如,美国钟表公司通过市场分析发现,美国手表市场上存在三类不同的购买者:第一类购买者想以尽可能低的价格购买能计时的手表,他们占美国手表市场的23%;第二类购买者想以较高的价格购买计时更准、更耐用、式样更好的手表,他们占美国手表市场的46%;第三类购买者想购买名贵手表,追求象征性和怡情性,这类购买者占美国手表市场的约31%。当时,著名的钟表公司几乎都以第三类购买者为目标市场,主要制造名贵表并通过大百货商店和珠宝店销售,而美国手表市场69%的第一、二类购买者的需求没有得到充分满足。于是,美国钟表公司选择第一、二类购买者为目标市场,及时开发了一种叫"天美时"的物美价廉的手表投放市场,广泛地通过超级市场、折扣商店等渠道推销。结果这家公司很快就大大提高了市场占有率,成为当时世界上最大的钟表公司之一。

(二) 市场细分有利于企业提高经营效益

市场细分对提高企业经营效益的作用主要表现在两个方面:一是在市场细分的基础上,企业可以集中人力、物力、财力,投入目标市场,使有限的资源集中使用在"刀刃"上,通过集中兵力打歼灭战的办法,取得理想的经济效益。这一点对中小企业来说尤为重要。中小企业整体实力弱,无法与强大的竞争对手在整个市场上展开全面较量,但如果将其全部力量集中于某一个细分市场,则可以把自己的劣势转变为局部市场上的优势,从而提高企业的对抗能力,取得较好的经济效益。例如,济南童鞋厂经过市场细分,在竞争中找缝隙,发现了童布鞋这个小市场,抓住机会,大力开发童布鞋,实行多品种、多款式、薄利多销的策略。几年来,这个小厂发展很快,4年中固定资产增加了近6倍,产品由4个品种、十几个规格发展到82个品种、200多个规格,在童布鞋市场上牢牢站住了脚跟。二是在市场细分后,企业可以针对目标市场特点,制定和实施有效的市场营销组合策略,提高经营效益。在不同的细分市场上,消费者对于产品的质量、款式、包装、维修服务、产品价格等有着不同的要求,对广告、宣传的形式也有不同的偏好。因此,企业只有根据目标市场的特点,有针对性地综合运用各种营销手段,才能取得事半功倍的效果。离开市场细分,对目标市场认识不清,就不可能制定出正确的营销策略,从而必然导致经营失败。例如,真丝花绸在欧美市场上属于名贵商品,消费者大多数是有地位、有身份的上流社会中的女性。前些年我国外贸企业向欧美出口真丝花绸时,由于没有进行市场细分,对目标顾客的需求特点不了解,经营一直不畅。产品配色不协调、不柔和,不符合西方人的口味;实行低价销售,与目标顾客希望购买这种商品体现其优越社会地位的愿望成强烈反差;销售渠道选择了街角商店、杂货商,甚至跳蚤市场,大大降低了真丝花绸产品的"华贵"地位。这种不符合目标市场特点的营销策略自然难以取得好的营销效果。

(三) 市场细分有利于企业跟踪市场需求动态,满足千变万化和千差万别的消费需求,取得较好的社会效益

市场细分后,每个市场都变得小而具体,便于企业了解和把握消费者需求。在细分市场上,信息反馈快,一旦消费者需求发生变化,企业就可以迅速改变原有的营销策略,制定相应对策,满足变化了的消费需求。众多企业奉行市场细分化策略,尚未满足的新的消费需求就会逐一成为不同企业的一个又一个的市场机会。这样,新产品不断涌现,同类产品的花色品种会不断丰富,消费者就有可能在市场上购买到各自称心如意的商品。

三、市场细分的标准

要进行有效的市场细分,必须找到适当的、科学的细分标准。这个标准就是导致顾客需求出现差异的那些因素。

(一)消费品市场细分的一般标准

1. 地理因素

一般而言,处在不同地理环境下的消费者,对于同一类产品往往有不同的需求偏好,他们对企业的产品价格、销售渠道、广告宣传等营销措施的反应也常常存在差别。例如,我国各地区气候条件相差较大,北方高纬度地区气候干燥,冬天长夏天短;南方低纬度地区空气潮湿,夏季长,比较炎热。因此,北方地区和南方地区的消费者对于防暑降温和保暖御寒用品的要求大相径庭。在美国,东部人对咖啡的味道要求清淡,西部人则喜欢浓郁一些的。因此,地理因素一直是一种传统的市场细分的标准。实际上,在早期,由于产量有限及交通运输条件的制约,许多企业只需也只能以其所在的地区的消费者为服务对象。现在,我们用于市场细分的地理因素主要包括地区、气候、人口密度、城镇规模、地形地貌等。

按地理因素细分市场,对于分析研究不同地区消费者的需求特点、需求总量及其发展变化的趋势具有一定意义,有利于开拓不同区域市场,扩大市场份额。天津利民食品厂在前几年全国糖果市场普遍销售不畅的情况下,认真研究了不同地区的需求特点。他们发现:城市中奶糖滞销,但对巧克力的需求日益增长;农村喜欢水果糖,尤其欢迎小块儿水果糖;南方各省喜欢包装精致的糖;而东北各省散装糖十分畅销。该厂根据不同地区的需求情况,调整了产品结构,产品销售不断增加。

2. 人口统计因素

人口统计因素很久以来一直是细分消费者市场的重要标准,主要包括年龄、性别、家庭人数、家庭生命周期、收入、职业、教育、宗教等多个方面。人口统计因素与消费者的欲望、偏好和使用率等有十分明显的因果关系。例如,对玩具和化妆品的需求与年龄和性别有很大关系。一岁以下婴儿喜欢颜色艳丽、能动的玩具,三四岁的儿童则较喜欢有一定挑战性的智力玩具;男孩对车、枪等十分钟爱,而女孩则对布娃娃感兴趣。化妆品通常是女性的天下,男性使用化妆品的数量很少。当然,不同年龄段的女性对化妆品的需求特点也不一样。日本资生堂公司1978年曾对日本女性对化妆品的需求作过调查,按照女性消费者的年龄,可以把消费者分为四类:第一类为15~17岁的女性,她们正当妙龄,讲究打扮,追求时髦,对化妆品的需求意识较强烈,但购买的往往是单一的化妆品;第二类为18~24岁的女性,她们对化妆品也非常关心,消费行动积极,只要中意,价格高也在所不惜;第三类为25~34岁的女性,她们多数已结婚,化妆已成为日常习惯;第四类为35岁以上的消费者,对化妆品需求比较单一。

由于人口统计变量比较稳定,取得各种变量的资料比较容易,所以常常成为企业进行市场细分的重要标准。但是,消费者的欲望和需求并不单纯取决于人口统计因素,而是往往要受到其他因素特别是心理因素的影响。因此,用人口统计因素细分市场有时并不可靠。例如,美国福特汽车公司曾按照购买者年龄细分汽车市场,该公司生产的"野马"牌汽车原来是专门为那些想买便宜跑车的年轻人设计的。事实上,当公司推出这种车型后,不仅年轻人购买,而且许多中老年人也购买,因为他们觉得驾驶"野马"车可使他们显得年轻。这表明,"野马"车的目标市场不是年纪轻的人,而是心理上年轻的人。

3. 心理因素

人们常常发现,利用地理因素和人口统计因素进行市场细分后,同一细分市场上的消费者对于同类产品的需求并不相同。一般来说,这主要是心理因素作用的结果。消费者的生活方式、购买动机、个性等心理因素对其消费需求有主要影响,因此也常被用作市场细分的标准。

生活方式是指人们在工作、消费、娱乐等方面特定的习惯和倾向。人们的生活方式不同,对产品的爱好和要求就有所差异。一个消费者的生活方式一旦发生变化,就会产生新的需要。企业可以按不同消费者的生活方式来安排生产经营活动。美国有的服装公司把妇女分成"朴素型妇女"、"时髦型妇女"、"男子气质型妇女"三种类型,以此体现女性在服装需求方面的心理差异,并分别为她们设计制作出不同款式、颜色和质地的服装,满足不同顾客的心理需要。在西方国家,越来越多的企业,特别是服装、餐饮、化妆品等行业的企业,十分重视按生活方式细分市场。消费者的生活方式可以用"AIO尺度"测量(A指活动Activities,I指兴趣Interests,O指意见Opinions)。企业通过详细调查消费者的各种活动、兴趣和意见,分门别类,然后就可发现生活方式不同的消费者群。

购买动机是引起购买行为的内在推动力。购买动机不同,会产生不同的需求偏好和购买行为。购买动机中普遍存在的求实心理、喜新心理、爱美心理、慕名心理等心理因素,都可以作为细分市场的依据。企业针对不同购买动机的顾客,在产品中要突出能够满足他们某种心理需要的特征或特性,并相应设计不同的营销组合,往往能取得良好的经营效果。

个性是指一个人特有的心理特征,一个个性成熟的人对其所处的环境会作出相对一致和稳定的反应。消费者之间个性的差别可以从他们对产品的偏好中表现出来。一位美国学者曾发现,在购买汽车的顾客中,有活动车篷汽车的买主与无活动车篷汽车的买主之间存在较明显的个性差别,前者具有主动、激进和喜欢社交的个性特征。依照个性细分市场,企业可以更好地赋予其产品与消费者个性一致的品牌个性,激发消费者的购买欲望,促进销售。

4. 行为因素

消费者行为是一种客观的外在的表象,比人们内在的心理活动更容易观察判断,因此,行为因素可以说是更为重要的市场细分的标准。用于市场细分的行为变量主要有消费者进入市场的程度、消费数量、品牌忠诚度、待购阶段等。

按照消费者进入某种产品市场的程度,可以将其细分为从未使用者、曾经使用者、潜在使用者、初次使用者及经常使用者等顾客群体。一般来说,大公司实力雄厚,市场占有率高,特别注重潜在使用者,经常通过加强广告宣传和提供价格优惠等手段,将潜在购买者变为实际购买者,扩大市场阵地;小企业实力较弱,无力开展大规模的促销活动,一般较注重稳定的经常使用者,吸引竞争对手的曾经使用者和初次使用者。

在经常使用者中,不同消费者的消费数量一般也很不相同。依据使用或消费产品的数量,可以将顾客分为少量使用者、中量使用者及大量使用者几类。大量使用者虽然人数不一定多,但他们的消费量占总消费量的比重却可能很大。因此,大量使用者常成为许多企业重要的目标市场。一般来说,消费数量不同的消费者具有不同的心理特征和消费特征。掌握了这些特点,企业就可以推出适宜的变异产品,满足不同类型顾客的需求,开展有针对性的营销活动。美国一家公司研究发现,占美国啤酒市场消费者人数50%的大量使用者,消费掉啤酒产量的88%。他们大多是工人,年龄在25～50岁之间,喜欢观赏体育节目,每天看电视不少于3.5个小时。很显然,要开拓这个市场,利用电视媒体,选择体育节目时段播发广告是适宜的。

消费者对许多产品都存在"品牌偏好"。根据对品牌的偏爱程度,可以把消费者分为四类:

一是单一品牌忠诚者,他们一贯忠诚于某种品牌,在任何时候都只购买一种特定品牌的产品;二是几种品牌忠诚者,他们购买产品一般只限于几种固定品牌;三是转移型忠诚者,这种消费者从忠诚于某一种品牌转变为忠诚于另一种品牌;四是非忠诚者,他们在购买某类商品时,并无一定的品牌偏好,购买行为带有很大的随意性。研究顾客的品牌忠诚度对企业营销有很重要的意义。在前两类顾客比重较大的市场中,其他企业很难进入,即使进入,也很难提高市场占有率。在转移型忠诚者比重较大的市场中,企业应认真分析顾客品牌忠诚转移的原因,及时找出工作中的缺点,采取适当措施,加强顾客的品牌忠诚度。

在任何时候,人们都处于购买的某个阶段。在某个产品市场上,有的消费者根本不知道这种产品,有的消费者知道有这种产品,有的已发生兴趣,有的想购买,有的正准备购买。按照消费者所处待购阶段细分市场后,企业就可以针对不同阶段消费者的特点,开展有针对性的营销活动。例如,对于那些根本不知道本企业产品的消费者,要加强广告宣传,让他们知道市场上有这种产品;对于那些处在知道本企业产品阶段的消费者,要着重介绍本企业产品的特点和价值,促使他们发生兴趣,进而打算购买,实现潜在购买力。

(二)工业品市场细分的一般标准

前面介绍的消费品市场细分的标准有很多都可以用于工业品市场的细分。但是,由于工业品市场与消费品市场相比有它自身的特点,对工业品市场进行细分时,还需要采用一些不同的标准。

1. 客户地点

任何一个国家和地区,由于自然资源、气候条件、历史传统及生产内在的相关性和连续性对产业布局的要求,都会形成若干产业地区。这就决定了工业品市场比消费品市场在地域上更为集中。例如,美国的汽车制造业主要集中在底特律一带,电子产业主要在加州等地;我国的钢铁制造业主要集中在东北,煤炭工业主要在山西、内蒙。企业按照客户地点细分市场,选择客户较为集中的地区作为目标市场,可以合理规划运输路线,选择最便利的运输工具,节省运力运费。同时还可以节省营销人员往返于不同客户之间的时间,合理使用销售人员,降低推销成本。

2. 客户规模

客户规模也是细分工业品市场的重要标准。在工业品市场中,客户之间购买数量的差别远比消费品市场中的大。大客户个数少,但购买力强;小客户个数多,但购买力较弱。据调查,美国工业品市场的购买力高度集中于少数大客户,10%的大企业约占年购买量的80%左右。在西方国家,许多企业建立适当的制度来分别和大客户与小客户打交道。例如,美国一家办公用品制造商按照客户规模将客户细分为两类:一类是大客户,如国际商用机器公司等,这类客户由该公司的全国客户经理负责联系;另一类是众多的小客户,他们购买量小,分布分散,由外勤推销人员负责联系。

3. 客户要求

客户要求是细分工业品市场最常用的标准之一。在工业品市场中,不同客户采购同一产品的目的往往不一样。例如钢材,有的客户买来为制造机械设备,有的用来建造楼房;同是载重汽车,有的用做货物运输,有的则用做工程车。基本目的不同,对产品的规格、型号、质量、价格等的要求自然存在差异。有些工业产品虽然客户购置的目的基本相同,但因使用条件不一样,客户对企业的要求也不完全一致。比如计算机,有的客户可以自行开发和保养维修,无需供应商提供过多的技术服务,而有的客户因缺乏专门人才,必须依赖供应商的帮助。根据客户要求进行市场细分后,企业就可针对每个细分市场的特点,制定适宜的营销组合,满足不同客户的要求,迎合客户,促进销售。

四、市场细分的方法和程序

(一)市场细分的方法

上面介绍的是市场细分的一般标准。但是,由于各企业经营实力、产品特点、市场状况等方面的差异,它们在市场细分时对这些标准的运用必然不同。例如,对服装市场细分时,采用收入、年龄作为标准比较有效,但是对食盐市场细分时运用这些标准恐怕就没有意义了;在新兴市场中,用少量标准对市场粗略细分就可满足企业需要,而在成熟市场中,则需要利用多项标准详细细分市场,企业才可能在激烈的竞争中找到比较有利的位置。总的来说,从细分时选用标准的内容、数量和难易程度考虑,我们可把市场细分的方法分为以下三类:

1. 单一因素法

选用一个因素,对市场进行细分。例如,美国的 P&G 公司利用收入标准,将世界洗涤用品市场细分为三个子市场,分别推出不同产品。在低收入国家,主要销售肥皂;在中等收入国家,主要销售普通洗衣粉;在高收入国家,主要销售能软化织物纤维的洗衣粉。利用单一因素细分市场比较简便易行,但是很难反映消费者复杂多变的需求。因此,常常需要从不同角度对消费者需求进行分类和聚合。

2. 综合因素法

由于顾客需求千差万别,原因十分复杂,只有从多个方面去分析,才能更准确地刻画出他们的需求差别。综合因素法是指运用两个或两个以上的标准,同时从多个角度进行市场细分。一家家具公司在市场调查中发现,影响顾客对家具需求的最主要因素是户主年龄、家庭规模和收入水平。同时用这三项标准,可以细分出许多个子市场(见图 8-1)。

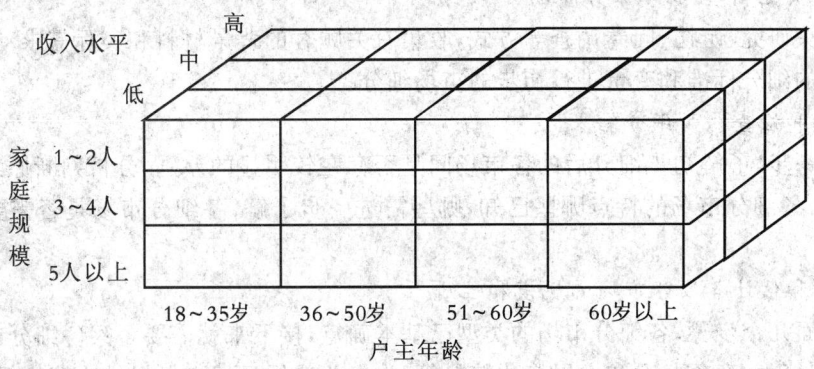

图 8-1 综合因素细分法

3. 系列因素法

这是对上述两种方法的综合运用,指采用两个或两个以上的标准,分层次进行市场细分。具体做法是,首先选用某项指标细分市场,从中选择某个子市场作为大致的目标市场,然后再利用另一项指标对之进行细分……。这样逐次细分,市场越来越细化,目标市场也越来越明确具体。图 8-2 是一家铝制品公司细分市场的过程。首先,该公司以客户所处行业将市场细分为三类,初步选定住宅业为服务对象;然后,从产品用途出发作进一步细分,确定提供建筑构件;之后,又利用客户规模细分市场,选择大用户为主要市场。

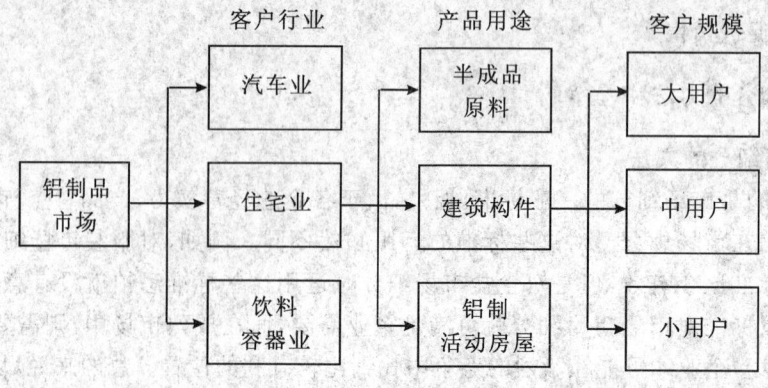

图 8-2 系列因素细分法

(二) 市场细分的程序

市场细分作为一个分析比较顾客需求的过程,需要按照一定的程序进行。

1. 界定需要细分的产品市场范围

市场细分是总体经营方向和经营目标确定后对顾客需求进行深入了解后开展的活动。因此,进行市场细分时,首先必须根据企业产品可能适用的范围,确定需要深入研究的消费对象,即哪些人或企业可能是企业的潜在购买者。实际上,细分化常常是在已经从一个整体市场划分出来的局部市场上进行的。

2. 列举顾客的基本要求,确定市场细分的标准和变量

通过"头脑风暴法",尽可能全面地列出顾客的基本要求,对顾客需求作大致分析。同时,选择最有可能导致顾客需求出现差异的因素作为市场细分的标准和变量。

3. 组织实施调查,初步细分市场

利用案头研究、走访、问卷调查等方式,收集有关顾客的背景材料和实际需求动态数据。然后根据选定的细分标准和变量进行初步的市场细分。

4. 评价和检查初步细分结果

通过这一步,了解初步细分后的各市场间是否存在较明显的差别,分析判断原来的细分标准是否合适,各细分市场的特点哪些已知,哪些需进一步了解,各细分市场是否需要再度细分或合并。

5. 分析和估计各细分市场的规模和性质

经过前面几个步骤,各细分市场的类型已基本确定,接下来就需要考察各细分市场的潜在销售量、盈利能力、竞争状况和发展变化趋势等,为企业选择目标市场提供决策依据。

五、市场细分的原则

为了保证经过细分后的市场能成为企业制定有效的营销战略和策略的基础,企业在进行市场细分时,必须遵循以下原则:

(一) 可衡量性

这是指细分的市场必须是可以识别和衡量的,亦即细分出来的市场不仅范围比较清晰,而且也能大致判断该市场的大小。要保证细分市场的可衡量性,首先要做到所确定的细分标准必须清楚明确,容易辨认,不能模棱两可。其次,要保证所确定的细分标准本身是可以衡量的,企业可以利用这些标准从消费者那里得到确切的信息,并且还可以衡量这些标准各自的重要程

度,以便进行定量分析。凡是企业难以识别和测量的因素均不能作为细分的标准,否则,细分的市场将因无法界定和度量而难以描述,市场细分也就失去意义了。此外,还必须注意各项细分标准间的相关性及重叠性。当采用综合因素细分法时,如果各项细分标准间存在较大的相关性及重叠性,就会细分出某些无效或意义不大的细分市场。

(二) 可占领性

这是指细分的市场是企业利用现有的人力、物力和财力,通过一定营销活动可以通达的市场。也就是说,细分市场是企业可以进入并有所作为的,而不是可望不可及的。这要求细分市场必须具备两个条件:一是企业可以通过一定的广告媒体把产品信息传递给该市场众多的消费者;二是产品能够经过一定的销售渠道抵达该市场。考虑细分市场的可占领性,实际上主要考虑的是企业营销活动的可行性。显然,对于无法进入或难以进入的市场进行细分是没有意义的。

(三) 效益性

这是指企业能够在细分后的市场上取得良好的经济效益。要做到这一点,首先要求细分市场要具备一定的规模,能适应企业发展的要求。细分后的市场,不仅要保证企业在短期内可以盈利,而且要保证企业可以获得长期收益,要有一定的发展潜力,能使企业在选定的目标市场上有不断发展壮大的空间。其次,必须保证细分市场有一定的稳定性,即在占领市场后的相当一段时期内,企业不需要改变自己的目标市场,这样有利于企业制定比较长期的市场营销策略,避免市场变化剧烈带来的经营风险。

第二节 目标市场

一、目标市场选择模式

目标市场是企业准备进入和服务的市场。企业进行市场细分的目的就是选择目标市场。经过市场细分后,企业会发现有一个或几个细分市场是值得进入的。此时,企业需要进行选择,确定进入哪些细分市场。一般来说,企业选择目标市场的模式有以下五种:

(一) 单一市场集中

这是一种典型的集中化模式。无论从产品角度还是市场角度看,企业的目标市场都高度集中在一个市场面上,企业只生产一种产品,供应一个顾客群。许多小企业,由于资源有限,往往采用这种模式。一些新成立的企业,由于初次进入市场,缺乏生产经营经验,也可能把一个细分市场作为继续发展扩张的起始点。单一市场集中模式使企业经营对象单一,可以集中力量,在一个细分市场上获得较高的市场占有率。如果细分市场选择恰当的话,也可获得较高的投资收益率。但是,采用这种模式,由于目标市场范围较窄,因而经营风险较高。

(二) 产品专门化

企业生产一种产品,向各类顾客销售。例如,许多缝纫机生产厂家同时向家庭、个体户和工厂销售缝纫机,但并不生产他们需要的其他产品。采用这种模式,企业的市场面扩大,有利于摆脱对个别市场的依赖,降低风险;同时,生产相对集中,有利于发挥生产技能,在某一种产品(基本品种)方面树立较好的声誉。

（三）市场专门化

企业面对同一顾客群，生产和销售他们所需的各种产品。例如，有的电器制造商以大中型旅游饭店为目标市场，生产这些单位所需的空调、冰箱、电话等多种产品。采用这种方式，有助于发展和利用与顾客之间的关系，降低交易成本，并在这一类顾客中树立良好形象。当然，一旦这类顾客的购买力下降，企业的收益就会受到较大影响。

（四）选择性专门化

企业在对市场详细细分的基础上，经过仔细选择，结合本企业的长处，有选择地生产几种产品，有目的地进入某几个市场面，满足这些市场面的不同要求。实际上这是一种多角化经营的模式，可以较好地分散企业的经营风险。但是，采用这种模式应当十分谨慎，必须以几个细分市场均有相当的吸引力为前提。

（五）全面进入

企业为所有细分化以后的各个细分市场生产各种不同的产品，分别满足各类顾客的不同需求，以期覆盖整个市场。例如，我国的一些大型自行车生产企业各自生产了各种不同类型、规格、型号的自行车，力求满足社会上所有消费者的需求。很显然，只有实力非常雄厚的大企业才有可能采取这种模式。

如果以 C_1、C_2、C_3 代表细分市场，P_1、P_2、P_3 代表产品种类，上述五种目标市场模式可以通过图 8-3 来反映。

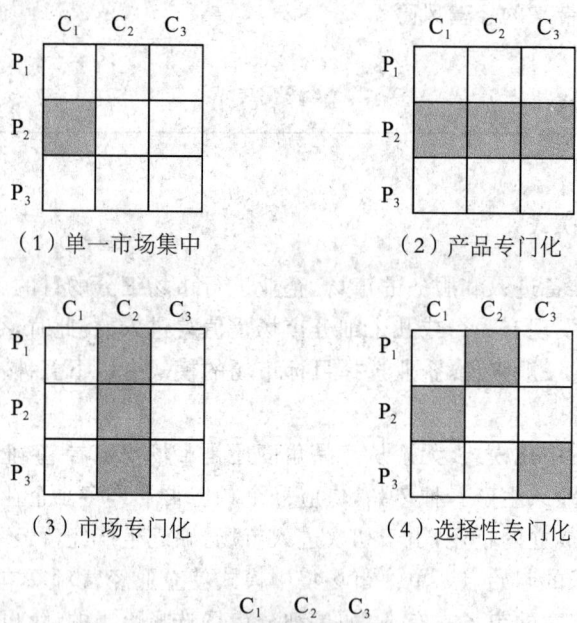

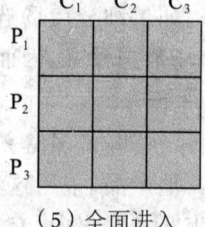

图 8-3　目标市场选择模式

在现实经济生活中,企业运用这五种目标市场模式时,一般总是首先进入最有利可图的细分市场,只有在条件和机会成熟时,才会逐步扩大目标市场范围,进入其他细分市场。

二、目标市场策略

从前面介绍的目标市场选择模式不难看出,各企业选择的目标市场的范围是不一样的,有的企业目标市场比较狭窄,集中服务于少量细分市场,而有的企业则面对为数众多的顾客,甚至所有的顾客。企业的目标市场范围不同,采取的营销策略必须有所差别。概括起来看,企业的目标市场策略可以分为无差异市场策略、差异性市场策略和密集性市场策略三种类型。

(一)无差异市场策略

无差异市场策略是指企业把整体市场看作一个大的目标市场,认为市场上所有消费者对于本企业产品的需求不存在差别,或即使有差别,但差别较小,可以忽略不计,因此,企业只向市场推出单一的标准化产品,并以统一的营销方式销售(见图8-4)。美国的可口可乐公司曾是奉行这种市场策略的典型代表。这家世界著名的大公司,由于拥有世界性的专利技术,在20世纪60年代以前曾经以单一口味、单一包装的产品和统一的广告宣传,长期占领世界软性饮料市场。我国不少企业也实行这种策略,比如第一汽车制造厂在20世纪80年代中期以前,基本上只生产单一规格、单一车型、单一颜色、单一价格的"解放"牌汽车,行销全国。一般来说,在顾客需求差别较小或供不应求的市场中,采取这种策略是比较可行的。

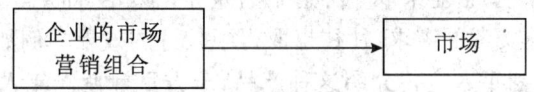

图 8-4 无差异市场策略

无差异市场策略的最大优点是企业可以依靠大规模的生产和储运,降低单位产品的成本;利用无差异的广告宣传,节约营销费用,从而取得成本和价格上的优势。但是,这种成本优势的取得是以牺牲顾客差别需求为代价的。客观地讲,除极少数产品外,消费者对绝大多数产品的需求是不会完全相同的。当众多企业推行无差异市场策略时,往往会形成整体市场竞争激烈而顾客个别需求得不到满足的局面,这对企业和消费者都是不利的。此外,如果有的企业针对某些细分市场的特点,推出更能满足消费者特殊需求的产品,会大大冲击无差异市场企业的成本优势。正是由于这些原因,世界上不少曾长期实行无差异市场策略的企业纷纷改弦易辙,转而推行差异性市场策略。例如,20世纪60年代以后,随着软性饮料市场竞争的加剧,特别是百事可乐的异军突起,可口可乐公司不得不放弃传统的无差异市场策略。

(二)差异性市场策略

差异性市场策略指的是企业在对整体市场细分的基础上,针对每个细分市场的需求特点,设计和生产不同的产品,制定并实施不同的市场营销组合策略,试图以差异性的产品满足差异性的市场需求(见图8-5)。例如,宝洁公司针对不同追求的消费者,推出不同规格、价格和功能的洗发水,并采用针对性的传播方式进行推广,如"飘柔"以飘逸的长发为消费者带来自信,"海飞丝"以去屑功能带来头发的新生等等。

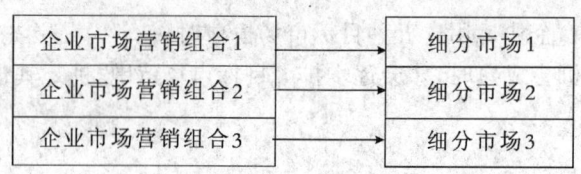

图 8-5 差异性市场策略

差异性市场营销的优点主要是：企业通过提供差异性的产品可以更好地满足各类消费者的不同需求，提高顾客对企业的信任感，增加销售；同时，由于针对不同的细分市场组织实施不同的营销组合方案，有利于提高企业营销活动的效果。近年来，越来越多的企业，特别是较大的企业，采用了这种策略，取得了十分明显的效果。差异性市场策略可以说是社会经济发展的结果和表现。

然而，实行差异化市场策略也有一些条件，并不是任何企业、任何时候都可以采用。首先，实行这种策略必然要增加产品品种、型号、规格，导致生产费用、研究开发费用和行政管理费用的增加；销售渠道的扩展及广告宣传活动的复杂化也必然带来销售费用的增加。因此，这一策略的运用必须限制在一定范围内，即销售额的扩大带来的利益要超过生产经营费用的增加。其次，推行这种策略使企业生产营销多样化、复杂化。这要求企业必须具备雄厚的财力、较强的技术实力和高素质的营销人员。这使得相当一部分企业，尤其是小企业无力采用这种策略。为了减少上述诸因素的影响，一些企业采取一种适中的差异化策略，即差异产品的品种不是太多而又能在较大范围内满足消费者的需求，往往也取得了较好的效果。例如，美国有家公司生产了一种婴儿洗发液，同时向老年人宣传介绍这种产品，千方百计使老年人也使用这种洗发液，以扩大销售，降低生产经营费用。

（三）密集性市场策略

密集性市场策略又称为产品—市场集中化策略，是指企业把全部力量集中在某个或几个细分市场上，实行高度专业化的生产和销售（见图 8-6）。无差异市场策略和差异性市场策略都是以整个市场作为目标市场的，而密集性市场策略所追求的目标市场则只是一个或少数几个细分市场。实行这种策略的企业，生产经营重点突出，不去盲目追求和扩大市场范围，而试图通过集中力量于一个或少数几个细分市场，在较小的市场上取得较大的，甚至是支配地位的市场份额。

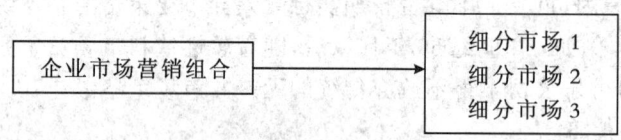

图 8-6 密集性市场策略

密集性市场策略的优点主要表现在：由于企业集中全部力量为一个或少数几个细分市场服务，容易掌握顾客的反应和要求，了解市场竞争动态，扬长避短，在竞争中处于有利地位；由于在较小的市场上实行生产和营销的专业化，企业可以大大节省经营费用，加快资金流转，提高投资收益率，增加盈利。此外，这种策略还可以使企业在必要的时候，伺机出击，扩大战果，使已经取得的成果更加巩固并向纵深发展。由于密集性市场策略具有上述明显优点，往往成为新企业用以战胜老企业或小企业战胜大企业的有效策略。但是，实行密集性市场策略，企业面临的风险比较大。由于目标市场比较单一和窄小,一旦市场情况发生某种突变,例如消费者偏好转移、购买力下降或出现强大的竞争对手与之相抗衡,企业就有可能一下陷入困境,造成严重的经济损失,甚至难以为继。正因为如此,许多企业宁愿实行多元化的策略,根据企业的条件,把目标市场分散到不同的市场面上,以减少或避免风险。

三、选择目标市场策略的因素

上面三种目标市场策略各有优缺点,分别适用于不同的场合和条件。企业在选择目标市场策略时,通常要考虑以下一些因素:

(一)企业的资源和能力

如果企业实力雄厚,资源充裕,具有较多的高素质的生产技术人员和经营管理人员,则可以选择较大的市场作为服务对象,采用无差异或差异性市场策略。相反,如果企业资源有限,人力、物力、财力不足,则较适宜于选择密集性市场策略,集中使用有限的资源。

(二)产品本身的特点

大多数初级产品,如大米、小麦、食盐、钢铁、煤炭等,产品之间的差别不大,变异性小,而且顾客对这些产品的差别一般也不太重视或不加区别,市场竞争主要体现在价格和服务方面,因而这类产品宜于采取无差异市场策略。许多加工制造产品,如汽车、家电、服装等,不仅产品本身可以开发出不同的性能、款式、花色,具有较大差异性,而且顾客对这些产品的需求也是多样化的,选择性强。因此,生产经营这类产品的企业宜于选择差异性或密集性市场策略。

(三)产品所处的生命周期阶段

处于介绍期或成长期的新产品,竞争者少,品种比较单一,可以采用无差异市场策略,以价格优势或产品的新颖性吸引潜在顾客。当产品进入成熟期后,同类企业增多,市场竞争加剧,就应实行差异性策略,开拓新市场,刺激新需求;或者采用密集性策略,设法保持原有市场,延长产品生命周期。

(四)市场的同质性

如果消费者的需求比较接近或爱好大致相同,购买习惯比较类似,对产品供应和销售的要求差别不大,对市场营销刺激的反应较一致,就是说,市场是同质的或相似的,在这种情况下,企业可以选择无差异策略;反之,则应采用差异性或密集性策略。

(五)市场供求趋势

如果一种产品在未来一段时期内供不应求,出现卖方市场形态,消费者的选择性将大大弱化,他们关注的是能否买到商品。这时,企业就可采用无差异市场策略。相反,则应选择差异性或密集性市场策略。

(六)竞争对手采取的市场策略

企业采取何种目标市场策略,往往要视竞争对手的情况而定。如果竞争对手采用无差异市场策略,企业则应采取差异性策略,利用差别优势与之对抗;如果竞争对手已采用了差异性市场策略,企业用无差异策略将很难取胜,而应在对市场再进一步细分的基础上,采用差异性更大的市场策略或以密集性市场策略与之较量。

一般而言,企业选择目标市场策略时应综合考虑上述各种因素,权衡利弊方可作出决策。目标市场策略应有相对的稳定性,但这并不意味着目标市场策略一经确立就不能改变,当企业的内外条件发生重大变化时,目标市场策略也需进行调整和转变。

第三节 市场定位

一、市场定位及其意义

市场定位(Positioning)是 20 世纪 70 年代由美国学者阿尔·赖斯提出的一个重要的营销学概念。所谓市场定位,就是指企业根据目标市场上同类产品竞争状况,针对顾客对该类产品某些特征或属性的重视程度,为本企业产品塑造强有力的、与众不同的鲜明个性,并将其形象生动地传递给顾客,求得顾客认同。市场定位的实质是使本企业与其他企业严格区分开来,使顾客明显感觉和认识到这种差别,从而在顾客心目中占有特殊的位置。

市场定位与产品差异化有密切关系。在营销过程中,市场定位是通过为自己的产品创立鲜明的个性,从而塑造出独特的市场形象来实现的。一项产品是多个因素的综合反映,包括性能、构造、成分、包装、形状、质量等,市场定位就是要强化或放大某些产品因素,从而形成与众不同的独特形象。因此,产品差异化乃是实现市场定位的手段。但是,产品差异化并不是市场定位的全部内容。市场定位不仅强调产品差异,而且要通过产品差异建立独特的市场形象,赢得顾客的认同。需要指出的是,市场定位中所指的产品差异化与传统的产品差异化概念有本质区别,它不是从生产者角度出发单纯追求产品变异,而是在对市场分析和细分化的基础上,寻求建立某种产品特色,因而它是现代市场营销观念的体现。

市场定位概念提出后,受到企业界的广泛重视。越来越多的企业运用市场定位,参与竞争,扩大市场。因此,西方有的学者认为,目前,企业的营销已进入市场定位的时代。总的来看,市场定位的意义主要体现在两个方面:首先,市场定位有利于建立企业及产品的市场特色,是参与现代市场竞争的有力武器。在现代社会中,许多市场都存在严重的供大于求的现象,众多生产同类产品的厂家争夺有限的顾客,市场竞争异常激烈。为了使自己生产经营的产品获得稳定的销路,防止被其他厂家的产品所替代,企业必须从各方面为其产品培养一定的特色,树立一定的市场形象,以期在顾客心目中形成一种特殊的偏爱。例如,美国摩托罗拉公司在世界电信设备市场上,成功地塑造了质量领先的市场形象,从而在激烈的市场竞争中处在有利的地位。其次,市场定位决策是企业制定市场营销组合策略的基础。企业的市场营销组合要受到企业市场定位的制约。例如,假设某企业决定生产销售优质低价产品,那么,这样的定位就决定了:产品的质量要高;价格要定得低;广告宣传的内容要突出强调企业产品质优价廉的特点,要让目标顾客相信货真价实,低价也能买到好产品;分销储运效率要高,保证低价出售仍能获利。也就是说,企业的市场定位决定了企业必须设计和发展与之相适应的市场营销组合。由此可见,市场定位在企业的营销工作中具有非常重要的战略意义。

二、市场定位的依据

各个企业经营的产品不同,面对的顾客不同,所处的竞争环境也不同,因而,市场定位的依据自然也不一样。总的来讲,市场定位的依据包括以下几种:

(一) 根据具体的产品特点定位

构成产品内在特色的许多因素都可以作为市场定位的依据,比如所含成分、材料、质量、价格等。七喜汽水的定位是"非可乐",强调它是不含咖啡因的饮料,与可乐类饮料不同。泰来乐

(Tylenol)止痛药的定位是"不含阿斯匹林的止痛药",显示药物成分与以往的止痛药有本质差异。一件仿皮皮衣和一件真正的水貂皮皮衣的市场定位自然不会一样;同样,不锈钢餐具若与纯银餐具定位相同,也是难以让人相信的。

(二)根据特定的使用场合及用途定位

为老产品找到一种新用途,是为该产品创造新的市场定位的好方法。小苏打一度被广泛用做家庭的刷牙剂、除臭剂和烘焙配料,现在已有不少新产品代替了小苏打。国外有一家厂商开始把小苏打定位为冰箱除臭剂出售,另一家公司则把它定位为调味汁和肉卤的配料,还有一家公司试图把它定位为冬季流行性感冒患者的饮料。我国某曲奇饼厂家最初为其产品定位为家庭休闲食品,后来发现不少顾客购买是为了馈赠,又将之定位为礼品。

(三)根据顾客得到的利益定位

产品能提供给顾客的利益是顾客最能切实体验到的,也可以作为定位的依据。1975年,美国的米勒啤酒公司推出了一种低热量的Lite牌啤酒,将其定位为喝了不会发胖的啤酒,迎合了那些经常饮用啤酒而又担心发胖的人的需要。世界各汽车巨头的定位各有特色,劳斯莱斯车豪华气派,丰田车物美价廉,沃尔沃则结实耐用。

(四)根据使用者的类型定位

企业常常试图将其产品指向某一类特定的使用者,以便根据这些顾客的看法塑造恰当的形象。美国的米勒啤酒公司曾将其原来唯一的品牌"高生"啤酒定位为"啤酒中的香槟",吸引了许多不常饮用啤酒的高收入妇女。后来发现,占30%的狂饮者大约消费了啤酒销量的80%。于是该公司在广告中展示石油工人钻井成功后狂饮的镜头,还有年轻人在沙滩上冲刺后开怀畅饮的镜头,塑造了一个"精力充沛的形象",在广告中强调"有空就喝米勒",从而成功占领啤酒狂饮者市场达10年之久。

事实上,许多企业进行市场定位的依据往往不是一个,而是多个依据同时使用。因为要体现企业及其产品形象,市场定位必须是多维度的、多侧面的。

三、市场定位的类型

市场定位是一种竞争性定位,它反映市场竞争各方的关系,是为企业有效参与市场竞争服务的。从这个角度出发,可以把市场定位分为以下几种类型:

(一)避强定位

这是一种避开强有力的竞争对手的市场定位的模式。企业不与对手直接对抗,将自己置于某个市场"空隙",发展目前市场上没有的特色产品,开拓新的市场领域。这种定位的优点是:能够迅速地在市场上站稳脚跟,并在消费者心目中尽快树立起一定形象。由于这种定位方式市场风险较小,成功率较高,常常为多数企业所采用。例如,美国的Aims牌牙膏专门对准儿童牙膏市场这个空隙,因而能在Crest和Colgate两大品牌统霸的世界牙膏市场上占有10%的市场份额。

(二)迎头定位

这是一种与在市场上占据支配地位的竞争对手"对着干"的定位方式,即企业选择与竞争对手重合的市场位置,争取同样的目标顾客,彼此在产品、价格、分销、供销等方面少有区别。例如,在世界饮料市场上,作为后起的百事可乐进入市场时,就采用这种定位方式,"你是可乐,我也是可乐",与可口可乐展开面对面的较量。实行迎头定位,企业必须做到知己知彼,应该了解市场上是否可以容纳两个或两个以上的竞争者,自己是否拥有比竞争者更多的资源和能力,是不是可以比竞争对手做得更好。否则,迎头定位可能会成为一种非常危险的战术,将企业引入歧途。当然,也有些企业认为这是一种更能激发自己奋发向上的定位尝试,一旦成功就能取得巨大的市场份额。

(三) 重新定位

重新定位通常是指对销路少、市场反应差的产品进行二次定位。初次定位后,随着时间的推移,新的竞争者进入市场,选择与本企业相近的市场位置,致使本企业市场占有率下降;或者,由于顾客需求偏好发生转移,原来喜欢本企业产品的人转而喜欢其他企业的产品,因而市场对本企业产品的需求减少。在这些情况下,企业就需要对其产品进行重新定位。所以,一般来讲,重新定位是企业为了摆脱经营困境,寻求重新获得活力和增长。不过,也有的重新定位并非因为已经陷入困境,相反,却是由于发现新的产品市场范围引起的。例如,某种专门为青年设计的产品在中老年人群中也开始流行后,这种产品就需要重新定位了。

四、市场定位的步骤

市场定位的主要任务,就是要使顾客能把本企业与其他竞争者区别开来,从而建立企业的竞争优势。要达到这个目的,一般需要开展以下一些工作:

(一) 识别可能的竞争优势

当一个企业通过提供较低的价格或较高的利益使消费者获得更大的价值时,它就具备了竞争优势。企业可以拥有两种基本的竞争优势:低成本和差异化。其中,差异化是企业定位的基础,定位的过程实际上就是基于顾客导向的差异化竞争优势识别和形成的过程。差异化主要包括产品差异化、服务差异化、人员差异化和形象差异化。为了形成差异化竞争优势,企业必须进行市场调研,了解目标市场的需求特点及这些需求被满足的程度,明确竞争对手的优势和劣势及在顾客心中所留下的印象,再结合差异化特征有效性的准则,以此来识别企业可能具备的竞争优势。

(二) 选择竞争优势

企业可能存在多种潜在的竞争优势,但必须准确地选择其中一种或几种有价值的竞争优势作为市场定位的基础。因此,企业要对多种差异化特征的优势和劣势进行比较,并对顾客对这些差异化特征的重视程度作出判断,最终选择出企业的定位方案。

(三) 传播市场定位

传播市场定位就是将选定的差异化优势,通过广告宣传和各种促销活动与目标顾客进行沟通,将定位有效地传递给顾客,使顾客知道和了解企业的定位,认同企业为产品所塑造的形象,并培养消费者对产品的偏好和引发购买行为。例如,飞利浦通过"感性·便利"这一定位,向目标顾客传递了双层涵义的信息:一是对于顾客的体贴和人文关怀;二是强调产品设计和功能的简约,给顾客以轻松、简便的使用体验。

复习思考题

1. 什么是市场细分?为什么要进行市场细分?
2. 市场细分有哪些标准和原则?
3. 什么是无差异市场策略、差异性市场策略和密集性市场策略?这三种目标市场策略各有何优缺点?
4. 企业如何决定采取何种目标市场策略?

5. 什么是市场定位？市场定位有哪些方面的依据？
6. 简述避强定位和迎头定位各自的特点。

案例分析

奇瑞QQ
——"年轻人的第一辆车"

奇瑞汽车公司作为中国本土汽车企业，曾经成功推出奇瑞"旗云"、"东方之子"等性价比较高的轿车，并且凭借自主品牌的优势与合理的价格优势向国外出口轿车产品，已经在全国形成相当的知名度。

微型客车曾在20世纪90年代初持续高速增长，但是自90年代中期以来，各大城市纷纷取消"面的"，限制微客，微型客车至今仍然被大城市列在"另册"，受到歧视。同时，由于各大城市在安全环保方面的要求不断提高，成本的抬升使微型车的价格优势越来越小，因此主要的微客厂家已经把主要精力转向轿车生产，微客产量的增幅迅速下降，从2001年到2003年，微客产量的年增长幅度分别为20.41%、33.00%、5.84%。

在这种情况下，奇瑞汽车公司经过认真的市场调查，精心选择微型轿车打入市场。它的新产品不同于一般的微型轿车，是微型轿车的尺寸、轿车的配置。QQ微型轿车在2003年5月推出，6月就获得良好的市场反应，到2003年12月，已经售出28000多台，同时获得多个奖项。

2003年4月初，奇瑞公司开始对QQ的上市作预热。在这个阶段，通过软性宣传，传播奇瑞公司的新产品信息，引发媒体对QQ的关注。由于这款车的强烈个性特征和最优的性价比，媒体自发掀起第一轮的炒作，吸引了消费者的广泛关注。

2003年4月中下旬，蜚声海内外的上海国际车展开幕，奇瑞QQ将亮相于上海国际车展，与消费者见面，引起了消费者的更进一步的关注。就在消费者争相去上海车展关注奇瑞QQ的时候，奇瑞QQ以未作好生产准备的原因没有在车展上亮相，只是以宣传资料的形式与媒体和消费者见面，极大地激发了媒体与公众的好奇心，引发了媒体第二轮的颇有想象力的炒作。在这个阶段，厂家提供大量精美的图片资料给媒体以供炒作，引导消费者对奇瑞QQ的关注度走向高潮。

2003年5月，上市预热阶段，奇瑞QQ的价格揭晓了——4.98万元，比消费者期望的价格更吸引人。这个价格与同等规格的微型轿车差不多，但是从外观到内饰都是与国际同步的轿车配置。此时媒体和消费者沸腾了，媒体开始了第三轮自发的奇瑞QQ现象讨论，消费者中也产生了"奇瑞QQ热"，此时人们的心情就是尽快购买。

这时奇瑞公司宣布：QQ是该公司独立开发的一款微型轿车，因此，消费者在购车时不必多支付技术转让费用。这为QQ树立了很好的技术形象，使消费者吃了一颗定心丸。

2003年7、8、9月，奇瑞QQ开始了热卖阶段。该阶段重点是持续不断地刊登全方位的产品广告，同时针对奇瑞QQ的目标用户年轻时尚的个性特点，结合互联网的特性，连同新浪网，推出"奇瑞QQ"网络flash设计大赛，吸引目标消费者参与。

到2003年10月，奇瑞QQ已经热卖了3个多月，在全国各地都有相对的市场保有量。这时，厂家针对已经购车的消费者开展了"奇瑞QQ冬季暖心服务大行动"，为已经购车的用户全方位服务,以不断提高消费者对奇瑞QQ产品的认知度,以及奇瑞品牌的忠诚度。

2003年11月下旬,厂家更进一步针对奇瑞QQ消费者时尚个性的心理特征,组织开展了"QQ秀个性装饰大赛"。由于奇瑞QQ始终倡导"具有亲和力的个性"的生活理念,因此在当今社会的年轻一代中深获共鸣。从这次车帖设计大赛中不难看出,"奇瑞QQ"已逐渐成为年轻一代时尚生活理念新的代言者。

"奇瑞QQ"6个月销售2.8万多台,创造了单一品牌微型轿车的销售记录。

明确的市场细分,锁定时尚男女

轿车已越来越多地进入大众家庭,但由于地区经济发展的不平衡及人们收入水平的差距,对汽车的需求走向了进一步的细分。由于微型车的品牌形象在汽车市场一向是低端的代名词,因此把握消费者的心态,突出微型轿车年轻时尚的特征与轿车的高档配置,在众多的消费群体中进行细分,才能更有效地锁住目标客户,以全新的营销方式和优良的性能价格比吸引客户。令人惊喜的外观、内饰、配置和价格是奇瑞公司成功占领微型轿车这个细分市场的关键。

奇瑞QQ的目标客户是收入并不高但有知识、有品位的年轻人,同时也兼顾有一定事业基础、心态年轻、追求时尚的中年人。一般大学毕业两三年的白领都是奇瑞QQ的潜在客户。人均月收入2000元即可轻松拥有这款轿车。

许多时尚男女都因为QQ的靓丽、高配置和高性价比就把这个可爱的小精灵领回家了,从此与QQ成了快乐的伙伴。

奇瑞公司有关负责人介绍说,为了吸引年轻人,奇瑞QQ除了轿车应有的配置以外,还装载了独有的"I—say"数码听系统,成为了"会说话的QQ",堪称目前小型车时尚配置之最。据介绍,"I—say"数码听是奇瑞公司为用户专门开发的一款车载数码装备,集文本朗读、MP3播放、U盘存储多种时尚数码功能于一身,让QQ与电脑和互联网紧密相连,完全迎合了"离开网络就像鱼儿离开水"的年轻一代的需求。

独特的品牌策略,诠释"年轻人的第一辆车"

QQ的目标客户群体对新生事物感兴趣,富于想象力,崇尚个性,思维活跃,追求时尚。虽然由于资金的原因,他们崇尚实际,对品牌的忠诚度较低,但是他们对汽车的性价比、外观和配置十分关注,是容易互相影响的消费群落;从整体的需求来看,他们对微型轿车的使用范围要求较多。奇瑞把QQ定位于"年轻人的第一辆车",从使用性能和价格比上满足他们通过驾驶QQ实现工作、娱乐、休闲、社交需求的愿望。

奇瑞公司根据QQ的营销理念推出符合目标消费群体特征的品牌策略:

在产品名称方面,QQ在网络语言中有"我找到你"之意,突破了传统品牌名称非洋即古的窠臼,充满时代感的张力与亲和力,同时简洁明快,朗朗上口,富有冲击力;

首先在品牌个性方面,QQ被赋予了"时尚、价值、自我"的品牌个性,将消费群体的心理情感注入品牌内涵。

其次是引人注目的品牌语言。富有判断性的广告标语"年轻人的第一辆车"及"秀我本色"等流行时尚语言配合创意的广告形象,将追求自我、张扬个性的目标消费群体的心理感受描绘得淋漓尽致,与目标消费群体产生情感共鸣。

问题

1. 简述奇瑞QQ定位的成功之处。
2. 分析奇瑞QQ的目标市场策略。

◇第九章

产品市场开发战略

产品市场开发战略包括新产品开发战略和市场开发战略,是企业获得持续竞争优势的来源之一。企业为了在动态复杂的环境中生存,就要不断地进行产品开发和市场开发,从而确保企业在市场中的优势地位。

第一节 新产品开发战略

新产品开发战略,是市场营销战略的重要组成部分,不断开发新产品是企业在市场上得以生存和发展的重要条件之一。然而,新产品开发过程中伴随着许多风险,企业必须制定适当的新产品开发策略,以更好地回避风险,保证新产品开发的成功。

一、新产品的概念

市场营销学中的新产品与因科学技术在某一领域有重大突破所产生的新产品不完全相同,市场营销学中新产品的概念更为广泛。从市场营销学上看,只要产品的功能或形态发生变化,与原来的产品产生差异,都可称为新产品。也就是说,所谓新产品,是指对企业而言一切新开创的产品,不仅包括全新产品,还包括现有产品的改进、竞争产品的仿制、产品线的增设等。因此,新产品可分为以下四类:

1. 全新产品

指采用新的科学原理、新结构、新技术、新材料制成,开创全新市场的产品,也称绝对新产品或无可置疑的新产品。由于难度很大,绝大多数企业很难开发全新产品。在美国这类产品占新产品总数的10%左右。

2. 部分新产品

指在原有产品的基础上,部分采用新材料、新元件或新技术,革新了原有产品的工作原理或性能,使性能有显著提高的产品,属于更新换代的新产品。

3. 改进新产品

指对产品的结构、材料、花色品种等方面进行改进的产品,严格地说,是对老产品的改进,是由基本型派生出的改进型。如日历自动手表、药物牙膏等。

4. 仿制新产品

指企业仿制市场上已有的新产品,这一类产品也是本企业的新产品。

企业可以通过两条途径获得新产品技术:收购和开发。收购又有三种方式:直接寻找并收购其他整个企业;从其他企业购买新产品专利;购买其他企业新产品的生产许可证或特许权。开发新产品也有两种方式:企业组织自己的技术人员在实验室里开发新产品;与独立的研究机构或新产品开发代理商订立合同,为企业开发特定的新产品。本节是仅针对企业自己开发新产品而言的。

二、新产品开发环境分析

在激烈的市场竞争中,新产品投入市场后很多会遭到被淘汰的厄运。那么为什么会有如此多的新产品失败呢?其原因是多种多样的,比如市场分析不够充分、产品本身有缺陷、成本过高导致价格过高、产品上市时机把握不好而失去市场、销售渠道选择不适当、市场推销手段运用不力等,这是从企业内部角度分析新产品竞争的不利因素。从企业外部的大环境分析,要在今后获得新产品开发的成功,可能难度更大。其原因如下:其一,在某些领域内缺乏重要的新产品构思。一些科学家认为,随着时间的推移,要在汽车、电视机、特效药等领域内产生值得投资的切实可行的新技术,其相对性微乎其微。其二,不断分裂的市场。激烈的竞争导致市场不断分裂,各企业开发出的新产品只得对准较小的目标市场,而不是整个市场,这使得新产品只能获得较低的销售额和利润额。其三,社会和政府的限制。新产品必须以满足公众利益为准则,因此要对新产品进行安全和环境保护分析,还要符合国家的政策规定。其四,新产品开发过程的代价昂贵。少数几个优秀的新产品构思往往是从无数个新产品构思中脱颖而出的,因此,企业面临着日益上升的科研开发费用、生产费用和市场营销费用。其五,新产品开发完成的时限缩短。常常是许多个企业同时产生了新产品的构思,但最终胜利的往往属于在新产品开发中行动最迅速的企业,因此企业都会努力压缩新产品开发的时限。最后,成功产品的生命周期缩短。科学技术的发展及市场需求变化的加快、竞争者的快速模仿和跟进等因素,使产品的生命周期大大缩短,新产品的投资尚未收回就被其他新产品所替代。

三、新产品开发的有效组织

(一)新产品开发的组织特征

新产品开发需要创新作为动力,创新的特点决定了新产品开发的组织与一般管理组织相比具有突出的特点。具体如下:

1. 高度灵活性

市场机会瞬间即逝,很难把握,因此新产品开发必须迅速、高效,才能把握市场机会。无论是直线职能式、事业部式还是矩阵式的组织机构形式,都难于满足快速开发新产品的需要,因此新产品的开发组织必须具备高度的灵活性以适应企业内外部环境的变化,而不能按程序化的工作方式管理新产品开发。

2. 充分的自主权

新产品开发过程中时刻会面临着从未出现过的情况和问题,必须进行快速决策。开发组织人员如果没有充分的自主权,遇到新情况就要层层上报,将会大大限制新产品开发人员的积极性,延缓新产品开发的进程,错过市场机遇,耽误新产品的开发。

3. 较高的管理职权

新产品开发需要大量的人力、财力、物力,新产品开发组织需要及时调配这些资源。如果没有较高的管理职权,新产品开发组织将不能及时地调配这些资源,将会阻碍新产品开发的进程,所以要赋予开发组织较高的管理职权。

(二)新产品开发的组织形式

新产品开发工作中的一个关键环节是建立起有效的组织结构。如果企业自行组织新产品的开发工作,可以有以下几种组织方式:

1. 产品经理负责制

许多企业都会将新产品的开发任务交给产品经理负责。这种制度的缺点是,产品经理很可能不具备新产品开发所需的技术知识、指挥能力。而且,产品经理往往忙于正处于成长期、成熟期的产品线的管理和品牌扩张,而无暇顾及新产品的开发。

2. 新产品经理负责制

为了克服将新产品开发任务交给产品经理的不足,一些企业把新产品开发的职能独立出来,增设新产品经理。这样的组织使得新产品开发功能更加专业化,而且使新产品经理的工作局限于市场范围内的产品改进和产品线扩展,工作很有针对性,有助于新产品开发的成功。但是,新产品经理可能没有足够的权力和资金来实施新产品计划,因此常需上级的支持。

3. 新产品委员会负责制

新产品委员会是一种专门的新产品开发组织形式之一,通常由企业的最高管理层和一些职能部门组成,是一种高层次的新产品开发参谋和管理组织。其主要功能是审核新产品建议和发展计划。

4. 新产品部门负责制

一般规模较大的企业才会设立这种制度。该部门有实际审批新产品开发的权力,但它需向上级主管负责。其主要职责包括寻找和筛选新创意、指挥和协调研究开发工作、进行实地产品试销和商品化。

5. 新产品开拓组

新产品开拓组由各业务部门的人员组成,负责把一种特定的产品或业务投入市场。他们是企业的智囊人物,只要一有开发新产品的任务,该组成员就暂时解除原职务,参加开拓组工作。

无论是哪一种组织形式,都需要根据具体情况,对新产品开发工作进行全面、有效的系统分析,包括市场需求情况分析、生产技术可行性分析、销售结构分析、财务可行性分析以及安全和环境保护分析等。

四、新产品开发的方向与策略

(一)新产品开发的方向

1. 任何新产品相比于老产品,都应该具有独特的优越性。例如,在质量、性能、价格、包装、使用方便等方面,能给用户提供更多的好处和利益。

2. 由于不同国家或地区的用户的消费观念和价值观念不同,企业在开发新产品时,一定要针对已选定的目标市场,根据用户的需求,努力开发用户满意的产品。这种适应性对于开拓国际市场尤其重要。

3. 新产品应具有多种性能和多种用途,足以吸引消费者购买。并且,要根据用户的不同需求,开发不同品种和不同规格、型号的产品。

4. 新产品应该在结构上和使用方法上,尽量使消费者操作方便,易于维修。而且,要在保证质量的前提下,使新产品的体积和重量尽量微型化和轻便化,使用户携带方便,易于存放和保管。

5. 新产品开发要尽量能够有利于保护环境、节约能源、减少原材料的消耗,并能防止环境污染,消除"三废三害"。

(二)新产品开发的策略

开发新产品是一项非常艰巨的任务,不仅需要投入大量的资金,而且具有很大的风险,因为开发新产品的成功概率并不大。所以,企业必须根据市场需要、竞争动态和企业本身的能力条件,正确选择发展新产品的策略。

1. 对现有产品进行改革

这种策略主要依靠现有的设备和技术能力,对现有产品进行改进。优点是开发费用低,但只适合于小改小革。

2. 增加现有产品或劳务的花色品种

该策略是在提供某种基本产品的同时,向市场提供若干种的不同品种。

3. 扩大产品线

利用现有的推销人员、促销方法和分销渠道,向顾客提供与现有产品不同种类的新产品,使顾客拥有广泛的选择余地。

4. 仿制

在国外,仿制是一种非常常用的策略。

5. 多样化的新产品策略

多样化就是向市场提供和企业现有产品在品种、生产技术、分销渠道以及顾客等方面都有不同点的新产品。这种策略需要增加企业在生产设备、促销和分销渠道方面的投资。尽管该策略风险很大,但是由于开发多样化的新产品往往会使企业具有高速成长的机会,因此该策略仍对企业家具有较强的吸引力。

五、新产品开发的过程

新产品开发全过程一般来说共有八个阶段:构思产生、构思筛选、新产品概念形成与测试、新产品营销策略、市场综合分析、产品研制、市场试销和正式上市。整个过程需要设计、生产、营销各方面从头至尾的密切配合。

(一)构思产生

新产品开发的第一个阶段就是形成新产品构思。新产品构思可以有多种来源:研究开发部门、公司销售人员、顾客、竞争对手、中间商和高层管理者;还可以来源于发明家、专利代理人、大学和科研单位的实验室、广告商、市场研究机构以及各种刊物等等。而且企业在获得构思的过程中绝不是被动地等待,而是有许多积极的方法可以采用。

1. 属性排列法:先列出现有产品的主要属性,然后修改每一属性,以研究出改良的新产品。

2. 强制关系法:先将若干物品排列出来,然后考虑每一物品与其他各个物品之间的关系,由此产生新的构思。

3. 形态分析法:形态就是结构,这种分析方法要求先找出问题的各个结构面,然后分析各结构面间的相互关系,通过各组新奇的组合,产生构思。

4. 需求与问题确定法:前三种方法都无需消费者参与,而这种方法则是从消费者入手,征询消费者对需求、产品存在的问题和新产品构思的想法。

5. 专家献计献策法:由 6～10 名专家组成专家小组,在明确讨论问题后,各抒己见,别人不得加以评论,只能对它进行合并和改进,提出的构思越无边际越好,构思越多越好。这样,通过整理可以得到许多有价值的构思。

6. 群辩法:群辩法与专家献计献策法不同的是,事先不明确问题,而是利用拖延时间的办法,利用隐喻,若即若离地接近问题,最后总结共同点形成构思。

(二)构思筛选

构思筛选就是要运用一系列评价标准,对各种构思进行比较,最终从众多的构思中,保留少数几个有吸引力的和切实可行的构思的过程。筛选的目的主要有:

1. 权衡各个构思的费用、潜在效益和风险,尽早发现和放弃不良构思,以避免误选误用。

2. 筛选过程有助于对原有构思进行修改和完善。

3. 筛选可以促进跨职能的联系和交流。

在构思筛选工作中往往会犯两种错误:一是把有意义的构思草率舍弃,一是把坏的创意误以为好。因此,企业在甄别每一个构思时必须做到审慎。构思评定常规定出市场营销、研究开发、财务等各方面决定因素的权数,在对每一个构思的评价中,根据企业在各决定因素上能达到的能力水平和加权指数,评定出构思的优劣。一般情况下,0～0.4 为差,0.41～0.75 为较好,0.76～1 为好。目前最低的合格值定在 0.7。如表 9-1 所示:

表 9-1 构思评定表

产品成功的必要条件	相对权数(A)	公司能力水平(B)											评分(A×B)
		0	0.1	0.2	0.3	0.4	0.5	0.6	0.7	0.8	0.9	1	
公司的信誉	0.20							✓					0.12
市场营销	0.20										✓		0.18
研究与开发	0.20						✓						0.10
人力资源	0.15							✓					0.09
财务状况	0.10										✓		0.09
生产	0.05									✓			0.04
地理位置和设备	0.05				✓								0.015
采购和供应	0.05										✓		0.045
总计	1.00												0.68

(三)新产品概念形成与测试

产品构思是企业提出的各种可能的产品设想,而产品概念是企业用有意义的消费者术语表达的详细构思。一个构思往往可以产生许多产品概念。产品概念可以以销售量、市场占有率等标准筛选出最优的产品概念,进而进行产品概念的定位。将新产品与市场上现有产品比较,分析新产品在价格和属性上的竞争能力,以及市场细分后目标市场的大小,以此确定新产品概念的定位。

新产品概念形成后,必须在一定的消费者群中进行概念测试,以测试消费者对新产品概念的反应。新产品概念的测试是将新产品概念同特定的目标消费者群结合起来进行的。测试过程要求消费者回答有关产品概念及其属性的一些问题,例如:此概念是否清楚易懂,此产品是否比其他同类产品有特殊优点,是否会购买该产品,此产品是否满足了需求,对该产品有何建议,谁会用此产品,等等。通过调查问卷形式,对新产品概念进行测试,有助于企业考察新产品概念的可行性。

(四)新产品营销策略

新产品概念测试完成后,新产品经理必须针对这个产品提出一个初步的营销策略。新产品营销策略包括三部分内容:

1. 描述目标市场的规模、结构和行为,计划的新产品定位,以及期望的开始几年内的销售额、市场占有率和利润目标等。
2. 描述产品第一年的预定价格、分销策略与营销预算。
3. 预计今后的长期销售额、利润目标和营销组合策略。

(五)市场综合分析

市场综合分析就是在初步拟定营销策略的基础上,对新产品概念从财务上进行分析,对未来的销售量、成本和利润给予充分估计,以预计该产品是否能达到企业的经营目标。

1. 对销售额的估计

根据购买行为,分为估计首次销售额、估计耐用品的重复销售额,以及估计经常性购买商品的重复销售额。

2. 对成本和利润的估计

估计的项目包括预测期内可能的销售成本、预期毛利、发展成本、营销成本、分摊固定费用、总贡献、补偿性贡献、净贡献、折现贡献、累积折现现金流量等。

(六)产品研制

产品研制阶段的工作主要有以下几个方面:

1. 模型试制

模型或样品必须具备体现新产品概念的属性,反映消费者的需求,并在经济上、技术上具有可行性。

2. 消费者测试

将模型进行严格的模拟市场测试,以确定产品的功能是否符合消费者的要求。

3. 品牌设计

设计品牌名称、标识,确定品牌的内涵和定位等问题。

4. 包装设计

设计产品的内包装、中层包装和外包装,以便保护产品和促进销售。

(七)市场试销

新产品市场试销是对新产品上市前所作的最后一次测试,且这次测试是通过消费者的货币选票进行的。市场试销的主要方法有消费品试销和工业品试销两种。

1. 消费品试销

(1)销售波动研究:先让消费者免费试用该新产品,再以低价提供该产品和竞争者的产品,实验3~5次,观察消费者购买该产品的次数和满意度。

(2)模拟商店:请一批看过新产品电视广告的顾客进模拟商店购物,观察消费者中有多少人购买新产品或竞争者产品,并询问买与不买的原因。

(3)控制性试销:企业在某个地理位置控制几个商店,并控制新产品的货架摆放、促销方式及定价等,通过销售结果进行分析。

(4) 实验市场：选择少数城市作为实验市场，利用中间商推销，并有计划地做广告，进行促销活动，以观察销售结果。

2. 工业品试销

由于样品成本昂贵，工业品试销不同于消费品，其试销目的在于了解产品在实际操纵时的性能、影响购买的主要因素和市场潜力。主要方法有：产品使用测试，即选择部分顾客试用新产品，并了解试用者的购买意愿；贸易展览会，即企业可从众多的顾客中观察他们对新产品的兴趣、对性能的反应、购买的意愿和购买数量。

新产品在试销前要做好如下决策：试销范围和地点、试销时间、试销要收集的数据、试销的营销策略和进一步的战略行为。

（八）正式上市

新产品经过试销后，企业就要根据所收集的信息来决定是否将新产品全面推向市场。对于没有决定投入市场的新产品，企业应建立相关的信息资料库；而对于决定投放市场的新产品，则应进行谨慎的商品化决策。

商品化决策由四部分组成：

1. 时机决策

指在什么时间将新产品投入市场最为合适。季节性产品要在旺季投入，替代性新产品要在旧产品的成熟期投入。

2. 地点决策

指选择在什么地点推出新产品。企业根据市场潜力、公司在当地的信誉、供货成本、对该地区的了解程度、该地的影响力和竞争状况等指标，选取最有诱惑力的地方占领市场。

3. 目标市场决策

指向谁推出企业的新产品。要选取最有希望的购买群体以迅速获取高销售量，吸引其他顾客。

4. 引进产品策略

指企业将新产品纳入其他正常商品轨道，分摊营销预算到各个营销组合的因素之中。从此，新产品开发结束，进入了产品生命周期。

第二节　市场开发战略

市场开发战略是指企业为了取得进一步的发展而制定的有效的增长战略。可供选择的市场发展战略主要有以下三种形式：

一、产品—市场战略

产品—市场战略是由世界著名战略学家安索夫在1975年首先提出来的，他提出了"产品与市场配合"的概念。他认为企业经营战略的四项要素形成了四种产品—市场战略（见表9-2）。

表9-2　产品—市场战略

产品市场	现有产品	新产品
现有市场	市场渗透战略	产品发展战略
新市场	市场发展战略	多角化经营战略

(一)市场渗透战略

市场渗透战略是由企业现有产品和现有市场组合而产生的战略。这种战略适用于企业经营状况较稳定,面对激烈的市场竞争又想不出产品大的突破方案的情况。该战略主要着眼于市场的渗透开拓,增加销售量以求得企业的生存发展。这是一种稳健型的经营战略。扩大现有产品的销售量可以采取以下策略:

1. 扩大产品使用人的数量

例如,有些适合于儿童的食品,可以通过略加调整配方,劝说老年人和体弱或病后的成人食用以增加销量。

2. 扩大产品使用人的用量

例如,油漆公司可以向用户说明,上油漆的次数越多,则表面愈光亮、美观。顾客对公司的油漆需求就有可能增加。

3. 改进产品的特性以增加销量

例如,在电扇中增加定时装置、在烧水壶中增加鸣叫装置、改进产品的装潢以吸引顾客等等。

(二)市场发展战略

市场发展战略是通过企业已有的产品或正准备投入生产的新产品,通过竞争或通过扩展整个市场的容量以增加企业的销售收入。市场的扩展无非有两种可能:一种是从竞争者手中获取市场份额,另一种是扩大整个市场的容量。

(三)产品发展战略

产品发展战略是指通过改进老产品或开发新产品的方法来增加企业在已有市场上的销售量。这种战略的主要途径包括产品的质量改进、特点改进、式样改进以及功能改进等,以满足更多的需要。

(四)多角化经营战略

多角化经营是指企业同时生产或提供两种以上的产品和劳务的经营战略。目前,这种经营战略已成为大中型企业适应新形势、开拓新市场的必然选择。之所以如此,是因为市场竞争激化,企业如果着眼于单一产品和单一市场,除非高度垄断,否则其经营的风险越来越大。只有采用多角化经营战略,企业生产用途不同、生命周期各异的产品,才有可能使企业在任何时候都有处于成长期的产品,这样才能较长期地保持有利地位,分散经营风险。多角化经营的关键是适当地选择产品的组合,这要根据企业外部环境和内部条件认真研究选择。

二、一体化战略

一体化战略是指企业充分利用已有的产品、技术和市场的优势,向经营的深度和广度发展的一种战略。一体化战略主要有两种类型:

(一)纵向一体化战略

纵向一体化战略又叫垂直一体化战略。它是发生在具有买卖关系或投入产出关系的企业之间的合并或兼并的过程。根据运动过程方向的不同,纵向一体化战略包括后向一体化战略和前向一体化战略。

1. 后向一体化战略

后向一体化战略是指企业自行生产其价值链的上游产品。例如,生产企业从前一直从供应厂商那里购买原材料或零部件,现在发展为自己生产这种原材料或零部件。

2. 前向一体化战略

前向一体化战略是指企业自行生产其生产链的下游产品。例如，企业原来只向别的企业提供原材料或半成品，现在发展为自己制造及提供成品（或加工品）。

二战以后，世界大型企业的发展趋势在很大程度上是与纵向一体化紧密联系的。这是因为纵向一体化可以降低成本，增加生产经营的稳定性，以此提高行业的进入壁垒，从而保持企业的竞争优势。

(二) 横向一体化战略

横向一体化战略也叫水平一体化战略，是指一个企业通过兼并或联合同类型业务的企业，来扩大规模，增强企业竞争优势。横向一体化战略有助于企业获得某种特殊的资源，提高规模经济效益和减少竞争者等等。

上述几种一体化发展形式，可用图9-1表示。

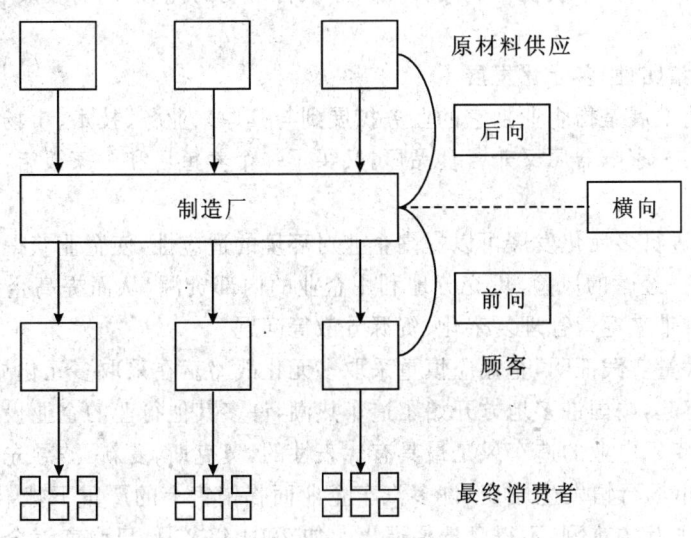

图 9-1 一体化发展形式

三、多元化发展战略

多元化发展战略是指企业同时涉足两个或两个以上相关或不相关的产业领域，以期避免在单一领域经营的风险。主要包括以下几种类型：

(一) 同心性多元化发展（集中多元化）

同心性多元化发展是指企业利用原有的技术特长，并以其为核心，发展与原产品结构相似而用途不同的新产品。例如：一个柴油机厂利用其柴油机产品优势发展拖拉机、小型卡车、农用排灌机械等产品。如图9-2所示。

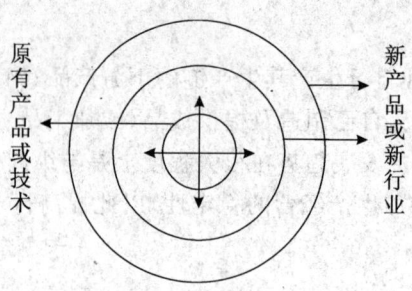

图 9-2　同心性多元化发展

(二)水平性多元化发展

水平性多元化发展是指利用原有的市场优势,在已占领的市场上发展技术、性质及用途完全不同的新产品。例如:一个农机厂利用其在某个农村市场的优势,同时发展农药和种子,可以取得好的效果。

(三)整体性(集团性)多元化发展

整体性多元化发展是指企业把它的业务扩展到与其原来业务、技术、市场和产品毫无联系的行业中去。例如:一家电器厂又兼营食品厂,又买了一个养鱼场和一家饭店,从而形成一个跨行业的经营集团。

一般情况下,进行多元化发展可以提高企业对环境的适应性,使企业获得更大可能的发展机会;可以减少单一经营的风险,更充分地利用企业的内部资源,从而提高企业的整体经济效益。但是也可能会带来经营管理复杂化、资源分散等问题。

中外企业的大量实践证明,企业应慎重采取多元化战略。在采取多元化战略时,切忌盲目跟风。比如 2002 年起,中国许多地方开始了造车热潮,许多其他行业的企业投入巨资进入汽车行业。比如 2003 年家电业的造车风是最具有代表性的,奥克斯、夏新、波导先后杀入。结果到 2004 年中国汽车市场行情发生剧变,许多汽车企业面临销售上的严重下挫,再加上汽车产业政策限制,许多企业壮志难酬,不得已选择退出。如 2004 年 8 月,已和南汽合作生产轿车的波导公司从南汽撤资,成为国内第一家正式撤出汽车业的业外企业;2005 年 1 月,夏新电子召开董事会,决定撤出对汽车业的投资,距其宣布斥资 1.75 亿元进军汽车业还不到一年时间;2005 年 3 月,曾经全力扛"终结汽车行业暴利"大旗、高调进军汽车制造业的宁波奥克斯集团,突然宣布退出造车业,这一天距其正式涉足造车正好整整一年零一个月,为此所付出的"学费"高达 4000 万元。

复习思考题

1. 新产品可分为哪几种类型?
2. 简述新产品开发的组织特征。
3. 简述新产品开发的策略。
4. 论述新产品开发的过程。
5. 市场发展战略的涵义是什么?可供选择的市场发展战略主要有哪几种形式?

案例分析

"王麻子"剪刀

"王麻子"剪刀起源于清朝顺治八年(1651年),在中华老字号的排序中比同仁堂(创建于1669年)还要早18年,比同行业的"张小泉"(创建于1663年)早12年。"王麻子"剪刀在社会上有着良好的口碑和声誉。从"南有张小泉,北有王麻子"的说法中可以看出"王麻子"的品牌地位。2003年1月,经营"王麻子"剪刀品牌的北京王麻子剪刀厂因经营管理不善宣布倒闭,同时也预示着一个中国最具文化传统的大众品牌在历经了352年的风雨后即将消失。然而"王麻子"留给我们的两条"遗言"却值得我们深思。

在得知王麻子剪刀向法院提出破产申请时,人民日报的记者在报道中写道:迄今已有352年历史的著名老字号王麻子剪刀厂,难道会就此终结?

"南有张小泉,北有王麻子"。在中国刀剪行业中,王麻子剪刀厂声名远播。历史悠久的王麻子剪刀,早在(清)顺治八年(1651年)就在京城菜市口设厂,是著名的中华老字号。数百年来,王麻子刀剪产品以刃口锋利、经久耐用而享誉民间。即使新中国成立后,"王麻子"刀剪仍很"火",在生意最好的20世纪80年代末,"王麻子"一个月曾创造过卖7万把菜刀、40万把剪子的最高记录。1959年北京市人民政府正式命名成立王麻子剪刀厂后,产品一度曾远销港澳地区及东南亚各国。

但从1995年开始,"王麻子"的好日子一去不返,陷入连年亏损地步,甚至落魄到借钱发工资的境地。审计资料显示,截至2002年5月31日,北京"王麻子"剪刀厂资产总额1283万元,负债总额2779万元,资产负债率高达216.6%。积重难返的"王麻子",只有向法院申请破产。

曾经是领导品牌的"王麻子"为什么会走到破产的境地呢?作为国有企业,"王麻子"沿袭计划经济体制下的管理模式,缺乏市场竞争思想和创新意识。随着市场经济的到来,品牌缺乏创新意识,坐吃老本,显露出新产品开发速度过慢、难以跟上市场步伐的弊端,日趋衰退。

长期以来,"王麻子"剪刀厂的主要产品一直延续传统的铁夹钢工艺,尽管它比不锈钢刀要耐磨好用,但因为工艺复杂、容易生锈、外观档次低,产品渐渐失去了竞争优势,而"王麻子"剪刀厂却没能采取措施,及时引进新设备、新工艺;数十年来王麻子剪刀的外形、设置也没有任何变化。固步自封、安于现状,终于导致"王麻子"剪刀被消费者抛弃。

只有不断变革、创新,才能保证企业永葆青春。适者生存、物竞天择,让固步自封、不思变革的企业被淘汰出局,才是人间正道——不管固步自封者拥有多少年的历史,拥有多么辉煌的过去!

问题

1. "王麻子"剪刀厂破产的重要原因之一是什么?
2. 对于生产型企业,产品市场的开发意义何在?

第四篇 市场营销策略

产品策略

定价策略

分销渠道策略

促销策略

第十章

产品策略

企业制定经营战略,首先要明确企业能提供什么样的产品和服务去满足消费者的需求,也就是要解决产品策略问题。它是市场营销组合策略的基础,从一定意义上讲,企业的成功与发展关键在于产品满足消费者需求的程度以及产品策略正确与否。

第一节 产品与产品组合策略

一、产品的概念

人们通常理解的产品,仅指实体或物质的产品,这是生产观念的传统看法,是对产品的一种狭义理解。从市场观念来看,产品的概念内容很广泛,广义的产品指向市场提供的、能满足人们某种需要和利益的物质产品和非物质形态的服务。物质产品主要包括产品的实体及其品质、特色、式样、品牌和包装等,它们能满足顾客对使用价值的需要。非物质形态的服务主要包括售后服务和保证、产品形象、销售声誉等,给顾客带来利益和心理上的满足和信任感,具有象征性价值,能满足人们心理上的需求。

菲利普·科特勒认为产品整体概念更能深刻而准确地反映产品含义(见图10-1)。市场观念下的产品整体概念具有五个层次的含义,即:核心产品、形式产品、期望产品、延伸产品和潜在产品。核心产品是指产品提供给顾客的基本效用或利益,是消费者需求的中心内容;形式产品指产品向市场提供的实体和劳务的外观,是扩大化了的核心产品,也是实质性的,由产品的质量、款式、特点、商标及包装五个要素所构成;期望产品是指购买者在购买产品时期望得到的与产品密切相关的一整套属性和条件;延伸产品指顾客购买产品时所得到的其他利益的总和,是由企业另外附加到产品上去的,能给顾客带来更多的利益和更大的满足,如维修、咨询、贷款、交货安排、仓库服务等吸引人的服务项目;潜在产品是指现有产品包括所有附加产品在内的、可能发展成为未来最终产品的潜在状态的产品。潜在产品指出了现有产品的可能的演变趋势和前景。

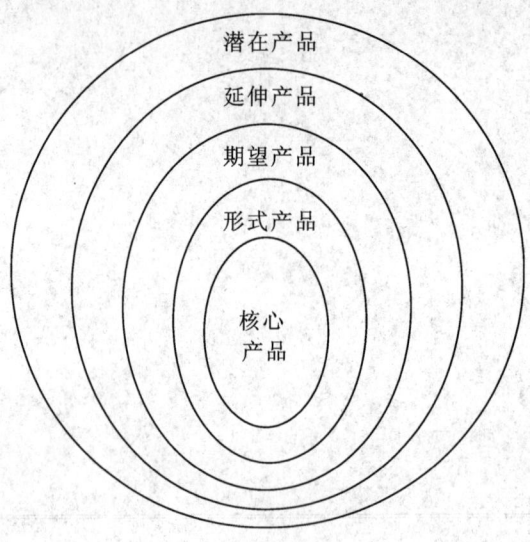

图 10-1 产品整体概念

二、产品组合策略

（一）产品线和产品组合

产品线，又叫产品系列，是指在技术和结构上密切相关，具有相同使用功能，规格不同而满足同类需求的一组产品。产品组合是指一企业所经营的全部产品线的组合方式，包括三个因素：产品组合的宽度、深度和关联度。这三个因素的不同构成不同的产品组合。

一个企业全部产品线的数量称为产品组合的宽度。企业经营的产品线越多则产品组合越宽，反之，则产品组合的宽度越窄。一个企业在确定产品组合的宽度时，必须全面分析企业外部环境和市场需求的变化，同时还要考虑产品的生产技术特点和本企业的生产技术条件。一般来说，产品线较多，有利于充分利用人力、物力和财力，满足市场多方面需求，减少企业的经营风险；但是产品线过多，生产技术要求高，管理组织复杂，相应的要求也高。产品线少，表明企业专业化程度高，有利于改进技术、提高产品质量、降低经营成本，但经营方向狭窄，经营风险较大。产品组合中的每一个产品线所含不同规格产品的多少叫产品组合的深度。产品组合中的各种产品线之间，在最终用途、生产特点、销售方式或其他方面的关联程度叫做产品组合关联度，也叫密度。一般说来，产品组合关联度大，有利于建立产品优势，能够充分利用原材料和技术装备，创造名牌产品。

（二）产品组合策略

产品组合策略是指根据企业的经营目标，对产品组合的宽度、深度和关联度进行最优决策。任何策略都要建立在市场活动实际情况的基础上，要保证产品组合的最优化，必须首先考虑决定产品组合的因素：第一，企业的生产条件，包括资金占用、技术水平、设备状况、原材料的供应等；第二，市场需求量和市场需求的增长量；第三，市场竞争的状况。由于上述条件的不同，产品组合也会各不相同，不同的产品组合会对企业的销售量和利润有着不同的影响。

1. 全线全面型策略

全线全面型策略就是增加产品线的宽度，经营更多的产品以满足市场需要的策略。其意图是向尽可能多的消费者提供尽可能多的产品或服务。这种策略又有广义和狭义之分：广义是指产品营销者尽可能向整个市场提供各方面的产品或服务,尽可能地扩大产品线的宽度和深度,不受产品线的关联度的约束。狭义是指在某一领域、某一行业、某一方面向市场提供全部产品,也就是产品线之间的关联度大。

2. 市场专业型策略

市场专业型策略是指向某一专业市场(某类消费者)提供所需的各种产品的策略,可以考虑也可以不考虑产品线之间的关联程度。如旅游公司采用该种策略,向旅游者提供所需的一切产品或服务,诸如住宿服务、饮食服务、照相服务等。

3. 产品系列专业型策略

产品系列专业型策略是指企业专门经营某一类产品的生产,并将其产品推销给各类顾客的策略。如锅炉制造厂可以生产各种型号、各种用途的锅炉,可以满足发电厂、机械制造厂等不同的生产需要和生活需要。

4. 有限产品系列专业型策略

采取这种产品组合策略的企业根据自己的专长,集中经营有限的,甚至单一产品线以适应有限的或单一的市场需求。例如有的汽车制造厂专门生产作为个人交通工具的小汽车,不生产大客车、运输卡车以及其他用途的汽车。

5. 特殊产品专业型策略

特殊产品专业型策略是指企业根据自己的专长生产某些在市场上有竞争力的特殊产品项目的策略。这种产品由于产品的特殊性,所能开拓的市场是有限的,但竞争的威胁也很小。

(三)产品组合优化

由于市场环境和竞争形势的不断变化,产品组合的每一个决定因素也会不断变化,产品组合的每一个具体产品项目也必然会在变化的市场环境下发生变化。因此,每一个企业都应该经常分析自己产品组合的状况和结构,判断各产品项目在市场上的生命力,评价其发展潜力和趋势,不断对原有的产品组合进行调整,寻求和保持产品组合最佳化。

1. 产品优劣的评价

评价产品优劣的标志很多,归纳起来主要有以下三个:

(1)发展性。根据产品生命周期理论,处于生命周期的成长阶段和成熟阶段初期的产品,具有良好的发展前途,而成熟期后期或衰退期的产品则已不具备这方面的优势。表示产品发展性的指标主要有行业销售增长率。

(2)竞争性。表明产品在满足用户需求方面所具有的实力。具体表现在:产品市场占有率、产品的质量、价格、成本、服务等一系列的综合能力。其中市场占有率是产品竞争性最综合的代表。

(3)盈利性。产品的盈利性具体表现在:利润额、成本利润率、资金利润率、资金周转率等。其中资金利润率是产品盈利性最综合的代表。

对以上因素的分析可以用一个三维分析图来表示。

在图10-2中,分析企业生产和经营所有产品在三维立体坐标系中所处的区域,可以决定最佳产品组合策略。任何一种产品的市场占有率、销售增长率和资金利润率都有一个由低到高,或由高到低的动态变化过程,不能要求所有的产品同时达到最佳状态。因此,企业所期望达到的最佳产品组合,应当是企业实力与市场环境相适应,使企业获得最大利润。最理想的应是市场占有率高、销售增长率高和资金利润率高的"三高"产品组合,如图中第6号区域,就是重点发展的产品。从市场营销观念看,由于市场需求的广泛性和多层次性,在竞争中处于其他区域的产品,只能适应某一方面的市场需求,有一定的发展前途,可以按程度不同采取维持、稳定或提高的市场策略。对于销售增长率低、市场占有率低和资金利润率低的"三低"产品,如图中第 4 号区域,就应考虑转产或果断地退出市场。

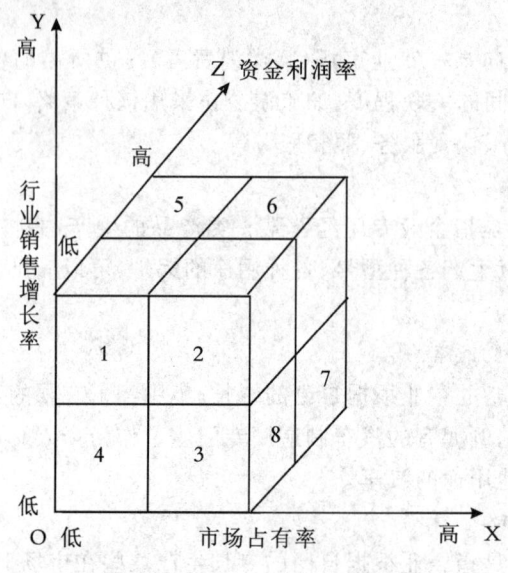

图 10-2 最佳产品组合决策图

2. 产品组合优化方法

对于产品项目众多的企业,最佳产品组合决策是一个十分复杂的问题,许多企业在实践中创造了不少有效的方法。

(1)产品环境分析法。该方法是把企业的产品分为六个层次,然后分析研究每一种产品在未来市场环境中的销路潜力和发展前景。这六个层次是:

①目前企业的主要商品,根据市场环境分析,是否继续发展;②企业未来的主要商品,一般是指新产品投入市场后能打开市场销路的产品;③在市场竞争中,能使企业获得较大利润的产品;④过去是主要商品,而现在销路已日趋萎缩的商品,企业应决定采取改进,或是缩小或淘汰的决策;⑤对于尚未完全失去销路的产品,企业可以采取维持或保留的产品决策;⑥对于完全失去销路的产品,或者经营失败的新产品,一般应淘汰或转产。

(2)产品系列平衡法。把企业生产经营活动作为一个整体,围绕实现企业目标,从企业实力(竞争性)和市场引力(发展性)两个方面,对企业产品进行综合平衡,从而作出最佳的产品组合决策。这种方法又叫 PPM 法。其步骤如下:①评定产品的市场引力,包括产品的市场容量、利润率、增长率等;②评定企业实力,包括综合生产能力、技术能力、销售能力、市场占有率等;③作产品系列平衡象限图;④分析与决策,结果列表如表 10-1。

表 10-1 产品系列平衡决策表

		企业实力		
		小	中	大
市场引力	大	提高占有力,选择性投资	加强扩大,甘冒风险	发挥优势,积极投资
	中	选择性投资,或淘汰	稳定策略,重视平衡	积极投资,争取多盈利
	小	淘汰,力争最小损失	选择性投资,或停止投资	回收资金,选优少量投资

(3)四象限评价法。根据产品的市场占有率和销售增长率来对产品进行评价的方法,又叫波士顿矩阵法。由于这两个指标都可以划分为高低两种,因此就会有四种组合方式,形成四类产品。用图形表示,就形成四个象限。每种产品都可以根据市场占有率的高低和销售增长率的高低,分别列入这四个象限,然后进行评价(如图10-3)。

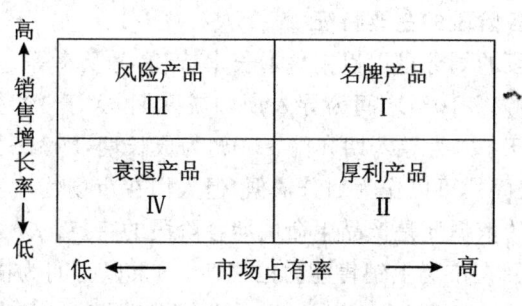

图 10-3 产品四象限图

①第Ⅰ类产品的市场占有率和销售增长率都很高,为名牌产品,应大力发展。

②第Ⅱ类产品的市场占有率高,而销售增长率低,是厚利产品,是企业目前的主要收入来源;应根据情况分别采取改进、维持现状和提高盈利的策略。

③第Ⅲ类产品的市场占有率低,而销售增长率高,是风险产品;有很大发展前途,应集中力量,消除问题,扩大市场范围,创立名牌。

④第Ⅳ类产品的市场占有率和销售增长率都很低,是衰退产品;应果断地、有计划地淘汰,并作战略上的转移。

(4)资金利润率法。以产品的资金利润率为标准对产品进行评价的一种方法,它有以下两种具体的办法:

①把资金利润率分别与同行业的资金利润率、同行业先进企业产品的资金利润率、银行贷款利率,或企业的经营目标及利润目标相对比,达不到目标水平的,说明盈利能力不高,应改进或淘汰。

②把企业各种产品的资金利润率资料按企业经营目标及标准进行分类,结合产品的市场发展情况,预测资金利润率的发展趋势,从而作出产品决策。

第二节 产品生命周期及其营销策略

一、产品生命周期理论

产品生命周期理论是市场营销学中十分重要的理论。研究产品生命周期理论,对于正确制定产品决策、及时改进老产品、发展新产品、有计划地进行产品更新、正确地制定各项经营策略、指导企业的经营管理,都具有重要意义。

(一)产品生命周期的基本概念

产品生命周期是指某一工业产品从完成试制、投放到市场开始,直到最后被淘汰退出市场为止的全部过程所经历的时间。产品生命周期理论认为:一切工业产品,从完成试制、投放市场到最后被淘汰的过程中,大体都经历了一个类似人类生命模式的周期性规律。典型的产品生命周期包括四个阶段:导入期、成长期、成熟期和衰退期。

产品生命周期概念的提出,首先明确了"产品的生命是有限的"这一观点;对生命周期内容阶段的划分,又促使市场营销管理者时刻分析产品的营销状况,在不同阶段,采取不同的市场营销策略,掌握营销主动权。

(二)产品生命周期各阶段的主要特征

产品生命周期各阶段的划分可以以销售增长率、产品普及率等定量指标为依据。根据国外资料,销售增长率在 0.1%～10%之间为导入期和成熟期,大于10%为成长期,小于 0.1%为衰退期。产品普及率小于 5%为导入期,5%～50%为成长期,50%～90%为成熟期,90%以上为衰退期。这些数量界限固然可以作为划分依据,但人们在市场营销实践中常采用经验基础上的定性划分。定性划分的依据便是产品生命周期各阶段的特点。

产品生命周期是产品在市场上销售能力的规律,如果以时间为横坐标,以金额为纵坐标,产品生命周期就表现为一条 S 型(或叫半钟型)的曲线,如图 10-4 所示。在这条典型的产品生命周期曲线上可以划分出上述四个阶段,各阶段表现出各自不同的特点。

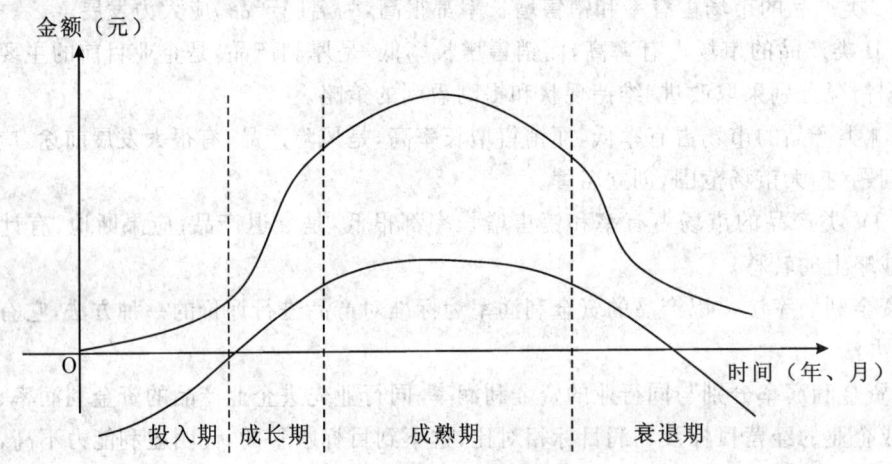

图 10-4 典型的产品生命周期曲线

1. 导入期

产品导入期也叫介绍期、引入期或诞生期,一般指新产品试制成功、投放到市场试销的阶段。主要特征有以下几方面:①产品刚进入市场试销,尚未被顾客接受,因此销售额增加缓慢;②生产批量很小,试制费用很大,因而产品生产成本较高;③需要多做广告以使顾客了解新产品,所以销售费用也高;④由上述三个特征可知,企业的利润往往是负值;⑤除少数仿制品外,新产品在市场上一般没有同行竞争,在导入期内购买产品的消费者往往是高收入者或爱好新奇者。

2. 成长期

产品成长期指新产品试销取得成功后,转入成批生产和扩大市场销售的阶段。主要特征是:销售量迅速增长;进入成批或大批生产阶段,单位生产成本大幅度下降;用户已经熟悉产品,使广告费用减少,单位销售成本下降;企业的利润迅速上升,转亏为盈;同行们进入该产品生产领域,竞争趋势开始出现。

3. 成熟期

产品成熟期指产品进入大批量生产,而且在市场上处于竞争最激烈的阶段。成熟阶段又可分为三个时期：第一个时期是增长成熟期，该时期的特点是市场需求量趋于饱和，销售增长率虽为正值，但开始下降，利润仍有微弱的上升趋势。第二个时期是稳定成熟期，该时期内市场需求已经饱和，销售增长率为零，利润达到最大值。第三个时期是衰退成熟期，该时期的销售水平开始下降，消费者开始转向其他新产品，利润开始降低。无论处于哪个时期，成熟期内的市场竞争都是十分激烈的。因此，大部分企业营销机构要处理的是成熟产品问题。

4. 衰退期

产品衰退期指产品已经逐渐老化，转入产品更新换代的新时代。这一阶段的特征表现为：新产品进入市场，逐渐代替老产品；除少数或个别的名牌产品外，市场销售量日益下降；市场竞争表现为价格竞争，价格竞相跌落。

(三) 产品生命周期的变异

每一种产品在市场上的营销情况，都受到企业内部各种因素和条件以及外部环境的影响。这些影响使产品的生命周期发生变异。研究人员发现，产品生命周期的形态至少有 6 种，最多的达到 17 种之多。常见的产品生命周期变异有以下几种：

1. 夭折

产品刚进入市场就因某种原因被迫停产，退出市场。据美国统计，几乎 80%～95% 的新产品都遭此厄运。其原因可能在于新产品设计上的重大缺陷使之无法满足用户需求，或者技术可靠性差、生产准备不充分，以及定价过高等原因。

2. 难产

新产品开始投入市场时尚属正常，但迟迟不能进入成长期，几经波折，克服重重困难，才由漫长的导入期缓慢进入成长期。

3. 未老先衰

产品的导入期、成长期都很正常，但是没有经过足够长的成熟期就开始进入衰退期。

4. 苟延残喘

产品已经进入衰退期，销售量和利润都在下降，但事先没做好新产品发展的准备工作，产品无法更新换代，不得不继续生产老化的过时产品，满足市场的残存需求。

5. 单驼峰

导入期和成长期中产品都很正常，但没来得及进入成熟期，产品就过早地进入衰退期，如果企业马上开发产品新功能，会使衰退僵化在某个水平上，缓缓进入产品成熟期。由图 10-5 可以看出，产品生命周期曲线就像是一个单驼峰，由此得名。

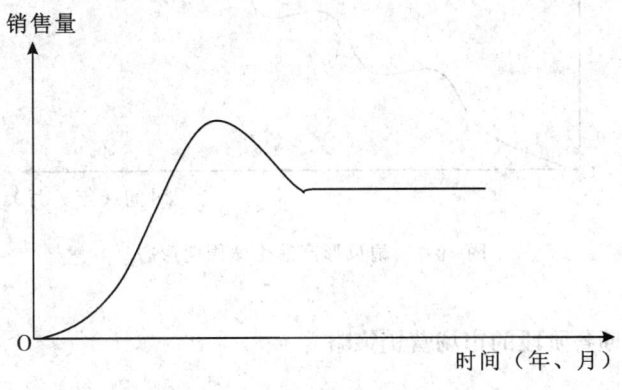

图 10-5　单驼峰产品生命周期形态

6. 双驼峰

产品经过典型的导入期、成长期、成熟期,进入衰退期后,企业大力促销,或者开发出配套新产品、新功能,使产品又进入导入期、成长期、成熟期、衰退期的循环。大多情况下,第二次循环的规模和持续时间都小于第一次循环,两次循环反映在时间与销售量的坐标系中仿佛是双驼峰,如图10-6所示。

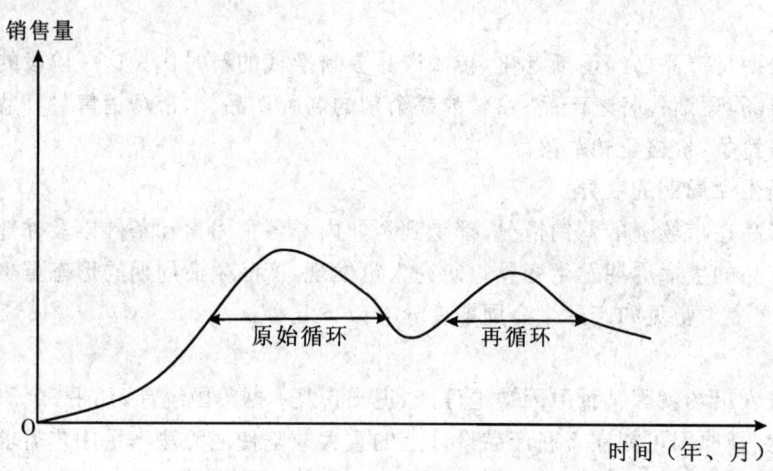

图10-6 双驼峰产品生命周期形态

7. 扇贝形

这是企业市场经营最成功的一种形态。产品经过导入期、成长期,在成熟期时,企业已经研制开发出了满足市场新需求的产品新功能、新特性;在衰退期到来之前,这种更新的产品已推向市场,借助成熟期销售量趋于饱和这种优势,不经过导入期而直接进入成长期和成熟期。企业再次不失时机地开发更新的产品,使上述过程反复出现,于是形成如图10-7所示的扇贝形。

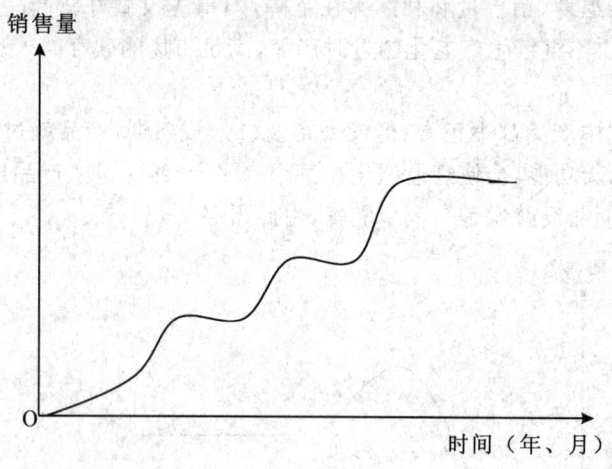

图10-7 扇贝形产品生命周期形态

二、产品生命周期各阶段的市场营销策略

对产品生命周期四个典型阶段的划分,目的就在于针对不同阶段的产品,有的放矢地实施

市场营销策略。因此,各阶段的市场营销策略成为营销管理者研究的关键问题。

(一)产品导入期的营销策略

导入期的营销策略突出一个"短"字,以最短的时间迅速进入和占领市场,为进入成长期打好基础。营销策略中包括价格、促销、分销渠道及产品质量等各方面的策略,如果以价格和促销活动作为主要策略,则导入期的营销策略可以有以下四种组合方式,如图10-8所示。

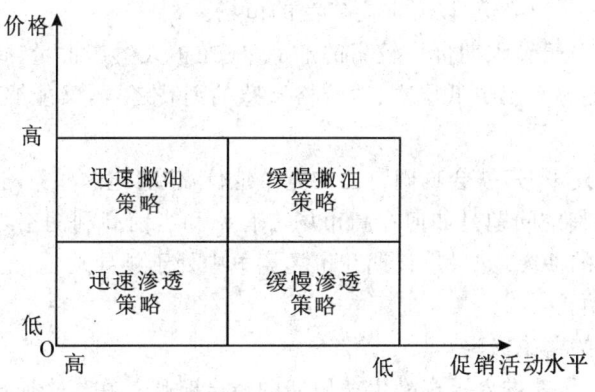

图 10-8　导入期营销策略

1.迅速撇油策略

即以高价格和高水平的促销推出新产品。高价策略目的在于尽可能多地获取销售利润;高促销目的在于快速打开销路,占领市场。这种策略适合应用的条件是:潜在市场上的消费者不知道该产品;顾客出于感情动机急欲购买并照价付款;由于高价格会吸引众多潜在竞争者,所以企业要能扩大生产批量以准备降价。

2.缓慢撇油策略

即以高价格和低水平的促销将新产品推向市场。一方面高价出售,一方面以低水平促销降低销售成本,这种策略能使企业赚取更多的利润。但是,采取缓慢撇油策略的条件必须是市场容量较小,竞争的潜在威胁不大。这样就不必用高促销来抢占市场。同时市场上的消费者已经了解该产品并且急待购买,所以宁愿出高价。

3.迅速渗透策略

指用低价格和高水平的促销推出产品。这种策略的优点在于能以最快的速度取得尽可能大的市场占有率。尽管价格低、销售成本高,使企业利润微薄,甚至亏损,但是这种策略不仅能迅速占领市场,而且能减少潜在竞争者的介入。当市场规模较大,大部分顾客对价格反应敏感,并有强大的潜在竞争力量时,可以采用迅速渗透策略。

4.缓慢渗透策略

即以低价格和低水平的促销推出新产品,逐步打入和占领市场。低价格使产品易被消费者接受,低促销可以尽可能降低成本。实施这种策略的市场条件必须是:市场容量大,消费者对价格十分敏感,顾客已相当了解该产品,促销的弹性低,而价格的弹性高。采用该策略时还要密切注视潜在竞争者,否则会被竞争者抢先占领市场。

(二)产品成长期的营销策略

这一阶段的营销策略应着眼于迅速取得最大的经济效益,迅速扩大生产能力,以便抓住市场机会。成长期的产品营销策略有以下要点:

第一,在生产上,积极组织人力、物力和财力,改进和完善生产能力和工艺,迅速扩大生产批量;同时,改进产品质量,赋予产品新的功能和特性,改进外观款式,增加互补品和侧翼产品。

第二,在广告宣传上,改变广告内容,从提高产品知名度转变为说服人们购买其产品,为企业树立产品形象,进一步提高产品在社会上的声誉,创立名牌。

第三,在分销渠道上,通过不断进行市场细分,针对不同目标市场上消费者的需求,在完善产品的同时,创造新的分销渠道,以开辟更广泛的市场。

第四,在价格上,对于导入期价格较高的产品,应在扩大生产批量、降低成本的基础上,选择适当时机降价,既能够吸引更低层次、对价格敏感的消费者群,又能够防止同行业竞争者成功介入。

如果企业采用上述策略,就会巩固自己的竞争地位,但实施这些策略,要付出额外代价。因此,在成长期,企业面临的问题是如何在高市场占有率和当前高利润率之间作出选择,也就是长远利益与眼前利益的冲突。如果想长期在市场竞争中处于领导地位,企业经营者就不得不暂时牺牲最高的当前利润。

(三)产品成熟期的营销策略

产品进入成熟期后,就进入了产品生命周期的黄金时代。在这个阶段,产品的销售量达到顶峰,给企业带来了巨额利润,所以企业的营销策略都着重于延长产品的成熟期,也就是突出一个"长"字。

1. 市场改进策略

市场改进策略就是要为产品开拓更广泛的市场,具体地说,就是提高产品的销售量。销售量可以用如下公式表达:

$$销售量 = 产品使用者数量 \times 每个使用者的使用量$$

因此,提高销售量,就应从扩大产品使用者和提高使用量两个方面入手:①改不用者为使用者。企业尽可能用各种促销手段,使尚未使用这种产品的人转而使用它。②进一步细分市场,开辟新的目标市场。新的目标市场可以是地理的细分市场,如国际市场;也可以是人口的细分市场,如男性用品在女性市场上的推销等。③争夺竞争者的顾客。企业可以利用挑战性广告吸引竞争者的产品用户。④发展产品的新用途,指不改变产品的特性、质量、功能而发展的新用途。产品用途增加,消费者购买产品的数量就会大大增加。⑤利用促销手段,激励消费者在更多的场合,以更高的频率使用这种产品。

2. 产品改进策略

处于成熟期的产品,可通过对产品特性、质量、功能等方面作某些改进而吸引新的消费者,使停滞不前的销售量得以提高。具体的产品改进策略有如下几种:①提高质量策略。提高产品的使用性能,以高质量维护住老用户,吸引新用户。②改进特性策略。给产品增加新的特性,如大小、重量、材料、附加特性等,以此扩大产品的多方面适用性,提高其安全性,使产品更方便使用。③改良款式策略。满足消费者对产品美学的要求,使产品获得独特的产品个性,以领导市场潮流和风格。④改善服务策略。对销售量趋于饱和的产品附加优质服务工作,会带来更广阔的产品市场。服务工作可以从加快交货速度、增加技术服务、放宽信贷条件等方面加以改善。

3. 市场营销组合改进策略

即对产品、定价、分销渠道和促销这四个因素综合改进,以刺激销售量的回升。①价格。降低产品价格以吸引更多低层次消费者,除直接降价外,还可以实行特价、早期购买折扣价、补贴运费、放宽信贷条件等间接降价方法来吸引消费者。②分销渠道。为产品开辟更多的新分销渠道,并在原有的分销渠道中增加更多的销售网点。③促销。采用多种促销手段,如增强广告频率,延长广告时间,开展赠奖、竞赛、折让等促销活动,加强人员推销工作等。④更新换代策略。前面叙述的三种策略都是在老产品基础上谋求扩大市场销售量的途径,属于进攻型策略,或者是以守为攻的防守型策略。更新换代策略则是一种撤退型策略,在市场激烈竞争的环境下,企业根据主客观条件,在分析产品前景不利的情况下,干脆提前淘汰老产品,积极地开发新产品,开创新市场,使产品不断更新换代,这是企业在市场竞争中立于不败之地的根本措施。更新换代时要注意有计划、有步骤地使新旧产品在市场上进行衔接。

(四)产品衰退期的营销策略

产品进入衰退期后,在市场上失去了吸引力,被更多、更好的商品代替。产品是否已进入衰退期,还需要企业成立一个由各个管理部门代表组成的审查委员会,根据市场大小、占有率、价格、成本、利润等资料,作出评估。如果确实进入衰退期,则企业应尽早把资本投入到新产品的开发中。因此,在衰退期的营销策略中突出一个"转"字。

1. 维持或缩小策略

在产品衰退阶段,很多企业纷纷退出市场,但是如果这种产品在市场上仍能满足一部分落后消费者的需求,企业就可以根据自身条件适当地保留一部分生产。

2. 延长寿命策略

通过价值分析,降低产品成本,以便于进一步降价;通过科研实验,增加产品功能,开辟新用途;加强市场调查研究,开拓新的目标市场,争取新的消费者;改进产品设计,以提高产品性能、质量、包装、外观等,从而使产品生命周期不断实现再循环。

3. 彻底淘汰策略

将老产品的生产所有权进行转让或出卖给其他企业,把早已研制成功的新产品推向市场,进入一个新的产品生命周期。

第三节 产品包装与品牌决策

产品的包装和品牌决策是现代产品策略中非常重要的内容,已成为现代市场营销的专门学问。

一、包装

许多实体产品都有包装,有些包装是闻名于世的,如"百事可乐"的瓶子。许多营销人员把包装视为继价格(price)、产品(product)、地点(place)和促销(promotion)之后的第五个 P(pack),不过大多数营销人员还是把包装视为产品策略中的一个要素。包装有两层含义:一是静态方面的含义,指产品的容器与其他包扎物,如包装袋、包装箱等;二是动态方面的含义,指盛装或包扎产品的活动。有时兼指两者,通称为包装。从营销学观点来看,包装是产品整体中的形式产品,可定义为为某项产品设计和制作一种容器或包装物以保护商品、促进销售的活动。

(一)包装的作用

包装已成为强有力的营销手段,设计良好的包装能为消费者创造方便价值,同时对于搞好市场营销、促进产品的销售有着重要的作用。

第一,保护产品,防止或减少产品在供应、运输、储存和销售过程中出现散落、遗失、毁坏、变质等。

第二,便于运输、携带和贮存,节约运输工具和储存空间。

第三,良好的包装具有广告和推销的功能,是"沉默的推销员"。

第四,包装作为产品整体概念中的一部分,起着提高产品价值的作用。方便美观的包装会使顾客愿意支付更高的价格购买产品,使企业增加利润。

(二)包装设计的基本要求

包装设计是对产品包装的材质、结构、图案、颜色等所作的设想和计划。它已成为一门专门的科学,国外设有专门的研究机构或设计单位,规模较大的企业也有专门的包装设计部门。

产品包装设计的要求主要有以下几个方面:

第一,针对顾客而设计,这是现代包装设计最重要的原则。

第二,保护商品,造型美观。

第三,经济实用,即选用包装材料要尽量便宜,要设计多用途和多次使用的包装,并尽可能合理包装和简化包装,以节约包装费用和运输费用。

第四,包装的档次要与商品本身的价值相符合。

第五,包装的造型与结构设计要科学合理,为运输、销售、携带、保管和使用提供方便。为便于识别商品,可设计透明包装和开窗包装;为便于陈列、展销,通常有堆叠式包装、挂式包装和展开式包装。堆叠式包装是在包装物的顶部与底部都设有吻合部分,使商品在上下堆叠时能够咬合,在陈列时节省货位。挂式包装的设计具有独特的结构,便于悬挂,常见的有袋形、套形包装等。展开式包装是一种具有特殊造型和结构形式的包装,它既可关闭,又可展开,非常灵活。此外,携带式包装的造型备有提手,为消费者提供方便。便于使用的包装设计有:易开包装、喷雾包装、一次性包装等等。

第六,包装的设计要适应不同民族、风俗习惯、宗教信仰和心理上的需要。世界上不少国家和地区对某些图案或色彩存有禁忌,设计时必须充分考虑到这一点。

(三)包装策略

包装策略就是指对产品包装的形式、结构、方法、使用材料等所采取的各种对策。在确定产品包装时必须选择适当的包装策略。常见的包装策略有以下几种:

1. 类似包装策略

类似包装策略也称统一包装策略或产品线包装策略,指企业将其生产的各种产品,在包装上采用相同的图案、色彩或其他共同特征,使顾客极易联想到是同一企业的产品。采用这种包装策略的优点在于,可以节省包装设计费用,增加消费者的信任感,壮大企业的声势,尤其对刚推上市场的新产品更是如此。但这一策略仅适用于相同品质的产品,如果产品的品质悬殊太大,则会增加低档产品的包装费用,影响高档产品的声誉,故不宜采用这一包装策略。

2. 综合包装策略

综合包装策略也称成套包装策略,指把使用时相互有关联的多种商品放在同一包装物中一起销售。这种包装策略的优点是,将若干不同种类或不同规格、大小的产品放在同一包装容器内同时出售,可能把新产品和老产品放在一起销售,有利于新老产品混合推销,使消费者不知不觉地接受新观念、新思想,习惯于新产品的使用;同时,将用途上相互关联的产品一同出售,还给消费者的使用提供方便。采用此策略时,要防止硬性搭配,以免引起消费者的反感。

3. 等级包装策略

等级包装策略指企业把自己所生产的产品按不同等级采取不同的包装设计,对高档优质产品采用优质包装,一般产品采用普通包装。

采用等级包装策略,使包装的形式与商品质量保持一致,便于不同购买力层次的消费者选购。但是同类产品采用不同包装,会增大包装费用。

4. 再使用包装策略

再使用包装策略也称双重用途包装策略,指商品使用完毕后,原包装物可作其他用途。目前,这种包装方式比较流行。例如,空盒、空瓶、空罐,一方面保护和美化原商品,吸引顾客;另一方面,刻有商标的容器在再使用中,能引起使用者的联想和回忆,起到潜移默化的广告宣传作用,增加重复购买的动机。但是这类包装成本高,实际上包装本身已成为一种产品了。

5. 附赠品包装策略

附赠品包装策略也叫万花镜式包装策略,指通过附赠某种别致的小商品,以引起顾客的惠顾效应,导致重复购买的策略。采用这种策略对于扩大销售有很大作用,在对妇女和儿童有较大影响力的市场,运用这一策略效果尤为明显。如在包装盒内附有某种精雅别致的小商品、连环画、彩色人物照片、集字图、奖券等等。

6. 创新包装策略

创新包装策略也叫改变包装策略,指企业随着产品的更新和市场的变化,相应地改变包装设计,以维持或扩大产品销售的策略。如果产品的包装已采用较长的时间,由于包装陈旧影响了销售,则采用该策略,可以给顾客以新鲜感、优质感。即使原来的产品不变,只在包装上有所创新,也往往会产生意想不到的效果,扩大销售量。

二、品牌决策

品牌是产品策略中的一个主要课题,一方面,开发一种有品牌的产品需要大量的长期投资,特别是用在广告、促销和包装上的投资很大,许多品牌导向的公司与制造商签约许可它们进行贴牌生产。另一方面,制造商最终认识到拥有自己品牌的公司的威力,日本和韩国的公司为建立品牌大量地投入,诸如索尼、丰田、三星等。

(一)品牌

1. 品牌的定义

美国市场营销协会定义委员会对品牌所下的定义是:"品牌是一个名字、词语、符号或设计,或是以上四种的组合,用以识别一个企业的产品或服务,使之与竞争对手的产品或服务相区别。"品牌是一个集合概念,其实质上是销售者对交付给购买者的产品特征、利益和服务的一贯性承诺。

品牌是一个非常复杂的符号标志,一个品牌能表达出六层涵义:第一是属性,一个品牌首先能给人带来特定的属性;第二是利益,属性需要转换为功能和情感利益;第三是价值,品牌还体现了某些价值感;第四是文化,品牌可能象征着一定的文化;第五是个性,品牌代表了一定的个性;第六是使用者,品牌还体现了购买或使用这种产品的是哪一种销售者。

品牌的挑战是要深入开发一组正面联系品牌的内涵,营销者必须决定如何锁定对品牌的认知。不能只促销品牌的属性,因为购买者感兴趣的是品牌利益而不是属性,同时竞争者很容易复制这些属性,而且当前的品牌属性在将来可能毫无价值。

2.品牌标识设计要求

品牌标识设计是一项具有较高艺术和技巧的工作。它要求设计者不仅有一定的文学和艺术修养,非常熟悉产品的特性和品质,而且还通晓各国的历史、地理、民族文化和风俗习惯等知识。品牌标识设计一般有以下几点要求:

第一,产品的品牌与同类产品有较明显的差异,能充分显示本企业的精神和特性、产品的性质和特点,给顾客留下深刻的印象。

第二,力求文字简明,易于拼读、辨认和记忆,这样才能借助广告宣传,使品牌在短时间内为广大消费者所认可、接受和牢记。

第三,应做到创意新颖、美观大方,有艺术的感染力,既美化商品,给人以美的享受,又能在瞬间引起消费者注意,引起联想,产生对产品品质或服务精神的信任和好感。

第四,品牌标识设计要适合消费者的心理要求,适应消费者对该产品的喜爱和偏好,避免在心理上反感和其他错觉。在设计产品的品牌时,应符合各国的规定和风俗习惯的要求,充分注意国际贸易中的习惯和信誉。

第五,不断创新或更新品牌,以显示企业的精神和产品的特性不断在发展。但是,一个享有盛誉的品牌是企业的一笔无形财富,是促进销售的一棵摇钱树,一般不能轻易更改。

第六,要遵守国家的商标法,易于申请注册登记,以便得到法律保障。

(二)品牌决策

品牌化给营销者提出了一系列具有挑战性的决策。一般的品牌决策包括品牌化决策、品牌使用者决策、品牌名称决策、品牌战略决策、品牌重新定位决策。

1.品牌化决策

品牌化决策是指有品牌或者无品牌的决策。在历史上,许多产品不用品牌,生产者和中间商直接销售产品,无须供应商的任何辨认凭证。今天,品牌化的发展如此迅速,以致很少有产品不使用品牌,如车胎和过滤器都标有汽车制造商的品牌名称。

很明显,建立品牌要付出许多成本,那么为什么还要建立品牌呢?因为品牌可以给企业带来很多好处:

第一,企业的品牌名称和商标对产品独特的特点提供法律保护。

第二,有助于广告宣传与产品陈列。品牌反映一个企业的特性和精神,有利于人们建立起对企业形象的认识,使企业的精神和信誉、产品的特点和品质更好地传播给顾客。

第三,有助于增进市场份额。品牌有利于控制和占领市场,防止无品牌商品或其他品牌商标的产品以次充好、鱼目混珠。

第四,有助于缩小价格弹性。品牌使产品与竞争者的产品产生差异,品牌所有者可建立其本身产品的价格,而不易与其他竞争产品比较。品牌已成为产品差异化的一种手段。

第五,有利于产品线的扩充。

2.品牌使用者决策

企业在如何使用品牌方面有好几种选择。企业推出产品可能用自有品牌,也可以用中间商品牌或者许可品牌。虽然在市场上企业品牌趋向于占支配地位,但一些大型零售商和批发商已开发出他们自己的品牌,百货公司、超市及有特色的商店品牌在日益增加。

中间商为什么要采用自有品牌呢?尽管他们必须找到能提供质量稳定产品的合格供应商,订购大批量的产品,将他们的资金用于储备存货,而且还出资宣传推广自己的品牌,但中间商自有品牌有两个优点:一个是有利可图,另外一个是零售商用自己建立的独家专有品牌建立差异化竞争优势。在企业品牌和中间商品牌的对抗中,中间商具有许多有利条件。由于零售店的货架空间是有限的,许多超市现在要收取进店费作为接受新品牌的条件,以分摊它的陈列和储藏成本。中间商可以把显著的陈列地点留给自己的品牌并保证有更充足的备货。除了商店品牌的实力增强外,企业品牌下降还有其他的原因。消费者对价格更敏感,他们注意与企业竞争相等值的质量,以及很多零售店在复制最好品牌的商品。

3. 品牌名称决策

选择品牌名称有四种战略:

第一,个别的品牌名称。采用这种战略的主要好处是它没有将公司的声誉系于某一产品名称的成败上,假如某一品牌的产品失败了或者出现问题,不会损害整个企业的名誉,这种战略可以使企业为某一新产品寻找最佳的名称。

第二,对所有产品使用共同的品牌名称。对所有的产品使用共同的品牌也有一些好处。引进一种产品的费用较少,因为不需要进行"品牌名称"的投资。另外,如果企业的声誉良好,产品的销路会很好,比如通用电气公司。

第三,对所有产品使用不同类别的品牌名称。如果某企业生产截然不同的产品,则使用这种策略就不太合适了。除此之外,企业通常对同类产品中质量不同的产品使用不同的品牌名称。

第四,企业的商号名称与单个产品名称相结合。有些企业试图将其公司名称与某种产品的单个品牌名称联系起来,公司名称可使新产品正统化,而单个品牌名称又可使新产品个性化。

当企业决定了它的品牌名称战略后,就要进行选择特定品牌名称的工作,可以选择人名、地点、质量、生活方式或艺术名字。现在,很多公司喜欢雇用营销研究公司开发名字和测试它们。为了迅速地在全球市场中成长,公司在选择品牌名称时也要放眼全球。

4. 品牌战略决策

品牌战略决策通常有五种:产品线扩展,品牌延伸,多品牌,新品牌和合作品牌。

(1) 产品线扩展。产品线扩展是公司在同样的品牌名称下面,在相同的产品种类中引进增加的项目内容,如新口味、形式、颜色、成分等等。大量主要的新产品活动由新产品线扩展组成。产品线扩展也包含风险,有时可能使品牌名称丧失它特定的意义;有时因为原来的品牌过于强大,致使它的产品线扩展造成混乱,加上销售量不足,难以冲抵它们的开发和促销成本。然而,产品线扩展更多的是积极的一面,它们的存活率高于新品牌产品。

(2) 品牌延伸。企业可能会决定利用现有品牌名称来推出其他产品类目中的一种新产品。与产品线扩展一样,品牌延伸战略有许多优点。索尼把它的名字用在大多数电子产品中,使人们对每种新产品可以立即建立高质量的认识。当然,品牌延伸也有风险。新产品可能使消费者失望并损害公司其他产品的信任度。品牌名称滥用会失去它在消费者心目中的特写定位。当消费者不再把品牌名与一种特定产品或者高度类似产品联系起来时,这就是品牌稀释。企业在引入它们的品牌名称时,必须研究它与新产品的联系程度如何,最佳结局是该品牌名称使新产品和原有品牌都扩大了销售。一个可接受的结果是新品牌有销量和对原有产品没有影响。最坏结局是新产品失败了并伤害了原有产品。

(3) 多品牌。一家公司经常在相同产品类目中引进其他品牌。有时,它可以为不同买主提供不同性能或诉求的方法。例如,宝洁公司产品在清洁剂中有九个品牌。多品牌战略还能使公司占领更多的分销商货架,或者,企业建立侧翼品牌是为了保护主要品牌。有时,公司通过获取竞争公司的品牌,从而继续不同的品牌名称。引进多品牌的危害是每个品牌仅仅占领了很小的市场份额,也可能毫无利润。公司把资源分配于过多的品牌,而不是为获取高利润水平的少数品牌服务。理想的是,一家企业的品牌应蚕食竞争者品牌而不是自相残杀。

(4)新品牌。当企业推出新产品时,可能发现原有的品牌名称不适合它,这时就要设计新品牌。例如,春兰集团以生产空调为主,当它决定开发摩托车时,采用"春兰"这个女性化的名字就不太合适,于是采用了新品牌"春兰豹"。

(5)合作品牌。它也称为双重品牌,即两个或更多的品牌在一个提供物上联合起来。每个品牌的持有人都期望另一个品牌能强化对自有品牌的偏好或购买意愿。对合作包装的产品来说,各个品牌希望它能够接触到新的受众。合作品牌的形式有多种:一种是中间产品合作品牌,另一种是同一公司合作品牌,还有一种是合资合作品牌,最后是多持有人合作品牌。

5.品牌重新定位决策

随着时间的推移,当竞争者推出新品牌或顾客偏好改变时,企业应重新评价原品牌,对品牌进行重新定位。在重新定位的过程中,企业应考虑:调整目标市场的成本,如包装费用、广告费用、渠道建设和管理费用等;评价新定位品牌的盈利能力,盈利能力取决于细分市场的消费者人数、平均购买率、竞争者的数量和实力等。企业要对各种品牌的重新定位方案进行经济可行性分析,选定一个盈利最大的方案。

复习思考题

1. 如何理解产品的整体概念?
2. 如何使企业保持最理想的产品组合状态?
3. 什么叫产品的生命周期?在生命周期的不同阶段,企业应分别采取怎样的营销策略?
4. 如何理解包装的营销作用?企业应如何运用包装策略?
5. 主要的品牌策略有哪几种?结合案例阐述各种品牌策略的应用环境。

案例分析

松下:品牌收缩

2003年7月21日,随着松下电器全球第一款以Panasonic命名的冰箱在上海的亮相,松下的全球单品牌策略开始启动。曾经被人们熟悉和使用了许多年的带有National商标的松下的所有家电产品将逐渐淡出人们的视野,被Panasonic全面替代。

松下电器放弃自1918年创立以来就开始使用的"发家品牌"National,退出日本本部以外的海外市场,统一品牌,保留单一品牌Panasonic,并将其定位为全球性的品牌,这就是松下品牌策略的转变。出于维护与加强品牌资产的目的,将原有的多个品牌策略性地进行缩减,以形成更为合理有效的品牌架构的行为,就是品牌收缩。National是松下电器创始人松下幸之助为体现"为国为民造福"理想而自创的品牌,并得到了日本政府的特别批准而被使用,是松下电器光荣历史的标志。Panasonic是1961年松下电器进入北美市场时,发现National的商标早已被注册,而开始使用的作为北美市场的松下品牌。在以后的发展中逐步形成了电视机、录像机等黑色家电使用的Panasonic品牌,而空调、冰箱、洗衣机、微波炉、电饭煲等白色家电产品使用National这一品牌。

Panasonic 品牌一向给人以科技含量高、时尚前卫的印象,而 National 品牌下的产品则代表传统、经典。这样不同的品牌定位,注定了两大品牌不同的命运。品牌收缩要以品牌定位研究为出发点,找出企业众多品牌在消费者心目中的定位,根据不同品牌要占据不同细分市场的要求,收缩、放弃定位重叠的弱势品牌,明确与加强符合企业发展战略要求的强势品牌。Panasonic 品牌自面向北美洲使用以来,品牌价值在海外得到了很大的提高,而海外市场的松下商品中使用 National 商标的仅有 10%,在品牌认知度上,Panasonic 要远远高于 National。因此,松下电器希望将 Panasonic 作为全球统一品牌,把"Idea for Life"作为统一的品牌概念,与松下电器的商品一起呈现给目标顾客,并以此加速全球的发展战略,以提高其整体竞争力。"Panasonic Idea for Life"的含义是"松下电器的所有员工,通过开发、制造、销售、服务,为人们富足的生活和社会的发展,不断提供有价值的提案"。

品牌收缩是个系统的、复杂的工程,正确与否关系到企业的存亡。因此,品牌收缩要在品牌战略的指导下有步骤地按计划进行。品牌收缩不是放弃,而是有目的的战略调整,是为了更好地进攻而进行的防御。松下电器的品牌收缩计划早在 2003 年 4 月就已经开始了,为此将以"营销专家"著称的松下电器欧洲本部部长伊势富一调到中国任松下电器(中国)有限公司总裁,首要目的就是督战松下新品牌战略的实施。为了实现品牌策略的转变,进行品牌收缩,该规模宏大的松下海外品牌转化工程历时一年,耗资超过 200 亿日元,约合 14 亿元人民币。松下品牌转化除冰箱外,还包括数码相机等产品在内的其他白色家电、数码产品,大部分新品在 2003 年 10 月前正式登陆全球市场;由 National 到 Panasonic 的品牌更换也在 2004 年 3 月份以前完成。此后,新上市的松下电器所有家电产品都使用统一的 Panasonic 品牌,而现有的 National 品牌产品将在明年 3 月前继续销售。这一单品牌战略是松下在全球的海外市场采取的统一部署,而由于这两个品牌在日本市场上享有极高的知名度,因此还将在日本本土继续同时使用。

松下电器正是希望通过品牌收缩进行品牌统一,来维护与加强松下企业品牌资产,以 Panasonic 科技含量高的品牌定位向消费者传递一种信息——松下电器是运用于普通消费者生活中的高科技电器产品,以科技理念来推动企业长久发展。

问题

1. 松下电器为什么会放弃给他们无数荣耀的 National 品牌?松下电器为什么要花 200 亿日元来统一品牌?

2. 松下电器为什么要使用统一的 Panasonic 品牌?试辨析多品牌策略与单品牌策略的差异性。

◇第十一章

定价策略

定价策略是指企业通过对顾客需求的估量和成本分析,选择一种能吸引顾客、实现市场营销组合的价格的策略。定价策略的确定一定要以科学规律研究为依据,以实践经验判断为手段,在维护生产者和消费者双方经济利益的前提下,以消费者可以接受的水平为基准,根据市场变化情况,灵活反应,实现买卖双方共同决策。

第一节 定价及其影响因素

一、定价

(一)定价的重要性

所有营利组织和非营利组织都面临一个给它们的产品或者服务制定价格的任务,在营销组合中,价格是能产生收入的因素,只有价格会直接产生利润,其他因素表现为成本。价格也是营销组合中最灵活的因素,它与产品特征和渠道承诺不同,它的变化是异常迅速的。同时,价格竞争是许多公司所面临的头号问题。但是,许多公司不会很好地处理定价问题,它们共同的毛病是:所定价格过分地以成本为导向,价格未能依据市场变化及时经常地加以修改,价格的制定是同营销组合的其他部分相脱离的,未被看成是市场定位战略的内在因素,并且不同的产品品目、细分市场和购买环境,价格的差别变化也不够多样化。

价格也是每笔营销交易业务中都存在的唯一要素,企业可以不去推销其产品,而只要求顾客亲自去工厂选购商品,甚至只制造某些毫无差别的商品,然而,企业必须进行定价。在市场经济条件下,价格是实现再生产过程的重要因素之一,任何商品的交易都不能没有价格。

商品价格的变化直接影响到顾客的购买行为,直接影响到商品的销售和利润。企业定价不仅要考虑到补偿成本、获取利润,同时还要考虑到消费者对价格的承受能力,如果价格不能被消费者所接受,那么市场营销组合的各种努力都是徒劳的。所以说,定价是定价策略中很重要的组成部分,要求企业更加重视商品的定价工作。

(二)定价的目标

企业定价的目标是由企业的市场经营目的决定的。由于企业市场经营的目的是多元化的,所以企业定价的目标也是多种多样的。常见的有以下几种：

1. 以利润为目标

以利润为目标通常为企业决策价格的主要影响力。这一定价目标具体表现为：

(1)以利润最大化为目标。这一目标表明企业要制定一个能达到最大利润的价格。追求利润最大化并不等于制定最高价格。当一个企业的产品在市场上处于某种绝对优势地位（如有专卖权或完全垄断等）时，固然可以实行高价的策略，以获得超额的利润。但是，在一般的市场竞争中，企业产品的价格不能定得过高，否则会遭到各方面的抵制或对抗，诸如需求量减少、代替品加入、竞争者增多、购买行为推迟，甚至会引起公众的不满而遭致政府的干预等，反而会降低利润。

追求利润最大化一般包括两个方面的含义：①追求企业长期总利润最大化。为了能使企业长远地生存和发展下去，有远见的企业领导人应该着眼于追求企业长期利润最大化，而不是短期的利润。若企业确定一个旨在追求短期利润最大化的价格，其结果可能会丧失广大的市场，为竞争者开启大门，无法维持长期而又稳定的利润。当然，这并不排除企业在某些特定的情况下，对某些产品定高价以获取短期最大利润。②要从企业的整体经营效益来衡量。一般地说，某一企业新进入某一市场，或是企业的某一种产品新进入市场时，为了开拓市场争取顾客，经常采用低价策略，使某一产品或某一市场在一定时期内没有盈利；此外，当企业生产和销售多种产品时，有些产品的价格可能会定得很低，赔钱出卖，目的在于招徕顾客，并借以带动其他产品的销售，从而在整体上得到更大的利益。

(2)以取得一定的投资收益率为目标。在定价时，企业力求达到某一标准的利润，实现预期收益，也就是企业规定了自己经营的资金利润率，也称之为投资收益率。西方企业根据市场实际情况，一般将投资收益率确定在纳税后的8%到20%。投资收益率应有一定的弹性，确定时要留有余地，其标准为企业开工率达80%，即可保证实现既定的投资收益率。投资收益率可以是长期的，也可以是短期的，多数企业将长期收益平均值确定为投资收益率。

(3)以追求满意利润为目标。有些企业对最大利润或投资收益率并无兴趣，他们要求价格根据成本而定，使投资者获得"满意"程度的利润。所谓满意利润是指一种能使投资者和管理者都满意的利润水平。

由于生产经营活动和市场的不确定性、各种变量因素的复杂多变及决策者主观条件的制约，最大利润目标往往难以实现，而满意利润才是大多数企业信奉的定价目标。这种满意的涵义会因时间推移、市场变化、生产效率的提高以及投资者压力等原因而发生变化。

2. 以销售数量为目标

在许多情况下，高额的销售量有助于使企业产品受到消费者的广泛接受。正是企业产品的销售量及消费者对产品的接受的范围和程度才真正决定了企业兴衰成败的命运。基于这种原因，有些企业以销售数量为定价目标。

(1)以尽量提高销售收入为目标。提高产品销售量既可以促进企业生产的发展，扩大生产，实现规模经济，又可降低成本，增加销售收入和利润。许多企业正是以尽量增加产品的销售数量、提高销售收入作为定价目标。

(2)以尽量提高产品的市场占有率为目标。市场占有率是企业的经营状况和企业产品在市场上的竞争能力的直接反映，对于企业的生存和发展，具有重要意义。所以，尽量提高市场占有率是十分重要的目标。一个企业只有在产品市场逐渐扩大和销售额逐渐增加的情况下，才有可能发展。

用企业产品市场占有率来表示企业的经营状况,有时候比用资金利润率表示更确切。因为,某一企业在一定时期的资金利润率高,可能是由于过去拥有很高的市场占有率的结果,如果市场占有率是下降的趋势,则最终也将导致资金利润率的下降。此外,对市场占有率的计算和衡量也比衡量利润最大化程度要容易得多。由于市场占有率指标对于企业经营具有如此特殊的作用,许多企业领导人都愿意用较长时间的低价策略来建立和扩充其市场占有率,或通过对某一部分产品实行低价策略来建立和扩充市场占有率。

(3)以尽量增加顾客数量为目标。企业为了使新产品引人注目,迅速占领市场,增加使用其产品的顾客数,制定较低价格的渗透策略,其目标是提高产品的知名度和市场占有率。特别是实力弱小的企业往往制定较低的价格,以求得消费者对其产品或服务的了解和接受,获取生存和发展的立足之地。

3. 以保持稳定为目标

规定和实施某种定价策略,都会带来市场份额的变化。当企业正处于有利的市场环境中时,任何改变都意味着一种威胁。这种威胁来自顾客,或来自竞争者,或来自中间者,或来自政府。因此,为了维持市场地位,企业力图通过价格策略达到维持现状的目标。

(1)以维持市场所占比例为目标。规模比较大的企业满足于保持其所占市场比例,以防止政府采取反托拉斯行动;小企业也力图保持经常不变的市场比例,以维持其正常的营销活动。

(2)以应付竞争为目标。许多企业在制定价格时,主要着眼于在竞争激烈的市场上应付或避免发生价格竞争,以免大幅度削价的价格竞争导致各方元气大伤。通常是以对产品价格有决定影响的竞争者的价格为基础,在广泛收集资料、审慎比较权衡以后,制定本企业的产品价格。力量较弱的企业,可采用与竞争者的价格相同或略低于竞争者的价格出售产品的方法。力量较强的企业,在扩大市场占有率时,可采用低于竞争者的价格出售产品的方法。资力雄厚,并拥有特殊技术或产品品质优良或能为消费者提供较多服务的企业,可采用高于竞争者的价格出售产品的方法。为了防止别人加入同类产品竞争行列的企业,在一定条件下,往往采用一开始就把价格定得很低的方法,从而迫使弱小企业退出市场或阻止对手进入市场。

(3)以维持印象为目标。企业通过生产品质高、名声好、价格低廉的产品,在市场上建立起良好、坚实、可靠的印象,从而促进企业的发展。这是因为,一种名牌产品在初期时都颇能获利,但随着时间的推移、竞争者的加入、新一代产品的上市,终究会出现被抛弃的情形。这要求企业制定相应的定价策略。

(4)以维持价格稳定为目标。有些企业素以安全为本。稳定产品或服务的价格,就会产生稳定的利润和稳定的生存与发展的环境。价格波动所导致的价格之争,以及由此引发的未能预料的其他后果,都会给企业正常的生产经营活动带来不利的影响。

(5)以维持良好的分销渠道为目标。维持分销渠道畅通是保证企业取得良好经营效果的重要条件之一,特别是对那些大部分产品都需经由中间商推销的企业,更是如此。为了使分销渠道畅通无阻,企业必须研究价格对中间商的影响,充分考虑中间商的利益,保证对中间商有吸引力的利润,促使中间商有足够大的积极性去推销产品。

二、影响定价的因素

价值规律是定价的理论依据。所谓产品价值,就是凝结于产品中的一般的人类劳动或物化劳动。这个量由生产它的社会必要劳动量决定,社会必要劳动量又是用社会必要劳动时间来衡量的。所以,生产产品所消耗的社会必要劳动时间,就代表着产品的价值。同时,产品的价值又必须通过产品交换过程才能实现。货币产生以后,产品的这种交换就通过货币来实现。因此,价值是价格的基础,产品价格是产品价值的货币表现形式。价值决定价格,但价格并非与价值保持一致。由于产品的供求变化、市场竞争状况、国家经济政策等多种因素的影响,在市场交换活动中不可避免地会出现产品价格与价值背离的现象。但从一个较长时期的价格平均值来看,无论是什么产品,价格与价值的过度背离都不会长久,价格总是围绕价值上下波动。也就是说,产品价格与产品价值的背离是价值规律作用的表现,产品价值总是产品价格波动的中心。

价格是产品价值的货币表现,不可随意变动,企业利润的大小取决于价格与价值的背离程度,这是理论上的抽象的价格概念。在现实的营销活动中,价格概念是活生生的东西,价格是产品价值的货币表现,且异常活跃,它根据市场供求状况的变化作出灵活反应。企业利润的大小不仅取决于价格与价值的背离程度,而且取决于多种因素:

(一)产品的成本

产品成本是由产品的生产过程和流通过程所花费的物质消耗和支付的劳动报酬所形成的。在实际营销活动中,产品定价的基础因素就是产品的成本,因为产品价值凝结了产品内在的社会必要劳动量。但这种劳动量是一种理论上的推断,企业在实际工作中无法计算。作为产品价值的主要组成部分——产品成本,企业对此可以相当精确地计算出来。

任何企业都不能随心所欲地制定价格,企业定价必须首先使总成本得到补偿,要求价格不能低于平均成本费用。所谓产品平均成本费用包含平均固定成本费用和平均变动成本费用两个部分。固定成本费用并不随产量的变化而按比例发生,企业取得盈利的初始点只能在价格补偿平均变动成本费用之后的累积余额等于全部固定成本费用之时。显然,产品成本是企业核算盈亏的临界点,产品售价大于产品成本时企业就有可能形成盈利,反之则亏本。一般而言,企业定价中使用比较多的成本类别有以下几种:

1. 总成本

指企业生产一定数量的某种产品所发生的成本总额,是总固定成本和总可变成本之和。

2. 总固定成本

也称为间接成本总额,指一定时期内产品固定投入的总和,如厂房费用、机器折旧费、一般管理费用、生产者工资等。在一定的生产规模内,产品固定投入的总量是不变的,只要建立了生产单位,不管企业是否生产、生产多少,总固定成本都是必须支付的。

3. 总变动成本

也称为直接成本总额,指一定时期内产品可变投入成本的总和,如原材料、辅助材料、燃料和动力、计件工资支出等。总变动成本一般随产量增减而按比例增减,产量越大,总变动成本也越大。

4. 单位成本

指单个产品的生产费用总和,是总成本除以产量所得之商。同样,单位成本也可分为单位变动成本和单位固定成本。单位变动成本是发生在一个产品上的直接成本,与产量变化的关系不大;而单位固定成本作为间接分摊的成本,在一定时期内,其与产量是成反比的。产量越大,单位产品中所包括的固定成本就越小;反之则越大。

5. 边际成本

指增加一个单位产量所支付的追加成本,是增加单位产品的总成本增量。边际成本常和边际收入配合使用,边际收入指企业多售出单位产品得到的追加收入,是销售总收入的增量。边际收入减去边际成本后的余额称为边际贡献,边际贡献为正值时,表示增收大于增支,增产对于企业增加利润或减少亏损是有贡献的,反之则不是。

(二)市场供求情况

1. 供求规律

供求规律是商品经济的内在规律,市场供求的变动与产品价格的变动是相互影响、相互确定的。

(1)价格与需求。需求是指有购买欲望和购买能力的需要。影响需求的因素很多,这里讨论价格对需求的影响一般表现为:当产品价格下降时,会吸引新的需求者加入购买行列,也会刺激原有需求者增加需求;相反,当产品价格上升时,就会影响需求者减少需求量,或改变需求方向,去选购其他代用品。价格与需求量呈反方向变化。

(2)价格与供给。价格与需求量关系的法则也适用于供给,只是价格与供给量的变化方向相同。当某种产品价格上升时,会刺激原来的产品生产者扩大生产和供应,还会刺激其他生产者参与该产品的生产和经营,从而使该产品的供应数量增加;当某种产品价格下降,从事该产品的生产者或经营者的利润就减少,甚至亏本,于是就缩小或停止其生产或经营,从而使该产品的供应数量减少。价格与供应量呈同方向变化。

(3)供求关系与均衡价格。由于价格影响需求与供应的变化方向是相反的,在市场竞争的条件下,供给与需求都要求对方与之相适应,即供需平衡,这一个平衡点只能稳定在供求两条曲线的交点上。当市场价格偏高时,购买者就会减少购买量,使需求量下降,而生产者则会因高价的吸引而增加供应量,使市场出现供大于求的状况,产品积压,出售者之间竞争加剧,其结果必然迫使价格下降。当市场价格偏低时,低价会导致购买量的增加,但生产者会因价低利薄而减少供给量,使市场出现供小于求的状况,购买者之间竞争加剧,又会使价格上涨。均衡价格是相对稳定的价格,由于市场情况的复杂性和多样性,供求之间的平衡只是相对的、有条件的,不平衡则是绝对的、经常性的。在商品经济条件下,供求影响价格,价格调节供求运行的方式,是商品价值规律和供求规律的必然要求。

2. 需求弹性

需求弹性是指因价格和收入等因素而引起的需求的相应变动率,一般分为需求的收入弹性、价格弹性和交叉弹性,对于理解市场价格的形成和制定价格具有重要意义。

(1)需求收入弹性,指因收入变动而引起需求相应的变动率。

(2)需求价格弹性,指因价格变动而引起需求相应的变动率。

(3)需求交叉弹性,指具有互补或替代关系的某种产品价格的变动,引起与其相关的产品需求相应发生变动的程度。

在正常情况下,需求和定价成反比,定价越高,需求越低,反之亦然。所以,在确定价格时,必须事先研究该产品的价格需求弹性,明确价格的改变对需求的影响。

(三)产品的市场特点

1. 消费者购买频率

购买频率大的商品,诸如日用小百货,一般采用低定价,薄利多销;反之,购买频率小的,诸如高档耐用品,其利润率应高一些,采取高定价。

2. 标准化程度

标准化程度较高的产品,其价格变动的可能性一般较小;非标准化产品的价格变动的可能性一般较大。

3.产品的易腐性、易毁性

这些特性较强的商品的价格变动性较大,一般是刚开始定价高,随着时间的推移,价格慢慢下降。

4.商品的季节性

一般来说,季节性强的商品的价格波动较大:在季节适宜之时,要价高;错过季节之后,价格就往下降。

5.企业生产规模和竞争格局

生产规模小的企业往往不能依据自己产品的成本及预期利润自主定价,而是依据大企业的同类产品的价格定价。如果在竞争中处于优势,企业可以适当采取提高价格的策略,反之,则应采取低价策略。

6.市场区域的大小

若企业的市场区域较小,供需容易调节,定价一般比较稳定;若市场范围较广,供需不易调节,价格波动的可能性较大。

(四)市场环境结构

现代市场经济中,按照竞争的情况,市场环境结构共有四种形式:

1.完全竞争市场

买卖双方的行为只受价格因素的支配,所有的促销活动只会增加商品的成本。企业不可采用提高价格的办法多得利润,只能靠提高自己的生产效率、降低生产成本的办法取得更多的利润。但是,由于完全自由竞争的商品在实际生活中很少见,只有某些农产品符合上述完全竞争的条件,完全竞争的价格论也仅适用于农业产品的定价。

2.完全垄断市场

从理论上讲,垄断企业有完全自由定价的权力。但是,实际上,独占企业的产品价格也受到种种限制,比如,其极易引起消费者的反对或政府的干预。

3.垄断竞争市场

在垄断竞争市场中,少数的买者或卖者拥有较优越的条件,可以对市场的定价和销售量起较大的作用。这种情况下,企业已不是一个消极的价格接受者,而是一个对定价有影响的决定者。

4.寡头垄断市场

在寡头垄断市场条件下,企业不能独立作产量—定价决策,商品的定价也不是通过市场供求决定,而是由几家大企业通过协议或默契规定的,这叫做操纵价格(或联盟价格)。操纵价格一旦决定,一般在相当长的时期内不会改变。因为某一厂商降低价格时,会立刻遭到对手企业更猛烈的降价报复,结果是使得大家都降低了收入;如果其中一个企业单独提高价格,别的企业会不予理睬,同时会乘机夺取提价企业的市场。所以,在寡头垄断下,不是通过价格竞争,而是通过提高自己产品的质量和大力加强促销活动来增强自己的竞争力。

第二节 定价方法

为了实现企业定价目标,就要相应地采取适当的定价方法,给本企业的产品制定一个基本的价格,并在此基础上进行适当的调整。企业定价主要考虑企业产品的成本、市场需求情况和竞争情况三个主要因素。但在不同时期,不同产品对各种因素的考虑侧重点有所不同。下面分别按照这三个因素介绍价格的确定方法。

一、成本导向定价法

成本导向定价法是一种按卖方意图定价的方法,它是以产品的全部成本为定价基础,在成本的基础上加上企业的目标利润或规定利润。它有以下几种形式:

(一)成本加成定价法

成本加成定价法是以产品的单位总成本加上固定百分比的利润来确定产品价格的方法。其计算公式如下:

$$单位产品价格 = 单位产品总成本 \times (1 + 加成率)$$

这里,加成率是预期利润占产品总成本的百分比。不同时间、不同地点、不同市场环境及不同行业,加成率不应相同,有的加成率很高,有的加成率很低。

成本加成定价法最主要的优点是计算方便,而且在正常的情况下,即在市场环境诸因素基本稳定的情况下,采用这种方法可以保证各行各业获得正常的利润率,从而保证企业生产经营活动的正常进行。所以,在市场环境稳定的情况下,许多行业都采用这种方法定价,尤其是零售业和零售杂货业、建筑业、进出口业和各种服务行业,以及科研投资项目等,更是普遍采用这种定价方法。

成本加成定价法除简单易行的优点以外,还有如果整个行业都采用这种定价方法,各企业的成本和加成率都比较接近,价格相差不大,相互之间的价格竞争就不会太激烈。此外,根据成本加成定价法定价,会在心理上给人一种公平、合理的感觉,使人提不出反对的理由。

但是,成本加成定价法是典型的生产导向观念的产物,完全没有考虑市场上需求一方的利益,其主要问题在于,它只是从保证生产者一方(卖方)的利益出发定价。此外,由于不考虑产品的销售量,而且在加成率的确定上缺乏科学依据,成本和价格的计算也必然缺乏科学性。尤其是新开发的产品,销售量本来就是很难预知的,所以,用其求出的成本也是不切实际的;在这样的成本基础上再加一个估计的加成率,由此确定的价格,很难说一定能为顾客所接受,更谈不上在市场上一定具有切实可靠的竞争能力。

(二)售价加成定价法

售价加成定价法是以产品的最后销售价格为基数,再按销售价的一定百分率来计算加成率,最后确定产品售价的方法。其计算公式为:

$$单位产品价格 = 单位产品总成本 \times (1 + 加成率)$$

也就是:

$$单位产品价格 = 单位产品总成本 + 单位产品总成本 \times 加成率$$

这里,加成率是利润占销售价格的百分比。

如果要求售价相同,则以成本为基础的加成率和以售价为基础的加成率是不同的,前者高于后者。例如,现有一产品,其单位总成本为 1000 元,其售价已定为 1250 元,那么,以成本为基础的加成率为 $1250/1000 - 1 = 25\%$,以售价为基础的加成率为 $1 - 1000/1250 = 20\%$。

一般地说,商业部门尤其是零售商业部门更多地采用以售价为基础的加成定价法。因为,对于店主来说,这样更容易计算商品销售的毛利率;对消费者来说,在售价相同的情况下,用售价加成定价法计算的加成率较低,更容易被认为定价合理,因而更容易被接受。

(三)目标收益定价法

目标收益定价法是企业按预期获得的利润量来确定产品价格的方法。这种方法与上述两种方法的主要区别就是产品的价格是由目标报酬率所决定的。应用这种方法定价的步骤如下:

第一步,确定目标报酬率。投资报酬的多少,由企业投资者决定。目标报酬率一般不低于现行银行利率。

第二步,计算确定目标利润总额。

$$目标利润总额=投资总额×目标报酬率$$

第三步,计算产品的价格。

$$单位产品价格=(产品总成本+目标利润总额)/预测销售量$$

目标收益定价法的优点是可以保证实现既定的目标利润,从而实现既定的目标报酬率。可是,该方法的一个严重缺点是未考虑价格与需求之间的关系。用销售量来估计价格,但价格却会对销售量产生重要影响。因此,用这种方法计算出来的价格,不可能保证销售量必定会实现,尤其是需求弹性大的产品,这个问题更为突出。此外,这种方法只考虑生产企业的利益,而不考虑竞争情况和市场需求情况,也是一种生产者导向的方法。

目标收益定价法只有市场占有率很高或具有垄断性质的企业才能采用,对于大型公用事业单位更为适用,因为在这种企业中,投资额一般都很大,业务具有垄断性,而产品一般又关系国计民生,与公众利益关系密切,需求弹性小。政府通常为保证其有一个稳定的报酬率,常允许它们采用目标收益定价法。

(四)收支平衡定价法

收支平衡定价法是运用损益平衡实行的一种保本定价方法,故又称损益平衡定价法、盈亏分界点定价法。它以盈亏分界点的总成本为依据来确定产品价格。盈亏分界点是指企业在收支平衡、利润为零时的销售水平,其计算公式是:

$$Q_0 = C_1/(P - C_2)$$

这里,Q_0——盈亏平衡时的销售量;

C_1——固定成本;

C_2——单位变动成本;

P——单位产品价格。

由此可推算出一定销售量的产品,其保本价格应定为:

$$P = (C_1 + C_2 Q_0)/Q_0$$

但是,企业经营的目的是取得利润,因此这一价格公式必须经过修正,引入预期利润L,于是可以得到下列公式:

$$P = (C_1 + C_2 Q_0 + L)/Q_0$$

价格P可使企业了解,价格至少应定在什么水平上,才能保本而不亏损;也可使企业了解,在某一既定的利润目标下,价格究竟应该定在什么水平上。

收支平衡定价法与上述几种定价方法相比,更加重视总成本的必要补偿和盈利,也很少考虑竞争情况和市场需求情况。

(五)变动成本定价法

变动成本定价法只计算变动成本,不计算固定成本,是在变动成本的基础上加上预期的边际贡献而形成价格,所以,又称边际贡献定价法。

所谓边际贡献就是单位产品价格减去单位变动成本后的金额,也就是补偿固定成本的费用和企业的盈利。

$$边际贡献＝单位产品价格－单位产品变动成本$$

由于边际贡献会小于、等于或大于固定成本,所以企业的经营就会出现亏损、保本或盈利三种情况。

从上面的边际贡献计算公式得出下列的变动成本定价法的价格计算公式:

$$单位产品价格＝单位产品变动成本＋边际贡献$$
$$＝(总变动成本＋预期目标贡献)/产(销)量$$

在市场商品供过于求、卖方竞争激烈、企业订货不足时,为了尽可能减少企业损失,保住市场,采用变动成本定价法是可取的。因为这种方法暂时不计固定成本,制定出的价格一般低于成本加成定价法的价格,有利于迅速扩大市场占有量,尽力维持生产。

二、需求导向定价法

需求导向定价法不再是以成本为基础,而是以消费者对商品价值的理解和认识程度为依据。需求导向定价法是市场导向观念的产物,包括理解价值定价法和需求区别定价法。

(一)理解价值定价法

理解价值定价法是根据消费者认知的商品价值及对该价值肯定程度的高低来定价,所以又叫认知价值定价法。这种定价方法的理解依据是:定价的关键问题是消费者的价值观念,而不是产品的实际成本,特别是消费者充分注意销售价格与产品价值关系的产品。

理解价值定价法认为,某一商品在市场上的价格和该产品的性能、质量、服务水平等,在消费者心目中都有特定的价值,企业销售商品的价格和消费者的认知价值是否一致,是商品能否销售出去的关键。因此,运用这种方法要做到以下两点:

第一,商品的价格尽可能地靠拢消费者的认知价值。这需要运用各种市场调研手段及实销试验手段,尽可能全面地收集消费者对商品的价值评价,从而为制定消费者可以接受的价格提供客观依据。

第二,改变消费者的主观价值评价。这需要运用各种市场宣传手段,改变消费者既定的价值评价,转而认可企业制定的现行价格。

理解价值定价法的步骤如下:

第一步,根据产品的性能、用途、外观及市场营销组合策略水平,确定顾客的理解价值,决定商品的初始价格。这里,如何测定和分析决定产品的理解价值水平是整个定价方法的关键。目前采用的办法有以下三种:①直接评议法。即邀请有关人员,如顾客、中间商及有关专家,对商品的价值进行直接评议。②相对评分法。即用评分方法对多种同类产品进行评分,再按分数的相对比例和现行平均市场价格推算评定产品的理解价值。③诊断评议法。即用评分法针对产品的信誉、功能、质量、可靠性、外观、服务水平等多项指标进行评分,找出各因素指标的相对理解价值,再用加权平均法计算出理解价值。

第二步,估计在此价格水平时希望达到的销售量、目标利润。

第三步,预测目标成本,其公式如下:

$$目标成本总额＝销售收入总额－目标利润总额－税金总额$$

或:

$$单位产品目标成本＝单位产品价格－单位产品目标利润－单位产品税金$$

第四步,决策。将上述单位产品的预测目标成本与实际成本对比,可能出现下列两种情况:

①实际成本≤目标成本。说明目标利润可以保证,即可确定初始价格为产品的实际定价。

②实际成本>目标成本。说明在初始条件下,目标利润得不到保证。需要进一步作出选择,或降低目标利润水平,或设法进一步降低实际成本(运用功能价值分析或加强管理措施等),使原价格方案仍能付诸实施,否则,不能保证实现预期利润目标,只能放弃投产方案。

(二)需求区别定价法

需求区别定价法就是指对于具有不同购买力、不同需求强度、不同购买时间或不同购买地点等的顾客,可以根据他们的需求强度和消费感觉不同,采取不同的价格,又叫差别定价法。注意,这种价格间的差别并不和成本的变化成正比。

需求区别定价法因对象、地点、时间的不同,有下列几种形式:

1. 以顾客为基础的差别定价

指对不同的顾客群,可以用不同的价格。如影剧院对学生和一般观众实行不同票价,电力公司对工业、农业、居民生活用电实行不同的电价。

2. 以地点为基础的差别定价

如影剧院、体育馆等因坐落区域不同而实行不同的票价;同种产品卖给不同的国家或地区,也可以制定不同的价格。

3. 以时间为基础的差别定价

不同季节、不同日期,甚至不同钟点的商品或劳务可以规定不同的价格。如旅游旺季和淡季实行不同的门票、车票、住宿费等;某些公用事业如电报、电话等在不同时间(白天、晚上、节假日、平日等)的收费标准不同。

4. 以产品的外观、式样、花色等为基础的差别定价

如同等质量和规格但花色或式样陈旧的产品,可以定低价,而花色或式样流行、新的则可以定高价。

实行需求区别定价法,必须具备以下条件:其一,市场能够根据消费者的需求强度实行细分化。其二,细分后的市场之间,低价市场的顾客不可能向高价市场的顾客转售商品或让渡服务。其三,在高价市场中,不存在竞争者用低价竞销手段来争夺顾客。其四,使用该定价方法增加的收入大于细分市场所增加的管理费用。其五,要有利于树立企业社会责任感的形象,防止引起顾客的反感。

三、竞争导向的定价方法

竞争导向的定价方法就是企业以竞争者的价格水平为依据,随着竞争变化情况不断调整自己产品价格的方法。主要有随行就市定价法、追随领导者企业定价法、密封投标定价法和拍卖定价法等。

(一)随行就市定价法

随行就市定价法是指在一个竞争比较激烈的行业中,某个企业使自己的产品价格保持在同行业平均价格水平上的定价方法。它是竞争导向定价法中最为流行的一种做法,在实践中应用相当普遍。在企业竞争的市场上,价格是由无数个买者和卖者共同作用的结果,在这种条件下,企业实际无定价权。它若把产品的价格略作变动,要么使企业产品滞销,销售额降低;要么使企业的产品过快脱手,给企业带来不应有的损失。所以,企业就以同行业平均价格水平作为自己产品的价格。

该定价法具有很多的优点:第一,现已形成的价格水平代表着行业中所有企业的集体智

慧,利用这样的价格,可获得平均利润。第二,依照现行行情定价,易于使本行业中的各企业价格保持一致,免于相互"残杀",从而使企业着眼于自己服务方式的优化和服务水平的提高,以争取更多的顾客。第三,在企业对一些商品的成本不易核算、市场需求和竞争者的反应难以预料的情况下,采用这种定价方法可以为营销、订货人员节省很多时间。

(二)追随领导者企业定价法

在类似于垄断竞争的市场环境下,在一些行业,特别是拥有较丰富后备资源的企业,为了稳定市场以利于长期经营,或为了应付或避免竞争,往往以同行业中实力最雄厚或影响力最大的领导者企业的价格为标准,别的企业则参照或追随领导者企业的产品价格为自己的产品定价。用这种方法定价可以避免企业之间相互竞争。

(三)密封投标定价法

这是社会集团(企业或事业单位)购买者在进行批量采购、从事大型机械设备购买或建筑工程项目投资时选择承造商(承包商或承建商)时的一种常用方法。其目的是通过引导卖方竞争的办法来筛选出最合适的合作者。征求承包人的一方(买方)称为"招标人",应征前来参加竞争的应聘者称为"投标人",经过竞争以后的优胜者称为"中标人"。

其交易过程一般为:第一,由一家买主或发包方发出招标公告,说明所要购买的商品或建设项目的具体技术要求,凡愿按条件交易者,可在规定的期限内用密封信函将报价寄给招标人。第二,招标人在规定时间内召集所有投标人,将报价信函当场启封,选择其中条件最有利的一家卖主或承包方为中标人,并与之签订合同,进行交易。

企业投标是希望中标。为此,企业在确定报价时,一方面要考虑到竞争者的报价,以较低的价格来增加中标的机会;另一方面,要考虑到企业的生产成本,以尽可能高的价格来增加企业的利润。一般说来,报价的高低与中标机会和期望利润三者之间存在如下关系:

表 11-1 报价关系表

报 价	高	中	低
中标机会	小	中	大
期望利润	小	大	中

因此,企业在确定报价时,应首先根据本企业的实力,确定几个标价方案,并计算出各标价下可得利润。其次应根据竞争对手的实力及出价的分析,确定每个方案中标的机会。再次是计算出每个方案的期望利润。最后是将期望利润最大的方案作为投标价格。

例如,现有一建筑企业欲参与承包一项重大建设项目,其投标报价如表 11-2。

表 11-2 某企业投标报价表

投标报价方案(万元)	可获利润(万元)	中标概率(%)	期望利润(万元)
100	10	90	9
120	30	50	15
140	50	15	7.5
160	70	1	0.7

对一些同时进行各项工程投标的大型建筑企业来说,显然选择第二方案,以求最大期望利润;对于一些只要求尽可能开工的小企业来说,应选择第一方案,以求一举中标。

运用密封投标定价法,最大的困难在于估计中标概率。因为这涉及掌握竞争者将如何投标的情况。由于每个竞争者总是力图严格地保守秘密,因而企业只能通过预测、市场调研或搜集过去的资料来进行尽可能准确的估计。

(四)拍卖定价法

拍卖定价法是事先不规定商品的价格,由买主公开出价竞购,然后以最有利的价格拍卖成交的定价方法。这是一种公开进行的、由买者为产品定价的方法。在出售土地、珍贵文物、艺术珍品或倒闭企业的财产清理时,常采用这种方法定价。

拍卖方式为拍卖行接受出售者的委托后,张贴通知或刊登广告,说明货物的品种、交付期限、拍卖方法、拍卖条件、存放地点、拍卖时间和地点,任人前往看货。到时拍卖行主持公开拍卖,把货物售给出价最高的购买者,当场成交。

拍卖时,通常由拍卖人喊一最低价格,由买主竞相加价,直到无人继续增价时,拍卖人即敲打小木锤,以示拍板成交。但也有先由拍卖人喊一最高价格,如无买主时,拍卖人逐渐减价,直到有人购买时拍板成交。拍卖行的经营者按每笔成交额向卖方或买卖双方收取一定百分比的佣金。

第三节 定价策略

制定价格不仅是一门科学,而且需有一套策略和技巧。定价方法着重于确定产品的基础价格;定价技巧则着重于根据市场的具体情况,从定价目标出发,运用价格手段,使其适应市场的不同情况,实现企业的营销目标。定价策略主要包括以下几种:

一、阶段定价策略

阶段定价策略是企业根据产品生命周期中不同阶段的产量、成本、利润、质量、供求和竞争等变化的特点制定产品的不同价格的策略,它旨在增加企业竞争力,获取最大经济效益。

(一)导入期定价策略

导入期产品定价策略一般有三种:

1. 高价策略

在新产品投放市场或是将产品投入新的分销渠道或市场区域之初,企业高价出售该产品,以便在短期内获取尽可能多的收益,收回投资,减小经营风险。这种做法恰似从牛奶中撇取奶油一样,故在国外又叫做撇油定价策略。这种定价策略的出发点是:新产品在市场上缺少竞争对手;需求弹性小,一些偏好猎奇、求新和一部分有实际需求的消费者纵然在高价的条件下,也会照常购买。

应用高价策略应具备的条件:第一,在市场上有相当一部分消费者对这种产品具有缺乏弹性的需求。在这种情况下,即使低价也不能收到大量推销的好处,而高价可以获得较高的总利润。第二,该产品所使用的新技术尚未公开,属于独家生产。第三,小批量生产和销售产品的成本和费用并不高。第四,具有较好的推销系统和较强的广告宣传能力,能引起人们的好奇心和购买欲望。

这种定价策略的优点是能尽快收回对新产品的投资,并可立即获得高额利润。如果发现高价使新产品难以推销时,改为低价也较容易。如果先实行低价,以后发现销路良好,而再改为高价,就会严重影响销售。其缺点是当新产品在消费者中的声誉尚未建立时,实行高价策略往往不利于开拓市场。同时,高价投放市场而获利较大时,又会吸引更多的企业来生产此产品,最终加剧市场竞争。

2. 低价策略

新产品投放市场初期,或产品投入新的分销渠道或市场区域之初,企业用低价出售该产品,借以迅速打开产品销路,扩大市场份额。这种定价策略旨在使新产品迅速向市场渗透,故又称渗透定价策略。

应用低价定价策略应具备如下条件:第一,企业生产能力较大,能满足市场需要。这样即使以低价投入新产品,由于扩大了销售量,使企业能大量生产而降低生产成本,同样可以增加利润。第二,产品的需求价格弹性大。第三,低价可以有效地阻止现实和潜在的竞争。

这种定价策略的优点是有利于企业尽快打开新产品的销路,缩短新产品的导入期;能有效地排斥竞争者的加入,从而使企业能较长时间地占领市场;随着销售量的增加、市场份额的扩大,成本可能随之降低,从而增加利润。其缺点是当发现产品销路好时,欲提高价格就很困难,如提价会减少销售量、缩小市场面。

3. 满意定价策略

在新产品导入期,企业在高价和低价之间确定价格。用中间价格出售,不偏不倚,能照顾到大多数用户的利益,给公众以良好的印象,在短期内打开销售渠道。消费者把这种价格也叫做"温和价格"或"君子价格",认为这种价格最合理,是"满意价格"。

应用满意定价策略的优点主要在于:既可避免高价带来的竞争风险,又可防止低价带来的损失,企业能在一个相对稳定的市场环境中获取平均利润;有利于维护广大消费者的利益;为其他阶段价格水平的基本稳定奠定了基础,价格不会出现巨大的波动和失控,有利于物价总水平的稳定。满意定价策略也往往会使企业失去获得更大盈利的机会。

(二) 成长期定价策略

进入成长期,产品具有一个相对稳定的销售市场,此时是企业获取较高利润的良好时机,所以成长期定价策略一般采用目标利润定价策略,即根据投资总额的一定比例计算利润总额,然后分摊到单位产品上,加上产品成本来确定价格。

例如,某自行车厂投资总额为 1500 万元,年产自行车 10 万辆,企业预期目标利润率为投资总额的 15%,那么每辆自行车的销售价格计算如下:

每辆自行车成本 = 1500 万元/10 万辆 = 150 元/辆

企业预期目标利润 = 1500 万元 × 15% = 225 万元

每辆自行车利润 = 225 万元/10 万辆 = 22.5 元/辆

每辆自行车售价 = 150 + 22.5 = 172.5 元

采取目标利润定价策略能够保证企业获得目标投资利润,并随着产量的增加,实现利润总额的增加,对占有相对稳定的市场和较少竞争对手的企业来说,使用此策略效果最好。

这种定价策略的关键在于对目标利润水平的掌握。一般说来,这个阶段的价格水平以获得社会平均资金利润率的水平为宜。

(三) 成熟期定价策略

产品进入成熟期后,销量达到最大,成本进一步下降,企业可以获得最大利润,但是大量竞争者加入,使竞争更加激烈,威胁着产品的销售,威胁着企业高额利润的实现。因此,适宜采取竞争定价策略,以能战胜竞争者、争取顾客的原则来制定产品的价格。

竞争定价策略是指企业通过制定低于同类产品销价的价格,以维持和扩大市场份额,战胜竞争者,增加销量和盈利的定价策略。采用竞争价格时,掌握降价的依据和幅度十分重要。如果降价幅度过大,虽然排斥竞争者,但也易使企业盈利过低,甚至亏损,难以维持正常的经营活动;降价幅度过小,虽然获得一定盈利,但不能保证击败竞争对手、扩大销量,市场占有率不仅不会提高,反而会降低,削弱自己的竞争能力。要保证降价幅度的科学性,应以产品需求弹性为客观依据。需求弹性大的产品,降价余地大,降价损失可通过销量增加来弥补,从而保证总收入提高;需求弹性小的产品,降价余地小,大幅度降价的损失难以从销量的增加上得到补偿。因此,从产品需求弹性、降价幅度和总收入的关系中,可得出这样的结论:需求弹性较大的产品降价幅度可以略大一些,以刺激顾客购买;需求弹性较小的产品降价幅度可以小一些,不能过大。

(四)衰退期定价策略

处于衰退期的产品定价,一般采用维持和驱逐两种定价策略。产品进入衰退期后,销量下降,市场份额逐步缩小,成本上升,利润下降,面临被新一代产品取代的危险,企业采取维持和驱逐定价策略,能尽量减少损失,最大限度地获取产品在生命周期最后阶段的经济效益。

1. 维持定价策略

维持定价策略是指对需求弹性小的生活必需品和主要的生产资料,继续保持成熟期价格或只作小幅度降价的定价策略。保持在成熟期阶段的价格水平上,具有不恶化产品在消费者心目中形象的特点。如果大幅度降价,会恶化产品形象,使消费者产生产品必是劣质的印象,导致购买力转移和销量下降,加速淘汰速度,使企业蒙受损失。因此,当维持价格按总销量计算达不到平均利润指标时,必须果断停产,及时转向新产品的开发和投入,避免更大的经济损失。

2. 驱逐定价策略

驱逐定价策略是指对需求弹性大的产品实行成本定价的定价策略。它以产品的平均变动成本为价格下限,大幅度降价,以驱逐竞争者,占领竞争者退出后的空白市场,阻止销量下降,保持企业在一定时期内市场占有率不变,以便企业清仓扫库或转产。

将变动成本作为驱逐价格的最低界限,是由固定成本特点所决定的。固定成本属于无论企业生产还是停产都必须支付的资金部分,而变动成本是企业生产时支付的资金部分。

二、地理定价策略

地理定价策略主要是根据买主所在地路途的远近,考虑商品的运输、装卸、仓储、保险等各种费用负担的一种定价策略。主要有以下几种方式:

(一)产地定价策略

由卖方制定出厂价或产地价,由买方负担全部运输、保险等费用的定价策略。商品交易在产地交货,交货后,商品所有权即为买方所有。这种方式又叫离岸价格(FOB),常用于运输费用较大的商品。对于卖者来说,这是最简单和便利的定价策略,但它会限制较远地区的厂商订货。

(二)目的地定价策略

是由卖方产地价格加上到达指定目的地的一切手续费、运输费和保险等的费用形成价格的策略。这种方式又叫到岸价格(CIF),常用于运输费用较小的商品。用这种策略定价虽然卖方的负担及风险要大些,但往往包含的利润也较大。

(三)统一交货定价策略

指不论买主所在地路程远近,都由卖主将商品运送到买主所在地,并收取同样价格的定价策略。在运费低廉或运费仅占变动成本的一小部分以及商品重量轻的情况下,卖主倾向于采取这种定价策略;如运费所占比重太大,就不宜采用这种方法定价。这种方法的好处在于,使买方误认为运送是一次免费服务,有利于巩固卖方的市场地位。

(四)分区运送定价策略

指从卖方角度,把市场划分为几个大的区域,根据这些区域的距离远近,不同的区域采用不同的运费标准,然后把运费加到价格中去的定价策略。与卖者距离远近不同的区域制定不同的价格,但每个相同区域内收取统一价格。一般原材料产品和农产品都实行这种价格。

(五)成本加运费定价策略

内容与上述的目的地定价策略相似,只是卖方不负担保险费,所以又叫做C&F价格。

(六)运费补贴定价策略

指以产品的产地价格或出厂价格为标准,为了照顾距离较远的买方的负担,对运费实行部分或全部补贴或优惠,实际上是一种运费折让。该定价策略有利于保持一定的市场占有率,抢占距离较远的市场区域。

(七)基点定价策略

指以距离卖方最近的买方的运费作为基点,加到产品价格中去的定价策略。距离卖方最近的生产点叫基点。这种方法制定的价格对较远地区的买方有利,而对邻近地区的买方不利。

三、心理定价策略

心理定价策略主要是零售企业的定价策略。零售企业直接面对最终消费者,消费者心理需求是影响购买行为的重要因素,因而也成为制定定价策略的重要因素。

(一)尾数定价策略

又叫奇数定价策略。企业为了迎合消费者求廉的心理,给商品制定一个带有零头的价格,如0.99元、9.95元等。奇数定价可以给消费者一个价格低的印象,并能产生企业定价认真负责的信任感,因而深受广大消费者欢迎。

(二)整数价格策略

对于价格较高的商品,如高档商品、耐用品或礼品等可以采取整数定价策略。企业为了迎合消费者"价高质优"的心理,给商品制定一种整数价格。当消费者得不到关于商品质量的其他资料时,为了购买高质量的商品,常常有"高级店,高级货"、"高价钱,是好货"的心理,以价格高低来辨认商品质量的优劣。整数定价策略利用的正是这一心理。而且,采用整数定价,在种类繁多的商品选购中,给顾客以方便,有利于商品的选择。

(三)分级定价策略

企业将众多规格和型号的商品按档次分成几级,每级定一个价格来满足不同消费层次的顾客需求。档次高的,可满足高消费顾客的优越感;档次低的,可满足低消费顾客的求廉心理。这样可使顾客便于按需购买,各得其所,并产生一种安全感和信任感,也便于消费者选购,便于售货员记忆,提高销货效率,增加收益。但是,各档次之间的差价不易掌握。

(四)声望定价策略

即凭借企业在消费者心目中的良好信誉及消费者对名牌产品、高档产品的"价高质必优"的心理,以较高的价格吸引顾客购买而制定商品的价格。声望定价抓住了消费者的某些心理,如高价炫耀、价格风险心理等,特别适合于药品、饮食、化妆品及医疗等质量不易鉴别的行业的产品或服务,但一般商品不宜采用声望价格。此外,一些使用声望价格的商品,其价格也不能高到令人难以置信和无力购买的程度。

(五)招徕定价策略

即为了迎合消费者求廉的心理,暂时对少数几种商品进行减价来吸引顾客,以招徕生意的策略。其目的是把顾客吸引到商场中来,在购买这些低价产品时也购买其他商品。但必须注意:该策略对日用消费品和生活必需品比较奏效;商场的规模必须较大;削价必须真正能吸引顾客;降价产品的品种和数量要适当。

(六)习惯定价策略

即在定价时参考已经存在的习惯价格进行定价。习惯价格是指那些顾客已家喻户晓、习以为常,个别生产者难以改变的价格。即使生产成本提高很多,再按原价出售变得无利可图时,企业也不能提价,否则会引起顾客的不满,只能采取降低质量、减少分量的办法进行调整;还可以推出新的花色品种,改进装潢以求改变价格。

四、折扣折让策略

折扣就是按原定价格少收一定比例的货款,折让是在原定价格中少收取一定数量的货款,二者实质上是一样的,都是一种减价策略。折扣折让是企业有意识地降低其基本定价,以达到争取顾客、扩大销售的目的。主要包括现金折扣、数量折扣、职能折扣、季节折扣、推广折让、跌价保证等六种方式。

(一)现金折扣

现金折扣也叫付款期折扣,是对在约定付款期以现金付款或提前付款的购买者,给予原定价格一定折扣的方法。比如,对付款期限为1个月的货款,立即付现可打折扣5%,10天内付款可打折扣3%等。实行现金折扣,可以加速企业资金周转,提前收回货款,避免烂账、坏账的发生,激起顾客购买的兴趣。它主要适用于资金较少的中小批发企业。

实行现金折扣的关键是要合理确定折扣率,其基本原则是折扣率的上限必须使折扣额低于企业加速资金周转所增加的盈利,其下限必须高于同期银行贷款的利率。

(二)数量折扣

数量折扣是指企业对那些大量购买某种产品的顾客予以一定减价的方法。一般来说,购买数量越大,折扣越大。实行数量折扣可以起到鼓励购买者增大订单购买量,建立长期的购销关系的作用,同时可使企业降低产销供各环节的费用。采用数量折扣定价应遵循下列原则:第一,享受折扣的数量标准不宜太高,要使大多数买主都能享受这种优惠,否则达不到吸引购买者、扩大销售量的目的。第二,数量折扣定价的确定以降低市场营销费用、增加利润为基本依据。第三,订货办法对所有购买者都一视同仁,即规定的价格和条件都是相同的。

数量折扣的主要形式有两种:

1.累计数量折扣

累计数量折扣规定在一定时期内(如1个月、半年或1年等),顾客购买产品的总量超过一定数额时,按总量给予一定折扣。这种办法有利于稳定顾客,建立和顾客的长期关系;使企业易于预测销售量,合理安排市场;可以保证货源,掌握进货进度;适宜推销过时、滞销或易腐坏的商品。此办法在批发及零售业务中都经常采用。

2.非累计数量折扣

非累计数量折扣是顾客一次购买达到一定数量或购买多种产品达到一定金额时所给予的价格折扣。采用这种定价策略,既可鼓励顾客大量购买,增加销售,又可以减少交易次数,从而节省人力、物力等费用,加速资金周转,达到增加盈利的目的。

(三)同业折扣

同业折扣是生产企业给予批发商和零售商等中间商的价格折扣。生产企业给予零售商的折扣要比给予批发商的少,因为批发商还要把这些产品批发给零售商。这样,可以鼓励批发商大量经营本企业的产品。

一般做法是先定好商品的零售价格,然后再按照不同的比率对不同的中间商计算折扣率。也可以先制定商品的出厂价,然后再按不同的差价率顺序相加,依次制定出各种批发价和零售价。一般来说,中间环节越多,折扣率就越大。

(四)季节折扣

指生产或经营季节性商品的企业或商店,为了鼓励批发商、零售商早期进货、储备商品,对在该产品淡季来购买的买主给予一定的折扣的方法。例如,夏季购买棉大衣、羽绒棉衣等都可给予一定的折扣。

对生产企业来说,采用这种策略,可以鼓励批发商和零售商提前购货,以减少仓储保管费用,加速资金周转。采用季节折扣还可以使企业的生产和销售不受季节变化的干扰,保持相对稳定。对零售商业来说,可以促进消费者提前购买,同样可以减少资金积压和仓储保管费用。季节折扣率应不低于银行存款利率。

(五)推广折让策略

指生产企业针对中间商提供的各种促销工作,如刊登广告、布置专用橱窗等的费用,给予减价或津贴作为报酬的一种策略。这种定价策略特别适用于新产品的导入期。

(六)跌价保证策略

即生产企业(卖主)向中间商(买主)保证,如果产品在销售期价格下跌,生产企业将对中间商的原有存货,依其数量退还或补贴其因跌价所造成的损失。这种定价策略的优点是能使中间商不必担心商品跌价所造成的损失而大量进货,在市场不景气或竞争激烈、开拓市场时,有利于调动中间商的积极性,是普遍采用的策略。但是,这种策略可能会引起中间商的投机心理,任意大量购进,这样做,价格上涨时对他有利,价格下跌时对他无损。

所以在实行这种策略时,应注意以下诸问题:第一,中间商存货过多,补贴金额可能太大;第二,中间商的库存不易核实;第三,可能导致中间商盲目大量进货,造成虚假的需求,使已经供大于求的产品继续大量生产;第四,导致"价格冻结",即当需要降价时,因考虑可能产生的过多的补贴而犹疑不决。

综上所述,市场上具体的营销价格是变化多端的,最易使人"捉摸不定",企业必须十分重视价格手段的应用。但也应该指出,企业在制定价格时要注意与其他非价格竞争手段的协调配合。单纯的价格竞争,可能引发企业间的价格战,使企业形象受损。而且对于现实中市场营销活动来说,价格本身也仅是吸引顾客的因素之一。过分夸大价格的作用也是片面的。

第四节 价格变动与企业对策

一、价格变动

企业经营面对的是不断变化的环境,在采用一定方法,并确定了定价策略后,企业仍需要根据环境条件的变化,对既定价格进行调整。企业对原定价格进行调整可分为两种情形,一是调高价格,二是降低价格。对价格进行调整的必要性源于企业经营内外部环境的不断变化。

（一）提价

具体地说，企业往往在下述一种或几种情形同时出现时需要提高现有价格：

1. 生产经营成本上升

在价格一定的情况下，成本上升将直接导致利润的下降。因此，在整个社会发生通货膨胀或生产产品的原材料成本大幅度上升的情况下，抬高价格就是保持利润水平的重要手段。

2. 需求压力

在供给一定的情况下，需求的增加会给企业带来压力。对于某些产品而言，在出现供不应求的情况下，可以通过提价来相对遏制需求。这种措施同时也可为企业获取比较高的利润，为以后的发展创造一定的条件。

3. 创造优质优价的名牌效应

为了使企业的产品或服务与市场上同类产品或服务拉开差距，作为一种价格策略，可以利用提价营造名牌形象。充分利用顾客"一分价钱、一分货"的心理，使其产生高价优质的心理定势。创造优质效应，从而提高企业及产品的知名度和美誉度。

（二）降价

降低价格则往往在下述情形下采用：

1. 应付来自竞争者的价格竞争压力

在绝大多数情况下，反击直接竞争者价格竞争见效最快的手段就是"反价格战"，即制定比竞争者的价格更有竞争力的价格。

2. 调低价格以扩大市场占有率

在企业营销组合的其他各个方面保持较高质量的前提下，定价比竞争者低的话，能给企业带来更大的市场份额。对于那些仍存在较大的生产经营潜力，调低价格可以刺激需求，进而扩大产销量，降低成本水平的企业，价格下调更是一种较为理想的选择。

3. 市场需求不振

在宏观经济不景气或行业性需求不旺时，价格下调是许多企业借以渡过难关的重要手段。比如，当企业的产品销售不畅，而又需要筹集资金进行某项新产品开发时，可以通过对一些需求价格弹性大的产品予以大幅度降价，从而增加销售额以满足企业资金回笼的目的。

4. 根据产品寿命周期阶段的变化进行调整

这种做法也被称为阶段价格策略。在从产品进入市场到被市场所淘汰的整个寿命周期过程中的不同阶段，产品生产和销售的成本不同，消费者对产品的接受程度不同，市场竞争状况也有很大不同。阶段价格策略强调根据寿命周期阶段特征的不同，及时调整价格。例如，相对于产品导入期时较高的价格，在其进入成长期后期和成熟期后，市场竞争不断加剧，生产成本也有所下降，下调价格可以吸引更多的消费者、大幅度增加销售，从而在价格和生产规模之间形成良性循环，为企业获取更多的市场份额奠定基础。

5. 生产经营成本下降

在企业全面提高了经营管理水平的情况下，产品的单位成本和费用有所下降，企业就具备了降价的条件。对于某些产品而言，由于彼此生产条件、生产成本不同，最低价格也会有差异。显然，成本最低者在价格竞争中拥有优势。

二、企业对策

在竞争市场上，企业制定某种价格水平、采用某种价格策略的效果同样取决于竞争者的反应。在竞争者的策略不会作任何调整的情况下,企业降低价格就可能起到扩大市场份额的效果;而若在企业降低价格的同时,竞争者也降低价格,甚至以更大的幅度降低价格,企业降价的效果就会被抵消,销售和利润状况甚至不如调整前。同样,在企业调高价格后,如果竞争者并不提高价格,则对企业来说,原来供不应求的市场可能变成供过于求的市场。鉴于此,企业在实施价格调整行为前,必须分析竞争者的数量、可能采取的措施及其反应的剧烈程度。

(一)企业对竞争者价格调整的反应

在市场经济条件下,企业不仅自己可以用价格调整参与市场竞争,同时也会面临着竞争者价格调整的挑战。如何对价格竞争作出正确、及时的反应,是企业价格策略中的重要内容。

1.企业应变必须考虑的因素

为了保证企业作出正确反应,企业应该了解:竞争者进行价格调整的目的是什么?这种变价行为是长期还是暂时的?如果不理会竞争者的价格调整行为,市场占有率会发生什么变化?如果作出相应的变价行为,对本企业存在什么影响?竞争者和其他企业又会有什么反应?

2.企业应变的对策

在同质产品市场上,如果竞争者降价,企业必须随之降价,否则顾客就都会购买竞争者的产品;如果某一个企业提价,其他企业也可能随之提价,但只要有一个不提价的竞争者,那么这种提价行为就只能取消。在异质产品市场上,企业对竞争者的价格调整的反应有更多的自由。因为在这种市场上,顾客选择产品不仅考虑价格因素,同时还会考虑产品的质量、性能、服务、外观等多种因素。顾客对于较小价格差异并不在意的条件,使得企业面对价格竞争的反应有了更多的选择余地。

(二)竞争者对价格调整的反应

企业面对的竞争者往往不止一家,彼此不同的竞争位势,会导致不同的反应。比如,当竞争对手认为其实力强于本企业,并认定本企业的价格调整目的是争夺市场份额时,必然会立即作出针锋相对的反应;反之,则不反应,或采取间接的反应方式。一般而言,面临企业的降价行为,竞争对手的反应可能会有以下情况:

第一,如果降价会损失大量利润,竞争者可能不会跟随降价;

第二,如果竞争者必须降低其生产成本才能参与竞争的话,则可能要经过一段时间才会降价;

第三,如果竞争者降价导致其同类产品中不同档次产品间发生利益冲突的话,就不一定会跟随降价;

第四,如果竞争者的反应强烈,其一定会跟随降价,甚至有更大的降价幅度。

由于环境是复杂的,竞争者的反应又会对企业的价格调整产生重大的影响,因此企业在变价时必须充分估计每一个竞争者的可能反应。

复习思考题

1.影响商品市场价格的因素有哪些?
2.企业的定价目标有哪些?
3.阐述成本导向定价法与需求导向定价法的具体方法并对比分析二者的优劣。
4.试分析竞争导向定价法的特点,以及它在企业经营实践中的意义。
5.定价策略有哪些类型?如何运用?
6.企业进行价格调整应该注意哪些问题?

案例分析

神舟电脑平民化营销案例

在 CCW RESEARCH 公布的《2002 年上半年中国家用台式电脑用户研究报告》的统计数据中,一个名不见经传的电脑新军——神舟电脑竟然在一年的时间内"连升三级",2002 年 1～7 月份已销售 9.78 万台家用电脑,挤占了 3.7%的市场份额,跃升至中国家用电脑的前五强。神舟电脑的"一路飙升",被业界誉为电脑行业的"深圳速度",成为业内人士广为关注的对象。

受"9·11"事件的影响,加上泡沫经济的余威未尽,2002 年上半年全球 PC 市场继续保持萎靡不振,而国内 PC 市场却依然强劲,销量保持了 20%以上的增长率。据估计,中国的 PC 市场预期成熟容量大约在 3000 万台左右,与现在的 1000 万台总量相比,市场的上升空间很大。在中国,随着消费者的消费行为越来越理性,PC 将由投资品走向消费品,消费群体将由贵族化转向平民化。可以说,PC 依然是黄金般的朝阳产业。

然而,当 PC 作为消费类数码产品走入寻常百姓生活的时候,PC 的高技术面纱已经扯下。今天,对于中国的 PC 厂商而言,重要的使命就是立足 PC 的普及,降低产品的价格门槛,利用企业技术的进步和管理的进步将成本实实在在降下来,做中国老百姓买得起的产品。

神州电脑正是在这样的一种市场预测预估下,成为一支 IT 新锐部队。神舟电脑是目前国内唯一具备电脑主机板和显示卡两项自主研发能力的整机制造商。电脑整机包括光驱、软驱、硬盘、内存、CPU、显示卡、主板 7 大核心部件,多数国内电脑厂商的 7 大部件全部依赖进口,而神舟电脑所采用的奔驰主板和小影霸显示卡,一直是其自主研发制造并在电脑配件市场占有率第一的著名品牌,其自主研发带来的是整体制造可使其成本降低两成左右。其他竞争对手除联想外,大多数企业还不具备自主研发板卡的能力而采取 OEM 生产。神州电脑显然在这些竞争对手面前,已经逐步显示出了其竞争优势。

神舟有一项著名的"5 小时反应"制度,即当市场上的某项信息发生变化时,这条信息将以最快速度从终端反馈回神舟总部,高层对该信息进行判断分析并作出决策,然后其响应决策再以同样的速度传达到终端并向市场公开,整个信息链的往返时间一般只需要 5 个小时。也正因如此,神舟电脑往往能够对市场变化作出最快反应。而在"快鱼吃慢鱼"的电脑业,"快"就是成本控制的最好武器。

神舟电脑成立之初,并没有克隆传统 PC 品牌庞大臃肿的销售体系,而是对传统的渠道概念进行了大胆创新:经由遍布全国的近千家专卖店,一台神舟电脑从生产线下线到消费者手中,中间只经过一个环节。神舟电脑还在全国各地创立"麦当劳"式的加盟体系,即以加盟连锁店的方式,在全国征集了一千多家代理商,建立起一千多家专卖店。这些具备统一的形象、美观的展示平台,并且整洁优美的专卖店,将成为神舟"卖场为王,决胜终端"的有力武器。此外,神舟在重要城市建立了神舟分公司,在全国的七大销售中心里,每一个区域都有分公司进行统一调度,如北京神舟——华北区、上海神舟——华东区、广州神舟——华南区、成都神舟——西南区、西安神舟——西北区、武汉神舟——华中区等等。神舟的分公司扮演的是物流中心、信息中转与技术支持者的角色。据悉,神舟已在全国设立了近 20 家分公司和一千多家专卖店,并已经在全国建立了 120 家授权服务维修站,开通了两条 800 热线。神舟产品若出现质量问题,用户可以就近联系到神舟专卖店。

分公司与连锁加盟店的策略,可以说是神舟渠道的神来之笔,它的成本低,便于管理且覆盖面宽,可以快速扩展渠道。而分公司可说是区域的桥头堡,由分公司进行本地化的角色扮演,可以针对当地消费习惯、行政政策制定相应的销售策略,成为总部与专卖店间沟通的纽带。统一的销售渠道使得神舟在价格变动、新品推广时,能够及时作出反应,迅速将信息传达到神舟各个卖场。

品质是企业的生命,品质优秀,能带来"多米诺骨牌效应",不但可以提高市场的美誉度,还能减少返修率、退货率,为企业节省下巨大开支,此外,更能为用户节省宝贵的时间和金钱,实现双赢。神舟在近一年的迅速发展中,在全国以渠道为依托,推动经销商由简单的物流向增值服务转型。区域分公司还会派出专业技术人员,对各地代理商进行技术指导,并在片区内合理搭配资源。渠道商家各有特点,有的长于接单,有的长于技术,神舟区域管理的目的,就是一种商务的新走向——渠道伙伴之间的相互协作。

PC产业竞争的另一个要点是服务,良好的售后服务是实现企业销售目标的条件之一。神舟电脑在实现产品服务的时候,坚持这样一条原则:其中的关键几个要素要满足100%用户的需求,而绝不是满足用户100%的需求。神舟一位高层曾中肯地表示:"说到的要做到,我们知道要在服务的诸多要素上全面超越竞争品牌不可能,但基于板卡是我们自己生产制造的现实,神舟电脑提出备件供应最及时的服务策略,神舟电脑绝不忽视售后服务的问题。"据悉,到2002年7月底,神舟电脑在全国已经建立起来的120家授权服务站的基础上,在上海、北京、广州、武汉、成都、沈阳、西安、深圳、南京又建立了9个自己独立运作的服务示范中心。

在当前我国企业普遍缺乏核心技术、创新能力不够、产品同质化程度较高、价格竞争成为最普遍的手段的情况下,成本领先战略在赢得竞争优势方面效果是明显的。因此,神舟电脑在其快速发展的进程当中,低价格便成为其最大的卖点。神舟电脑总经理卢振宇对此的解释是,神舟从来不打所谓的价格战,在产业链条越来越细化和透明的今天,企业之间的竞争势必表现为成本控制,因为只有成本控制才能决定产品是否真的具有竞争力,而价格是企业竞争力的最直接表现。神舟电脑之所以价格低廉,是因为从研发开始,到采购、生产、销售和售后等所有环节的成本控制都做到足够好,才形成了总成本领先的核心竞争力。

问题

1. 分析神舟电脑采用低价策略背后所具备的竞争优势。
2. 对比DELL电脑,分析神舟电脑如何利用渠道扁平化降低成本。

◇第十二章
分销渠道策略

从生产者的角度看，商品和劳务只有到达消费者和用户的手中才是现实的产品。停留在生产者手中的产品只具有初始形式，企业还需运用一定的市场分销渠道，经过实体分配过程，将产品在适当的时间、地点以适当的价格供应给目标顾客，从而实现产品的最终形式。这种把生产者和消费者联系在一起，最终实现产品所有权转移的时空通道，便构成了市场分销渠道。

第一节 分销渠道概述

一、分销渠道的概念

分销渠道是指某种产品从生产者向消费者或用户转移过程中所经过的一切取得所有权或帮助所有权转移的商业组织和个人，即产品从生产领域向消费领域转移经过的通道。在多数情况下，这种转移活动需要经过包括各种批发商、零售商、商业服务机构（交易所、经纪人等）在内的中间环节。在市场营销学中，所谓的分销是指产品从生产者经由中间商转移到消费者的市场营销活动。

二、分销渠道的地位

分销渠道的决策与管理在市场营销组合中占有重要地位。首先，渠道策略对营销组合中的其他策略有着直接的制约和影响。如产品的定价策略不仅取决于产品的成本、产品的质量特性等产品自身的价值，还取决于与分销渠道相关联的流通费用补偿、经销商的实力和声誉以及经销地点的分布密度。其二，渠道策略与产品策略、定价策略、促销策略有显著不同，它需要其他企业的密切合作与协调，在很大程度上是与相关企业分工协作后的结果。因此，渠道的管理与控制对企业营销策略的实施有着重要影响。其三，分销策略是相对长期的策略，必须经过周密考虑，立足于长远发展。否则，渠道模式一经确定，在市场发生变更时，改变或替代原有的渠道是极其困难的，甚至会给企业带来很大的损失。最后，由于企业与最终消费者之间存在一定的时空间隔，往往渠道内的信息传递有所滞后，一旦产品的销售困难积累在中间环节，企业来不及作出反应就已造成了巨大损失。因此，企业必须对分销渠道的策略给予极大重视。

三、分销渠道的作用

由于生产和消费之间在数量、品种、时间、地点、所有权等方面存在供求矛盾,为了解决这些矛盾并节约社会劳动,大多数产品不是由生产者直接提供给消费者,而是要经过一层或多层的中间环节,才能到达消费者手中。在这一过程中,分销渠道具有如下作用:

首先,中间商完成商品从生产者到消费者的转移。商品的生产是为了交换,只有通过市场交换,商品才能到达消费者手中,才能实现其价值和使用价值,企业才能获得盈利。中间环节的作用就是完成商品从生产者到消费者的转移。所以,对于生产者来说,不仅要生产满足消费者需要的产品,而且还必须正确选择自己的分销渠道,尽快在有利的市场条件下,把商品转移给最终的消费者。

其次,中间商可以承担生产者的部分职能。中间环节凭借其业务往来关系,接触面广,熟悉市场,经验丰富以及专业化和规模化经营的优势,能有效地弥合产品、服务与其使用者之间在时间、空间、所有权等方面的缺口。这样,提供给生产者的总利润往往高于生产者自销所能取得的利润。例如,在商品数量、花色品种、供货的时间和地点上都存有差异,构成分销渠道的中间商具有经常调节这些差异的功能,他们通过集中和扩散商品以调剂余缺、平衡供需。中间商可以针对不同地区、不同层次的消费需求,把商品分成不同等级、不同档次和不同的品种规格等,以分别满足各种目标市场的消费者需求。对于季节性产品,中间商可以通过汇集、储存、加工、集散等手段,按季节供应给消费者,达到购销两旺。

再次,利用分销渠道可以降低销售成本。在现实中,分销渠道环节繁多,关系复杂,由于有中间机构发挥自身特有的功能,从而保证了商品流通的顺利实现,缩短了商品的销售时间,加快了资金周转,进而加速了整个再生产过程。同时,也使企业从具体的销售业务中解脱出来,全身心投入生产和技术开发,有利于企业节约销售费用、降低成本、提高效益。图12-1示意了中间商存在的必要性,表明了由于中间商而达到的经济节约的主要来源。图中a部分假定有3个不同产品的生产者和5个消费者,在没有中间商的情况下需要进行 P×C=15 次交易;b部分通过中间商插入其间,则只需8次交易就完成了同样的工作量。

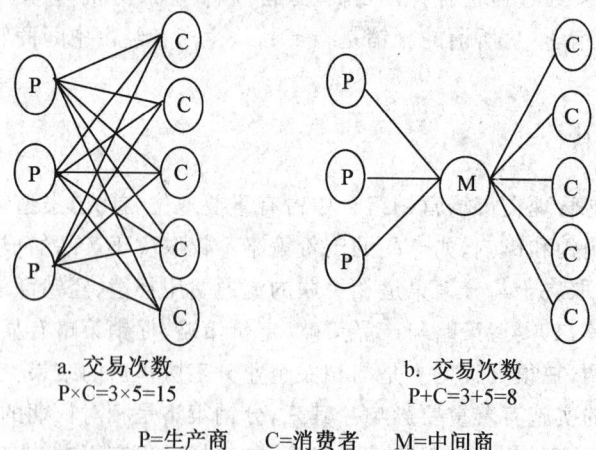

a. 交易次数
P×C=3×5=15

b. 交易次数
P+C=3+5=8

P=生产商   C=消费者   M=中间商

图 12-1　中间商存在必要性说明图

最后，分销渠道是重要的信息来源。处于分销渠道中的各种中间机构，活动于销售市场，能较准确地掌握消费者的需求、消费者对产品和服务的意见以及竞争者动态，从而能给生产者提供高价值的信息。通过这种信息沟通和反馈，生产者能及时改进自己的营销组合方案，完善自我，提高自身的竞争能力。

总之，商品经济愈发达，社会分工愈细，商品信息量愈大，分销渠道的作用也愈大。它在现代社会中，已成为沟通生产者和消费者不可缺少的桥梁和纽带。

四、分销渠道的职能及其执行流程

分销渠道的职能有以下重要方面：

（一）市场调研

搜集、研究和传递营销环境中关于潜在的和现实的顾客、竞争者及其他参与者的信息。

（二）促进销售

将有关企业产品的信息通过各种方式传播给消费者和用户，促进了解与信赖，促成消费者购买本企业产品，以达到扩大销售的目的。

（三）洽谈生意

通过对产品的价格、付款的方式、促销的费用、订货点及年完成额等条件与生产商达成最终协议，以实现所有权或占有权的转移。

（四）订货与筹资

渠道成员向生产者进行有购买意愿的反向沟通；同时，又必须获得支持各渠道保持存货所需的资金。

（五）风险承担

承担与开展渠道工作相关的各种风险。

（六）实体储运

负责对货物的仓储、运输和管理，使之有效地、适时地到达顾客手中。

（七）付款

购买者通过银行和其他金融机构支付销售者提供商品和服务的账单。

（八）转移所有权

所有权从一个营销机构转移到另一个营销机构或目标消费者。

执行分销功能的流程主要包括：实体流程、所有权流程、付款流程、信息流程和促销流程。在渠道中，这些流程有的是正向流程（供应者→生产者→消费者），如实体、所有权流程；有的是反向流程（供应者←生产者←消费者），如付款流程；还有的是双向流程，如信息流程。图12-2反映了五种不同流程的模式。

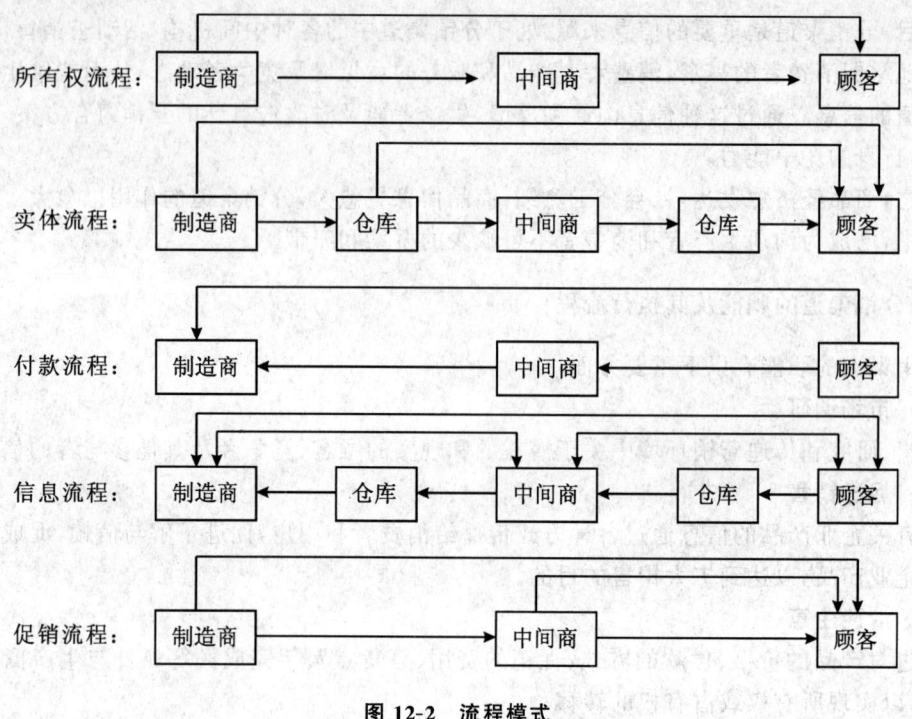

图 12-2 流程模式

五、分销渠道模式

凡是在将产品及其所有权向最终消费者转移的过程中承担若干工作的中间环节都构成一个层次。不同层次环节的多少表示渠道的长度,同一层次环节的多少表示渠道的宽度。在现实经济生活中,按工业品和消费品分类,它们各自都有一个基本的分销渠道模式,如图 12-3 所示。

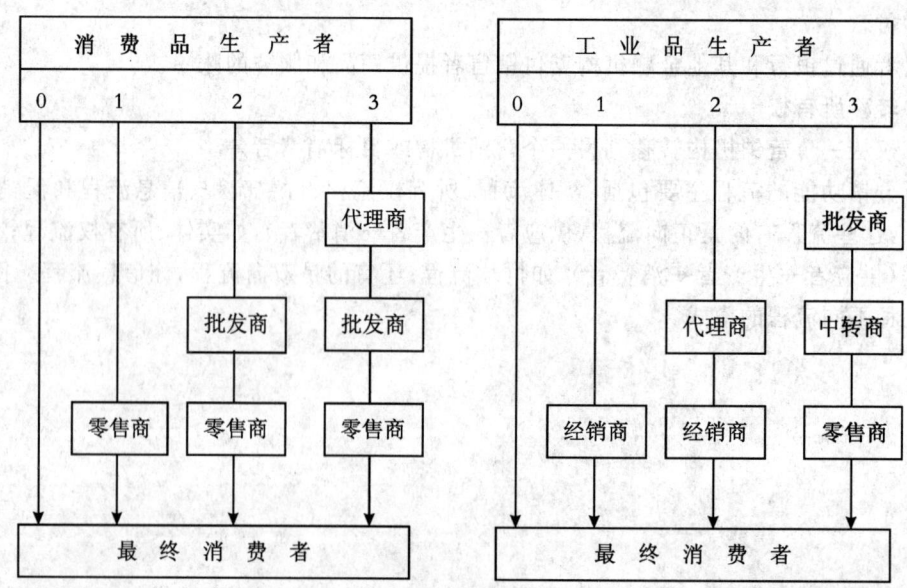

图 12-3 消费品和工业品分销渠道

1. 零层渠道(也称直接渠道)

生产者直接把产品卖给消费者,即生产者自己派员推销、开展邮购、电话购货、开设自销门市部等,以销售本企业的产品。

2. 一层渠道

一层渠道仅包含一个销售中间机构。这个唯一的中间环节在消费品市场是零售商,在工业品市场通常是经销商或经纪人。

3. 二层渠道

生产者和消费者或用户间经过二层中间环节。在消费品市场一般是批发商和零售商,在工业品市场则可能是代理商和经销商。

4. 三层渠道

三层渠道包含有三个中间机构,通常是代理、批发、零售,或者在批发、零售之间再加上一道中转商,解决大批发与小零售之间的差距。

图 12-4 表示在实现产品及所有权转移过程中各相关机构的作用。其目的就是强调在渠道分析中不仅要看到中间组织结构,而且要重视其职能的分析。

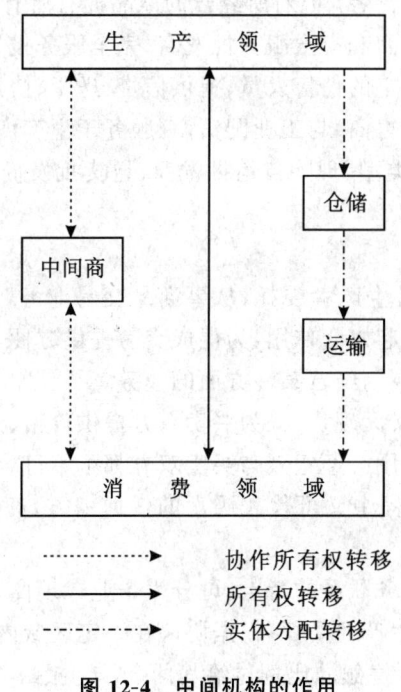

图 12-4　中间机构的作用

第二节　中间商

中间商是指介于生产者与消费者之间,专门从事商品流通活动的经济组织。主要包括批发商和零售商。

一、批发商

(一)批发商的概念

在商品流通过程中,一切不直接服务于最终消费者,只是实现商品在空间、时间上的转移,从而达到再销售目的的中间机构或个人,都算是批发商。他具有如下特点:

第一,从交易对象看,批发商的买卖活动一般是在企业之间进行,是与商业顾客而不是最终消费者打交道。购买的目的是为了转卖或再加工。

第二,从交易数量和购买频率来看,批发交易一般数量大、频率低,要求市场覆盖面大,因此,一般批发人员对仓储、运输、通讯等业务较熟悉。

第三,批发商在组织商品流通中能起到提高效率、降低费用、调节产销矛盾等作用。

(二)批发商分类

根据菲利普·科特勒在其《市场营销管理》一书中提出的分类标准,批发商分为四类:商业批发商、经纪人和代理商、制造商与零售商的分销部或办事处、其他批发商。

1. 商业批发商

商业批发商是一独立的经营者。他对所经营的商品拥有所有权,是批发行业的主力军。商业批发商可分为完全服务批发商和有限服务批发商。完全服务批发商执行全部批发职能、提供全方位的服务,如持有存货、固定的销售人员、提供信贷、送货、协助管理等。完全服务批发商也分为两类:批发商人(服务于零售商)与工业配销商(服务于生产商)。有限服务批发商只向客户提供较少的服务,有以下几种类型:现购自运批发商、送货批发商、承销批发商、托售中间商和邮购批发商。

2. 经纪人与代理商

经纪人和代理商是指接受生产者委托,从事商品交易业务,但不具有商品所有权的中间商。其主要职能是在买卖双方起媒介作用,为促成交易提供方便,并从中赚取佣金。经纪人一般依据产品线或顾客的类型,专门经营某一方面的业务。

经纪人既无商品所有权,又无现货,只为买卖双方提供价格、产品及一般市场信息,为买卖双方洽谈业务起牵线搭桥的作用。经纪人与买卖双方都不签订合同,不承担义务,与买卖双方均无固定的联系,但在买卖过程中又可代表买卖的任何一方,商品成交后从中提取一部分佣金,但佣金比例较低。

代理商按其与生产企业业务联系的特点,可分为企业代理商、销售代理商和采购代理商。

(1)企业代理商。他是受生产商委托,根据协议在一定区域内负责代销生产商产品的中间商。产品售出后,生产商按照销售额的比例付给其佣金作为报酬。企业代理商与生产商是委托代销关系。他负责推销产品,履行销售业务手续,本身可不设仓库,由顾客直接向生产企业提货。因此,他实际上类似于生产商的推销人员。生产商可同时委托若干个企业代理商,分别在不同的地区推销产品;生产商本身亦可同时参与某一地区的直接销售活动。

(2)销售代理商。他是一种独立的中间商,受托负责代销生产企业的全部产品,不受地区限制,并拥有一定的售价决定权。一个生产企业在同一时期只能委托一家销售代理商,且本身也不能再进行直接销售活动,因此,销售代理商实际上是生产企业的全权独家代理商。正因如此,销售代理商要对生产企业承担较多的义务。例如:在代销协议中,一般要规定一定时间内的推销数量,不能同时代销其他企业的类似产品,为生产企业提供市场情报信息,负责商品的促销活动等。销售代理商也实行佣金制,但其比例一般低于企业代理商。

(3)采购代理商。采购代理商一般与顾客有长期关系,能利用其消息灵通、及时把握市场信息的特点,代客户采购价廉质高的货物,并且也负责为客户收货、验货、储运,最后将货物运交买主。

3. 制造商与零售商的分销部或办事处

这种形式的批发是由买方或卖方自行经营批发业务,不通过独立的批发商进行。该批发业务可分为两类:

(1)销售分店和办事处。销售分店和办事处由生产商自己设立,与商业批发商相似,但分店隶属于生产商。销售办事处是生产商的驻外业务代办机构。

(2)采购办事处。这些办事处类似于经纪人或代理商,是一些零售商在中心城市及产品集散地设立的机构,是买方组织的一个组成部分。

4. 其他批发商

除上述几种批发商外,还有一些与专业部门相对应的专业批发商,如农副产品采购批发商、拍卖行等。

二、零售商

(一)零售商的概念

零售是指一切向最终消费者直接提供货物和劳务、使之用于个人生活消费和非商业性用途的交易活动。凡从事这种销售活动的机构,不论其经营类型、经营方式、归属于何方或在何处经营,都属于零售业范畴。以从事零售业务为主要经济来源的组织和个人都称为零售商。

(二)零售商的分类

按菲利普·科特勒提出的标准,零售商大致可分为以下四大类:

1. 产品线不同的零售商

(1)专卖店。这种零售商专门经营某一类或某几类商品,经营的商品规格品种比较齐全,以经营的主要商品类别为店名。

(2)百货公司。其特点是:经营商品类别广泛,种类繁多,规格齐全。发达国家的大百货公司经营的商品在几十万种以上,同时以经营优质、高档时髦的商品为主,分部组织与管理,每年销货总额较大。

(3)超级市场。超级市场于1930年首先出现于美国纽约。它的出现,被誉为商业上的第二次革命(百货公司的出现被誉为第一次商业革命)。它是一种自动售货、薄利多销、一次性结算的大型零售组织。近年来,各国的超级市场为了应付竞争,正在向大型化方向发展,出现了一些巨型超级商店、超级市场、综合商店,经营的商品品种繁多。初级的超级市场以出售食品为主,兼营少量杂货。目前的超级市场,已逐渐向多种商品发展。超级市场经营的多属于中低档商品,价格比较便宜。超级市场的商品包装比较讲究,以替代售货员介绍商品名称、用途、用法及特点,吸引顾客购买。有些超级市场设有宽阔的停车场,有的注意商场的建筑特色,并出售本商场的定牌商品,以树立信誉。

(4)便利店。它是一种小型商店,多设在居民区附近,出售家庭常用的商品,如香烟、小百货等,但商品种类有限。其主要特点是营业时间长(有的24小时营业)。它往往是夫妻商店,靠家族劳动,有的也雇用一两名职工。这种零售商形式,以日本最为普遍。在西方国家如美国,这种形式近年来发展得也较快。近几年,我国的小型商店如个体零售商也大量出现。

(5)超级商店、混合商店和特级商店。这是比超级市场更大的三种零售业,近年来在欧美国家发展较快。超级商店营业面积很大,经营范围很广,可以应有尽有。超级商店的目的是满足消费者日常生活的全部需要。除了经营食品、化妆品、个人保健品、家用器皿、服装及日常用品外,还兼营洗衣房、修理、支票付现、快餐等业务。特级商店综合了超级市场、折扣商店和仓库商店的经营方式,经营范围更广,营业面积和规模比超级商店更大。

2. 以低价为特征的零售商

(1)折扣商店。它是第二次世界大战后在美国出现的有影响的一种零售企业,也是一种百货公司,但出售的商品以家庭生活用品为主。其特点是:同一商品标有两种价格,一是牌价,二是折扣价,顾客按折价购买商品,其售价比一般商店低;它出售各种牌号的商品并保证品质,消费者对这些商品的价格、特征较为清楚;同时采用自动式售货,很少人工服务;设备简单,店址不在闹市区和租金高的地段。折扣商店以降低营业费用(一般控制在 12%~18% 之间)、薄利多销为目的。目前,折扣商店之间、折扣商店与百货公司之间的竞争较为激烈。这就促使百货商店经常降价进行微利销售,以达到与折扣商店竞争的目的,从而使两者之间差距日益缩小。折扣商店已逐渐从一般商品商店向专营店方向发展。

(2)仓库商店。这是一种不注重形式、价格低廉且服务有限的零售形式。它出售的商品,大多是顾客需要选择的大型笨重的家用设备,如家具、冰箱等。商店设在房租比较低廉的地段,一部分存货,另一部分供展销商品之用。顾客选中货物,付清货款,即可在仓库后部门前取货,自行运走。这种商店也旨在降低营业费用,因此价格比一般商店便宜 10%~20%。

(3)样本售货商店。它主要出售毛利高、周转快的牌子货。商店印有彩色样本,除实物照片外,还标有货号、价格及折扣数,顾客可凭样本打电话订货,由商店送货上门,收取货款及运费。这是一种很新的售货方式,20 世纪 60 年代后期在美国开始实施,并成为最热门的零售方式之一。

(4)工厂门市部。以工厂出货中心和实用零售中心集聚组成,许多产品会以低于一般零售店 50% 的价格出售。然而出货中心主要坚持做制造商门市部,零售中心则综合了制造商门市部和廉价零售店及百货店出货结算部。工厂门市部已经成为零售业领域最受欢迎的形式之一。

3. 无店铺零售商

不设铺面的零售是近年来兴起的一种行销方式。其形式多种多样,如有邮购销售、电话销售、电视销售、展示销售、自动售货机、电子化销售等。

(1)直接邮购。指直销人员将装有信件、广告、样品等物的邮件按照通讯录寄给潜力大的顾客。通讯录可根据往来客户自行编制,也可从邮寄名单经纪事务所购买。通讯录详细记录了顾客的姓名、地址、爱好和财产等状况,以便直销人员划分顾客群体,进行目标营销。这种零售方式对于推销书籍、订阅报刊和开展保险业务行之有效,有较强的针对性且灵活方便。

(2)目录营销。目录营销是将包括图案、质地说明、价格及订单等多项内容的商品目录,按照选好的顾客名单邮寄或者通过目录柜台陈列架发送给来店顾客,顾客根据目录选择商品,将订单邮寄给目录营销商或打电话、发 E-mail 回复订购,销售商再将商品寄送到顾客手中并收款的零售类型。销售商往往要把上亿种产品的名单寄给潜在的顾客。这对消费者而言,既经济实惠,又简便迅捷,所以深受欢迎。

(3)电话营销。早在 20 世纪 60 年代后期,这种业务就很兴旺,80 年代末已发展成直接营销的主要方式之一。其特点是:用电话直接向消费者和公司、企业接受订单、推销产品、培植和选择主要的目标顾客;可联系距离较远的顾客,或及时为现有客户提供服务;节约人员推销费用,增加销售额。例如兰翎(Releigh)自行车公司利用电话营销,使推销人员的差旅费减少了

50%,而推销额增加了34%。

(4) 电视营销。有两种主要形式：一是直接订货广告。通过简短的广告，反复宣传某项产品，并将订货电话号码告知顾客。顾客可拨打免费电话，订购广告上宣传的产品。这一方式对于推销书籍、小型家用电器、唱片或磁带等商品很奏效。二是家庭采购频道。直销人员把这个频道的全部节目都用于推销商品。美国最大的家庭采购电视网，每天24小时进行首饰、灯具、玩具、家用电器等商品的推销，顾客可打免费电话订购此类商品，所订货物一般48小时内便可送到顾客手中。

(5) 网络营销。网络营销是通过互联网将商品或服务信息传达给特定顾客，顾客通过互联网将订单发送给销售商，采取一定的付款和送货方式，最终完成交易的零售类型。网络营销的发展是伴随信息技术的发展而发展的，特别是通讯技术的发展，促使互联网络形成一个辐射面更广、交互性更强的新型媒体，它不再局限于传统的广播、电视等媒体的单向性传播，而且还可以与媒体的接受者进行实时的交互式沟通和联系。网络营销的效益是使用网络人数的平方，随着入网用户的指数倍增加，网络的效益也随之以更大的指数倍增加。

(6) 流动售货或直接售货。走街串巷，本是古老的推销形式。近年来，流动售货又有了新的内容，如推销员登门拜访推销商品；接受顾客电话，再派推销员走访顾客，当面介绍商品；使用大型汽车流动售货等。流动售货在欧美国家比较流行，我国亦有推销员登门推销商品和用各种型号的机动车辆售货的方式。

(7) 自动售货机。第二次世界大战后兴起，且发展很快。自动售货机出售的商品已由香烟、软饮料、熟食、糖果、报纸等，扩大到袜子、化妆品、唱片、摄影胶卷、圆领衫等。自动售货机的优点是灵活方便；缺陷是费用高、商品价格稍贵，而且自动售货机的商品也很有限。

(8) 购物服务。它是一种专受某些顾客委托而进行的零售业务。一些大型单位，如学校、医院和政府单位等，可让一名采购人员参加一个购物服务组织，这个组织与许多零售商订有契约，凡该组织成员向这些零售商购物，均可享受一定的价格折扣。

4. 组织方式不同的零售商

(1) 连锁商店。这是在同一个资本系统和统一管理之下，分设两个或两个以上统一店名的商店组织形式。其管理制度是实行统一化和标准化，组织中的各家商店在定价、宣传推广以及销售方法等方面都有统一规定。有些连锁商店甚至在建筑装饰的基本色调上都是统一的，以便树立统一形象。连锁商店统一进货，价格上可享受特别折扣，且在存货、市场预测、定价政策和宣传推广技术等方面都有较进步的管理水平，因而具有成本较低的优势；但也存在由于统一管理而缺乏灵活性的弊端。

(2) 自愿加盟连锁店和零售合作组织。独立零售商在自愿原则下组织起来，目的在于与连锁商店进行竞争。它有两种形式：一是自愿加盟连锁店，一般由一家声誉较高的批发商发起，把若干家零售商组织在自己的周围，与这些零售商订立合同；另一种形式是零售商合作组织，它由若干家零售商自愿组织起来，成立一个做批发业务的仓储公司，为成员商店的大批量进货和仓储服务，组织成员仍保持自己的经营管理制度。

(3) 特许经营组织。它是一种与连锁店类似的零售组织，是近三十年兴起的与连锁店竞争最激烈的一种零售商店。特许经营组织由一个特许人(一家制造商、批发商或服务组织)为一方，若干家特许经营人(若干家批发商或零售商)为另一方，以契约形式固定下来，独立经营，自负盈亏。它基本上有三种形式：一是制造商筹组的零售商特许经营；二是制造商筹组的批发商特许经营；三是服务性行业筹组的零售商特许经营。特许经营组织的主要好处是大型生产或服务性企业不用自己开设许多零售店就可以大量销售自己的产品,而特许经营的特许经营人可用小本钱做大生意,因而这种组织形式广泛地流行于美国、西欧、日本和东南亚各地。

(4)商业联合组织。有些国家的生产企业自己不经营零售业务,而在适当地点建造高层建筑或宽敞市场,专供小零售商租用,各个零售商协同营业,起了百货公司的作用,但各小零售商在组织上并没有关系。

(5)消费者合作社。它是由广大消费者投股创办的自助组织,其目的是不受商人剥削,保护消费者利益。虽然也经营零售业务,但从性质上看,它不以盈利为目的。

随着我国市场经济的发展,消费者的生活方式、购买习惯不断发生变化,消费者权益运动也日益兴起。这就促成我国销售组织也发生了许多变化,新的销售形式不断涌现。这对日益完善的市场机制和满足人们不断提高的消费需要,将起到积极的作用。它对繁荣我国经济也将有深远的影响。

第三节 分销渠道策略

在确定分销渠道模式的基础上,生产商还要选择和决定具体的渠道对象,即选择由哪些中间商来销售其商品。

一、分销渠道的类型

分销渠道按一定标准有三种分类方法,能将其分成六种类型,即直接式或间接式分销渠道、长分销渠道或短分销渠道、宽分销渠道或窄分销渠道。

(一)直接式和间接式分销渠道

这是按生产者是否利用中间商为标准来划分分销渠道类型。

所谓直接式分销渠道,就是指生产者直接把产品供应给消费者或用户,不利用中间商销售其产品。在一定条件下采用直接式分销,具有很多优越性:第一,销售及时。对于一些鲜活产品、时尚产品,直接销售可及时将产品投入市场,以减少产品损耗、变质等损失。第二,减少费用。在市场相对集中、顾客购买量大时,直接销售可以大大地减少商品周转的中间环节,节省流通费用,为产品降低价格创造条件。但当市场相对分散时,生产者就需花费更多的人力、物力、财力,同时也不利于集中精力搞好生产。第三,加强推销。对于一些技术性较强的商品,生产者派员推销,并注意售前、售后服务,有利于消费者更好地掌握产品性能、特点和使用方法,合理地进行消费,进而有利于扩大销售。特别是工业品分销渠道多采用此类型。第四,了解市场。生产者同消费者直接接触,可随时听取消费者对于产品的改进意见,从而有利于生产者针对消费者的需要组织生产,改善经营管理,更好地满足消费者的需要。

间接式分销渠道,就是生产者利用中间商把商品转卖给消费者或用户。采用间接式分销渠道能充分利用中间商的作用,为企业带来益处。但生产者也应注意到:由于中间商的存在,生产者与消费者相隔离,不能直接沟通信息,生产者不易准确掌握消费者的需求,消费者也不易了解生产者产品的供应情况和产品的性能、特点。这就要求生产者一要加强市场调查和市场预测,掌握消费者的需求动向;二要调动中间商的积极性,使他们真正起到桥梁和纽带的作用,在生产者和消费者之间沟通市场信息,以指导生产、引导消费。

(二)长分销渠道和短分销渠道

这是以销售所经过的中间环节层次的多少来划分分销渠道类型。所谓短分销渠道,就是指生产者通过一层中间环节把商品转卖给消费者或用户。所谓长分销渠道,是指生产者利用两层或多层的中间环节把商品转卖给消费者或用户。两者均属于间接分销渠道。

(三)宽分销渠道和窄分销渠道

宽分销渠道和窄分销渠道是以商品生产者选用中间商数量的多少来划分的分销渠道类型。由分销渠道的每个层次使用同种类型的中间商的数目多少来决定。如果某种产品(如日用小商品)的生产者通过许多批发商、零售商将其产品推销到广大地区,送到各地消费者手中,则这种分销渠道较宽。反之,如果某种产品(如工业设备)的生产者,多半选用懂得该商品的知识、熟练掌握这种商品技术性能的中间商独家经营该产品,这种产品分销渠道就较窄或很窄。这种中间商可以是零售商,也可以是批发商,通常称为某企业或某产品的独家经销商。

二、分销渠道系统的发展

(一)垂直营销系统的发展

近年来,现代新的批发和零售机构不断涌现,商业趋于集中和垄断,其竞争也愈加激烈,促使渠道系统不断演变。最典型的代表应是垂直营销系统(Vertical Marketing Systems)。在美国,该渠道系统已成为消费市场的主要分销模式,服务于全美市场的70%到80%。

要了解垂直营销系统,首先须给传统渠道系统下一个定义。传统渠道系统即生产企业→批发商→零售商→最终消费者,是一种所有权和经营管辖权均独立的企业所形成的高度分离的组织网。这种渠道系统较为松散,没有一个渠道成员对其他成员进行控制,缺乏强有力的领导,各自为政,不顾全局利益。因此,传统渠道系统的经营效果不佳,对出现的冲突没有有效的解决办法。美国一位市场学专家曾把传统渠道描述为:"在支离破碎的网络中松散地排列着生产商、批发商和零售商,他们在保持距离的情况下相互讨价还价、谈判销售条件,并且在其他方面自主行事。"

垂直营销系统是生产者、批发商和零售商相互协调行动、集中服从于一个领导者而形成的统一的整体。垂直营销系统由能力和实力最强的一方(或生产者,或批发商,或零售商)支配。具有支配权的渠道成员可以拥有其他各方,可以授予其他某方以专卖特许权,也可以用权力领导或迫使其他成员合作。该组织形式之所以出现,目的就是对渠道间的合作与竞争加以协调和控制,消除渠道各成员独立追求各自目标所引起的冲突。

垂直营销系统有三种类型,其系统构成如图12-5。

1. 统一垂直营销系统

这种形式是把生产者和分销渠道的各环节有机地结合起来,由一方所有并控制渠道其他环节。这种垂直合并把生产者、批发商和零售商融为一体,起到对渠道的高度控制作用,是传统渠道组织所无法比拟的。

2. 契约式垂直营销系统

这是由从事生产和分销的不同层次的、相互独立的生产者和分销公司以契约的形式联合为一体的组织形式。其经济效益和销售绩效远远高于他们各自在传统渠道中单独经营时的效益和绩效。这种契约组织有三种形式:(1)由批发商组织和兴办的自愿连锁店。这是以批发商为领导者、由若干个独立的零售商组织而成的连锁零售店。这种连锁零售店在销售业务标准化、取得经济进货等方面对独立零售商进行有效的计划和控制,使连锁店能与大的连锁机构相抗衡,从而达到有效竞争的目的。(2)由零售商组织的联营商店。这是指由零售商组成一新的商业实体,从事一些批发业务,甚至一些生产业务。该联合体的成员在联合商店集中采购,并按采购比例进行利润分配。此外,成员们共同规划营销组合方案,吸引非成员零售商经由联合体进货,扩大业务范围,提高经济效益。(3)特许专卖机构。即渠道成员以专卖特许人的身份把生产者和分销过程的各个环节有机地衔接起来。其形式可分为:生产商组织的零售商特许专卖系统,如福特汽车公司的汽车销售系统;生产商组织的批发商特许专卖系统,如可口可乐公司在世界各地采用的分销系统;服务公司组织的零售商特许专卖系统,汽车出租业、快餐服务业多采用此系统。

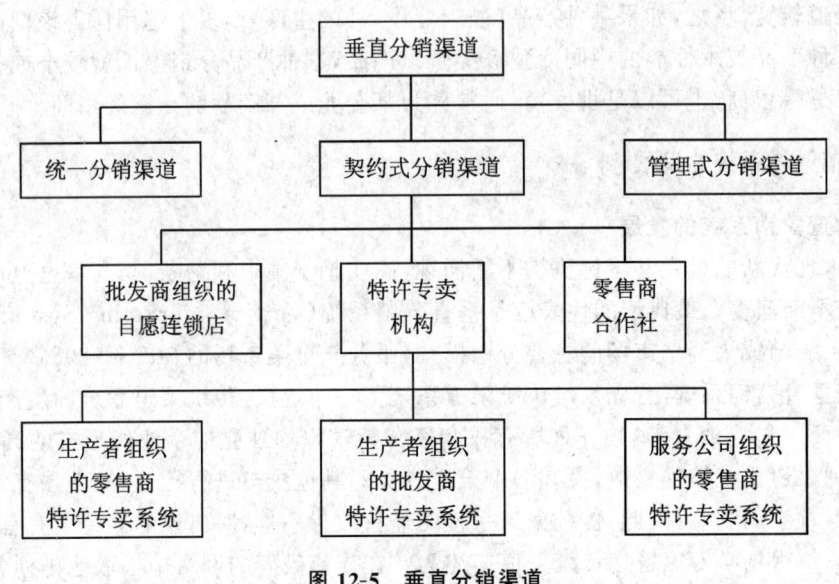

图 12-5　垂直分销渠道

3. 管理式垂直营销系统

这种系统利用某一方强大的力量或最大的规模来协调和管理生产与分销的各个环节,而不是通过共同的所有权或特许权的形式来实施管理。比如,拥有名牌产品的生产者通常能够得到经销商在产品陈列、货架空间、促销和价格政策等方面强有力的支持与合作。

(二)水平式营销系统的发展

工商企业为了扩大销售,获得更大利润,在激烈竞争中求得生存与发展,不仅在渠道系统中采取垂直营销系统,而且在同一层次的若干生产商之间、若干批发商之间、若干零售商之间采取横向联合的经营方式,即水平营销系统。所谓水平式营销系统,是指同一层次的两家或多家相互不关联的企业联合起来,集合其资金、技术、生产设备及市场营销设施等方面的优势,共同开发和利用市场机会,以实现最佳协同效果。

(三)多渠道市场营销系统的发展

生产者通过多条渠道将相同的产品销售给不同的市场和相同的市场。生产者将同一产品既卖给消费者用于生活消费,同时又将它出售给工业用户用于生产消费,即通过若干不同的渠道将同一产品送到不同的市场(消费品市场和工业品市场)。有些生产者还将同一产品通过不同的渠道送到同一消费者手中。这种多渠道分销就是复式分销的策略,比通过某一单一渠道推销更能实现市场渗透,在市场商品供过于求以及竞争较为激烈时,采用此种策略往往能收到较好的效果。

三、分销渠道的设计决策

以上分析的市场分销渠道都是客观存在的,每种分销渠道都有其优点。但优点不是固定不变的,这就要求生产者必须依据市场机会和条件的发展变化,不断寻找更为适合而有效的市场分销渠道。生产者在设计分销渠道时,必须从分析顾客需求出发,建立渠道模式目标;根据影响渠道选择的因素及渠道设施的条件,辨明可供选择的主要渠道并进行评估。

(一)顾客需要与渠道模式选择

生产者设计渠道的第一步,是了解其目标市场中消费者购买什么、在什么地方购买、什么时候购买、为何购买及如何购买等问题,从而决定渠道模式,参见表12-1。

表12-1 决定直销或间接销售的顾客需求因素

顾客的要求	要求的程度
1.了解产品信息	高……………………低
2.定做产品	高……………………低
3.质量保证	重要…………………不重要
4.订货量	大……………………小
5.产品型号齐全	不强烈………………强烈
6.长期稳定供货	不强烈………………强烈
7.售后服务	不强烈………………强烈
8.后勤服务	复杂…………………简单
适合的市场营销渠道	直销…………………间接销售

1.提供商品信息。消费者要购买商品就要了解商品的信息,当消费者渴求全面系统地了解商品信息时,就应侧重于直销。

2.满足顾客定做产品的要求。这种需求越强烈,就越适合直销。

3.满足顾客对质量保证的要求。顾客对不同种类产品(如化学物品和钢笔)的质量保证要求是不同的,顾客需求的质量保证程度越高,直销就越适合。

4.满足顾客大量订货的要求。顾客订货的数量和金额越大,就越倾向于直销。

5.满足顾客对产品型号齐全的要求。顾客的这种要求越强烈,就越倾向于间接销售。

6.满足顾客持续购买的要求。这方面的要求越强烈,就越倾向于间接销售,因为中间商有储存功能,可以长期稳定地供货。

7.满足顾客对售后服务的要求。由于生产厂家不可能在任何地方都设有自己的办事机构,所以为满足顾客对售后服务的强烈要求,应选择间接销售。

8.满足顾客对后勤服务的要求。有时顾客要求提供运输等后勤服务。当这种服务比较复杂时,顾客则希望企业直销。

在进行渠道设计时,为了使渠道更有效地服务于目标市场,要权衡、协调,并尽可能地满足生产者、消费者和中间商的需求,其平衡关系参见图12-6。

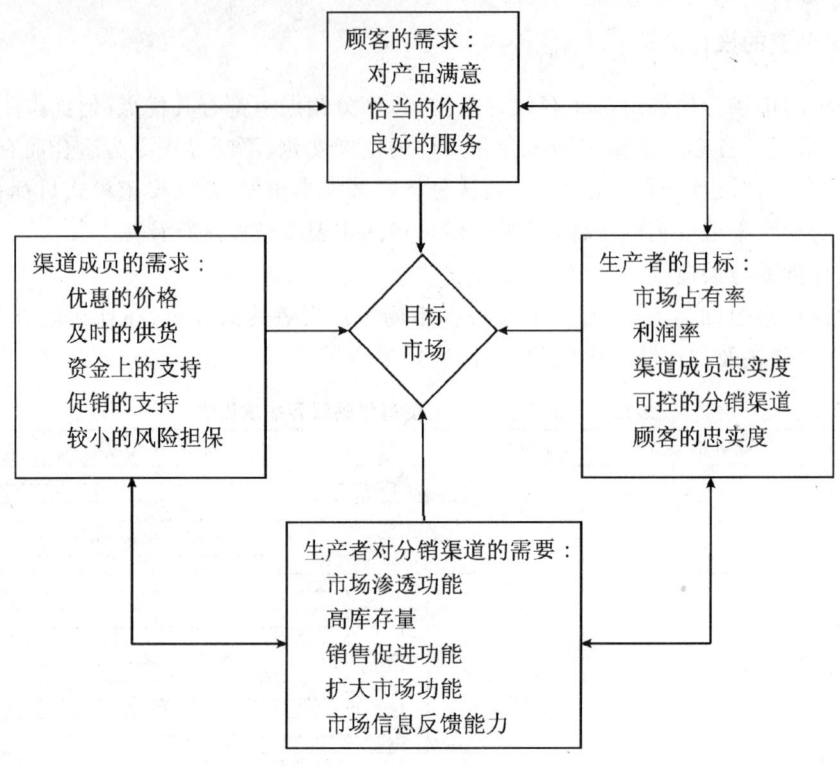

图 12-6　渠道成员需求平衡

(二)影响分销渠道选择的因素

生产者要把自己的产品顺利地销售出去,就要正确地选择产品的最佳分销渠道。这就要求生产者必须了解和分析影响选择分销渠道的因素,同时还要考虑与企业其他营销策略的配合。

1. 产品因素

(1)产品的单位价格。一般来说,产品单价越低,分销渠道应越长;反之,产品单价越高,分销渠道应越短。例如,一些大众化的日用消费品,一般都要经过一个或一个以上的批发商,再经零售商转至消费者手中;工业品中的标准件的销售,情况亦是如此;一些价格昂贵的耐用消费品,则不宜经较多的中间商转手;工业品中的专用设备或成套机组则以采用直接式分销渠道为宜。

(2)产品的体积与重量。体积过大或过重的产品,如建筑机械、大型设备等,应选择较短的分销路线,最好是采用直接分销渠道;体积小而轻的产品,一般数量较多,有必要设置中介环节。

(3)产品的式样或款式。式样多变、时尚程度较高的产品,如时装或玩具等,应尽可能缩短分销路线,减少环节,以免产品过时而积压。

(4)产品的易腐性和易毁性。如果产品的有效期短或容易腐坏,如牛奶、蔬菜等,应采取较短的分销路线,以求尽快地把产品送到消费者手中。

(5)产品的技术与服务要求。对于技术性较强而又需提供售前售后服务的产品,如耐用消费品和多数工业品,应尽量采取直接式渠道模式,即使需要中间商介入,也应尽量减少环节。

(6)产品的标准性与专用性。通用的、标准的产品,因具有明确统一的规格和质量,可用间接式销售;专用产品,例如专用设备、特殊品种规格的产品,一般需生产者和用户直接面议质量、规格等要求,签订供货合同,采取直接式销售,不宜经过中间商。

(7)产品的生命周期。对处于介绍期的新产品,企业为了尽快打开销路,通常采取强有力的手段去占领市场。为此,企业不惜花费大量资金,组成推销队伍直接向消费者出售产品,若在情况许可时,也应考虑利用原有的分销渠道。成熟期的产品,大批量投入市场,则需要通过中间环节。

(8)产品的季节性。季节性强的产品,应充分发挥中间商的作用,以便更好地推销。

2. 市场因素

(1)现实用户和潜在用户的多少以及零售商规模的大小,与渠道的选择有密切的关系。一般来说,产品市场范围大,就需要中间商提供服务;反之,产品市场范围小,则可由厂家直接供应用户。零星产品的销售,不宜由企业直接与消费者打交道。

(2)市场的地区性。购买力高的大城市,以及大百货商店、超级市场和连锁商店,可直接从生产企业进货,宜采取最短的销售渠道;反之,购买力低的地区和中小零售商则必须通过批发环节。

(3)经济形势。经济形势的变化可引起市场需求的变化,也对渠道的选择产生影响。经济景气,市场需求上升,生产商可增加销售点、扩大销售网;在经济萧条时,需求下降,生产商可减少流通环节,以降低成本进而降低产品价格。

(4)消费者的购买偏好和准则。顾客的购买偏好和准则影响着顾客对渠道的选择。戴尔公司之所以选择直接渠道,是因为它清楚地意识到顾客的购买偏好和准则是低价格、按顾客的要求配置产品和交通便利。

(5)市场竞争的情况。在选择渠道模式时,应参考和研究同类竞争产品的分销方式。有时可避开竞争者常用的渠道,别出心裁,开辟新的分销渠道。

3. 企业自身因素

(1)企业规模与信誉。如果企业财力资源雄厚,声誉良好,企业就可以自己组织推销队伍,也可采取间接式销售;如企业产品信誉尚未建立,资金缺乏,则只能依赖中间商提供服务。

(2)企业的管理能力。有的企业虽然在生产方面表现出了较强的能力,但缺乏市场营销的知识和技巧,因而有必要选择有能力的中间商。

(3)控制渠道的愿望。如企业采取间接渠道模式,则要与中间商协调配合。中间商有其自身的经济利益,企业一定要适当兼顾。如处理不当,就必然影响渠道各环节之间或同一环节各成员之间的关系,影响企业对市场的了解与控制。如果企业有较强的控制渠道的欲望,又有较强的销售能力,可把产品直接出售给消费者或用户,或选择较短的分销渠道。

(4)企业可能提供的服务。中间商一般希望企业能承担更多的广告、展览、培训或经常派服务维修人员驻店,为产品销售创造条件。如企业能提供这些服务,亦能增强中间商经销或代销产品的兴趣;反之,企业只好自行销售。

4. 国家政策因素

国家政策因素包括政府和法律因素的影响等方面。例如,税收法、商品检验规定、出口法均会影响生产者对分销渠道的选择。生产者在选择渠道时,必须遵守国家的有关法律和规定,使用合法的中间机构,采用合法的分销手段。

5. 企业营销策略因素

(1)企业的产品组合会影响渠道的选择。从生产企业来说,一般要求销售的批量大、销售的次数少;从零售商方面来说,除少数大零售商外,一般中小零售商进货要求多品种、多规格、小批量、勤进快销,以加速资金周转。因此,如果生产企业的产品组合的宽度和深度大,就可能把产品直接销售给零售企业,或可实行直接式销售策略;反之,如果生产企业的产品组合的宽度和深度小,就只能通过批发商将产品转卖给零售商,最后售予消费者,即实行间接式渠道策略。

(2)企业的促销策略因素。生产者所采取的各种促销措施同渠道选择有密切关系。比如,生产者对新产品的销售,是采取推的策略还是拉的策略,这对渠道的选择有很大影响。消费者对新产品缺乏了解和认识,生产者要取得消费者信任,开拓新的市场,就要考虑是否组成强有力的推销队伍进行推销。这种推的策略的实施,实际上就是直销式的分销渠道策略。如产品进入成熟期或衰退期,生产者就要考虑利用广告宣传突出自己产品的特点,激发消费者对产品的兴趣,或开辟新的市场。拉的策略实施的结果,大多数情况是间接式销售和长渠道分销。在实际工作中,除新产品外,推的策略也适用于选购品和特殊品,拉的策略也适用于日用品。这些都与渠道的选择密切相关。

(3)本企业的定价策略因素。价格与渠道有密切的关系。在一般情况下,渠道结构适当则成本低、费用省,价格上下波动的幅度较大,这就有利于商品销售;反之,若渠道选择不当,渠道模式选择不好,就可能增加成本或费用,这就可能导致产品价格提高或产品亏损,不利于商品的生产和经营。同时,企业控制价格的愿望与渠道选择也很有关系,如生产企业希望能根据市场的需求、竞争等诸方面情况灵活地掌握价格,就要分析采取哪些渠道最能实现企业的愿望。

(三)渠道设计

生产者依据上述影响渠道选择的各种因素,对渠道长度、渠道宽度、渠道成员彼此的权利和义务作出决策。

1. 确定渠道长度

生产者应根据渠道成员满足消费者需求的功能及上述各种因素,决定采取什么类型的分销渠道。生产者需决定是采取人员上门推销、设自销门市部等直销方式,还是采取利用中间商进行产品销售的间接销售方式销售本企业产品。若决定选择间接销售方式,还应进一步决策选用什么类型和规模的中间商。另外,生产者需要注意不要总是局限在现存的分销渠道结构,还应有创新意识,寻找新的方法,开辟新的渠道,以期以智取胜。最后,由于各地区间的差异,生产者应针对不同地区的差异,如城市与乡村的差异、大城市与小城市的差异、大市场与小市场的差异,选择不同的分销渠道。

2. 确定渠道宽度

生产者依据产品本身的特点、市场需求量的大小和需求面的宽窄作出决策。有以下三种选择方式:

(1)广泛分销。即生产者尽可能通过许多负责任的、适当的批发商(或代理商)、零售商推销其产品。一般来说,日用消费品(如肥皂、火柴)和工业品中标准化、通用化程度较高的供应品(如标准件、小件工具等),通常采用此种方法。因为这类产品的消费者偏重于迅速而又方便地满足需求而不太重视厂牌商标,生产者则希望自己的产品尽量扩大销路。此种分销渠道的特点是:生产者同时选择较多的批发商和零售商推销。

(2)选择性分销。即生产者在同一地区仅通过几个经过精心挑选的、比较合适的中间商来推销其产品。从一定意义上来说,此种方式适用于所有商品。有些企业在采用广泛分销方式时,不得不淘汰一部分无效率的中间商。有时生产者为使自己的新产品打入市场或者要为新产品打开销路,开始可能采用广泛的分销方式,等到进入市场后,也往往改为有选择的分销方式。但是这种方式更适宜于消费品中的选购品、特殊品和工业品中的零部件,因为这些商品的消费者和用户往往都注重产品的厂牌和商标。

(3)独家分销。系指生产者在一定地区、一定时间内只选择一家中间商(批发商、代理商或零售商)推销其产品。企业和中间商双方通过协商签订独家经销合同,规定中间商不得再销售其他竞争者的产品。这种分销方式,适用于消费品中的特殊品或需要进行售后服务的电器产品以及需要进行现场操作表演并介绍使用方法的产品,一些工业品如机械产品,多使用此种分销策略。

3.规定渠道成员彼此的权利和义务

在确定渠道的长度和宽度之后,生产者还应对渠道成员的权利和义务作出相对的规定。影响双方关系组合的主要因素是价格政策、买卖条件、地区权利和双方应提供的特定服务。

(1)价格政策。为了鼓励中间商进货,或者为了保证企业出售足够数量的商品,企业可制定一张价格表,对于不同类型的中间商,给予不同的回扣;或者对于不同的进货数量,给予不同的折扣。但企业一定要十分慎重,中间商对于商品的价格以及各种回扣、折扣都十分敏感。

(2)买卖条件。对于提早付款或按时付款的中间商,根据其付款的时间,企业可给予不同的折扣。这可刺激中间商,同时对于企业的生产经营是十分有利的。企业针对次品处理或价格调整向中间商提出某些保证,也可刺激中间商放手进货,解除中间商的后顾之忧。

(3)中间商的地区权利。企业对于中间商的地区权利要相应明确。企业可能在许多地区有特许代理人,特别是在邻近地或同一地区有多少特许代理人,有多大的特许权,中间商对此都十分关注。因为中间商总喜欢把自己销售地区的所有交易都归于自己。同时,企业在邻近地区或同一地区特许代理人的多少以及企业特许代理人的特许权的允诺,均会影响中间商的销路。这也就在很大程度上影响到中间商的积极性。因此,企业对此一定要注意,要相应地给予中间商一定的地区权利。

(4)双方应提供的特定服务内容。包括:广告宣传、资金帮助、人员培训等等。为了慎重起见,对于双方提供的特定服务内容可以用条约的形式固定下来。条约规定的服务内容应使中间商满意,让其觉得有利可图,愿意花气力推销企业生产的产品。当然这也要以企业的担负能力为限。

四、主要渠道评估

如果生产者已经明确了产品进入目标市场所依赖的主要分销渠道,那么现在还需对其进行评估,依靠评估的结果决定能够满足企业长期目标的最佳渠道方案。生产者应以什么作为取舍的评估标准呢?

(一)经济标准

考虑每一条渠道的销售额与销售成本的关系,以所能达到的利润水平为标准进行评估。一般来说,利用中间商销售的成本比企业自销的成本低。但通过中间商销售的成本增长较快,当销售额达到一定水平后,利用中间商销售的成本将越来越高,因为中间商按一定的比例索取较大的佣金,而企业自己的销售人员只享受固定工资或部分佣金。因此,规模小的企业,或大企业在销售量小的地区,利用中间商销售成本较低、利润量高,较为合算,在销售额增长到一定水平之后,再实行自销。

如图12-7所示,图中两条利润直线的交叉点E是两种形式的利润平衡点。由于直接销售利润直线的斜率大于间接销售利润直线的斜率,故当销售额大于Q^*时,宜采用直销形式;当销售额小于Q^*时,应采取间接销售方式。同时还应注意,若销售额小于Q_0,直接销售就会亏本,这种销售形式就根本不管用。

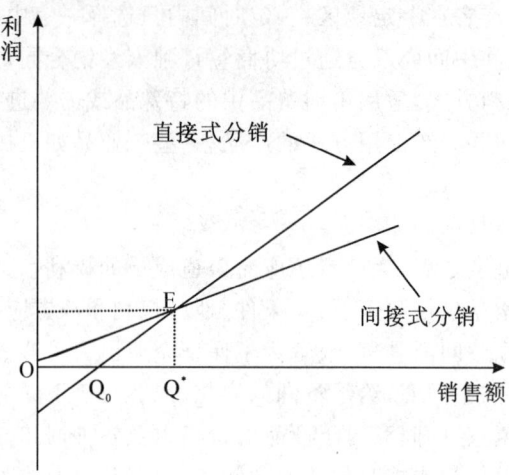

图 12-7　销售利润平衡点分析图

(二)生产商对渠道成员的可控程度

以生产商对渠道成员的可控程度作为评估标准。即利用大的中间商对渠道成员进行控制,可能产生较大的问题,因为中间商是以追求利润最大化为目标的独立的商业公司,生产商一般无力左右或影响其进货和销售行为。再者,中间商的销售人员对产品的技术性能和相应的促销材料不够熟悉,使促销难以有效实施。但中小型的中间商一般依附于生产商,愿意接受生产商的要求和指导,按双方的共同协议行事,故易于控制。

(三)渠道成员的信誉和适应市场变化的灵活性

渠道成员的信誉及其适应市场变化的灵活性也是进行渠道评估不可忽视的标准,具体讲就是对渠道成员在买卖中的信用情况、财务状况、社会形象、商业地位和竞争能力作出评估。

在实际工作中,渠道的设计较为复杂。生产商应对上述内容进行综合考察、权衡利弊,然后加以认真的评估选择。这样,生产商就有可能达到自己的期望,取得好的营销效果。

第四节　分销渠道管理

在确定渠道设计后,企业还应对分销渠道进行管理并对渠道经营予以检查和激励,必要时还需对分销渠道进行调整。

一、渠道之间的合作与竞争

在同一分销渠道和不同分销渠道之间,会经常出现不同程度的合作、矛盾与竞争。企业必须充分认识这些情况,才能对渠道进行有效的管理。

(一)分销渠道的合作

分销渠道的合作是指同一分销渠道中不同企业之间的结合与依赖,合作的目标是了解市场需求、谋取共同的利益。例如,消费品中传统分销渠道模式(生产者→批发商→零售商→消费者)中的生产者、批发商、零售商为了赢得顾客信任、扩大市场占有率、增加销量而共同努力、相互合作,这往往比生产者自己担任渠道全部工作更加有利。从这一点来说,同一渠道里不同企业之间应该通力合作。这种同一分销渠道里不同层次的合作,对合作的各方都是有益的,生产商应为各环节之间的合作创造条件,促使各渠道企业相互协调。

但是,在每一个分销渠道中,往往会存在一定的矛盾,既有分销渠道横向之间的矛盾,也有分销渠道纵向之间的矛盾。

分销渠道横向之间的矛盾,是指在同一分销渠道模式里,同一级别企业之间的矛盾。例如,某城市经营 A 企业产品的中间商,可能会抱怨同一城市经营 A 企业产品的另一家中间商在价格、广告宣传和售后服务等方面过于进取,影响了他们的生意。如发生这些矛盾,生产企业就应采取有效措施,缓和并协调这些矛盾,否则,就会影响分销商的合作、产品的信誉及销路。同时生产企业对于这些可能发生的情况应有所预计,并相应地采取措施防止这些情况的出现。

分销渠道纵向之间的矛盾,是指在同一分销渠道模式中不同层次企业之间的矛盾。这种矛盾往往更多。例如,某个经销商或代理商,可能抱怨生产企业在价格方面管得太多太严,而提供的服务(如广告、橱窗陈列等方面)却太少;零售商对于批发商或生产企业,情况亦如此。这些都要求企业从全局着手,妥善解决问题,使分销渠道的各企业更好地合作。

(二)分销渠道的竞争

这是分销渠道之间矛盾的另一表现形式,即为同一目标市场服务的几个企业或系统之间进行的竞争。这里所说"为同一目标市场服务的几个企业或系统",是指本企业所属的同一级别的渠道对象,也指本企业与其他企业同一级别的渠道对象。前者是指本企业分销渠道同一级别企业之间的竞争。例如,本企业的渠道对象如百货商店、折扣商店和超级市场都出售本企业的同一种产品,在同一目标市场上,它们必然要竞争销路。这与前面所说的渠道横向之间的矛盾是相同的。后者则指本企业与其他企业同一级别的渠道对象,在相同的目标市场销售同类产品的竞争。无论出现哪一种情况的竞争,生产企业都要引起重视并进行协调。当然,这种竞争是有益的,它能让消费者在产品价格、产品质量、花色和服务等方面,获得广泛的选择机会。

二、加强分销渠道管理

(一)对渠道成员的鼓励

企业通过合同规定企业与中间商合作的条件,可促使中间商努力扩大销量。但同时,企业还要不断地给中间商以鼓励,因为中间商(特别是经销商)往往是独立的,而不是生产者锻造的一条锁链。在很多情况下,中间商往往偏向顾客一边,认为自己是顾客的采购者和忠实代表,而且,多数中间商也不是只经销某一家企业的产品,他们总想把出售的商品搭配成组,向顾客出售,而很少注意单项产品。中间商不太注意积累有关产品改进、定价、包装、装潢以及宣传推广等方面的资料,有时还有意识地将这些情况对生产者保密。为了取得有关的信息,生产者就应当根据中间商的这些特点,采取必要的措施,对中间商进行鼓励。

1. 向中间商提供物美价廉、适销对路的产品

这是鼓励中间商的一个很重要的措施,也是从根本上为中间商创造良好的销售条件。为此,生产者需根据市场需要以及中间商的要求,经常地、合理地调整生产计划,改进生产技术,提高产品质量,降低生产成本,改善经营管理。

2. 合理分配利润

企业要充分运用定价策略和技巧,根据进货数量、信誉、财力、管理等方面对各类中间商进行考察,视不同情况,分别给予不同的回扣。同时,企业的定价应当考虑中间商的利益,根据市场需求和中间商的销货情况,随时调整价格政策。

3. 开展促销活动

生产者利用广告宣传推广产品，一般很受中间商欢迎，广告费用可由生产者负担，亦可要求中间商合理分担。生产者还应经常派人前往一些主要的中间商处，协助安排陈列，举办产品展览和操作表演，训练推销人员，或根据中间商的推销业绩给予相应奖励。

4. 资金支持

中间商（特别是经销商）一般期望生产企业给予他们资金支持，这可使他们放手进货，积极推销产品。一般可采取售后付款或先付部分货款、待产品售出后再全部付清的方式，以解决中间商资金不足的困难。

5. 提供情报

市场情报是开展市场营销活动的重要依据。企业应将所获得的市场信息及时传递给中间商，使他们心中有数。为此，企业有必要定期或不定期地邀请中间商座谈，共同研究市场动向，制定扩大销售的措施；企业还可将自己的生产状况和生产计划告诉中间商，为中间商合理安排销售提供依据。

6. 与中间商结成长期的伙伴关系

一方面，企业要研究目标市场上产品供应、市场开发、账务要求、技术服务和市场情报等方面的情况，以及企业与中间商各自能从对方得到什么；然后根据实际可能，与中间商共同议定这些情况，制定必要的措施，签订相应的协约，如中间商能认真执行，企业要考虑再给予一定的补助。另一方面，可在组织方面与中间商进一步加强合作，把生产者和中间商双方的要求结合起来，建立一个有计划的、内行管理的纵向联合销售系统。生产企业可在此系统内设立一个中间商关系计划部，由这个部与中间商共同规划销售目标、存货水平、商品陈列、员工培训计划以及广告宣传计划。其目的是使中间商认识到，作为一个精明的纵向联合销售系统的一员，可以从中获利。

（二）对中间商的检查

企业要对中间商进行有效的管理，还需要以一定的标准检查、衡量中间商的表现。这些标准包括：销售指标完成情况、平均存货水平、向顾客交货的速度、对损坏和损失商品的处理、与企业宣传及培训计划的合作情况，以及对顾客的服务表现等等。在这些指标里，比较重要的是销售总额指标，它表明企业一定时间内的销售期望。一定时间后，企业可把中间商的销量分别通知他们，目的是鼓励那些销量大的中间商要继续保持声誉，同时鞭策那些销售差的中间商要努力赶上。企业还可以比较每一个中间商的报告期与前期的销量以及中间商的实绩与定额指标。这样，企业就可进一步分析各个不同时期中间商销量的多少以及各个中间商完成的销售量与定额指标差距的原因，分不同情况，采取相应的措施。

（三）分销渠道调整

为了适应多变的市场需求，根据企业本身的要求以及中间商的表现，企业往往需对分销渠道进行调整。

调整分销渠道，主要有三种形式：

1. 增减分销渠道对象

这是指在某一分销渠道模式里增减个别中间商，而不是增减这种渠道模式。但在决定增减个别中间商时，对企业来说，重要的是需要作经济效益的分析。例如，增减某个中间商对企业盈利有何影响、这种调整是否会引起渠道中其他成员的反应。一旦决定增减某个中间商，也要采取相应的措施，防止出现一些不必要的矛盾。

2. 增减某一种分销渠道

这是增减某一渠道模式,不是指增减渠道里的个别中间商。例如,某种分销渠道出售企业的某种产品,其营业额一直不够理想,企业可以考虑在全部目标市场上或某个区域内撤销这个渠道模式,而另外增设一种其他的渠道模式。但在增减渠道时,也要作相应的经济分析,并注意其他渠道成员的反应。

3. 调整整个分销渠道

这是指改变整个分销渠道系统。例如,某个企业考虑把使用独立零售商销售本企业的产品改为自办零售店销售。这是调整分销渠道决策最难的一种,它必须由企业最高领导人作出决策,因为这不仅要改变整个已经习惯的分销渠道,而且要调整企业已经习惯的市场营销组合,并制定相应的政策。

复习思考题

1. 什么是分销渠道?渠道的长短和宽窄的含义是什么?
2. 为什么说渠道将极大地影响营销组合的其他部分并为其他部分所影响?
3. 生产者为什么要利用中间商?中间商有哪些主要功能?
4. 垂直营销系统与传统营销系统有何区别?垂直营销系统的形式如何?
5. 如何实施对分销渠道的有效控制?
6. 试分析说明我国连锁店及超级市场的发展背景,并阐述理由。

案例分析

龙津啤酒终端突围战役

近两年,"网络制胜,终端为王"几乎成为酒类市场操作的神话。不惜代价垄断旺销酒店,启动消费,带动分销和零售终端销售,从而占领市场,也几乎成为酒类企业市场的操作定律。于是,酒店终端真的"为王"了。进店费用、买断费用、专场费用、促销费用节节攀升,已经到了令人瞠目结舌的地步。事实上,通路费用越来越高,收效却越来越差。可是,酒店恶性竞争已是千军万马过独木桥的局面,企业苦不堪言,却欲罢不能。

然而,龙津集团经过大量的市场调研发现,真正的旺销酒店,实际的市场份额不足10%,但这些旺销酒店却占据了厂家通路费用的90%以上。而啤酒的消费形态正在发生潜移默化的转变,相当一部分消费者已经将啤酒看作日常生活中不可缺少的饮料,家庭消费增长势头强劲,临近零售店成为消费者主要的购买场所,中低档酒店、排档也占有相当的市场份额,而这些市场尚没有得到竞争厂家足够的重视。

真正的终端是消费者,最后的赢家是品牌!组建一个既能方便目标消费群体购买,又能与目标消费群体良性沟通、互动的通路网络,不就是最好的突围之道吗?

一、小区突围——建立龙津加啤站

龙津集团推出了"龙津家庭化工程"方案,在合肥市所有小区建立了"龙津加啤站"。适应家庭消费,加啤站重点推广听装龙津纯生啤酒,带动系列产品的销售。

龙津加啤站即龙津集团各地的经销商跳过分销商,与各小区内的位置好、人气旺、影响力

强的社区店直接合作,并制作和安装统一的门头、灯箱、货架,实行统一的产品摆放,达到较好的视觉效果;配备统一着装、经过专业培训的专职服务人员,介绍、推荐产品,并送货上门,实现与消费者一对一营销、面对面沟通。

加啤站终端生动化设计非常漂亮,立即成了各小区的一道风景线,"今天你加了吗"这句广告语已在安徽的消费者中广为流传,销售势头喜人,仅听装龙津纯生的销量就比上年同期翻了两番。

二、零售终端突围——建立龙津品牌店

零售店——占啤酒消费总量的60%。竞争对手启动酒店终端,带动零售终端,龙津集团就启动零售终端,反过来带动酒店终端。

通过合肥市全面零售终端的普查,甄别、挑选出信誉好、服务好、销售力强的零售店,建立了遍布全市每一个角落的"龙津品牌店"。龙津集团与龙津品牌店签订规范的合作协议,明确双方的责任和义务,建立紧密、长期而稳定的合作关系,充分调动零售终端的积极性和销售热情,从而全面提高了龙津啤酒的服务质量,较好地提升了企业的品牌形象。

三、中小酒店、排档突围——建立流动送货站

夏季,中小酒店、排档占有相当大的啤酒市场份额。但是由于这些酒店现金流量小,库容量有限,谈判力弱,向来不为竞争厂家所重视,甚至一些小店不备酒水,从临近的小店购买,成本高,也不方便。龙津集团针对这些特点,建立了"流动送货站"。

龙津集团根据合肥市的排档群分布情况,划分了区域,每个区域设一个流动送货站,每个流动送货站配两辆车,车就是流动仓库,每晚定时将龙津啤酒送到每个酒店,并随时补货,当晚结算。这既方便了客户,树立了龙津集团贴身服务的良好形象,又保证了货款及时回笼。流动送货站实施不久,对中高档酒店消费的拉动一样明显。

明确的经营理念,是龙津啤酒突围策略执行到位的根本。龙津集团提出"服务制胜"的口号,战前动员并对全体业务人员集中培训,使大家真正明白战役的中心思想,提倡业务人员创造性地工作,要求每一个业务人员站在客户、消费者立场思考,勇于发现市场机会,勤于了解客户需要,善于及时解决问题。

高效的运作系统、科学的人员配置,是龙津啤酒突围策略执行到位的保证。在突围战役中,龙津加啤站招聘了一大批下岗女工,她们服务态度好、亲和力很强,又很敬业;龙津品牌店增加了零售终端专职业务员,重新分区,增加拜访频率,并加强日报表、周报表、月报表的管理;流动送货站成立了指挥中心,保持召开出发前动员会、当晚总结会的习惯。同时,成立了专门的终端检查系统,及时发现问题,及时调整。

龙津啤酒集团通过一系列的市场逆向操作方法,突围出酒店的恶性竞争,其全新的操作理念、独特的通路操作模式,既节约了资金,又极好地提升了品牌形象,实现了销量与品牌的双增长,目前在安徽市场已经超越了华润啤酒而成为安徽省的领导品牌。

问题

1. 龙津集团为什么选择零售店、中小酒店和排档等作为渠道突围对象?
2. 试分析影响龙津啤酒分销渠道选择的因素。
3. 如果龙津集团的竞争对手竞相模仿该公司的市场逆向操作方法,龙津集团应如何调整其渠道策略?

◇第十三章

促销策略

促销,就是企业为了激发顾客的购买欲望、影响他们的消费行为、扩大产品的销售而进行的一系列联系、报导、说服等促进工作。

促销在企业最初的经营活动中是从信息传递开始发展起来的。然而,现代市场营销在向消费者传递信息的过程中,已不仅仅满足于将企业自身和产品的有关信息不加筛选地传递给所有消费者,它要求企业在对消费者潜在需求进行调查分析的基础上,将最能激发消费者购买欲望的信息以恰当的方式传达给目标消费者。所以,通常促销又可理解为:企业在了解顾客需求的基础上,为扩大和保持产品销售,将特定的信息,在特定的时间和特定的地点,以特定的方式传达给特定的顾客。

促销作为企业与市场联系的主要手段,包括了多种活动。其中主要有人员推销、广告、营业推广和公共关系等内容。

为了以最小的成本投入,获取最大的经济效益,需要对各种不同的促销活动进行有机组合来构成促销计划。各种不同促销活动的有机组合就称为促销策略。

第一节 促销与促销组合

促销的目的在于激发顾客的购买欲望,最终导致购买行为的发生。因此,企业必须了解顾客的潜在需求,对顾客的购买行为进行分析,采用最有效的促销手段来达到促销目的。

不同的促销手段实际上是不同的信息传递方式。不同的信息需要根据不同的消费对象,采用不同的传递方式来达到预期的促销效果。随着现代市场营销的发展,企业与消费者间的信息传递已远远超出了传统意义上的产品信息范围,它包括了产品之外的诸多信息,传递方式也从单向变成双向,所以,和市场营销的战略组合(4Ps)一样,促销同样把人员推销、广告、营业推广和公共关系有机结合起来,形成整体的促销策略。

一、促销市场调查研究

(一)促销市场调查的目的

促销的目的是为了激发顾客的购买欲望,但顾客的购买需求究竟是什么,哪些信息最能打动顾客并导致购买行为发生,企业和企业产品的优势在哪里,所有这些都需要调查来发现。其目的只有一个,就是找出激发顾客的关键所在,用行话说,就是要明确促销的"诉求点"。

(二)促销市场调查的内容

1.消费者调查

包括消费者的需求动机调查、消费习惯调查、消费决策特征调查等。

2.产品调查研究

包括企业产品历史、产品特性、产品的市场适销性、产品目标市场、产品销售记录。

3.销售市场调查

包括市场容量、影响市场需求的因素、竞争产品状况等。

(三)促销市场调查的方法

根据企业产品情况、市场现状、需调查内容,可参照第四章介绍的市场调查方法选择进行,也可直接委托咨询或广告公司进行。

二、推动策略与拉引策略

这是促销活动的两类基本策略。所谓推动策略(Pushing Tactics)是指主要通过以人员推销为主导的促销组合来影响中间商,使之接受生产企业的产品并加强销售活动,最终使产品到达消费者的策略。所谓拉引策略(Pulling Tactics)是指通过以广告为主的促销组合直接影响、吸引消费者,激发其购买欲望,再通过消费者需求来刺激中间商的需求,使之增加对生产企业的订货。参见图13-1。

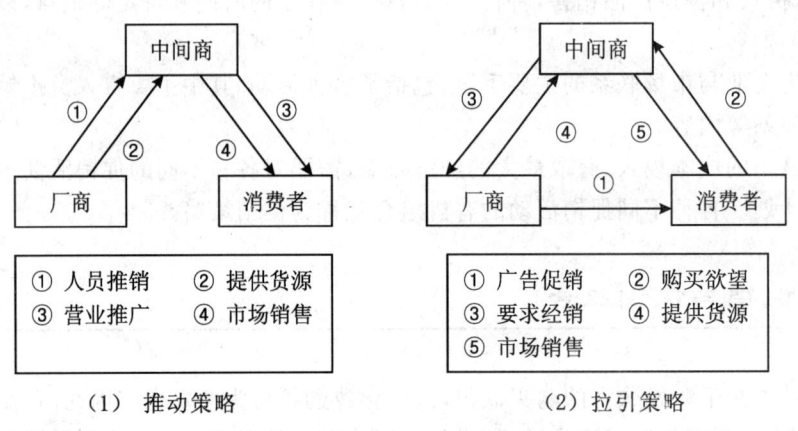

图 13-1 推动和拉引策略

推动策略着重点在于企业的能动性,表明消费需求可以通过企业的积极促销而被激发、引导、创造;拉引策略则直接从消费者需求出发。

企业促销活动选择推动策略还是拉引策略,要根据实际需要和自身的条件,参见表13-1。

表 13-1 推动和拉引策略

推动策略	拉引策略
1. 企业规模小或没有足够的广告预算 2. 市场集中,渠道短,销售力强 3. 产品单位价值高,属特殊品或者选购品 4. 企业与中间商、消费者关系有待改善 5. 产品性能及使用方法需作示范 6. 需要经常维修或需退换	1. 产品的市场很大,多属便利品 2. 产品信息须以最快速度告知消费者 3. 对产品的原始需求已显示有利趋向,市场需求日渐升高 4. 产品具有差异化的机会,富有特色 5. 产品具有隐藏的性质,须告知消费者 6. 产品能够激起情感性购买动机 7. 企业有充足的资金,有力量支持大规模的广告

三、促销组合

促销方式往往有多种,其各自发挥的作用并不一样。通常,为了提高促销效率,需要把若干种促销方式配合起来使用,这种经过精心计划而将多种方式有机结合、配套使用的促销方式谓之"促销组合"(Promotion Mix)。一般地,促销组合要素包括广告、人员推销、公共关系、营业推广四个方面。各种促销方式各有独到的优势和不足。参见表13-2。

表 13-2 促销方式优缺点比较

促销方式	优 点	缺 点
人员推销	面对面,利于沟通,便于解答顾客所提出的各种问题,促成多次及时成交	成本高,对推销人员的素质要求高
广告	辐射面广,可重复多次宣传,可根据产品特点和消费者的分布状况灵活选择广告和媒介	购买行为滞后,信息量有限,说服力小
公共关系	获得公共信任,建立形象和信誉	见效慢
营业推广	刺激快,吸引力大,能改变消费者的购买习惯	短期刺激,可能导致消费者顾虑和不信任

促销组合策略的制定必须严格按照促销市场调查所确定的关键要素,充分考虑各种相关因素的影响,强调其有效性和可行性。

(一)促销组合的作用

1. 提供信息

在商品尚未进入市场前和刚进入市场时,利用促销组合,企业可以及时地向顾客提供新产品的有关信息,以引起顾客的注意。

2. 增加需求

在产品销售过程中,企业可以利用促销组合来向顾客介绍产品以引导市场需求,甚至创造新的市场需求,从而增加市场对产品的需求量。

3. 增强企业和产品的竞争力

在激烈的市场竞争中,企业利用促销组合,介绍自身产品特点,显示与竞争产品的差异,突出独特优势,树立产品的新形象,以取得竞争的主动权。

4. 保持稳定销售

在产品市场发生波动时,企业利用促销组合可以改善顾客心理,提高产品的市场信任度,稳定市场占有率。

(二)促销组合应考虑的因素

1. 产品的性质和特点

顾客对于不同性质的产品具有不同的购买动机和购买行为,因此就必须采用不同的促销组合策略。一般来说,由于消费品的顾客众多、分布面广、购买频率高,而每一次的购买量又比较少,使用人员推销的工作量大、费用高,因此广告的效果更为明显。工业品购买者是为卖而买,订货量大,注重的是产品的技术性能,购买程序复杂,所以,对他们的促销应以人员促销为主。至于营业推广和公共关系等则起辅助作用(见图13-2)。

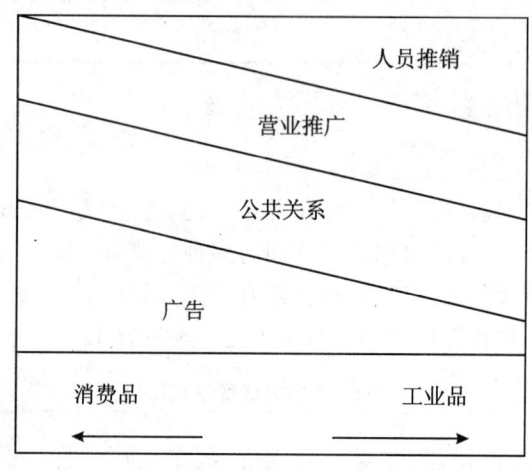

图 13-2 促销组合

图13-2只说明了促销组合的一般情况,在实行中还必须注意具体条件。比如同是药品,治疗性药品的销售对象主要是医药批发机构和医院;滋补品的销售对象主要是消费者,应多发挥广告的作用。

2. 产品所处的生命周期

促销目标在产品的不同生命周期阶段各不相同,必须实行相应的促销组合。通常,在投入期以报导性广告为主;在成长期以品牌广告为主;在成熟期以促销广告为主,并以营业推广相配合;在衰退期则以提示性广告和营业推广相结合。可见,就消费品来说,应针对不同产品的不同生命阶段的顾客心理采取不同策略(见表13-3)。

表 13-3 不同产品生命周期的促销策略

产品生命周期	投入期	成长期	成熟期	衰退期
顾客心理过程	认识	兴趣	偏爱	信任
促销重点	报导	诱导	加深印象	保持兴趣

3. 市场特点

对不同的市场应当采取不同的市场策略。比如同是工业品,煤矿机械的买主在地理位置上比较集中、交易额大,应以人员推销为主。低压电器的顾客比较分散,购买次数多,应以广告为主,辅之以向大型用户和物资购销部门人员促销。在这一方面,企业应当注意各种顾客的不同需要和购买目的。

4. 顾客对各种促销方式的接受程度

就如同对待产品一样,顾客对不同促销方式的态度也是不同的。企业必须根据他们的心理特点采用不同的促销方式。

5.企业能力

在考虑促销组合时,企业必须从自身能力出发。一般来说,大多数中小企业财力有限,销售范围不广,就应以人员推销为主,集中力量争取中间商,而辅以必要的广告,包括广告的媒体选择也应结合财力综合考虑。

总之,任何管理方式的运用都是有条件的,促销也不例外。比如说,企业的产品从特性看应以人员推销为主,但企业在推销人员素质上暂时难以达到要求,此时则可先以其他促销方式为主,同时培养推销人员,待时机许可再变换促销策略。所以,企业必须根据自己的需要选择适当的促销组合,并和其他营销策略结合使用,才能事半功倍。

第二节 人员推销策略

人员推销是企业通过派出销售人员与顾客进行人际接触来推动销售的促销方法。它具有直接联系、机动灵活、现场洽谈、反馈及时、选择性强的特点,有利于培养业务单位之间良好的人际关系。与其他促销活动相比,人员促销相对费用较高,在发达国家大致是广告费的2至3倍,而且企业很难得到优秀的推销人员。

一、人员推销的作用

第一,推销产品。这是人员推销的中心工作。推销人员通过与顾客的直接接触,推荐产品,引导消费,解答问题,最后达成交易。

第二,预见开拓。通过人员推销,企业能够和顾客保持广泛的联系,了解行情趋势,不断开拓新市场。

第三,传递信息。利用人员推销,企业能够沟通产需,促进销售。

第四,提供服务。通过人员推销,企业向顾客提供各种售前和售后服务,包括技术指导、资金融通、按时交货、人员培训等,有利于建立企业商誉。

第五,分配货源。首先是了解不同顾客的需求潜力、信用等情况,确定重点顾客,以指导销售;其次是在产品供不应求的情况下,将有限的货源在顾客间进行合理分配,做到既能最大限度地协调供需双方的利益,又能够与顾客保持良好的关系,保证将来市场份额的稳定。

二、人员推销的技巧

(一)探测性推销

对于初次接触的顾客,根据"刺激—反应"的模式,推销人员按自身计划,与顾客进行渗透性交谈,以观察顾客的反应。然后逐步根据顾客的反应来调整谈话内容,将顾客的兴趣转移到产品上来,促成购买行为的实现。

(二)创造性推销

直接将产品的某些特性有效地对顾客进行宣传,使其产生兴趣,诱发顾客的潜在需求,达到促使顾客要求购买产品行为的发生。

(三)针对性推销

对于已掌握其部分现实和潜在需求的顾客,根据自身产品特性,有目的地推销,用充分的数据和事实宣传引起顾客的重视,促成交易的实现。

(四)教育式推销

对新产品和初次接触企业产品的顾客,用培训教育、示范操作等方法向顾客传授产品知识,可以打消顾客顾虑,使之作出购买选择。

三、人员推销的规模

如前所述,人员推销是一种费用大、效率高的促销方式。对每一个企业来说,都必须根据自己的业务需要、负担能力等合理安排人员促销规模,争取最佳的经济效益。方法主要有以下三种:

(一)根据工作效率来确定人员推销规模

这种方法就是先确定不同地区推销人员的工作效率,然后和预计销售量相比较,再确定需要多少推销人员。在实际工作中,企业还可以把它和定额制度结合起来应用。这种方法的关键是确定每个推销人员的工作效率。

(二)根据工作负担来确定人员推销的规模

这种方式的特点是根据访销次数,而不是销售额来决定推销人员数量。访销次数就是推销人员访问顾客的次数。公式如下:

$$推销人员数量 = \frac{总访销次数}{每个推销人员的平均访销次数}$$

此种方法比较标准化,能够兼顾其他工作,但必须正确估计每个顾客的访销次数、推销人员的工作量、总访销次数和业务量等。

(三)增量法

这种方法的基础构想是每个推销人员都只能承担一定程度的任务。根据这一情况,企业可以先确定一个人员基数,然后根据业务变动来增减人员。增量法比较适合于销售波动大的企业;但推销人员容易产生不安全感,影响长期利益。

四、推销管理

推销管理是指对推销人员的招聘、培训、激励、组织、评价和控制,使推销人员能有效地履行人员推销职能。

(一)推销人员的选拔、招聘

推销人员的素质和积极性决定了人员推销的效果,他们的工作直接关系到企业的声誉。所以,必须用严格的标准来选拔、招聘推销人员。

一个合格的候选人必须做到:

1. 机敏干练,善于应对

推销人员一般都独立工作,要具有很高的应变能力,能够筹划推销中的各种活动,应付各种意外情况;必须善于应对,有较强的说服能力,能够和各种人打交道并结交他们,积极创造销售机会。

2. 态度、仪表、修养好

在业务交往当中,推销人员的仪表和态度必然会对顾客产生心理影响。他们应当善于真诚待客,消除顾客的偏见,推动成交。而且,推销人员的态度和仪表很大程度上反映了企业的风貌。

3. 有进取心,不怕困难

推销人员必须具备一定要超过别人、不达目的誓不罢休的心理素质;必须果断、坚毅、忍辱负重,不怕困难和挫折;要有一种强烈的内在驱动力,去完成各项推销任务。

4. 对企业和工作忠心耿耿

推销人员流动性大,企业很难直接控制他们。而且许多企业的业务关系是靠推销人员维系的,一旦离心,企业往往会遭受很大损失。因此,推销人员必须忠诚,积极负责,主动地与整个经营工作相配合,保持企业与顾客的牢固联系。

5. 善于收集和分析情报

一个优秀的推销人员应当对行情有敏锐的嗅觉,善于收集和分析各种情报,并提出建议。

6. 有较广的对外联系

在其他条件相同的情况下,人际关系在业务往来中起着重要的作用。良好的人际关系能够沟通信息,融洽气氛,促进交易。因此,在选拔推销人员时,应当了解他们的对外关系,在考虑到其他条件的前提下,最好选拔那些对外联系较广的人员。

7. 遵守法规

一个合格的推销人员首先必须是一个好公民和好职工,能够维护国家、企业和顾客的利益,能遵守各项法律法规。

8. 具备一定的业务知识和推销技巧

虽然一个熟练的推销人员必须经过培训和锻炼,但在选拔时,应当优先考虑那些具备一定业务知识和推销技巧的人员。

实践证明,虽然推销人员之间的性格、表达能力、仪表风度、教育程度等存在很大的差异,但他们可以取得同样的成绩。这说明他们的成功是多种因素综合作用的结果,并不存在一个固定的模式。各企业都应当根据自己的具体情况建立合适的选拔标准。

(二)推销人员的培训

选拔招聘工作一般只能确定推销人员必须具备的基本条件,要把他们转变成熟练的推销员,还必须进行专门培训。

1. 培训项目

在我国,多数企业都要求确定担任推销工作的人员立即投入工作,很少进行专门培训。这是不可取的,应当有计划地进行培训。培训的内容包括:(1)企业知识。要使推销人员了解企业的历史、生产过程、技术能力、组织结构、产品方向、经营方针、规章制度等,掌握企业的总体情况。(2)产品和技术知识。这是一个熟练的推销人员所必须具备的最重要条件。他们应当掌握产品的品种、用途、价格、包装、使用方法、操作维修、制造过程等各种知识。(3)市场知识。推销人员应当对市场行情、竞争程度、需求分布、国家政策、地区特点等有较深刻的了解,能预见将来的变化趋势。(4)顾客知识。推销人员要了解顾客的购买动机、购买习惯、需求情况、采购系统、所属部门、管理机构等,能够抓住推销的关键。(5)推销技巧。一个推销人员的熟练程度取决于推销技巧。这包括如何发现顾客、主动接近他们;如何处理好人际关系,与顾客打交道;如何克服心理障碍,顺利达成交易;如何与顾客保持联系,巩固产销关系等。(6)业务程序和职责。要使推销人员掌握制定计划、安排时间、洽谈、订立合同、结算方法、开销范围、旅行等各方面的知识,以节约费用、避免损失、增加销售。

2. 培训方式

合理的培训方式是提高培训效率的决定因素。一般来说,根据不同的要求和条件,企业可以采用短期集中培训、专项实习、岗位传授、委托培训等多种方式。(1)短期集中培训,即抽调一定力量,在专门的时间内对推销人员进行集中培训。内容以理论讲授、模拟示范、现场操作为主。这种方式对于有关企业知识、产品知识、业务程序等的培训尤其有效。(2)专项实习,目的是提高推销人员某一方面的知识和技能。如为了使推销人员掌握某一产品的性能,安排他们到设计部门实习,或到装配车间跟班操作等等。(3)委托培训。如果本企业一时不具备培训的条件和经验,也可委托其他单位培训推销员。委托单位可以是学校,也可以是企业等实际部门。委托培训的长处是能够系统地学习有关知识,吸取他人经验,但费用较高。

(三)推销人员的激励

在许多人的眼里,推销是一个自由自在、走南闯北、报酬丰厚的职业。但实际上,推销人员必须具备特别的毅力和耐心,必须勇于牺牲自己的利益。他们远离单位和家人,工作时间没有规律,还需要克服家庭生活等特殊困难。因此,企业应时时处处关心他们,使推销人员感到工作的意义和个人的价值。要培养推销人员的荣誉感,为他们提供平等的晋级机会,关心他们的家庭生活、福利待遇,采用合理的工作和休假制度等。

(四)推销人员的考核

1. 考核的标准

对推销人员的定量考核主要有销售定额完成率、用户访问次数、新客户增加量等指标。公式如下:

$$销售定额完成率 = \frac{实际销售量}{推销定额} \times 100\%$$

$$访销次数完成率 = \frac{实际访销次数}{计划访销次数} \times 100\%$$

$$新客户销售率 = \frac{新客户销售量}{总销售量} \times 100\%$$

$$新客户访问率 = \frac{对新客户的访问时间}{总访问时间} \times 100\%$$

此外,企业还可以通过用户反应等途径来考核推销人员。由于推销人员的任务不是单一的,因此,应当用综合指标来考核推销人员,促使他们积极完成各项任务。

2. 考核的方式

考核推销人员的基本方式有工作报告制度和成绩比较两种。通过工作报告,管理部门能够了解推销额、访销次数、新客户增加量等业务情况,随时掌握推销进度;能够了解推销人员的开支情况,完善费用定额,控制销售成本;能够收集顾客情况、竞争状况、新技术动态等各种情报,加快信息反馈,提高决策水平。在工作报告中,推销人员还可以提出自己的分析和建议。成绩比较则是将推销成果在推销员之间、实绩和定额之间、过去和现在之间进行比较,以便了解推销的进展情况。在考核的基础上,企业就可以合理确定推销人员的报酬。

(五)推销人员的报酬

推销人员的工作具有很大的独立性、流动性和自主性。他们与其他职工的现场协作较少,不可能对其进行日常控制;他们具有较大的自主权,但工作环境很不稳定,风险较大。可见,对推销人员的报酬制度应当具有更大的灵活性。

一般来说,推销人员的报酬可以采取以下几种形式:

1. 固定工资制

即无论推销人员业务成绩如何,都按照固定的工资标准支付报酬。但这种报酬形式由于使成绩和所得脱节,容易挫伤推销人员的积极性。

2.分成制

分成制就是从销售额中提取一定比例,作为推销人员的报酬。分成制的优点是能够把收入和成绩结合起来,鼓励推销人员努力工作;能够使工资水平和销售相适应,比较符合推销工作的特点。但不利于鼓励推销人员从事直接推销业务以外的工作,可能造成推销人员用不恰当的手段推销产品,推销人员的安全感也比较低。在实行分成制时,可以将推销费用计入分成,也可以实行成本包干,然后按净收入分成。

3.混合制

如前所述,固定工资制和分成制各有利弊。因此,多数企业为了兼顾各项推销工作,并保证推销人员的个人利益,取长补短,将基本工资加分成作为推销人员的主要报酬形式。

此外,推销人员的报酬还可以采取奖金、津贴、实物奖励、带薪假期等多种形式。

在实际工作中,企业必须注意两个基本问题:一是分成基础和分成标准,如是按推销完成额分成、按资金回收量分成,还是按实现利润分成;二是采用各种报酬形式的条件,如对新推销人员先给较大比例的固定报酬,然后再逐步提高变动部分比例。

第三节 广告策略

广告的最主要特性及与其他手段的区别体现在:首先,广告是付费的;其次,广告是非人员直接沟通的形式。

根据我国正式颁布的《中华人民共和国广告法》对广告的规定,广告"是指商品经营者或者服务提供者承担费用,通过一定媒介和形式直接或者间接地介绍自己所推销的产品或者所提供服务的商业广告"。

一、广告的作用

广告作为市场促销的一种最主要的手段,有以下作用:

第一,传递信息,沟通产需。传递信息是广告最基本的作用,通过各种媒体,广告帮助消费者了解产品的特点,创造销售的机会。通过广告,企业还可以沟通企业—中间商—消费者三者的联系,有助于销售部门的销售活动。

第二,刺激需求,促进销售。广告能够诱导顾客的需求,影响他们的心理,刺激他们的购买行为。

第三,改善服务,加强竞争。在激烈的竞争中,各企业都希望突出自己的产品,争先诱导顾客购买,并为此进行着激烈的广告战。因此,企业应当树立全方位竞争观念,重视广告,力争舆论。

第四,介绍知识,指导消费。由于经济的发展,产品种类日益繁多,新产品层出不穷,顾客很难及时地认识和分辨各种产品。通过广告,企业就能够向消费者介绍产品的功能和作用,指导他们的消费。对于社会大众来说,优秀的广告也是一种文化消费。

第五,树立企业信誉和产品形象。在生产观念和推销观念的影响下,广告被当成一种增加短期销售,甚至推销积压商品的手段。久而久之,某些顾客和管理者对广告产生了误解。据1994年在全国范围内进行的调查显示,在对广告不感兴趣或反感的公众中,有42.6%的人认为广告可信度差。事实上,广告除了推销功能外,还能树立企业和产品形象,加强顾客的记忆和好感,提高品牌知名度和声誉,增强企业无形资产价值。

第六,为业务联系提供方便和支持。通过广告,企业可以沟通与客户的联系,扩大人员推销联系的范围和目标,促进交易的达成。而且,广告宣传还能够提高企业及产品的知名度,支持推销人员的活动和其他业务洽谈工作。

由于广告在产品促销中的重要作用,广告越来越为企业所重视,其内涵与形式日益增加,特别是强烈的感官冲击效果,对刺激购买至关重要。正因为如此,新出台的《广告法》强调广告必须真实合法,以防止虚假广告对顾客的误导。

二、广告的种类

根据广告的不同区分方法,可以将广告分为不同类别:

1. 根据目的,可以将广告分为产品广告和企业形象广告。通常好的产品广告也可起到一定的树立企业形象的作用。有时,根据媒体特性,企业也可同时进行产品与企业形象广告宣传。

2. 根据内容,可以把广告分成介绍性广告、提示性广告、说服性广告、分类广告和比较性广告。

3. 根据所使用的媒体,又可把广告分为电视、广播、报纸、杂志、路牌、霓虹灯、灯箱、车辆、直邮、大屏幕电视等广告。

三、广告的作业流程

无论是年度的广告实施还是阶段性广告发布,从作出发布广告的决定到最后广告通过恰当的媒体为公众所接受,都必须遵照一定的广告作业程序。

(一)调查分析

这是企业进行广告活动的开始。在此阶段,企业应结合促销市场调查,对广告产品进行分析,明确产品的定位(产品功效);对市场上的同类产品进行分析,找出竞争产品的特性,发现竞争对手的问题和不足;对市场进行分析,明确市场目标;对市场机会进行分析,明确市场未来潜力;最后,还要对消费者进行分析,明确广告对象。

(二)广告策划

根据企业的营销目标和调查分析结果,首先应确定广告的目标,以及衡量目标的指标体系;提出明确的广告目的和战略;合理安排不同的广告最佳组合形式;对广告的诉求点,利用"头脑风暴"来提出基本创意观念;决定广告的内容和预算、广告的媒体策略;提出可供选择的方案进行比较、修正并确定最终方案。

(三)广告实施

有了广告计划方案,还需要将其细分为每种不同媒体的设计方案。在设计方案时,同样要进行创意和策划,然后作出具体方案。在不同的地区,要确定不同的广告媒体组合,合理安排广告时间和广告投放量。制作出广告作品后,要及时将广告交予相关媒体,并准时发布。

(四)广告评估

对于已发布的广告,要及时进行跟踪,收集公众对广告的反馈信息,评定广告效果,总结经验。

一般而言,广告宣传由企业自身通常难以完成,应根据企业不同时期的不同广告要求,选择合适的广告公司来协助完成策划、设计制作、发布等工作。在有条件的时候,由广告公司来代理企业广告业务,企业只负责提出要求和对方案进行审定,以便保证广告的整体化和高效化。这在国外已成为广告业的常规做法。

四、广告公司的选择

在一定的费用范围内,要想取得尽可能好的广告效果,选择好的广告公司或经营单位进行合作极为重要。

(一)广告公司和广告经营单位的主要类型

1. 综合型广告公司

综合型广告公司应具备为客户提供全面广告服务的能力。其基本条件包括:(1)有与广告经营规模相适应的经营管理机构、市场调研机构、广告策划和代理机构、广告设计制作机构、广告编审机构;(2)有相应的经营场所,有从事经营必需的资金、设备、器材;(3)有与广告经营业务相适应的从业人员;(4)有健全的各项广告管理制度。

2. 专业型广告公司

专业型广告公司具备为广告主提供专项广告服务的能力,其基本条件包括:有与广告经营规模相适应的经营管理机构、广告设计制作机构、广告编审机构、广告策划和代理机构;有与广告经营范围相适应的广告媒介、经营场所、制作场所;其他要求同1中条件(2)至(4)。

3. 广告媒介单位

广告媒介单位具备为广告主提供某项媒介服务的能力,有与广告经营范围相适应的广告媒介、经营机构、制作场所及满足前述的有关要求。

4. 设计、制作广告公司

设计、制作广告公司是从事某些广告媒体设计、制作的专业公司。

(二)广告公司的选择

企业做广告,在确定了广告目标之后,应根据对广告的基本要求对广告公司进行选择。广告公司的选择可参照以下标准:

1. 广告公司的服务水平与服务质量

不同的广告公司,其基本设备、人员构成、公司专长存在较大差异。尤其对在广告业尚未进入成熟期的中国来说,广告公司的水准更是参差不齐。在确定广告公司之前,最好根据自身的广告要求,选择一些广告公司进行比较,最终选择质量上乘的公司作为伙伴。

2. 广告公司对企业所处行业及产品的了解程度

不了解广告主行业和产品的广告公司,很难想象其广告服务会达到令人满意的水平。即使广告公司有良好的服务愿望,但同样会给广告主增加额外负担并影响广告质量。

3. 广告公司所能覆盖的市场范围

每个广告公司通常都有一定的市场覆盖范围。这种市场范围或媒体可达范围是否与企业广告目标市场相一致是企业选择广告公司的基本依据。

4. 广告公司对企业的忠诚度

为了使广告能达到满意效果,需要广告公司对企业和产品尽可能地有全面了解,其中不乏涉及企业的一些商业机密。如果广告公司不能遵守职业道德,将给企业带来额外损失,故应对广告公司的忠诚度加以考虑。

五、广告媒体

媒体是信息的物化形象载体,广告信息和创意只有通过媒体才能传递。媒体的使用与选择直接关系到信息传播的影响范围和准确度,也影响到策划创意的广告形象的渲染力、影响力。

由于媒体计划的成败对企业广告行为目标起到绝对影响,因此,广告媒体选择的目的是:利用最佳手段输出信息,达到尽可能大的宣传覆盖面和宣传效果。

(一)广告媒体的类型

随着社会的不断发展、新技术的大量涌现,以及信息量的急速膨胀,广告媒体的形式日益增加。可以说,在现代社会中,只要是能对人的感观产生影响的物体都可成为广告媒体。然而在平时,人们使用最频繁的仍是四大传统媒体。

1. 报纸

报纸是一种与社会具有广泛联系的大众传播工具,选用报纸做广告的优点是读者广泛、信息传递迅速、便于说明、制作灵活和费用适中等。在我国,报纸又可分为全国性和地方性、新闻性和娱乐性、日报和周报等,企业必须根据不同报纸的效果和财力进行选择。

2. 杂志

杂志的优点是权威性较高,能加强广告的说服力;专门化程度高,能提高广告的针对性;印刷精良,能增加广告色彩;可读性强,重复宣传效果好。缺点是缺乏灵活性、周期长、发行量有限和读者面窄。

3. 广播

广播是一种通过听觉产生效果的广告媒体。其优点是迅速及时、传播范围广、安排灵活、制作简单、费用低廉;缺点是时间固定、表现手法较窄。

4. 电视

电视是一种具有视、听、读综合效果的广告媒体。其长处是具有强烈感官刺激,接近现实生活,能产生高度吸引力;传播范围广,老少皆宜;表现手法多样,形式丰富多彩。电视广告的主要缺点是选择性小、广告时间短、易受其他节目干扰、费用高。

(二)广告媒体研究

要使广告成功、有效,首先需对媒体进行综合分析研究。媒体研究分为对广告活动的主观环境研究和客观环境研究。

1. 主观环境研究

这是指在广告活动中如何从自我支配因素中找出实现营销策略和广告策划的传播途径及方法。它包括对产品和市场的研究、对策划创意的研究、对广告时机的研究、对企业经济实力的研究等等。

2. 客观环境研究

这是指通过对广告信息传播条件的研究,寻找适应广告策略的载体。它包括对载体(传播量、受众数量)的研究、载体对信息亲和性(受众的关心程度)的研究、载体发布广告质量研究、各种载体的总体广告发布量和广告发布密度研究等等。

(三)广告媒体选择

要使广告达到一定的促销效果,在对广告媒体进行研究的基础上,选择时应考虑以下因素:

1. 产品的种类和特点

例如、服装、化妆品、食品等最好用彩印或电视广告,这样可以突出色彩,形象生动。新产品或高科技则可利用直邮广告，以便详细说明或有目的地选择顾客。

2. 目标市场的特点

广告的目的是被顾客接受和为顾客服务，因此必须根据目标市场的特点来选择媒体。比如，房地产多用报纸广告、儿童用品则多用电视广告等。

3. 广告媒体的覆盖面和影响力

这直接关系到广告的传播范围、接触频度和作用强度。一般来说，媒体的传播范围应与市场范围相一致，应当对目标市场具有最大影响力。

4. 广告的目的和内容

同一种产品，可以因为广告目的或内容的不同而选择不同媒体。如推销性广告要求大众化、瞬时印象深，电视是最佳媒体；而说服性的广告则可利用报纸、杂志的可保存性，以提高顾客的接触率。

5. 广告成本

企业必须对广告成本进行分项核算，掌握效果和成本的关系，提高广告的经济效益。

六、广告预算

广告管理的目的是以尽量少的成本达到预定的广告目标，因此必须有合理的预算。

（一）确定广告预算的方法

1. 负担能力法

负担能力法又称为支付能力法，是根据企业的财务能力来确定广告预算。其主要优点是简便易行，但预算也容易受到财务波动的影响。

2. 销售比例法

这种方法是从销售额中抽取一定比例来作为广告预算。其优点是简便易行，能够在定价时考虑到广告开支的比例，与企业的财务能力保持一致，因此是一种比较常见的广告预算方法。销售比例法的主要缺点是把销售结果当作决策广告预算的因素，忽视广告的积极作用；广告预算随销售额波动，不利于根据实际需要在不同地区和产品间分配预算。

3. 竞争平衡法

这种方法的特点是根据竞争对手的费用水平来确定本企业的广告预算。其设想是能够保持同行业的平均水平和竞争优势。在广告竞争激烈、企业间势均力敌的情况下，这不失为一种有效的方法。竞争平衡法的主要缺点是预算依据不一定合理，不能准确反映各企业的情况，而且容易引起盲目攀比。

4. 目标—责任法

这是根据广告计划的目标和任务来确定预算的一种方法。其程序是先建立广告目标，根据目标决定必须完成的各项具体工作，再汇总各项工作所需要的费用，最后作出预算。这种方法把预算和需要密切结合了起来，目标明确，可避免盲目性。它的缺点在于难以确定目标和效果的关系，执行起来比较困难。

（二）广告预算的时间分摊

和其他管理活动一样，广告预算也要进行"期"和"量"的安排。所以，当广告预算确定之后，还必须在各阶段进行合理的分摊，以便取得最佳的时间效果。

广告预算的时间分摊必须考虑到以下因素：

1. 销售的周期性波动

由于季节变化和节假日等的影响,销售额会呈现波动状态。企业必须了解市场机会,确定销售曲线和费用分摊水平之间的关系(见图13-3)。

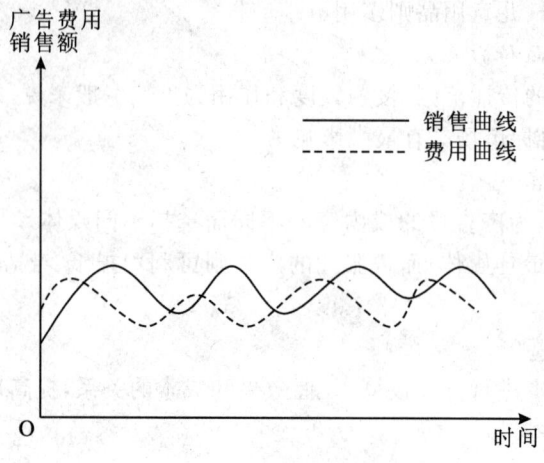

图 13-3　广告费用的时间分摊

2. 顾客的反应间隔期

从购买行为过程可见,广告主要是在购买行为发生以前作用于顾客,并对购买过程的各阶段产生影响的。所以,企业应当提前宣传,并保持广告的持续性。

3. 顾客的变动情况

这主要是指新老顾客的比例、潜在销售量的增减、顾客心理状态的变动等情况。一般来说,实际销售量占市场容量的比越低,越需要持续的广告。

4. 重复购买率和购买频率的高低

一般来说,重复购买率和购买频率越高,则越需要持续的广告来加深顾客的印象。

5. 遗忘率

遗忘率表示顾客在没有外力影响的情况下对某种产品的遗忘程度。显然,这也必须有持续的广告来提醒顾客。

总之,企业应当对各项因素进行逐项研究,了解它们的时间分布规律,合理地分摊广告预算。

七、广告创作

广告创作是在对顾客的需求和产品的性质等相关因素有了充分了解的基础上,站在顾客的立场上来解释产品如何能满足其需求,以达到刺激顾客购买欲望的目的。广告的创作必须遵循一定的原则要求。

(一)广告创作的原则

1. 吸引注意原则

顾客对事物的爱好是有选择的,广告的内容必须依照其选择进行设计。即广告创作要针对顾客的需求层次、利益和兴趣,才能使广告产生吸引力。它包括应针对需要,进行特殊设计,巧妙运用色彩,合理确定位置及尺寸。

2. 通俗易懂原则

广告创作必须被人理解,使之在顾客心中产生深刻印象,因此必须做到通俗易懂,包括采用易懂的语言、生活化和情感化的画面。

3. 信任原则

广告不仅要被顾客理解，还要求能使顾客建立起对产品的信任感。它要求广告创作建立起商品信誉，以事实进行宣传，让顾客自己来推销，有良好的售后服务。

4. 号召力原则

顾客对产品的基本判断是产品的有益性。因此，广告创作必须具有号召力，使顾客受到感召，自觉对产品加以接受。增加广告号召力要求广告创作能刺激人的潜在需求，采用最有号召力的形式和表达方式。

（二）广告创作的要素

广告最终是由广告作品来表现的，它是以艺术的形式，把广告的信息内容表达出来。广告作品的要素是：主题、创意、语言文字、形象和衬托。

1. 主题。它是广告为达到某种目的而说明的基本概念，是广告的核心。

$$广告主题＝广告决策＋信息个性（内涵）＋顾客心理$$

2. 创意。创意是表现主题的构思，它通过创造意境来表达主题。

3. 语言文字。语言文字是广告传递信息必不可少的手段和工具。它必须表现主题，而且要做到精炼、准确和通俗易懂。

4. 形象。形象是展示广告主题的有效方法。应使广告形象生动别致，引人注目，增加顾客的信任感。

5. 衬托。衬托同样是表现广告主题的一种办法。它可以使广告主题更加突出，强化广告的号召力和感染力，提高顾客对广告的注意度和记忆度。

八、广告效果评价

衡量广告对促销的作用如何，必须对广告的效果进行测试。也就是运用科学的方法来鉴定广告活动对促进商品销售、劳务销售和利润增加的程度。此外，还可以根据需要来测试对社会的教育作用程度，以及广告在消费者心理上的反应程度。

通过广告效果的测试，可以检验广告目标是否正确、广告媒介运用得是否合理、广告时间和频率安排是否科学、费用是否合适、主题是否突出、是否针对顾客心理、顾客反应如何，以便能及时对广告计划进行必要的修正。

在实际工作过程中，要明确评价广告的效果通常比较困难。这是因为：第一，销售额的大小是产品、价格、推销、市场行情等多种因素综合作用的结果，很难单独把广告的作用分离出来；第二，有些广告的作用往往要在一个较长的时期中逐步表现出来，而在某个特定时期内很难估计广告的全部效果；第三，广告是通过顾客的动机、知觉、情绪等间接地对购买行为起作用，然而广告的最终效果基本上体现在销售（利润）额的变动上。这就决定了广告效果的评价有对顾客购买行为影响程度的评价和对销售额影响程度的评价两个方面。

（一）对顾客购买行为影响程度的评价

就是通过衡量顾客的心理状态和行为过程在广告作用下的变化，来测定广告效果。其主要办法有：

1. 直接评价法

企业或广告代理单位邀请部分顾客或专家（也可用问卷的方式）对广告的吸引力、表现手法、印象程度等进行逐项评价，并从中选择合理方案。但它不能可靠地测量广告对顾客的影响，所以比较适用于淘汰较差的广告方案。

2. 回忆测验法

这种方法是要求被测者在被提示或不被提示的条件下,尽可能地回忆广告中的细节,并根据记忆程度来测定广告的效果。

3. 认知测验法

认知测验法的程序是用一定标准抽取某种广告媒体的接受者,要求他们重新认识以前接触过的广告内容,再根据认识程度把其分为约略型、联想型、较深型顾客三类,然后计算每类顾客的百分比,最后判断广告效果。这种广告有利于比较不同广告的优劣,改进广告的设计。

4. 实验室法

其具体做法是在实验室中利用仪器来测量被测者看到广告时心跳、血压、瞳孔、出汗率等指标的变化,再根据数据分析来评价广告对顾客心理的影响程度。实验室法的缺点是对态度的测量能力有限,且设备要求高、费用昂贵。

(二)对销售额影响程度的评价

对销售额影响程度的评价的主要方法有:

1. 试验法

试验法是通过改变广告预算在不同地区或不同时间的投入量来评价广告效果的一种方法,它又有分组试验和间歇试验两种形式。其中,分组试验主要用于评定不同地区广告费用变动与销售额之间的关系,间歇试验则用于测定不同时期广告费用与销售额之间的关系。在运用这种方法时,必须注意试验条件的可比性,以及广告效果在不同地区、不同阶段间的相互影响。

2. 相关分析法

这是用线性回归法分析广告费用和销售额的相关关系,进而评价广告效果的一种方法(见图13-4)。利用相关分析法必须掌握充足的统计资料,并正确估计未来的变化趋势。

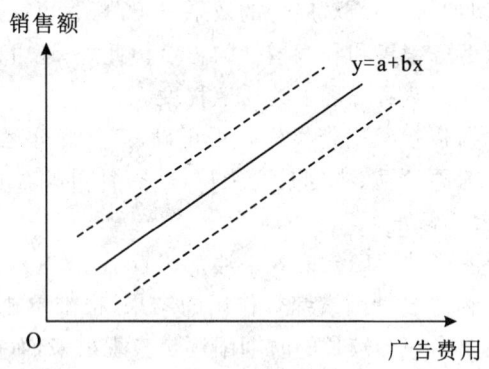

图13-4 销售额与广告费用的相关关系

3. 广告收益率法

这是用广告收益率来评价广告效果的一种方法。公式如下:

$$\text{广告收益率} = \frac{\text{销售额增长率}}{\text{广告费用增长率}}$$

必须注意,运用广告收益率法时,应考虑到其他因素对销售额的影响。通过对广告效果的评价,企业就可以了解计划的执行情况,对整个广告计划进行必要的修正。

第四节　营业推广策略

营业推广系指除人员推销、广告和公共关系以外的促销活动,其目的旨在刺激顾客购买,或促进与经销商达成交易。和其他促销手段相比,具有针对性强、立足于短期目标、非连续性和灵活的特性。一般用于一定时期、一定任务的短期特殊推销。

一、营业推广的类型和作用

根据市场特点、销售目标、推广目的的不同,营业推广大致可分为对顾客的营业推广、对中间商的营业推广、对推销人员的营业推广三种类型。对顾客的营业推广是为了刺激顾客的购买欲望、提高重复购买率、推动新产品销售、扩大市场占有率等;对中间商的营业推广是为了鼓励中间商大量进货、代销,加速货款回收率;对推销人员的营业推广则是为了鼓励推销人员积极工作,努力开拓市场,增加计划期内的销售量。

通过营业推广,在不同的销售阶段,企业能够加速商品的流通并引起顾客的注意及购买兴趣,影响顾客的购买决策,争取交易的达成。

二、营业推广的方式

在营销活动中,企业应根据市场情况、政策法令、销售状况等环境因素来选择适当的营业推广方式。

(一)产品陈列和现场示范

其做法是在经销(代销)点占据有利位置进行橱窗、货架、流动陈列,或进行现场示范,展示商品性能,打消顾客疑虑。

(二)产品展销

这是一种应用广泛的营业推广方式。企业通过交易会、展销会、订货会等展示产品,洽谈业务,达成交易。

利用展销,企业不仅可以在现场销售或收集订单,而且还可以征询顾客的意见,对产品进行宣传,并通过与经销(代销)商接触来确定合作伙伴,趁机评估市场潜力或产品的可接受性。

(三)样品赠送

即企业把样品提供给顾客免费试用,再依靠他们了解效果、传递信息、争取订货。试用期满后,样品可送给顾客,也可以收回或折价处理。

(四)代价证券

这是企业送给顾客的一种购物券,顾客可按优惠价格购买商品。

(五)有奖销售

对购买企业产品的顾客,按一定的方式进行奖励。如摸奖、抽奖、根据累积购买量进行奖励。

(六)交易推广

交易推广主要是针对中间商的。如用价格折扣刺激中间商的大批订货和提前订货,用垫付资金和加价补贴鼓励客户代销代存,用分期付款扩大销售量等。此外,营业推广还有顾客竞赛、贴花等多种方式。

三、营业推广计划

成功的营业推广必须有成功的管理。在实践中,企业必须对营业推广的目标、规模、起始及持续时间、预算、媒介等作出周密计划。

(一)营业推广的目标

企业应当根据目标市场的特点和整体策略来制定推广目标。对于消费者个人、中间商、企事业单位等应当区别对待,短期目标必须与长期目标相结合。

(二)营业推广的对象

各种营业推广手段对于不同对象的作用是有很大差异的。实践证明,营业推广的对象主要是那些"随意型"顾客和价格敏感度高的消费者。对于已养成固定习惯的老顾客,营业推广的作用相对要小一些。

(三)营业推广的规模和水平

这决定了营业推广的效果。因此,必须了解各种推广手段的效率,确定刺激强度和销售量的比例关系,争取最佳的推广效果。

(四)营业推广的媒介

企业必须通过最佳的途径来实施营业推广。比如为了扩大某种产品的销售,拟给予顾客10%的折扣。那么至少可通过包装、挂牌、邮寄、广告四种形式来传递这一信息。其中,包装只能吸引接触过产品的顾客,邮寄可以向特定的顾客推广,广告有利于大范围快速传递,而挂牌注明则能制造推广气氛。

(五)营业推广的时间安排

营业推广的时间安排必须符合整体策略,与其他经营活动相协调,以免出现脱节现象。应当利用最佳的市场机会,有恰当的持续时间,既要有"欲购从速"的吸引力,又要避免草率从事。

(六)营业推广的预算

营业推广的预算可以用三种方法来制定:一是参照上期费用来决定当期预算。这种方法简便易行,但必须估计到各种情况的变化。二是比例法。即根据占总促销费用的比例来确定营业推广的费用,再将预算分配到每个推广项目。在实行中,各项目所占的比例必须根据情况灵活决定。三是总和法。这种方法和比例法相反,先确定营业推广项目的费用,再相加得到总预算。其中,各推广项目的费用包括了优惠成本(如样本成本)和实施成本(如邮寄费)两个部分。

四、效果的评价

企业为了控制和调整营业推广的实施效果,必须进行效果评价。其目的是将结果与最初目标进行比较,将实际成本与预算比较,并对所获信息进行评估,最终为今后的营业推广与促销提供改进的依据。一般对营业推广效果评价的方法有:

(一)比较推广前后销售额的变动情况

在其他条件不变的前提下,企业可以对销售量的增加额与推广成本进行比较,得出净效果,然后以此来评价营业推广计划的得失。利用这种方法时,必须注意营业推广结束后一段时间的市场占有率。比如,某种产品在营业推广前后的市场占有率如图13-5所示。

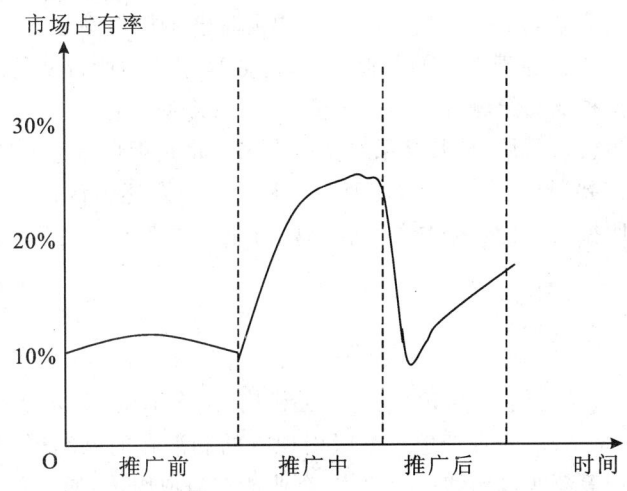

图 13-5 市场占有率变动曲线

图 13-5 表明,在营业推广期间光顾的主要是老顾客。在推广结束时他们有大量的存货要消化,以致影响了当时的市场占有率。以后随着购销的正常化,市场占有率又恢复到原来的水平。可见推广只是改变了顾客的购买时间,并未取得长期效果。不过这在存货过多、流动资金紧张的情况下,仍不失为一种有效的办法。

(二)顾客调查

调查内容包括三个方面。首先是对营业推广期间的顾客动态进行调查,用现场记录、查阅原始资料等手段分析顾客数量、购买量、重复购买率、购买率等指标。其次是对顾客的构成进行调查。包括新老顾客的比例、不同年龄层次的顾客比例等等。第三是对顾客的意见进行调查。包括调查顾客的动机、建议、要求、评价等,从而了解顾客在营业推广期间的购买行为。

(三)实验法

企业在开展大规模的营业推广活动之前,可以选择一定的地区或顾客进行试点,通过改变规模、水平、媒介、持续时间等了解顾客的不同反应。如果使用得当,这种方式还能收到宣传效果。

总之,营业推广能给顾客带来额外好处,企业又能从中得利。但必须有周密的计划,如果使用不当,反而会使顾客心存疑虑,影响购买力。

第五节 公共关系与销售服务

公共关系是指企业为刺激顾客对产品或服务的需求并改善企业与公众的关系而采取的一种手段。

为了达到上述目的,企业可以根据不同需要与对象,采取不同的公共关系方式。但作为促销功能的公共关系而言,它主要是指企业利用各种媒介发布重大商业新闻,或是对产品、服务或企业进行有利的宣传,而企业并不为此付费,即通常人们所说的"软广告"。

一、公共关系的目标

公共关系的目标是提高企业知名度、加深产品印象、激励全体员工。在现代市场环境条件下，企业间的竞争日益激烈，作为产品而言，顾客购买时已不仅仅满足于产品本身所提供的效用，同时还要进一步享受伴随于产品的其他服务，比如享用产品所带来的地位、身份等方面的满足。企业要想得到这种商品给顾客的附加价值，必须首先使企业行为或产品特性符合某种特定的社会规范，为社会公众所认可，其结果给企业带来的将是无形资产的增加与企业长期稳定的发展，而这一切都需要通过公共关系，使消费者和社会公众逐步认识企业的经营目标、经营宗旨，并使之为社会所接受。当然，公共关系在搞好与业务往来单位关系、激励内部职工方面同样起到良好作用。

二、公共关系的对象

公共关系的对象主要是顾客、舆论界、各有关机构、协作单位、竞争者和本企业职工等。通过与顾客开展公共关系活动，企业能够不断吸引现有的和潜在的顾客，争取长期市场；通过报纸、刊物、电台、电视台等新闻机构和社会团体，企业能够争取舆论；通过公共关系，企业能够得到地方政府、群众团体等的积极支持，并与他们建立广泛的联系；通过开展公共关系活动，企业能够和银行、物资、商业、劳动人事等部门保持密切协作，保证生产经营活动的正常进行。在经营中，企业之间既是竞争对手，又是协作伙伴，他们之间的关系是密不可分的。

三、公共关系的活动方式

一个企业的公共关系和企业的规模、活动范围、产品类别、市场性质等密切相关，不可能有一个统一的模式。但概括起来，企业公共关系部门的活动大致有以下几种方式：

（一）赞助和支持社会各项公益活动

作为社会一员，企业有义务在正常的范围内支持各项公益活动，如运动会、文艺演出、节日庆祝、基金捐献等。由于这些活动为众人瞩目，各种新闻媒介会进行广泛的报道。因此，企业能从中得到特殊利益，树立一心为大众的形象。但在实践中，企业应注意活动与企业形象的一致性，同时还要考虑自身的财力。

（二）新闻宣传

从一般心理状态来说，公众总是更相信有独立来源的客观报道。因此，企业应当争取一切机会和新闻界建立联系，及时将具有报道价值的信息提供给有关新闻媒介，加深顾客印象，鼓励推销人员及其他职工的工作热情。

（三）听取和处理公众意见

企业应当积极收集公众对企业经营、生产、技术、产品质量、销售等方面的意见和建议，及时将改进后的情况告知公众，并予以感谢。这样，既能满足公众要求，又可以使顾客心满意足，密切企业与公众间的关系。

（四）建立与有关机构的友好联系

积极建立与消费者、社会团体、政府机构、银行、商业部门、供应商等的密切联系，主动向他们介绍企业的经营情况，听取他们的意见和建议，争取他们的支持。

（五）积极参加社会活动

积极参加各种社会活动，通过举办新闻发布会等形式努力提高公众对企业的熟悉程度，有意识地在公众心目中建立起企业的个性形象，争取企业的长期利益。

（六）建设企业内部有益的员工关系

企业应当努力关心职工的福利，鼓励他们的工作积极性，要开展各种活动，提高企业的凝聚力,使企业职工按照企业发展规划健康成长,并通过职工与周围社区建立良好的社会关系。

四、销售服务

销售服务是指企业在产品销售的整个过程中,通过诸如咨询、使用培训、送货上门、免费安装、提供保修等形式来增加顾客的消费信心及安全感,刺激其购买行为,并对企业的产品与商标建立起信任感。

销售服务方式的选择应从顾客的基本需求、顾客的类别、产品的特性、企业的财力、对销售的影响等方面加以分析,并从人员推销、广告、营业推广、公共关系等角度综合进行实施。

应该指出:销售服务在现代社会中已逐步成为商品属性的一部分,企业不仅要将其看作一种促销手段,更应该视为附加于商品之中的基本承诺,从市场营销的高度加以综合考虑。

复习思考题

1. 消费者购买行为的特点和促销的作用是什么?
2. 促销组合的概念和原则是什么?
3. 人员推销的意义和作用及推销的作用是哪些?
4. 广告的作用是什么?广告的作业流程是怎样的?广告的策划要点是什么?怎样选择广告公司?
5. 营业推广的特性是什么?
6. 公共关系对企业的经营管理及促销活动本身有何意义?
7. 销售服务的概念是什么?

案例分析

雪莲维药"千里追连战"

新疆雪莲维药有限公司(以下简称雪莲维药)是一家从事新疆少数民族医药——维吾尔药的研究与生产的企业。企业生产的产品虽然获得政府相关部门及医药权威部门的认可,但由于是新企业、新品牌、新产品,市场的接受度还是比较低。所以如何在一定时间内提升产品的知名度,增加消费者对新产品的尝试性购买,就成为公司负责人近一阶段内较为头痛的事情。单纯地进行大规模的广告投入,对于刚刚起步的中小企业来讲显然不是很现实。一味地进行终端推广,又因为消费者对产品的不熟悉而效果不甚理想。

在毫无头绪地翻阅报纸期间,雪莲维药营销总监顾海萌生了一个大胆的想法……

一、出现历史性的机遇

2005年4月26日至5月3日,中国台湾国民党主席连战将访问大陆,5月5日至5月13日,台湾亲民党主席宋楚瑜也将访问大陆。这意味着5月将在大陆掀起关于台湾、关于两岸和平统一的"旋风"。

这两次历史性的来访,将会对中国的和平统一起到积极的促进作用。所以此时的雪莲维药营销总监顾海首先想到的是面对这样的历史时刻,作为炎黄子孙能做些什么;当然,作为商人的他又在想,能不能借助这样的事件提升品牌的知名度。

他及时把这样一个不是很成熟的想法向远在上海的董事长饶峰先生汇报,经过多层次的沟通与探讨,一个小的传播计划诞生了。

二、千里追击引关注

在"连战大陆行"之前,中国广大民众的热情似乎被点燃,在新浪、搜狐等门户网站上,很多网友激情赋诗,一时间已经被冷落很久的诗歌形式成了民众表达心声的最好形式。

能否创造一首诗歌,既代表一个普通中国人的情感,又能传递一定的商业信息?就这样,一首与公益广告题目相同的诗歌在一群激情澎湃的年轻人中诞生了,这首作者署名为"雪莲维药"的诗歌一直收录在新浪、搜狐专题网页的诗集专栏中,并且很快被新浪和搜狐公司以特殊礼物的方式送给了国民党、亲民党大陆访问团。

同时了解到连战4月29日将在北京大学发表演讲,于是饶峰派人迅速赶往北京。在连战即将来北大演讲之前,面对众多等候的海内外媒体,雪莲维药的工作人员在人群中作出仿佛在四处打听写什么的动作及表情。手里拿着一堆东西的工作人员立即引起了众多媒体的关注。包括央视在内的媒体在现场都在捕捉着每一个细小的新闻点,于是雪莲维药的工作人员在连战还没有到来的时候,一时间被媒体围得水泄不通。雪莲维药的工作人员也不急不慢地将设计完成的公益广告和创作的诗歌作品等一一展示。新疆一家企业不远万里专程来北京表达渴望祖国统一的行为立即引起了在场媒体的广泛关注。这对媒体来讲,无疑是一个十分好的新闻点,因为这充分说明连战的大陆行不仅受到访地民众的欢迎,连远在边陲的新疆人民也依然保持了旺盛的热情。

4月30日,饶峰应邀做客凤凰卫视上海演播室,就国民党主席连战访问大陆,雪莲维药献诗台胞、赠送礼物、北大追"星"等接受凤凰卫视的采访,节目也于当晚顺利播出。一些看到新闻的经销商纷纷主动打电话给饶峰,表达自己看到后的感受。

5月2日,连战一行将在上海国际会议中心与台商代表进行见面、交流。所以当天在会议中心门口也聚集了很多民众,想一睹连战一行的风采。而在这个自发形成的人群中间,有几个人显得十分醒目。他们身着新疆传统的民族服装,头戴维吾尔族的小花帽,打出两条红艳艳的条幅:"连哥:常回家看看!——新疆人民"、"战兄:常回家看看!——新疆雪莲维药"。由于是现场唯一的两条横幅,加上又是一群身着少数民族服饰的群众,摄像机、闪光灯、采访话筒几乎忙个不停,连在执行任务的民警都不得不上来协助维持秩序。

当晚包括央视在内的媒体都播出了有此镜头的新闻,在第二天向全国刊发的上海民众欢迎连战的五张图片新闻中,就有雪莲维药拉起条幅的这一张,下面还专门配发了一段文字"新疆市民赶来欢迎连战"。一时间一个新的名字"雪莲维药"引起了一些医药行业人士的关注。

三、草船借箭掀波澜

与饶峰在北京、上海的忙碌相比,雪莲维药的营销总监在新疆也一刻没有停过。一方面他与董事长积极进行沟通,将雪莲维药在北京、在凤凰卫视、在上海的相关新闻迅速传递给新疆本地的新闻媒体,进行新闻的第二次传播。与最初的小心谨慎相比,已经被国内外重要媒体报道过的新闻,在新疆的传播异常顺利。新疆一家企业"千里追连战"的新闻,一时间成为连战大陆行在新疆报道最为主要的新闻花絮。

另一方面,如何使这次事件策划的成果实现顺利"着陆",顾海开始积极谋划他的地面支持计划。首先广告公司连夜赶制出来一些宣传品。当这些具有时效性的新闻终端宣传品出现在售点终端时,几乎每一个路过的群众都会驻足观看。

同时考虑到宋楚瑜即将来访带来的持续关注,加上"五一"黄金周的即将到来,如何利用户外的宣传引起民众对雪莲维药的强烈关注,就又成了雪莲维药工作人员连续几个晚上讨论的焦点,尤其是如何将产品信息与新闻事件传播形成有机的结合,更是一些从事销售人员的强烈呼声。

经过"雪莲维药千里追连战"的公关传播,雪莲维药在新疆市场的知名度大增,不少经销商主动前来洽谈合作意向,同时一部分消费者也开始主动尝试购买该产品,并且通过这样一个低成本的传播事件,使得雪莲维药的员工此前"大投入才有大产出"的观念得到了一定的调整。5月份实际销售额完成近200万元,比4月份的120万元整整提高67%。而且实现这样的增长是在传统膏药行业公认的淡季里实现的,显得更为难得。

问题

1. 分析"雪莲维药千里追连战"这一公共传播案例的成功之处。
2. 借鉴雪莲维药的案例,讨论中小企业如何以低成本提升品牌知名度。
3. 分析雪莲维药借助政治事件进行品牌传播是否存在较大的政治风险。如果存在政治风险,应如何规避?

第五篇　市场营销管理与控制

市场营销计划与组织

市场营销控制与财务分析

市场营销后勤业务管理

◇第十四章
市场营销计划与组织

企业市场营销的计划与组织是贯彻企业营销观念与方针、有效地执行营销战略、完成企业整体经营目标的保证，是市场营销工作的重要组成部分。

第一节　市场营销计划

企业的战略明确了企业的任务和目标，目标的实现有赖于一系列计划的制定与执行。市场营销计划在各项计划的制定和执行过程中起着重要的作用。

一、营销计划的作用

企业的计划工作涉及企业内上下左右各个部门。一个企业仅有一个总的战略计划是远远不够的，还要有各个部门制定的有关市场、财务、生产、研究与开发、人事及组织设置等方面的计划。这些计划以市场营销计划为指导，相互影响、相互协调，在整个企业中有效地运作，以完成企业总的战略计划。例如，一个电器公司下属的研究与开发部研究出一种新的中心监测技术；市场部门获得这一信息后立即进行市场调研，并作出了可以发展这项技术的建议；生产部门根据这项建议决定建立新的生产线进行生产；人事部门为新产品的制造调配人员，培训专门的推销人员；财务部门则根据市场需要及时给予经济帮助。从这里我们可以看到，各部门的计划工作都部分地包含着营销计划，并且营销计划对各部门的计划起着指导或决定性的作用。

二、营销计划的分类

营销计划有各种不同的类型。对应不同的企业或同一企业不同的部门，计划的类型大不相同。一般情况下营销计划的类型是由企业的规模、市场的状况、战略的方向等多方面的因素决定的。具体类型划分如下：

（一）从形式上划分

从形式上，市场营销计划可分为正式营销计划与非正式营销计划。

1. 正式营销计划一般由企业专门的计划人员或各级管理人员按一定的程序编制，并写成计划书，作为企业经营管理的纲要及准则。

2. 非正式计划往往是由高级管理人员自己制定,根据市场环境的变化随时计划、随时调整,无须写成计划书。该类型的计划具有较强的灵活性、适应性。

(二)从组织层次上划分

从组织层次上市场营销计划可划分为:

1. 企业整体计划

企业整体计划包括企业所有的业务计划。整体企业计划规定企业的使命、发展战略、业务决策、投资决策和当前的目标。

2. 事业部计划

它主要包括事业部的发展及盈利目标,规定事业部的营销及相应的财务、生产及人事。

3. 产品线计划

一般由产品线经理对产品线的目标、战略及战术作出具体规定。

4. 产品项目计划

一般由产品经理制定。产品经理对一个特殊产品或产品项目的目标、战略及战术作出具体规定。

5. 品牌计划

品牌计划是规定产品系列中一个品牌的目标、战略和策略。本计划由品牌经理制定。

(三)从时间跨度上划分

从时间跨度上市场营销计划可划分为:

1. 长期计划

一般来说,长期计划的时间跨度多在5年以上,其内容主要包括组织的扩大、高级领导人员的增加、生产或服务的改进与发展以及新厂房的建立等等。

2. 中期计划

一般来说,中期计划的时间跨度为1至5年。其内容与一线管理人员的日常工作有更多的直接关系。中期计划较为稳定,受环境因素变化的影响较小,是大多数企业制定计划的重点。

3. 短期计划

一般包括年度运营计划和适应性计划。对管理人员的日常工作有更大的影响作用。

(四)从功能上划分

从功能上,市场营销计划可分为销售计划、广告计划、分销计划、销售促进计划、价格计划、包装计划、新产品开发计划。

三、营销计划的内容与编制

营销计划的内容有其灵活性和适应性,但大多数市场营销计划,特别是产品和品牌计划,应包括如下内容:

(一)实施纲要

即对计划的主要营销目标、措施、建议及各项指标给出简明概要,以便让上级主管部门对计划的核心内容一目了然,并尽快掌握。

(二)营销工作现状

主要是指应用市场信息、情报、预算等资料,对企业当前的营销状况作出明确的分析。包括:

市场情况的分析:市场的范围多大,占有率是多少;有多少个细分市场,各细分市场的销售额是多少;消费者的需求及购买行为分析;消费者对产品及服务的知晓程度和满意程度如何;消费者的建议及影响市场的环境因素分析。

产品情况分析:销售增长率、产品平均价格、可变成本、制造费用、市场营销费用、产品开发设计费用、利润率等指标的变动分析。

竞争情况分析:谁是主要的竞争对手,其规模和市场份额如何;对各竞争者的目标、产品质量、营销组合策略进行分析;还需要对竞争者的意图及将要采取的行动作出预见性的分析。

分销渠道的分析:分析渠道成员在能力、地位上的变化趋势;分析在价格、交易条件等方面应变更的激励措施等。

最后,还应对人口统计、经济、技术、政治、法律、社会文化等宏观环境的变化趋势作出分析。

(三)机会与问题分析

企业内外机会分析以市场营销现状为基础,对企业素质、企业能力、企业市场营销目标及市场营销环境等内外因素进行综合分析,找出优势、劣势和机会,避威胁、冒风险、求效益。

问题分析是利用机会与威胁分析和优势与劣势分析所得的结果,提出计划所要解决和强调的主要问题。有关这些问题的决策将导致不同的企业目标、战略和策略的选择。

(四)确定目标和制定策略

营销目标是确定营销计划在市场占有率、销售额、利润率、投资回报率及顾客知晓程度和分销覆盖面等领域在一个计划期内所应达到的目标,是在分析现状、预测威胁与机会,并进行综合平衡的基础上制定的。

目标的确定应该遵循这样一些原则:

首先,每一个目标必须用标准的数量形式表达,并且写明实现目标的截止日期。

其次,各个目标必须协调一致,不能相互矛盾。

第三,目标应按其重要性分层次写出,如果可能,还应该写明哪一个低层次目标是哪一个高层次目标的派生目标。

第四,目标是经过最大努力能够实现的。

营销策略是完成计划目标的主要营销途径和方法。应考虑的内容主要包括:(1)目标市场。即企业应服务于哪个细分市场或哪几个细分市场,以及市场定位。(2)营销组合。企业对所确立的细分市场,在产品、价格、分销渠道、销售促进等方面的具体策略。(3)费用。根据策略综合考虑营销费用,如销售人员的工资和奖金、广告及促销活动的费用、新产品的研制开发费用及市场营销研究等方面的费用。

另外,在制定策略时,各部门的人员必须紧密配合,相互支持,并与上级主管部门通力合作,确保策略的成功实施。

(五)具体执行方案

管理人员需使策略转化为具体执行方案,即对营销策略从以下方面进行认真考虑,制订出详细而具体的执行方案:(1)做什么;(2)谁去做;(3)什么时候完成;(4)需要多少费用。

(六)编制各级收支预算,并对执行过程进行控制

一般情况下,预算书分为收入栏、支出栏和损益栏。收入栏下列销售数量和单价;支出栏下列销售成本、储运成本和营销费用各栏;收入减支出记入损益栏下。控制是计划的最后一部分,主要说明如何对计划的执行过程和进度进行管理。常用的做法是将目标按月份或季度以及组织或人事分解开,并在执行过程中进行监督和控制,掌握各个环节的完成情况,分析未完成任务的原因,以便修正计划的执行情况。

四、营销计划工作中的障碍

研究和实践表明,营销计划的制定和执行往往不会像人们所希望的那样顺利且有秩序地开展。一般会遇到如下一些障碍:

(一)动荡和复杂的环境

这是进行有效营销计划中最主要的障碍。该障碍主要体现在两个方面:一是市场营销计划的制定需要对未来进行准确的预测,而在动荡的市场环境中,特别是在通货膨胀或经济危机时期,做到准确预测是非常困难的,这给制定有效的营销计划带来严重的阻碍;二是制定有效的市场营销计划要依靠准确而及时的信息,但全面信息的获得是相当困难的,即使能够获得全面的信息,往往也是以丧失时机为代价的,从而使计划的有效性大打折扣。目前计算机工业所处的境况正是如此,究其原因,一是对新技术的突破进行预测极为困难,二是本行业的变化与发展令人难以捉摸。这就使营销计划的制定变得相当困难。

(二)管理人员的态度

由于缺乏信心,管理人员害怕因失败而承担责任,或者出于本身能力较差、信息情报不充分、奖励制度不合理等原由,不愿意为自己制定有具体行动方案和明确时间限制的计划。另外,一些管理人员墨守成规,担心对新计划的实施情况不了解、不熟悉,依恋自己已经习惯了的东西,凭借自身原有的经验,对任何可能引起变化的计划都持反对态度。

(三)管理人员对时间和成本的吝惜

阻碍制定有效的营销计划的重要因素之一,就是一些管理人员不愿为此花时间、费精力。有些管理人员认为不如把制定计划所需时间投入到日常工作中更实际、更合算,对计划工作采取拖延的态度,也有的管理人员因资金缺乏,不愿对收集信息情报、预测及聘请顾问专家等计划工作进行投资。这些因素往往使管理人员放弃计划的制定。

(四)营销计划的制定还受到各方面的制约

资金、劳动力、政府法规、管理才能、资源等都有可能成为制定营销计划的制约因素。

五、营销计划的执行

市场营销计划的执行,是指将营销计划转化为具体行动方案的过程,其目的是把企业的人力、财力和物力有效地投入到营销活动中去,以实现计划的既定目标。

企业的营销活动是否能实现计划的目标,关键在于计划的执行。要考虑营销计划的执行是否有效,应注意以下各方面问题的解决情况:

(一)制定详尽而具体的行动方案

应着重考虑:(1)营销计划中要求执行的任务有哪些?其中哪些是至关重要的任务?(2)采用什么措施才能圆满完成各项任务?(3)企业对各种营销活动分配的时间、资金和人员是否适当?

(二)建立或更新组织机构

应考虑:(1)企业的组织结构与企业的战略是否一致?同企业的自身特点和环境是否相适应?(2)各部门的职权如何划分?信息如何沟通?(3)营销管理部门的主管对其他相关人员、其他职能部门、顾客及同行能否造成强有力的影响?相互之间是否存在对立关系?

(三)进行有效的监控

应考虑:(1)本企业人员在技能、知识和经验等方面的自身素质如何?是否与其执行的职能相吻合？(2)他们对待工作持何态度？有什么期望？(3)他们是否有共同的价值观？解决相互间矛盾的方式是什么？(4)他们是否具有培养价值和可供挖掘的潜能？

总之，只有通过制定详尽的执行方案、规定和协调各部门及人员的活动内容、编制详细周密的项目时间表、明确各部门经理及每位员工的职责、充分调动人的积极性、使人的才能得到极大的发挥，才能使一项好的营销计划得以有效执行。

第二节 市场营销组织

市场营销组织是企业为了实现经营目标、发挥市场营销职能，由有关人员协作配合而形成的有机的、协调的科学系统。本节主要对市场营销组织的演化过程、市场营销组织结构的形式给予阐述。

一、市场营销组织机构的演进

市场营销组织机构伴随着经济形势的变化和营销观念的更新而演进发展，形成现代的营销组织。这个演化过程至少可分为五个阶段，前面四个阶段如图14-1所示。

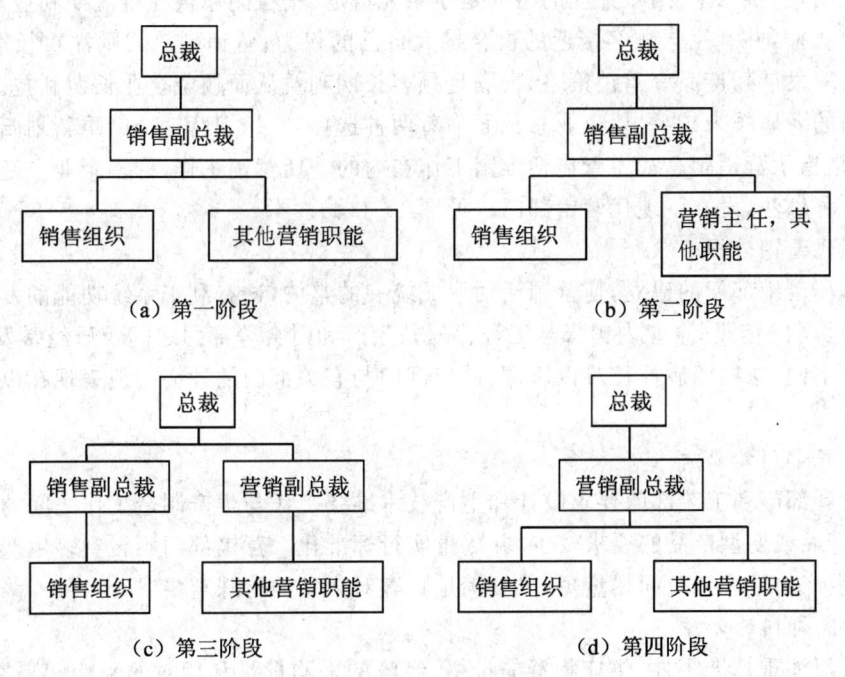

图 14-1 营销部门演化过程的各阶段

（一）单纯的销售部门

一般来讲，20世纪30年代以前的工业企业有三个基本职能：财会、生产和销售。三者的分工是：财会部门负责筹集和管理资金、记录收支情况、制定产品价格；生产部门负责采购原材料、生产产品并进行经营性服务；销售部门负责推销产品，其负责人主管销售业务和推销人员的管理工作并亲自从事推销工作，以便更多地把产品销售出去。这个阶段的组织关系如图14-1（a）所示。

(二)兼管其他职能的销售部门

20世纪30年代以后,由于企业规模不断扩大,市场竞争愈加激烈,企业越来越需要进行营销研究、开展广告宣传和顾客服务等工作,而这些工作的完成也越来越需要销售部门走向专业化。在这种情况下,销售副总裁就需要雇用专门人员来从事上述各种营销工作,甚至委派一名营销主任负责规划并控制这些与直接推销工作联系不大的职能。该阶段的组织关系如图14-1(b)。

(三)独立的市场营销部门

这个阶段的组织形式,实质上是独立的营销部门与推销部门并立的一种形式。随着竞争的加剧与营销工作的扩展,营销研究、新产品开发、广告与营业推广、销售服务等工作范围不断扩大,内容不断更新,需要有专人总负责。与此同时,销售副总裁的精力仍集中于推销工作,无暇顾及营销工作,使企业的各项活动陷于被动局面。有鉴于此,许多企业在推销部门之外专门成立了相对于销售副总裁具有独立性的营销部门,使其主要负责推销以外的其他活动。如图14-1(c)。这一阶段,营销部门和销售部门是相互独立、同等重要的职能部门。它们联系密切,共同工作。

(四)现代营销部门

实践证明,一事二主、两雄并立的格局是于事无益的。销售副总裁注重短期利益,用短期行为去完成销售额,并利用与顾客接近的机会扩大自己的权力;营销副总裁则注重长期利益,以长期导向采取发展新产品等营销策略,去满足顾客长期利益从而顾全企业长期利益。营销部门和推销部门的矛盾越来越突出,企业总裁面临着两种选择:一是把营销部门重新划归销售副总裁领导,二是指示营销副总裁主管包括推销工作在内的一切营销工作。许多企业在经营实践中选择了后一种做法,设立了现代营销部门。见图14-1(d)。

(五)现代营销公司

现代市场营销部门的建立,使营销活动形成统一的整体,这有利于系统功能的发挥和市场营销观念的贯彻。但是,企业内销售与工程、采购、生产和财会等部门之间矛盾经常发生。由于各自的重点不同,这些矛盾往往难以协调。销售部门与有关部门的冲突一般表现在以下几个方面:

1. 与工程部门的矛盾

工程设计部门和工艺部门要求设计和生产技术准备工作与生产制造工作之间的相隔时间较长,对新产品或变型产品的要求较少,并尽量实行标准化。营销部门则希望多生产新产品及变型产品,生产技术准备时间尽量短,尽量满足顾客对产品的特殊需要。

2. 与采购部门的矛盾

采购部门注重标准零件、供应物资的价格,经济的采购批量和相对的采购间隔期;而营销部门则注重非标准件和供应物资的品质,要求有一定的物资储备量以满足销售需要,并能立即购买以满足合同要求。

3. 与生产部门的矛盾

生产制造部门注重长期生产定型产品,要求产品规格少、变型少;要求生产与设计、生产技术准备之间相隔的时间较长;要求有标准的订单、大的批量及较正常的质量管理。营销部门则要求产品变型多、规格多,从多方面满足顾客需要;生产与设计、生产技术准备相隔时间较短;要有符合用户需要的订单;小批量生产;外观造型美;严格的质量管理。

4.与财会部门的矛盾

财会部门要求标准的交易、严格的开支计划、严格的预算、为收回成本而定价和较少的财务分析与报告。销售部门则希望交易有特别的条件和折扣、要求开支计划应考虑营销需要、弹性预算以应变、为开拓市场或开发用户而定价以及较多的财务分析与报告。

这些矛盾使有关部门对满足顾客需要所应采取的措施不予配合,而一遇到市场波动就要求收缩市场或压缩发展市场费用。一些有条件的企业,为了克服矛盾、适应市场开拓及满足用户需要,建立了独立的销售公司,奉行顾客导向的现代营销观念。

二、营销部门的组织形式

现代营销部门的组织形式是多种多样的,有的按职能分工不同设立,有的依产品分类设立,有的按市场划分而设,有的按地区划分而设。

(一)职能式

大多数企业的营销组织都设有按职能划分的包括各方面专业人员在内的营销机构。这些机构负责向营销副总裁报告工作。图14-2描述了五种专业人员:营销行政管理经理、广告与促销经理、销售经理、营销研究经理和新产品经理。除此之外,职能专业人员还应该包括顾客服务经理、营销规划经理和实体分销经理。

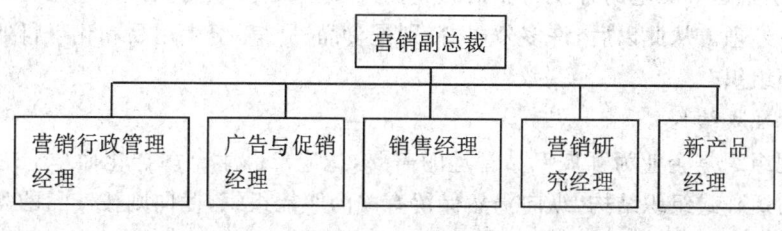

图14-2 职能组织

当营销副总裁承担的职能过多时,企业可能把职能范围归纳为资源和规划两大类。资源职能包括推销、顾客服务、广告、促销和营销研究等事务性职能。规划职能包括特殊产品的开发、投资风险的分析等计划和预测职能。这样,营销副总裁就只负责两项工作:一项是资源,另一项是规划。

职能式组织的最大优点是易于管理。但随着企业产品种类的增加、市场的扩大,职能式组织的工作效率和效能都会逐渐下降。首先,因为没有人对具体的产品和市场负责,推出一个产品和占领一个市场的计划都不够周详,往往易于忽略那些各职能部门不太关心的产品或市场。其次,各职能部门之间存在争预算、争地位的矛盾,营销副总裁经常面临甄别各职能经理意见的优劣、协调各职能机构之间关系的棘手问题。这给营销组织的正常工作带来极大的障碍。

(二)地区管理式

销售网遍及各地的企业往往设立按地区划分的垂直型营销组织。图14-3所示的企业设有一个全国销售经理、几个地区销售经理、几十个地带销售经理、上百个地方推销经理、上千个推销员。层次越低,控制跨度越大;反之,层次越高,控制的跨度越小。这有利于高层管理人员有效地监督下级销售机构完成复杂的销售任务。该组织的弊端是推销人员队伍庞大,佣金很高,在很大程度上影响着企业的利润。

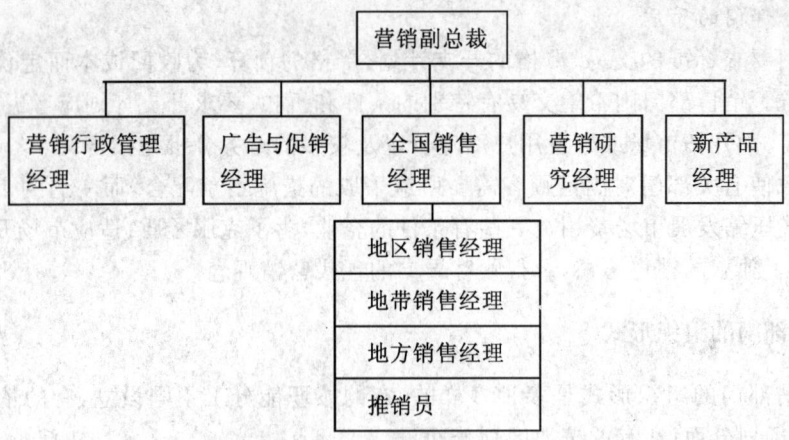

图 14-3 地区式管理组织

(三)产品管理式

1927年,产品管理组织首先出现在 P&G 公司。当时这家公司生产的一种肥皂(Camay)销售情况不佳,公司年轻的领导人尼尔·H.麦克艾尔诺(Neil H. McElnoy,后来成为 P&G 的总裁)被指定为主管这种肥皂的开发与促销的负责人,结果大获成功。后来,这家公司为其他产品也指定了产品经理。从此以后,许多公司,特别是食品、肥皂、卫生用品和化工行业的公司都设立了产品管理组织。

1. 产品管理式结构

产品管理组织是企业为开展产品管理的需要,适应产品生产多样化而建立的纵向和横向组织相交织的矩阵式组织结构,纵向仍然保留有关的职能组织,横向则按产品的类别及产品经营的需要分设产品组,建立产品管理组织。其最大的特点是设置了产品经理,由他主管若干个产品群经理,每一位产品群经理又领导若干个别产品经理(见图 14-4)。对于产品种类繁多、产品之间的区别较大而职能组织无暇顾及的企业,产品管理组织将是很有效的管理方式。

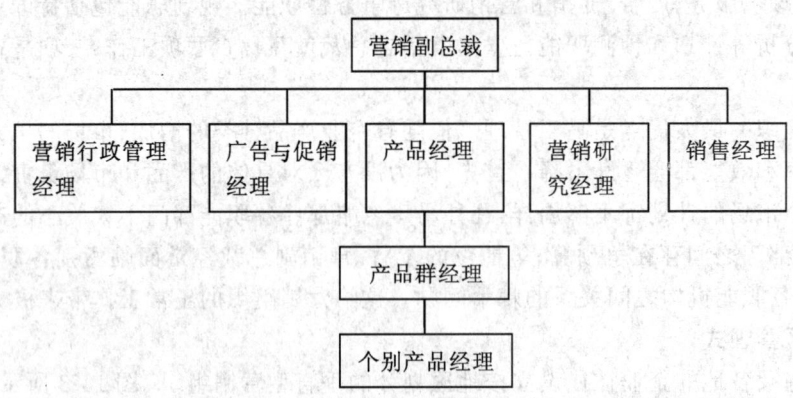

图 14-4 产品管理组织

2. 产品经理的任务

产品经理的主要任务是编制产品计划、督促计划实施、检查执行结果,并修正工作偏差。具体地说,他们的任务有以下几项:(1)编制产品的长期计划,制定产品的竞争策略;(2)准备产品的年度营销计划,预测销售量;(3)与广告和营业推广部门或广告代理商合作,制定广告样本和广告方案,并组织实施;(4)在本产品市场状况发生变化时,及时、有效地和供应商、经销商进行沟通,确定市场的发展机会和风险,并激励与本产品相关的人员支持本产品、对本产品增加兴趣和信心;(5)收集有关产品性能、消费者对产品的态度和建议、竞争者的动态等情报,领导新产品的开发、产品线的扩展及市场的发展等营销活动,以便更好地满足变化中的市场需求;(6)协助上级管理部门作出好的决策,确保产品线能健康持续地发展。

3. 产品管理组织的优势

(1)产品经理可以协调一件产品的营销组合,对重要产品给予持续而有力的管理和支持;(2)产品经理为特定品牌建立了岗位责任,使每一个产品都有一个代言人,即使名气较小的产品也不易被忽视;(3)产品经理对由市场变化所引起的对某一品牌的重要影响或机会有敏感反应,可针对产品销售中的问题迅速采取措施;(4)产品经理接触公司的全部领域,在规划和实施营销战略过程中扮演多重角色,并且是主力角色,如图14-5所示。

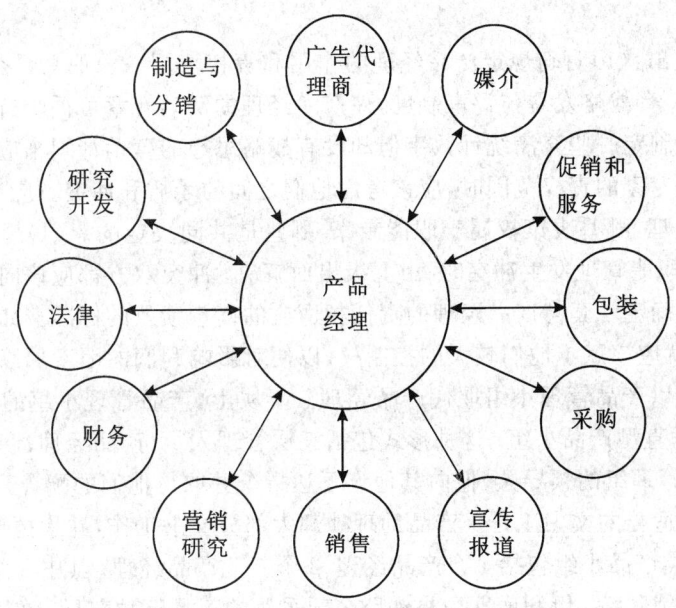

图14-5 产品经理扮演的角色

产品经理是计划者:他提供所辖品牌的年度计划和企业计划,也能着眼于未来制定长期计划;产品经理是协调者:他协调、推动公司内外各方面专业力量服务于特定品牌的营销目标;产品经理还是市场分析者和控制者:他提供品牌的利润潜力、成长预测、资源需求等信息,制定营销计划和战略,帮助高层管理人员合理配置企业资源。

4. 产品管理的潜在问题及改进建议

产品管理组织有许多潜在的问题:(1)割裂企业的整体活动。各品牌经理均努力取得本品牌的最大销售额和利润率,进而妨碍整个产品线或产品类的总体成功。(2)加大成本。建立产品管理系统,常使得实际所需费用高于预期费用。原因之一,产品经理的工作负担过重,需增派人员给予协助,大大增加了企业的管理费用。原因之二,产品经理不可能是各项职能的专家,企业还需雇用文书、包装设计、大众媒体、销售促进、市场调查、统计分析等功能性专家,导致组织结构臃肿、人员费用增加,使产品成本越来越高。(3)管理复杂化。每位品牌经理为了多争预算,都精心地设计营销计划、目标、战略策略、资源计划和预算,给审查和评估这些计划带来诸多不便，往往容易导致企业稀缺资源配置的失误，使得有些品牌可能获得过多资源，而别的品牌因被削减而资源不足，最终使企业的经营管理陷入混乱状态。(4)易使产品经理成为"低级的协调者"。一般来讲，产品经理没有足够的权力去有效地履行其职责，往往不得不依靠显著的专业权威、人际关系、直接或间接奖励及各部门对品牌管理的理解和尊重来获得如广告部、推销部、生产单位或其他部门的配合与支持，从而扮演低级协调人员的角色。(5)易使企业患近视症。产品经理往往与一个产品共存的时间不够长，为产品制定的营销规划实际上只是短期计划，不足以开发预期的产品和培养他们自己的营销专业技能，从而严重影响产品长期力量的增长。同时，产品经理迫于短期利润的压力，不愿承担风险，不愿去创新，使得不能满足消费者需求的产品仍大行其道，最终损害了企业的长期利益。

尽管产品管理组织有一些公认的难题，但大多数企业仍在延用这一组织结构而不愿放弃，并不断地努力使该结构更加完善、更加有效。菲利普·科特勒提供了三种使该结构更加有效的建议。

第一种建议提出：(1)明确规定产品经理的作用和责权范围——他只是个参谋人员，不是决策者。(2)建立一套战略发展与评审制度，使产品经理的活动有章可循。有相当多的企业允许他们的产品经理制定一些充满统计数字但却没有战略思想的营销计划来应付工作。(3)在划定产品经理和职能专家的责权范围时，应该考虑他们之间的矛盾和冲突。应当明确规定，哪些决策权属于产品经理，哪些决策权属于职能专家，哪些是共同决定的。(4)规定正式的裁决程序。当产品管理与职能管理发生冲突时，由上级出面解决。冲突双方都应该向上级呈交书面报告，等待裁决。(5)确定一套与产品经理的责任相适应的衡量绩效的标准。如果要求产品经理对利润负责，那么就应该赋予他们较大的控制权，以便对影响利润的因素加以控制。

第二种建议是以产品管理小组取代产品经理。事实上，产品管理小组的构成有三种形式（见图14-6）。(1)垂直型产品小组。这种形式包括三层管理人员：产品经理、产品副经理和产品助理。产品经理是管理组的领导人，他向其他人下达指令并取得他们的配合。产品副经理协助产品经理工作并做适当的文书工作。产品助理处理大部分文书工作，并承担出差任务。(2)三角型产品小组。这类产品小组包括1个产品经理、2个专业产品经理。其中一个负责市场调研，另一个则可负责营销联络。伊利诺斯中央铁路公司采用的正是这种布局。在那里，各种各样的三人小组管理着不同的商品。豪马公司采用的是另一种营销小组形式。这种小组包括的人员有：1个市场经理(组长)、1个营销经理和1个配销经理。(3)水平型产品小组。这种产品小组中有一个产品经理和几个来自营销部门及其他功能部门的专业人员。比如，3M公司就把3个商业性的录音带分公司划分为9个业务规划小组，每组有1个组长和来自销售、营销、实验室、工程设计、会计及营销调研部门的代表。所以产品经理不再一人承担产品规划的全部责任，而是与来自公司各关键性部门的代表共同承担。他们的工作对于制定营销计划都是至关重要的，是缺一不可的。他们甚至可以对他们原先所在的职能部门施加影响。设立水平型产品小组之后，企业越来越需要建立以产品为中心的经营单位，这就是产品事业部。这是解决产品管理问题的根本措施。

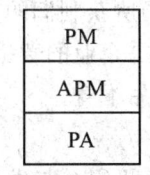 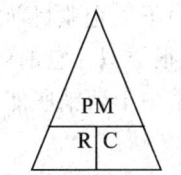 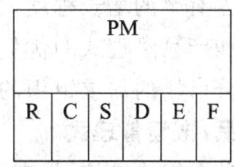

(1) 垂直型产品小组　　(2) 三角型产品小组　　(3) 水平型产品小组

　　　PM＝产品经理　　　　　APM＝产品副经理
　　　PA＝产品助理　　　　　R＝市场调研人员
　　　C＝信息沟通专家　　　　S＝销售经理
　　　D＝分销专家　　　　　　E＝工程师
　　　F＝财务人员

图 14-6　产品小组的各种形式

　　第三种改进的建议是取消次要产品的产品经理,而由一名产品经理负责两个甚至更多的产品。这对于产品在用途上基本一致的企业来说是可行的。这方面最好的实例就是化妆品企业。化妆品企业不需要为每一个产品分设一个产品经理,因为几乎所有的化妆品只有一个作用——美容。一家生产去痛片、牙膏、肥皂和洗发剂等医药及日用化工产品的企业就不该采用这种营销方式,而应该分别设置产品经理,因为上述产品的用途各不相同,顾客的兴趣也就各不相同。

　　产品经理的地位也发生着显著的变化。由于世界经济发展出现资金短缺、通货膨胀幅度过猛、长时间经济衰退等现象,同时,保护消费者利益的呼声越来越高,企业对产品经理的要求出现了三种趋势:第一,产品经理在利润方面承担的责任越来越大。成本大幅度上升使得企业不能再满足于单纯的销量的增加,而必须关心利润的上升。于是,产品经理被视为经营利润中心的关键人物。因此,一个产品经理必须对所负责的预算中的各项投入及费用进行营利性审查。有些公司甚至要求他们的产品经理对多余的库存和应收账款的成本负责。第二,为保证稀缺资源的供应,发展替代原材料,设计开发有利可图的产品,降低投入总成本,保证生产的顺利进行,产品经理与其他管理人员的配合越来越密切。第三,高层管理人员对品牌经理的指挥控制权日趋加强。这种趋势表明,企业需要对整个产品系列的生产进行全面的协调指挥而不能只注意个别品牌的生产。企业需要认真考虑产品的安全可靠性、广告的真实性,在消费者心目中树立良好的形象。

(四) 市场管理式

　　市场管理式组织是市场细分化理论的应用。其中心内容是在因顾客的购买行为、习惯和偏好不同而形成不同的细分市场时,企业坚持以市场为中心的营销观念,通过开展市场研究、用户研究、建立目标市场及市场目标,并设立市场经理来对企业进行经营管理。

　　企业的市场管理组织就像图 14-4 所示的产品管理组织一样,分为若干层次。通常由一名市场群经理领导若干名市场经理(也称为市场开发经理、市场专家或行业家)。市场群经理和市场经理都可以得到职能部门的协调与配合。某些重要市场的经理还可配备职能专家作助手。

　　市场经理只是参谋人员,而不是指挥人员,他们的职责与产品经理相似。市场经理对他们所负责的市场制定长期和年度计划,他们必须对市场的发展趋势、消费者的购买倾向作出分析预测,并向企业领导人建议生产适应于这种发展的产品。他们的工作绩效是用企业在他们所分管的市场的占有率的增长程度来衡量的,而不以企业目前从那个市场所获利润的多少来衡量。市场管理式和产品管理式的优势与弊病也很类似。它的最大优势就是企业的营销活动是针对满足不同细分市场的需求组织的,而没有集中于营销职能、地区或产品本身。

(五)产品/市场管理式

这是一种多维式结构,是产品管理式结构与市场管理式结构的有机组合与发展。它针对产品经理对各种高度分化、高度分散的市场不熟悉,市场经理对其所负责市场的各类产品难以掌握这些特点,把两者有机地组合起来,适应市场竞争及扩大企业规模的需要。

这种多维式结构是矩阵式结构的进一步完善与发展。多维式结构必须同时考虑产品、地区、职能和时间四个要素:在产品方面,既要设计如何按产品类别划分设置各产品的事业部、形成利润中心,又要考虑最佳产品组合;在地区方面,要考虑如何开拓市场并有效地划分市场或地区,形成既是利润中心又是成本中心,还要考虑最佳的市场组合;在职能方面,要按市场研究、商情信息、科技开发、生产制造、物流管理等不同职能成立有关的职能部门,形成成本中心;在时间方面,以时间为基准,将上述产品、地区、职能三者有机地组合起来,按中长期计划、年度计划进行编制,在执行中利用滚动计划协调的办法,统筹兼顾、全面安排、综合平衡、系统协调。同时通过成立产品事业委员会的方法,以产品的事业部部长为主,各职能部门派代表参加,根据不同产品在不同地区的营销情况,共同对产品开发、商品信息、科技开发、市场开拓及营销等工作开展研究,努力提高产品形象、企业声誉及经济效益,见图14-7。

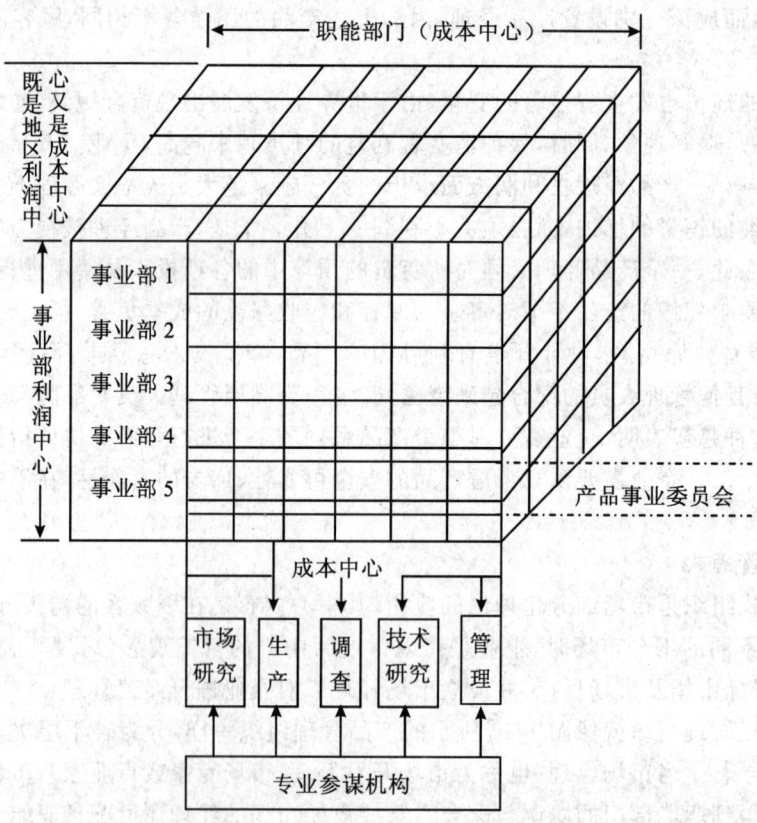

图14-7 多维式管理结构图

（六）事业部制或超事业部制

事业部制是不同产品或地区实行独立核算的组织形式。公司总部各职能部门对全公司的经营活动统一监督、合理安排。独立经营、按产品或地区划分的事业部，是总公司内一级分权化单位。事业部制有利于发挥产品或地区事业部的主动性、积极性和创造性，使干部迅速成长，有利于经营组织的稳定，使之能适应激烈的市场竞争和满足开拓国际市场的需要。

大型或特大型公司在事业部制上再加上一层超事业部，就形成超事业部制，又称执行部制。超事业部经理一般由总公司派出具有强烈市场观念与竞争观念的经理级人员担任。其职责就是平时参加公司的决策会议，以协调总公司与超事业部之间的营销战略。超事业部的特点是在统辖和协调所属各事业部活动的同时，使管理体制在分权的基础上再集中，以便集中和协调几个事业部的力量去从事科学技术开发、产品开发或市场开拓的工作。超事业部制实质上已形成了"分公司"的性质。它不但能适应于大公司经营范围的日益扩大、管理的日渐复杂化，也能发挥"超事业部"的作用，集中销售参谋人员，提供对策、参与促销，并取得较佳的效果。

复习思考题

1. 简述编制营销计划的内容和步骤。
2. 在营销计划工作中会碰到哪些障碍？应如何克服？
3. 营销组织结构的演变经过哪些阶段？怎样才能称得上现代营销企业？
4. 产品管理式和市场管理式组织各有什么优缺点？

案例分析

惠普赢取低端市场的营销计划

惠普是中国激光打字机的领导品牌，一直以来在中国市场一家独大，几乎囊括了从高端到低端的所有市场。但是从2002年第二季度开始的变化让惠普猝不及防，市场似乎是在一夜之间改变的——主流市场的价格突然从原来的300～399美元变为250～299美元，并且有继续下探的趋势。针对中国中小企业需求量的迅速增大，惠普最强有力的竞争对手联想推出低价机型，而三星的加入更是推波助澜，把主流市场的价位锁定在了300美元以下。一向以"我信赖，我选择"的价值竞争为中心、标榜先进技术的惠普，怎么能降低身份参与价格战呢？降价意味着调低长久以来形成的高端品牌定位和利润率，因此，降价对于惠普来说是一条不归之路，降下来的价格不可能再升回去了，而且对手已经率先杀了进去，如果降价之后没有夺回市场份额，那么惠普就将得不偿失。在遇到这种情况的时候，很多企业会选择多品牌战略，即推出另一低端品牌参与低价厮杀，但在激光打印机市场上，一直是少数品牌占据绝大多数市场的格局，而惠普品牌的力量太强大了，足以给任何新品牌造成巨大的进入障碍，就连自己的另一品牌也不例外。而且惠普发现，越是对技术不求甚解的低端用户越是对品牌知名度有着强烈的依赖，惠普的品牌力量正是不可丢弃的低端致胜之宝。

在这种情况下，虽然是被动迎战，但惠普并不是简单地降价跟风，而是成立了一个打印机成像集团（IPG）制定和执行新的营销计划。

首先，进行市场调查，了解客户需求，明确定位。对有关客户需求的各种调查数据进行综合分析后，惠普认为在小企业用户发展的不同阶段，对激光打印机的需求也是多样的，要打破激光打印机市场一直以来每个品牌只靠一种机型打天下的定势，细分用户需求，确定更丰富的产品线。

IPG 把市场粗分为三部分：大企业客户及政府机构、中小企业客户、普通消费者。其中后两者都是低端产品的消费群。在高端方面，进入者本来就很少，销售方式也一般是招标，惠普不用担心自己标王的地位。在低端市场上需要赢取的客户是中小企业，细分他们对激光打印机的功能诉求、认知途径、购买习惯和服务需求，相应地确定产品设计、推广方式和服务内容。由于中小企业一般对打印机的输出速度等技术指标要求不高，但这些企业一旦找到明确的赢利方向，业务发展得也很快，单机版向网络共享版的可升级性就显得比较重要。此外，中小企业一般没有专门的 IT 服务部门和专业人员，所以对 IT 工具的要求就是基本的打印功能，但要简单好用、质量可靠、性能稳定。出于这样的背景，在购买时他们主要通过最容易接触到的大众媒体广告感性化地了解品牌与产品。对这些购买者来说，品牌的知名度和价格是最主要的导向力量，而购买是否方便、操作是否简单、维修是否容易也是决定购买与否的重要因素。

第二，制定适合的组织机构调整计划。从一个产品线扩大到多个产品线需要做很多工作，工厂方面需要修改生产线；产品的主要销售方式从原来的招标变为零售，市场部门必须更加及时准确地拿到各型号的销售数据和售后客户满意度的指标，以便及时改进产品和调整各型号的生产计划以实现合理库存。为此 IPG 在中国制定了机构调整计划，成立负责零售的部门，在这个部门之下有市场调查、宣传、渠道管理、培训等多个业务部。整个调整期用三个季度的时间全面完成。

第三，制定宣传推广计划。低端产品的推出要热热闹闹，让目标客户听得见、看得着，才能记得牢、买得准。2002 年 11 月，IPG 携全线打印及成像产品，分成东、西部两条线路，分别从济南和武汉出发，在全国举行题为"惠普印像中国行"的大型巡展活动。活动遍及全国 22 个主要城市，至 2003 年 1 月结束，持续一个半月，这是 IPG 成立以后的第一次亮相。其展示的多达六十余款从低端家用照片打印机、高端商务激光打印机，到专业领域的大幅面打印机及绘图仪的打印产品线，几乎覆盖了从政府机关、大小企业到家庭用户的所有需求，其中，设有暗藏的玄机——由 1000 型衍生出的五款低端产品价格平均下调了 10%，而且惠普将"我信赖，我选择"轻轻一改变成了"更多选择，更值信赖"，这意味着走下价值至上的神坛，在中小用户心理价位的平台上用实力说话。

第四，制定广告计划。针对一般中小企业用户的特点，惠普设计了新的广告策略，在广告中不再强调技术细节，而是通过品牌形象广告发起心理攻势，投放媒体也随之改变，从原来只做 IT 专业媒体变为以大众化报刊杂志为主，并更着重覆盖电子市场和附近街道。为了使这些非 IT 专业购买者买得明白、用得自在，惠普的零售渠道管理部每天通过网上课堂对各二级代理商和零售商进行培训，并派出了一百多名经过培训的专职促销员在各专营点指导顾客在多个型号中选出最适合自己的产品并手把手教他们如何使用。

惠普这场准备充足的低端争霸战很快决出胜负，竞争对手没有办法在短时间内从产品设计到渠道培训全面迎战，只得用进一步降价的手段来应对，但是当价格差异不再那么明显的时候，无暇研究技术的中小企业用户还是宁愿多花一两百元购买更有实力的品牌。到 2003 年第一季度时，惠普在激光打印机市场上的占有率已经回升到了 58.8%。

问题
1. 惠普的低端市场营销计划共分为哪几个部分？
2. 谈谈你认为的惠普低端市场营销计划取胜的关键。

第十五章
市场营销控制与财务分析

市场营销控制与财务分析是市场营销管理的重要内容,是保证营销工作高效运行的必要条件。制定市场营销计划的目的在于为整个营销活动提出工作目标和努力方向,通过营销的组织管理又为营销计划的实施提供保障。营销控制是对营销活动进行的考核、评价,并衡量有关部门和人员的绩效好坏,同时通过不断评审和信息反馈,对营销活动进行调整,使之与营销计划保持一致。

一套完整的市场营销控制制度应包括三个步骤:(1)制定市场营销预算,设置控制目标,并建立营销业务报告系统,为营销控制提供数据来源;(2)比较实绩与目标,并分析产生偏差的原因。本章将对营销控制的上述各步骤结合财务分析进行介绍,同时提供营销活动的一些财务策略。

第一节 市场营销预算

一、营销预算的概念和作用

预算是计划的数量化表现,所以,营销预算也就是将营销计划具体化为各项数量指标。概括地讲,营销预算包括收入预算和费用开支预算两大类。其中,收入预算表示为销售金额,它代表企业各项经营活动的总体水平,同时也是制定营销费用支出、产品成本以及管理费用预算的重要依据。企业的利润计划就是将预算的各项成本与费用(包括生产、管理、营销等环节)从收入预算中扣除之后编制出来的。

营销预算不仅是企业制定其利润目标的最好手段,而且还可以提供实现利润目标的人力、财力、物力资源的具体方案,规定出必需的生产能力以及费用开支等,从而使企业各部门都明确自己的奋斗目标。

营销预算也可用于协调各营销职能部门(包括市场调研、销售管理、广告、销售服务、产品设计等)间的活动。每一个营销职能部门允许有多少费用(或成本)开支限额、应当实现多少收益,都要在营销预算中加以具体说明。这样,各部门以至每一个人都能够做到分工明确、协调一致,为企业整体目标的实现提供可靠的组织保证。

营销预算还是企业绩效考核的基本标准。通过实际绩效与营销预算的相互比较,企业可以从中发现差距,并在以后的工作中进行相应调整。

营销预算的内容几乎涉及所有的营销活动,具体包括市场调研、广告与促销、销售计划编制、销售业务管理、销售人员培训、产品开发、市场计划、销售分析、订单处理、货物存储、包装、运输、销售信用期限的选择、货款回收以及售后服务,等等。

总之,营销预算在营销管理以至整个企业经营管理活动中起着重要作用。它可以为企业最高决策层提供实现目标利润的总括指标(如总收入、总费用、总利润等),便于生产主管根据销售决定生产产品的数量、质量,并选择相应的技术、工艺设备以及其他设施条件;人事经理需要根据营销预算的要求决定人员招募、培训、晋升等计划;后勤服务部门在进行办公设备、各项服务设施的决策时,也离不开营销预算。

二、营销预算的编制

(一)营销预算的编制方法

在编制营销预算时,收入预算与费用预算的方法各不相同。

1. 收入预算

主要是在预测销售数量与制定销售价格的基础上,编制销售收入预算。

2. 费用预算

编制营销费用预算的方法通常有三种:一是百分比法,按各项费用占销售额的百分比进行估计;二是估算法,估计和测算实现总体目标所需的全部费用支出;三是判断法,一般根据过去的经验作出判断。这三种方法在实际工作中需要结合使用,以便相互补充。无论采用上述何种方法,都需要将营销费用按变动成本和固定成本分别预算。其中,变动成本包括与销售数量成比例变化的开支项目,如销售运费、销售人员工资和差旅支出等。固定成本是指开支总额不随销售数量变化而变化的费用项目,如广告费、展览费、市场情报收集费等。预算人员应根据具体情况进行变动费用与固定费用的划分。

当估计的营销费用需要量超出了企业的承受能力时,往往可以采用零基预算法进行费用的逐项分配。所谓零基预算法,是指在确定费用项目的开支数时,不以过去的开支水平为基础,而是一切以零为起点,从费用开支的必要性及其开支的规模方面来进行考虑。零基预算的基本步骤可归纳如下:(1)由各营销部门对费用需要量进行逐项估计,汇总后报给营销预算管理部门。(2)费用必要性分析。考虑到经费预算往往不能满足所有需求,应对全部项目作两大类划分:一类是必须满足的开支项目,称约束性开支,安排预算时应优先保证这类开支;另一类是可根据实际财力适当削减的,称为酌量性开支,其预算一般需要在投入/产出(或成本/效益)分析的基础上进行。(3)费用分配,具体又分两步:第一,满足约束性开支项目的需要;第二,根据投入/产出比,将所余经费分配给各酌量性开支项目。

设某公司可支配的营销费用为 y 元,费用需要量估计为 x 元($x>y$)。其中,约束性开支项目为 x_d 元。依照上述顺序,具体分配顺序为:

第一,y 中须有 x_d 元满足约束性开支。

第二,所余$(y-x_d)$元按投入/产出比分配。设酌量性开支项目 A 与 B 的投入/产出比分别为 $1/a_1$ 和 $1/a_2$,则 A、B 两项目的预算额应计算为:

$$A=\frac{a_1}{a_1+a_2}\times(y-x_d)$$

$$B = \frac{a_2}{a_1 + a_2} \times (y - x_d)$$

举例说明零基预算法如下：

某公司营销预算部门收集的各地营销费用需要量大致如下：

差旅费	50000元
运输费	35000元
装卸、搬运费	5000元
保险费	12000元
广告费	100000元
营销机构办公开支	30000元
合计	232000元

该公司可支配的营销经费预算为180000元，则分配程序如下：

①满足约束性开支的需要，即：

运输费	35000元
保险费	12000元
装卸、搬运费	5000元
合计	52000元

②将剩余经费按投入/产出效益分配给酌量性项目。

$$剩余经费为 180000 - 52000 = 128000 元$$

经分析，各酌量性开支项目的成本/效益情况如下：

	投入（成本）	产出（效益）
差旅费	1元	10元
广告费	1元	14元
办公费	1元	8元

根据上述分析，具体安排各项目的经费预算：

	分配比例	分配金额
差旅费	$\frac{10}{10+14+8}$	40000元
广告费	$\frac{14}{10+14+8}$	56000元
办公费	$\frac{8}{10+14+8}$	32000元

③调整预算。

根据营销费用需要量预测，办公费仅需要30000元，故余2000元再分配给差旅费和广告费。

差旅费： $2000 \times \frac{10}{10+14} = 833(元)$

广告费： $2000 \times \frac{14}{10+14} = 1167(元)$

最终预算结果如下：

运输费	35000元

保险费	12000 元
装卸、搬运费	5000 元
办公费	30000 元
差旅费	40833 元
广告费	57167 元
合计	180000 元

(二)编制营销预算的基本步骤

由于营销预算涉及的内容很多,范围也极广,所以,企业在编制营销预算时,一般需要由各职能部门编制分项预算,然后再由营销管理部门编制总体预算。

1.分项预算

现代组织结构的多样化,决定了分项预算的复杂性。企业既可按产品品种编制各产品的分项预算,又可按营销地区编制分地区的营销预算,还可按管理职能编制各职能部门的分项预算。简要说明如下:

(1)按产品品种编制的分项预算。如果企业按产品或品牌进行管理,那么,营销预算就应当体现各品牌的盈利能力。按产品品种编制的营销预算如表15-1所示。

表15-1 ××产品营销预算

项 目	金	额
销售收入	×××	
减:销售退还与折让	×××	
销售净额		×××
减:变动成本项目		
产品制造成本	×××	
销售折扣	×××	
销售运费	×××	
其他变动费用	×××	
变动成本小计	×××	
固定成本项目		
广告宣传费用	×××	
邮寄费	×××	
样品费	×××	
销售人员工资	×××	
其他固定费用	×××	
固定成本小计	×××	×××
产品边际贡献		×××

(2)按营销地区编制的分项预算。如果企业实行分地区管理的营销组织策略,一个地区可能同时销售多种品牌的产品,那么,分项预算可按地区分别编制。简要格式如表15-2所示。

表15-2 ××地区营销预算

项 目	金	额
销售收入	×××	
减:销售退还与折让	×××	
销售净额		×××

续表

项　　目	金　　额	
减:变动成本项目		
产品制造成本	×××	
销售折扣	×××	
销售运费	×××	
其他变动费用	×××	
变动成本小计		×××
固定成本项目		
广告宣传费用	×××	
邮寄费	×××	
样品费	×××	
销售人员工资	×××	
其他固定费用	×××	
固定成本小计		×××
地区边际贡献		×××

(3)矩阵式分项预算。如果企业同时按产品和地区实行管理,那么,分项预算可采用矩阵式分项预算方法。其简要格式如表 15-3 所示。采用矩阵式分项预算的好处是:既能反映出各地区的分项预算,又可将各地区分项预算中同类产品的预算相加总,从而得出产品品种的分项预算。不过,编制这种预算的工作量显然要大得多。

表 15-3　矩阵式营销预算(××地区)

项　　目	产品种类				
	A	B	C	……	合计
销售收入	×××				×××
减:销售退还与折让	×××				×××
销售净额	×××				×××
减:变动成本	……	……	……	……	×××
固定成本	×××				×××
地区边际贡献	×××				×××

(4)按管理职能编制的分项预算。这种预算是根据划分营销活动的各种职能来编制的。例如,可将市场调研部门的各项开支编制成市场调研预算;将销售人员管理方面的费用支出(包括人员招募、培训、选拔、工资支出、奖酬金等)编制成销售人员管理预算;广告活动的各项经费预算、物流管理的各种开支预算(包括订货、运输、存储、包装等)等,都可单独形成一项预算。以广告预算为例,列示其预算格式如表 15-4 所示。

表 15-4　××公司广告预算

费用项目	编号	
直接邮寄费		
报刊广告费		
电台广告费		
电视广告费		
样品费		

续表

费用项目	编号		
展览费			
广告说明书印制费			
其他费用			
费用合计			

为运用方便起见,各种分项预算表可设多栏式,根据不同的用途填列不同的数字。例如,可同时将上年预算、本年计划、本年实施方案、下年预算草案的有关数字列在一张预算表内,从中发现各年预算的变动情况,也可将本年度的分季预算予以列示,突出反映预算的期间差异。如果利用预算进行控制,那么各栏又可设置本月实际、本月实际与计划比较、本年累计、本年累计与计划比较等项目。

2.总体预算

各分项预算编制完毕以后,负责营销预算的人员还需要权衡各种预算对企业整体目标的影响程度,在分析销售收入预算的合理性的同时,根据费用开支的轻重缓急安排预算,对各分项预算作出酌情增减的调整。通常情况下,过去已发生过的费用项目一般调整余地不大,而那些新发生的费用项目(如新增设备、新增人员设岗等)则有较大的伸缩弹性。

总体预算结果需报请企业最高决策层予以审批,然后再反馈给各有关营销职能部门,作为这些部门的工作指南和责任目标。

三、营销业务服务反馈系统

(一)建立营销业务报告系统的必要性

营销业务报告系统是指为反映营销业务活动的全部结果而设计的一整套体系,其报告方式可能是单纯的原始记录(如各种产品的销售数量、各分销机构的费用支出等),也可能是在原始数据基础上进行的汇总与加工(如产品边际贡献的计算),还可能是将实际结果与预算或过去的数据加以比较。建立营销业务报告系统的必要性可归纳为以下两个方面:

第一,从营销业务报告本身所起的作用来看,它是营销控制制度的重要组成部分,可为营销绩效考核评价提供数据来源,为进一步调整市场营销策略和发掘新的市场机会提供决策支持。营销活动作为企业经营活动的重要内容,其根本目的在于使企业实现最佳经济效益,达到利润的最大化。在实际执行过程中,如果能对营销业务活动作全面而完整的记录、计算与加工,企业管理部门就可以随时对执行情况作出评价,发现问题所在,并根据具体情况制定相应的对策。例如,某企业在投放某种新产品上市时,选择了渗透价格策略(即低价策略),以提高其市场占有率,但连续几期的营销业务记录报告显示,市场销售数量并无明显增长之势;进一步分析发现,该产品的需求价格弹性极小,且市场上无替代产品,于是将其价格策略由低价策略调整为高价策略,结果大大地提高了该产品的销售收入和获利能力。

以上举例说明,营销业务报告系统实际上是营销活动的"指示灯"。各营销职能部门通过分析营销业务报告,能够及时发现工作中的不足,以便对症下药,有针对性地作出策略调整。

第二,以营销业务报告系统的现状来看,多数企业对其利用的程度还很低,营销业务报告系统的作用还未能充分地体现出来。其原因一方面由于营销管理人员在实践中较多地注重营销策略的制定,而对营销业务报告重视不够,营销控制手段特别是定量控制手段运用较少;另一方面也由于业务执行报告系统设计的静态性。在复杂多变的当今市场营销环境中,设计一个能满足所有使用者要求的营销业务报告系统难度极大,考虑到系统开发的费用与人力等限制,营销业务报告系统只能在一定时期内保持相对固定,因而不可避免地造成了对市场营销环境的不适应性。

(二)营销业务报告的内容

由于企业特点不同,各营销职能部门面临的任务也不同,对营销业务报告的信息内容要求也各有差异,因而设计一套通用的营销业务报告系统是件很困难的事,但其所包括的内容却大同小异,概括起来,有如下几个方面:

1. 销售数据

包括销售数量、销售价格、销售金额。这些数据一般可按细分市场(如按不同地区、不同渠道、不同产品、不同类型顾客等)进行记录。

2. 市场方面数据

包括本企业市场份额、同行竞争者价格与促销手段等方面的相关资料、各类顾客特征分析以及潜在顾客分析资料等。

3. 销售活动记录

包括顾客对本企业产品与服务的反馈信息,顾客提出的建议,营销人员处理来访电话、信件等情况的记录。

4. 存货数据

包括存货的产品名称与种类,原材料、在产品和产成品各自的比重结构,在途货物以及将要订购的货物等有关资料,必要时还需分析存货周转情况(如存货周转率等)。

5. 财务报告资料

包括销售总收入、销货折让、销货退回、销货折扣、销货运费、销货净额等销售数据;扣除销售成本与费用后的净利润;对成本与费用进行变动成本与固定成本、约束性成本与酌量性成本等的分析;进行不同产品、不同地区、不同顾客类型等的利润分析;对质量与价格的对照分析;计算销售利润率、成本利润率等有关指标。

6. 预测分析

包括市场细分化条件下的销售数量预测,以及据此进行的生产数量预测、存货与材料采购预测等。

7. 多因素综合分析

通过将某一项(或某几项)指标与预算值或历史数据进行比较,计算出有关差异,并分析各变量间的相互影响关系,作为今后预测和分析的依据。

8. 其他数据

例如,对非常情况(如意外事故、市场重大变化)以及不可预见因素的影响作用进行分析说明。

上述营销业务报告的内容既有定性资料,又有大量的定量分析。在收集这些资料时,应当特别注意定量分析资料的来源与准确程度,它比定性资料更具有说服力,某种程度上也决定着营销业务报告系统的质量好坏。

(三)营销业务报告系统的设计

1. 设计要求

企业在进行营销业务报告系统的设计时,至少应考虑到以下几方面的要求:

(1)满足需要。营销业务报告系统应当反映企业营销活动的全部内容,以满足不同营销职能部门的使用要求。具体来说，一个设计合理的营销业务报告系统应为市场调研与预测部门提供过去若干时期的营销结果、目前市场营销状况评估以及未来市场变化趋势的资料；能够分析各种市场营销策略带来的可能后果以及对企业利润水平的影响；能够对所处的市场营销环境作恰如其分的估计，并据此制定战略规划与运营计划；能够及时反馈实际执行情况，以便较好地进行营销控制。

（2）反应灵敏。营销业务报告系统应当具备动态系统和开放系统的特点：既能提供常规营销业务的报告，又能对例外事件作出及时反应，以适应变化不定的市场营销环境的要求；系统内的数据内存应便于增加、删除、修改、组合与调整；数据存取应及时，并尽量减少工作量；应设计比较系统和多因素综合分析系统。

（3）讲究时效。进行营销业务报告系统设计时，要求尽可能地采用先进的数据处理手段，最大限度地克服信息滞后的不足，及时满足各方使用者的需要。

（4）注重节约。任何系统的设计都应考虑到成本/效益比较，营销业务报告系统固然作用不小，但其设计过程中所需要的大量花费与相关支出也不应低估。这些成本费用包括投入的人力、配置软硬件、进行人员培训等项目。一般来说，手工处理的营销业务报告系统需要花费的设计成本较低，但其报告速度与数据处理能力都有限；计算机处理系统具有运行速度快、提供信息及时、数据容量大等优点，但配备计算机软硬件和培训操作人员却需要花费比手工处理系统高得多的支出。企业需根据其实际情况，权衡成本与效益，选择合适的系统处理方式。

2. 营销业务报告系统的设计步骤

（1）明确营销战略和各营销部门职责。明确企业市场定位、产品质量水准、营销组合、竞争与发展等战略性问题，建立健全企业营销组织机构管理体制，规定营销职能部门职责及其相互协调等问题。

（2）组织系统设计力量。组成以系统管理人员、分析人员、维护人员等为主体的人员力量，完成从系统设计到系统运行的全过程。

（3）策划营销业务报告。包括营销业务报告的内容、方式、详略程度、时间间隔等。营销业务报告可采用比较分析、图表说明、趋势预测等方式。

（4）规定系统数据来源。回答诸如系统需要哪些数据、从何种渠道及以何种方式获取这些数据等有关问题。详细规定收集、存储和处理数据的时间、途径和准确度。

（5）决定数据处理手段。如果营销业务报告数据较少，营销组织管理单一，那么采用手工处理手段即可；相反，如果营销组织管理比较复杂，涉及数据资料较多，而且需要进行综合分析，采用计算机处理程序就比较合理。企业可以购置一套现成的软件，然后稍加加工便可投入运行。

（6）配备系统使用说明。详细介绍系统自身的特征和功能，说明系统运行环境条件以及系统运行的基本程序等。

（7）进行系统试运行。为保证系统能正常运行，应当通过模拟试验，对设计完毕的系统进行检验，从数据输入到数据加工直至最后输出信息的每个出口和入口都不能出现任何差错，所形成的营销业务正式报告能够达到预期效果，满足各营销职能部门的所有要求。

最后还应特别说明的是，企业营销业务报告系统的设计与其他企业活动一样，离不开企业领导部门的鼎力支持。因为这一系统的设计不仅耗费财力与人力，更重要的是需要在各营销职能部门以及营销人员之间进行大量的协调工作，征得他们的认可与协助。

(四)营销业务报告系统的运行要求

营销业务报告系统的运行实际上就是数据输入→加工→输出的过程,基本要求包括:

第一,数据输入及时、准确。通过适时记录,系统将所发生营销业务的有关指标及时录入系统内。输入时切忌出现数字或文字上的错误,以免影响信息的有用性。

第二,数据加工手段合理、先进。通过编制比较报表、绘制趋势变化曲线,或进行一系列指标运算等数据加工方式,得到有价值且准确度极高的信息。

第三,数据输出简明扼要。输出数据实际上就是正式的营销业务报告。为便于运用,该报告应简洁明了、详略得当,避免出现重复内容,用处不大或暂时无用的信息可不予提供。

第二节 市场营销控制

一、营销控制在营销管理中的地位

所谓营销控制,就是企业营销管理部门以营销计划和营销预算为依据,对市场营销活动进行监控,同时通过绩效评审与信息反馈,对市场营销战略和各种营销策略加以调整的过程。

营销控制与营销计划相结合,形成了一个完整的营销管理信息系统:一方面,营销控制必须以营销计划为前提,市场营销管理部门在进行营销绩效考评时,就是将实际营销执行结果与营销计划中规定的相应目标进行比较,从而找出偏差;另一方面,营销控制又可为以后营销计划的调整与修订提供依据。从本期营销绩效的考评中,营销管理部门可以进一步分析出现偏差的原因,并适时地调整下期的营销战略以及营销策略。

营销管理的基本程序可通过图 15-1 加以反映。

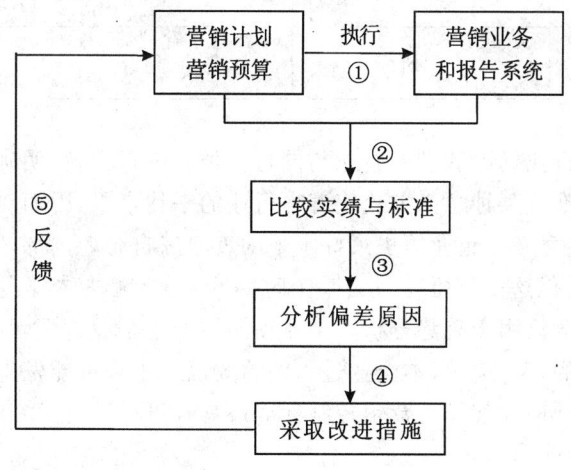

图 15-1 营销管理循环

图 15-1 中,②③④⑤四个环节都属于营销控制的内容,由此可以看出,营销管理实际上就是计划→执行→控制→再计划→再执行→再控制→……的一种循环系统,其中营销控制起着极为重要的作用。

二、营销控制活动分析

营销控制活动包括顺序衔接的三方面内容,即营销控制标准的制定、营销绩效的衡量和调整措施的实施。

(一)营销控制标准的制定

这是营销控制中应首先解决的问题,也是最为关键的一步。它关系到整个营销控制活动的有效性。如果标准本身不合理,那么,据此来衡量营销绩效也不可能做到客观、真实,对下一步计划的调整更是无从谈起。

可作为营销控制标准的一般有行业标准、企业历史最好水平和企业预期标准三种。其获取来源简要列示为表15-5。

表 15-5 各种营销控制标准以及来源

营销活动	控制标准		
	行业标准	历史最好水平	企业预期标准
销售收入	行业报告 公开发行物	营销部门	销售预测
市场份额	公开发行刊物	营销部门	市场份额预测
销售价格	顾客和竞争对手	营销部门	价格策略
营销费用	公开发行的刊物	会计部门	费用预算
利润	行业报告 公开发行的刊物	会计部门	预算财务报表
投资报酬率	行业报告 公开发行的刊物	财务主管部门	预算财务报表
营销人员数量	公开发行的刊物	专门研究	企业政策
企业形象	专门研究	专门研究	企业政策

三种标准中,采用行业标准有利于企业与同行竞争者进行比较,明确企业在本行业中所处的地位。不过,行业标准从某种意义上代表着本行业的平均水平,因而对处于领先和落后两个极端的企业无太大指导意义。企业历史最好水平的资料来自企业内部的营销、人事、会计等部门,一般说来较为可靠,但这一标准是过去某个时期发生的,无法体现当前营销环境和营销策略的各种变迁,所以一般只用于趋势分析。企业预期标准是企业管理者目标的具体体现,是在分析行业标准、本企业的行业地位、本企业过去的绩效以及未来可能发生的各种变化的基础上制定出来的。所以,将预期标准作为营销控制标准最具有可行性,但实际运用时应注意防止一味凭直觉主观臆造标准的倾向。

(二)营销绩效的衡量

衡量营销绩效应从两个方面着手进行,即所得与所耗的有机结合,用公式表示就是"效益＝所得－所耗"。其中"所得"是指营销活动产生的效果,而"所耗"则意味着在达到预期营销效果的同时所付出的代价。具体来说,衡量营销绩效应包括以下三个方面的内容:(1)企业经营效益;(2)顾客满意程度;(3)企业社会责任。详见表15-6。

表 15-6　衡量企业绩效的内容

	所　　得	所　　耗
企业经济效益	1. 销售收入提高 2. 市场份额扩大 3. 货款回收增加 4. 广告促销带来收入增加	1. 销售人员节约开支 2. 降低收账费用 3. 减少运输、保管等费用 4. 提高存货周转率 5. 降低广告费用
顾客满意程度	1. 顾客购买数量增加 2. 顾客重复购买率提高 3. 顾客对企业产品质量满意 4. 顾客对企业以及企业产品品牌信任 5. 企业在顾客中有良好的形象	1. 顾客购买商品支付的价格 2. 顾客挑选产品花费的时间 3. 顾客购买某种商品光顾企业的次数 4. 顾客对企业以及产品抱怨的次数与严重程度
企业社会责任	1. 可靠的产品质量 2. 使用过程中安全、无事故 3. 获得职业许可 4. 增强消费者辨别能力 5. 广告的真实性	1. 延长产品的使用寿命 2. 努力降低材料的消耗量 3. 节约能源消耗

在进行绩效评价时，以上三方面的内容应同时兼顾。例如，汽车生产商迎合消费者需求，能够生产出大型汽车且有利可图，但不足之处是耗油量大，没有实现其社会责任（节约能源消耗），因而不符合理想的营销绩效标准。也正因为如此，政府才制定出课以重税甚至限制其生产的措施。

最后，需要说明的是，营销绩效的衡量有些存在客观标准，有些则相对比较模糊。一般来说，衡量企业效益的标准最明确，但顾客的满意程度就不易准确计量，企业社会责任则更是一个模糊的概念。

（三）调整措施的实施

实际营销绩效与营销计划出现偏差时，管理部门需尽快制定调整措施，以保证营销计划和企业整体目标的顺利实现。实施调整措施应考虑两种因素：一是技术性因素，二是人的因素。

1. 技术性因素

首先，营销管理部门应对实际脱离标准的原因进行客观而全面的分析，为进一步制定调整措施提供指导。在实际工作中，原因是多方面的，分析人员必须分清主次。例如，销售收入下降的原因可能是由于销售价格过高而销售数量过少，也可能是由于产品质量过差而丧失了部分市场，还可能是由于售后服务不能使顾客满意……只有把握了真正的原因之后，管理部门才能对症下药，制订实质性的调整方案。其次，应当充分认识到某些影响因素的"时滞"作用。例如，企业为赢得顾客信任，增加销售收入，采取了提高产品质量和售后服务质量的措施。但是，让顾客认识到质量提高需要一定时间，也就是说，提高质量与增加销售收入之间存在着一定的时间差。同样，某一时期服务质量下降也不一定同时体现为当期销售收入的减少，其影响作用可能体现在以后的某个时期。所以，采取调整措施时应当允许有一定的时间差。最后，任何方案的实施都应注重效益/成本比较。如果为克服差异所付出的代价高于差异本身，即投入 1 元，而产出最多只有 0.99 元，那么方案就是不可行的。

2. 人的因素

主要是指人们对新生事物的接受程度、旧有观念对人的影响、人的情感因素以及人际关系等方面。例如,从理论逻辑上进行分析,雇员失职是造成产品质量下降从而使销售收入骤然降低的主要因素,最好的办法是解雇该雇员。但是实际执行起来,解雇某个雇员并非轻而易举的事。这就为营销调整措施的制定增加了难度。

三、营销控制的方法

根据营销控制的不同侧重点与运用范围,营销管理部门可采用以下三种不同的营销控制方法。

(一)年度计划执行分析

包括销售分析、市场份额分析、顾客态度跟踪分析、营销费用率分析以及财务分析。这一分析适用于高层主管和中层经理对年度营销计划进行控制,考核整个企业或某个部门(或地区)的营销绩效。

(二)盈利性分析

主要用于测定各类产品在不同地区、不同市场,通过不同分销渠道销售的获利能力,帮助市场营销主管人员决定哪些产品种类(或市场)应增加,哪些应缩减以至放弃。

(三)营销审计

是对企业的营销环境、营销目标、营销策略、营销组织等加以综合的、系统的检查与考核,以便确定营销活动的难点所在,寻求新的营销机会,并提出行动计划与建议。营销审计通常用于企业最高决策人员进行营销战略控制。

第三节 营销效益评估和顾客满意度分析

一、营销效益评估

营销效益分析是指营销人员对各种营销活动完成计划情况的分析,目的在于保证公司或某一营销部门(地区)所制定的销售、利润以及其他目标顺利实现。常用的营销效益分析方法有以下五种:

(一)销售分析

它是根据销售目标衡量和评价实际销售情况。具体又可分为销售差异分析和微观销售分析两种。

1. 销售差异分析

销售差异分析通常用于分析各因素对销售总额的影响。销售差异总额分解为销售数量差异与销售价格差异。

如某企业年度计划要求在第一季度销售 6000 个小家电,每个售价规定为 100 元,季度营销业务报告提供的实际数据显示实际销售小家电 6040 个,每个售价 98.76 元,则:

$$\text{销售差异总额} = \text{实际销售额} - \text{计划销售额}$$
$$= 6040 \times 98.76 - 6000 \times 100$$
$$= -3489.60(元)(不利差异)$$

$$\text{销售数量差异} = (\text{实际销售数量} - \text{计划销售数量}) \times \text{计划销售价格}$$
$$= (6040 - 6000) \times 100$$

$$= 4000(元)(有利差异)$$

销售价格差异 =（实际销售价格 − 计划销售价格）× 实际销售数量

$$= (98.76 - 100) \times 6040$$

$$= -7489.60(元)(不利差异)$$

计算结果表明，该企业实际销售没有达到计划销售目标（缺口为 3489.60 元），其主要原因是由于销售价格的下跌造成销售收入减少了 7489.60 元。尽管企业采取各种增加销售量的措施增加了 4000 元的收入，但终究未能抵补销售价格下跌带来的不利影响。因此，企业应将分析重点放在价格因素方面。

2. 微观销售分析

微观销售分析是指在销售差异分析的基础上，对引起销售差异的各因素进行分产品、分地区以及分顾客群体的具体考察。设上例中企业分甲、乙、丙三个地区销售小家电，预计销量分别为 1500 个、2500 个和 2000 个，而实际销量分别为 1480 个、2800 个和 1760 个。这样看来，甲、乙、丙三个地区中，只有乙地区超计划完成（超额 12%），甲地区完成了 98.67%，而丙地区则只完成了 88%。可见丙区应当成为分析的重点，销售经理应就其原因进行检查。

微观销售分析的另一种含义是指企业在进行销售分析时，应分清主次。一般来说，尽管企业销售的地域分布很广，顾客层次和类型很多，销售的产品也多种多样，但是，实现的销售收入主要是靠其中的某一个（或某几个）个别的地区、某类顾客或某种产品。销售经理的注意力显然应集中于这些个别的地区、顾客和产品，而将那些与销售总收入关系不大的细分市场列为分析的次要方面，必要时甚至可以放弃、不予考虑。

（二）市场份额分析

市场份额分析是指对企业在整个市场竞争中的地位所作的判断与评价。衡量营销绩效的好坏，不能仅着眼于企业自身销售的增减方面，而须综合分析市场竞争大环境的变化后再作结论。如果企业某种产品的市场总需求量增加了 50%，而其销售却只增加了 10%，也不能说明取得了好的营销效果。

市场份额的衡量标准有以下三种：

1. 总的市场份额

是指企业销售额在行业总销售额中所占的比重。采用这一标准需要注意两点：一是市场份额用销售量表示还是用销售额表示。用销售量表示反映竞争企业之间在商品销售量方面的变化，而以销售额表示则反映销售量和销售价格的综合性变化。二是有关行业范围的确定。行业范围既可仅指企业所产销的产品本身，也可以包括该产品的同类产品与替代产品。如某企业在确定自己所销售的瓶装饮料市场份额时，可以选择瓶装饮料市场作为总的市场，也可以选择包括罐装饮料和袋装饮料等在内的整个饮料市场作为总的市场。

2. 服务市场份额

是指企业销售额占其所服务市场总销售额的比重。服务市场是指对公司产品发生兴趣并被公司市场营销努力所触及的市场。例如，某公司如果仅在华北地区销售其饮料，那么该公司的服务市场份额就是其销售量在华北地区饮料总销量中所占的比重。一个企业的服务市场份额通常总会大于其总的市场份额，因为服务市场不仅包括现实的市场，而且还包括潜在的市场。企业的首要任务就是要尽力以新产品和新的营销手段扩大其服务市场份额。

3. 相对市场份额

是指企业销售量相对于几个最大竞争者销售量的比重。例如，设某公司的市场份额为

20%,而它的3个最大的竞争对手分别占有25%、15%和10%的市场份额,那么,该公司的相对市场份额就是20%/(25%+15%+10%)=40%。相对市场份额上升,说明该企业市场成长速度快于竞争者。如果与最大竞争者相比,相对市场份额超过100%,那么该公司就是市场领先者。

以上三种市场份额标准中,总的市场份额最易获得,企业只要留意政府或行业协会的有关出版物就可获得相应资料;服务市场份额的确定就有一些难度,因为服务市场受公司产品生产线变化和地区覆盖面变化的影响较大;相对市场份额的估计则更难,因为竞争者的数据资料一般是保密的,企业只能采取间接方法获得这些资料。

(三)营销费用率分析

营销费用率是指营销费用与销售额的比率,如广告支出对销售额之比、营销调研支出对销售额之比等。营销控制除保证实现其销售目标之外,还应控制营销费用支出,以实现企业的整体利润目标。

控制营销费用率可借助营销费用/销售额偏差图来进行(见图15-2)。

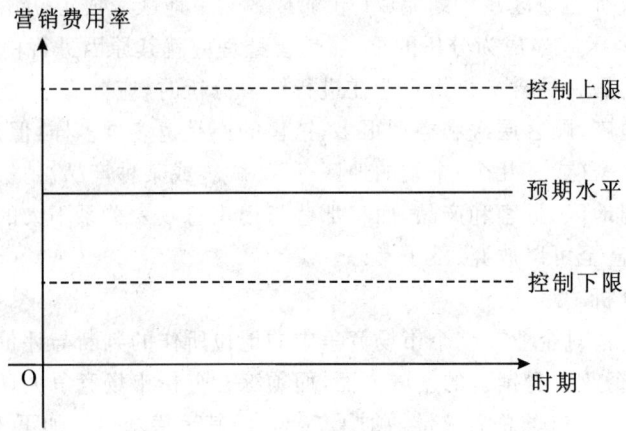

图 15-2 控制模型图

当营销费用率超出了控制范围时,就需要具体分析各种资料。例如可分别计算各个地区的营销费用率,并绘制如图15-3所示的营销费用率偏离图。

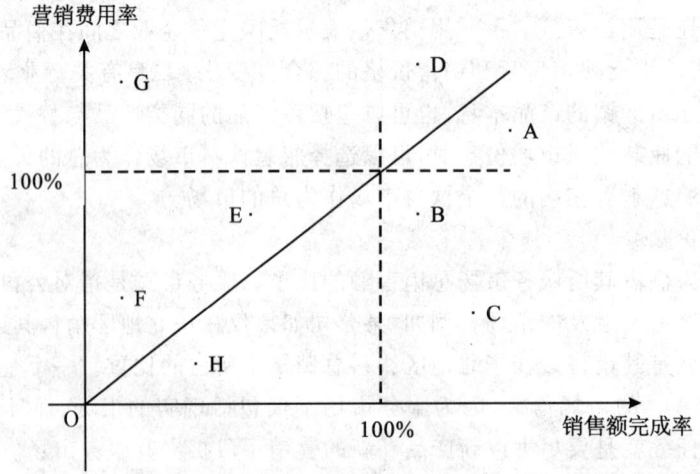

图 15-3 地区收支偏离比较

图 15-3 表明,就销售额完成情况来看,A、B、C、D 四个地区的完成率均在 100% 以上。其中 B、C 两地的情况最为理想,不但完成了销售额计划,而且节约了费用开支;A 地的营销费用开支随销售额增加而有所增加,但仍在控制范围之内;D 地则表明尽管超额完成了销售额计划,但其营销费用开支过多,需加以控制。

E、F、G、H 四个地区的销售额完成情况不够理想。其中 H 地区的营销费用无超支现象;而 E、F、G 三个地区则出现了程度不等的营销费用超支,G 地的情况尤其值得引起重视,它属于销售额完成最小,但费用开支超支现象最为严重的情况。

(四)财务分析

营销绩效最终应体现为一定的财务效果,即实现公司股东权益最大化的目标。因此,在年度计划的营销控制中,应当考察反映股东权益盈利状况的资本净值报酬率指标。

$$资本净值报酬率 = \frac{净利润}{资本净值} \times 100\% = \frac{净利润}{总资产} \times \frac{总资本}{资本净值} = 资产报酬率 \times 财务杠杆率$$

$$资产报酬率 = \frac{净利润}{总资产} \times 100\% = \frac{净利润}{销售净额} \times \frac{销售净额}{总资产} = 销售利润率 \times 资产周转率$$

以上公式表明,资本净值报酬率的提高,一靠提高资产报酬率,二靠加大财务杠杆率(即增加负债比重);更进一步讲,资产报酬率的增加又取决于提高销售利润率和加快资产周转速度两种途径。营销经理的任务就是尽最大可能地增加销售收入和努力降低营销成本,从而实现企业的财务目标。

(五)盈利性分析

利润是最能反映企业盈利性的指标。企业应按不同的营销产品、营销地区或营销渠道分别编制利润报告,提供给销售经理,销售经理再据以确定哪些产品(或地区)的市场应扩大、哪些应压缩甚至取消。

利润计算的基本格式(设只考虑税前利润)为:

$$\begin{array}{r} 销售收入 \\ -销售成本 \\ \hline 销售毛利 \\ -营业费用 \\ \hline 净利润 \end{array}$$

企业对外编制财务报表时,就是采用这一方法计算利润的。但如果将其用于营销分析,就显得远远不够了。主要表现出两方面的不足:第一,它只能提供有关收入和费用的总额资料,而无法反映各营销地区、营销产品的详细情况;第二,成本计算过程中包含了成本分摊的因素,不可避免地带来了成本资料的不准确性与不真实性。有鉴于此,在对营销盈利性进行分析时,就涉及三方面的问题,即营销成本、功能性费用的确定和根据直接成本法来判定营销的盈利性。

1. 营销成本

营销成本是指与营销活动有关的各项费用支出。主要包括的内容有:

(1)直接推销费用

包括直接销售人员的工资、奖金、差旅费、交际费、培训费及其他相关费用。

(2)推广费用

包括广告媒体的成本、产品说明书的印刷费、产品展览费、样品费、推广部门人员的工资等。

(3)仓储费用

包括仓库租金、维修费、折旧费、保险费、包装费、保管费等。

(4)运杂费用

包括销售产品的运输费、包装费、搬运费等。

(5)其他营销费用

包括营销管理人员的工资、营销部门的办公费等。

2.功能性费用

功能性费用是从事营销活动的各种功能所发生的费用支出,如广告支出、包装和运输支出、推销支出等。企业须将损益表中所列的各费用项目分解为功能性费用。

设某公司的损益表如表 15-7 所示。

对表 15-7 所列各营业费用项目进行的营销功能性分析见表 15-8。

表 15-7 ××公司损益表

项 目	金 额(元)
销售收入	96000
销售成本	85000
销售毛利	11000
营业费用	
工资	1500
租金	400
办公支出	4700
折旧	1000
营业费用小计	7600
净利润	3400

表 15-8 功能性费用分解

单位:元

费用项目	营销费用					非营销费用	费用总计
	推销	广告	物流	销售服务	合计		
工资	500	200	120	80	900	600	1500
租金	145	30	100	—	275	125	400
办公支出	1200	410	640	450	2700	2000	4700
折旧	50	—	150	—	200	800	1000
费用总计	1895	640	1010	530	4075	3525	7600

表 15-8 列示了工资、租金、办公支出、折旧等各项营业费用支出在广告、推销、物流和销售服务这四种营销功能间的分配情况。为了更进一步地衡量各营销渠道(或地区)的费用水平,还需要在表 15-8 的基础上将各功能性费用再分配给各营销实体。设上例中的营销实体为上海、天津、北京和南京四个地区,根据各地实际营销努力结果,分别确定各种营销功能性费用的分配率如表 15-9 所示。

表 15-9 向各营销渠道分配功能性费用的比率

	推销次数	广告次数	订单数	销售服务次数
上海	4	2	5	7
天津	6	1	18	15
北京	7	—	10	12

续表

	推销次数	广告次数	订单数	销售服务次数
南京	3	1	6	4
合计	20	4	39	38
功能费用(元)	1895	640	1010	530
分配率(%)	94.75	160	25.90	13.95

从表 15-9 中可以看出，该公司在四个地区的营销努力是不同的。例如，就推销来说，公司共推销 20 次，其中上海、天津、北京和南京的次数分别为 4、6、7 和 3 次。这样，可以先求出每次推销的费用支出为 1895÷20＝94.75(元/次)，作为向各营销地区分配推销费用的依据。然后，再以分配率分别乘以各地区的推销次数，便得出各地区应负担推销费用的数额。如上海为 4×94.75＝379 元，依此类推。根据分配率对各功能性费用在各地区分配的结果见表 15-10 所示。

表 15-10 功能性费用向各营销地区的分配结果

单位:元

	推销	广告	物流	销售服务	费用合计
功能费用(元)	1895	640	1010	530	4075
分配率(%)	94.75	160	25.90	13.95	
上海	379	320	12.95	97.65	926.15
天津	568.5	160	466.20	209.25	1403.95
北京	663.25	—	259	167.40	1089.65
南京	284.25	160	155.30	55.70	655.25
合计	1895	640	1010	530	4075.00

最后，根据表 15-10 的结果，结合各营销地区的有关销售收入和销售成本资料，编制各营销地区的损益表如表 15-11 所示。

表 15-11 各营销地区损益表

单位:元

项目	上海	天津	北京	南京	合计
销售收入	20000	32000	29000	15000	96000
销售成本	17600	28900	26100	12400	85000
销售毛利	2400	3100	2900	2600	11000
营销费用	926.15	1403.95	1089.65	655.25	
推销	379	568.5	663.25	284.25	
广告	320	160	—	160	
物流	129.5	466.2	259	155.3	
销售服务	97.65	209.25	167.4	55.7	
非营销费用*	734.38	1175	1064.84	550.78	3525
营业费用额合计	1660.53	2578.95	2154.49	1206.03	7600
净利润	739.47	521.51	745.51	1393.97	3400

＊非营销费用按照各营销地区销售收入进行分摊。

3. 直接成本法

以上就营销损益表的编制进行了介绍。销售经理可借助营销损益表分析各地区的有关盈利情况，但需要指出的是，如果对利润计算过程中费用分摊问题稍加分析的话，就不难看出，营销损益表中的数据是没有说服力的。例如，根据表 15-11 的有关数据，我们可以计算出上海和天津两地的销售利润率分别为 $\frac{739.47}{20000}\times 100\% = 3.70\%$ 和 $\frac{521.51}{32000}\times 100\% = 1.63\%$，那么是否就可断定上海地区的盈利能力好于天津地区呢？不一定。因为这两个地区在计算利润时，都存在费用分摊问题，具体表现在：第一，非营销费用按销售收入比例进行分摊；第二，营销费用分别按推销次数、广告次数、订单数和销售服务次数进行分配。一般来说，成本分摊要做到绝对客观与准确是不可能的。由此看来，在根据营销损益表分析各营销实体的盈利能力时，有必要对成本因素进行重新认识。

直接成本法是指在计算营销实体的利润时，只考虑该营销实体直接发生的费用支出，而将各营销实体共同发生的成本视为不可控成本，在考察营销实体的盈利能力时予以剔除。

根据直接成本法原理，营销损益表的格式应为：

销售收入
—销售成本
销售毛利
—直接成本
边际利润
—分摊成本
净利润

显然，边际利润才是最能体现营销实体盈利能力的指标。

现通过举例说明直接成本法在营销绩效评价中的运用。设表 15-12 是某公司分地区的营销损益情况。

表 15-12　某公司分地区营销损益报告

单位：元

项目	A	B	C	D	合计
销售收入	4000	2000	3000	1000	10000
销售成本	2100	1400	1800	650	5950
销售毛利	1900	600	1200	350	4050
营销费用	300	400	500	100	1300
边际利润	1600	200	700	250	2750
分摊成本*	700	350	525	175	1750
净利润	900	−150	175	75	1000

* 按销售收入比例分摊共同成本。

根据表 15-12，B 地的净利润为 −150 元，于是该公司考虑是否应取消 B 地的销售。但稍加分析便知，B 地之所以出现亏损 150 元，是因为负担了共同性成本 350 元。即使取消在 B 地的销售，这部分成本也仍然会发生，所以决定取舍的依据应为 B 地的边际利润。该例中，B 地边际利润为 200 元，故不应取消其销售，可从表 15-13 的数据计算中得以证明。

表 15-13　某公司分地区营销损益报告（取消 B 后）

单位：元

项目	A	C	D	合计
销售收入	4000	3000	1000	80000
销售成本	2100	1800	650	4550
销售毛利	1900	1200	350	3450

续表

项目	A	C	D	合计
营销费用	300	500	100	900
边际利润	1600	700	250	2550
分摊成本*	875	656.25	218.25	1750
净利润	725	43.75	31.25	800

* 按销售收入比例分摊共同成本。

计算结果表明,取消 B 地销售后,公司的整体利润不仅没有增加,反而比原来的 1000 元降低了 200 元。所以,只要地区边际利润大于零,即地区销售收入能够补偿其销售成本和直接营销费用,即使净利润为负,也不应取消该地区的销售。

二、顾客满意度分析

(一)客户关系

在服务产品的交换过程中,顾客不但是服务的使用者,而且是服务的生产者,也是使其他顾客成为服务生产者和使用者的重要影响因素。

1. 顾客关系的层次

按照顾客的忠诚度,以及与企业的密切程度,艾德里安·佩恩将顾客市场划分为五个不同的层次,即潜在顾客、新顾客、现有顾客、支持者和积极宣传者,并形象地给出了顾客忠诚度的关系营销阶梯,如图 15-4 所示。结合图示我们可以看出,服务企业在经营过程中不应该只将注意力放在较低层次的吸引新顾客和潜在顾客身上,而应重点发展与顾客之间的关系,使之成为企业的忠诚顾客。

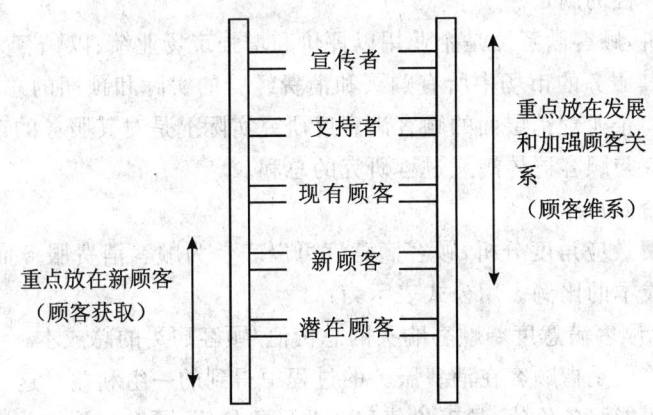

图 15-4 顾客忠诚的关系营销阶梯[46]

2. 顾客流失的代价

吸引新顾客和维系老顾客是关系营销中不可或缺的两个组成部分,而维系老顾客又是非常重要的。这里有一个形象的比喻叫做"漏桶理论",桶上之所以出现漏洞是因为服务营销过程中会出现一些差错和缺陷,比如服务质量差、技术水平低、服务态度恶劣等,从而导致水从桶中流出来,企业也就失去了一部分老顾客。为了保持一定的营业额,企业就必须不断地向桶中注入新的水——新顾客来补充。这样的过程是昂贵的,即企业通常要付出比较高的代价。这些代价包括:

第一,说服新顾客需要增加一定的费用。据估计,争取一个新顾客较说服一个老顾客再次购买至少要多花6倍的费用。如果想重新争取到一个因不满意而离开的顾客,则至少要多花25倍的费用。企业还要向新顾客提供初始服务,做大量重复性的前期宣传工作,这些都会导致企业成本的增加。

第二,老顾客离开带走了大量的销售额。据美国《哈佛商业杂志》发表的一篇研究报告指出,多次光顾的顾客比初次登门的顾客可多为企业带来20%~85%的利润,当市场占有率达到50%以上时,重复购买和更新购买会大大超出首次购买的数字。失去20%的老顾客意味着带走80%的市场。

第三,因不满意而离开的顾客会给企业形象带来巨大的负面影响。研究表明,不满意的顾客会将其经历告诉大约11个人,这11个人又会继续向别人诉说,最终可能导致60个人知道此事。这种类似核裂变的反应,给企业的形象造成了巨大的伤害。企业必须拿出一定的资金去弥补企业形象的下降,从而使企业的经营成本又一次增加。

(二)顾客满意度分析

顾客满意是一种心理活动,是顾客需求满足后的愉悦感。菲利普·科特勒指出:"满意是指一个人通过对一个产品和服务的可感知效果与它的期望值相比较后所形成的感觉状态。"顾客满意度来自日本企业提出的顾客满意战略。对于顾客满意度的基本内涵,可以从个人层面与企业层面两个方面来理解。

从个人层面来讲,顾客满意度是顾客对产品或服务的消费经验的情感反应状态。这种满意不仅体现在对一件产品、一项服务、一种思想、一种机会的满足上,还体现为对一种系统、一种体系的满意(如在金融服务中体现出对最高货币增值率和最低存货成本等利益的追求),而且追求对社会性和精神性的满足。

从企业层面来讲,顾客满意度是企业用以评价和增强市场业绩、以顾客为导向的一整套指标。它代表企业在其服务的市场中所有购买和消费经验的实际和预期的总水平,是企业经营"质量"的衡量方式。企业营销层面的顾客满意度研究实际上是对其服务的市场中的所有顾客个人满意度感受研究与顾客群体满意过程研究的总和。

1. 顾客满意度的效应分析

从经济学的消费效应角度分析,顾客满意度可以表示为顾客消费服务而获得的总价值与消费服务付出的总成本的比例。用公式表示为:

$$顾客满意度=顾客购买的总价值/顾客购买的总成本$$

顾客购买的总价值是指顾客在消费服务的过程中得到的一组利益。这一组利益可以归纳为:技术服务价值、职能服务价值、员工价值和企业形象价值。顾客购买的总成本是指顾客为了获取这组利益而不得不付出的货币成本、时间成本、信息成本、精神成本和体力成本的组合,如图15-5。

(1)顾客购买的总价值分析。该分析包括:①技术服务价值。技术服务价值是指服务过程产出的服务结果的质量或效用。能从所购买的服务中得到什么是顾客消费服务的利益取向,技术服务价值是服务提供的基本价值。②职能服务价值。职能服务价值是指顾客在服务过程中如何得到技术服务的。企业为顾客提供职能服务的过程与顾客的消费过程同时进行,随着人们生活观念、生活节奏、收入水平的变化,顾客在消费服务时,不再仅仅停留在对技术服务价值的变化进行选择决策上,而是对服务的顾客化程度、可靠性等职能服务价值给予越来越多的关注。③员工价值。员工价值是指服务企业员工的理念、业务素养、工作效率、应变能力、态度亲和程度等所产生的价值。员工价值的重要性在于通过员工的努力使顾客的消费过程变得轻松愉快,并使顾客产生再次消费的冲动。④企业形象价值。对于顾客来说,企业形象价值是顾客购买后的满足感和荣誉感的支撑力量,是社会公众根据企业理念、品牌、标识、质量、包装、服务态度等形成的有形评价。

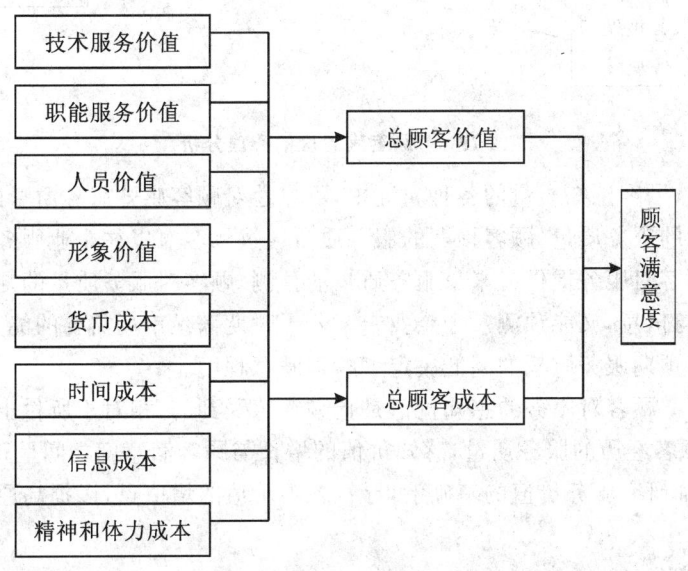

图 15-5　顾客满意度的效用分析

(2)顾客消费服务的总成本分析。顾客消费服务的总成本包括:①货币成本。货币成本的直接表现是服务价格,是构成顾客总成本大小的基本因素。只有当服务的货币成本低于或等于顾客预期的货币成本时,顾客才会产生现实的购买行为。②时间成本。时间成本是指顾客消费过程中消耗的时间量,以及为获取服务赶到服务地点的时间量。一般说来,等待时间越长,代表顾客付出的时间成本越多。过长的时间等待引起顾客消费总价值的损失,顾客可能产生放弃该服务的意愿。③信息成本。信息成本是指顾客为作出购买决策,获取有关服务的性质、效用、风险等信息付出的金钱。企业应该充分利用广告、员工推介等活动,主动降低顾客消费服务的信息成本,增加服务的净价值。④精神成本和体力成本。这两者都是非经济成本,是在以上各项经济成本支出的同时伴随着发生的精神和体力消耗。企业可以通过有形展示以及网点渠道的设计等工作提高顾客接近服务的便利性,增加顾客的满意度。

2.顾客满意度的心理分析

服务营销中的顾客满意是以构成顾客满意度的各个要素为评价基础的。通常,决定企业顾客满意水平的主要有三项影响因素,即顾客经历的服务质量、顾客预期的服务质量和顾客感知价值。如图 15-6 所示。

(1)顾客经历的服务质量。顾客经历的服务质量通过顾客对近期消费经验的评价来表示,对服务中的顾客满意有直接的影响。通过顾客对所经历服务的评价来测量顾客满意度。测量结果过多地依赖于顾客的主观感觉。要使评价顾客经历的服务质量具有可操作性,必须对服务消费体验的两项要素进行描述:第一,服务的顾客化程度,指企业向不同的顾客提供个性化服务的程度。比如美国花旗银行向全球不同地区、不同阶层,具有不同行为、习惯的顾客提供的服务仅存款一项就有一百多种。第二,服务的可靠程度,指企业向顾客提供可靠的、标准化的和充

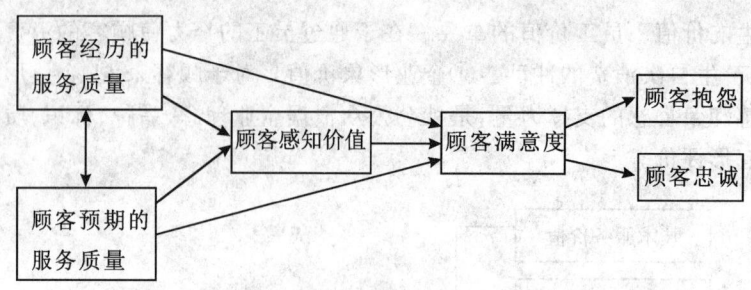

图 15-6 顾客满意度的心理分析

足的服务的程度。顾客感知质量的各种属性中,可靠性对顾客感知服务质量的影响最大。

(2)顾客预期的服务质量。顾客预期的服务质量通过顾客对以往企业服务消费经验的评价来表示,代表了顾客对服务提供者未来服务质量的预测。顾客对服务质量的期望既包括了以往所有的质量经验与信息,又能预测一个企业未来若干时期满足市场需要的能力。在服务表现一定的条件下,顾客预期服务质量的高低决定了顾客满意程度。

(3)感知价值。顾客对服务的感知价值是指顾客感受到的、相对于所付出价格的服务质量水平。对于一定顾客经历的服务质量,感知价值的增长与顾客满意度之间呈正相关关系。服务营销者必须在详细研究服务价值的基础上,寻找各项价值的增值点,以提高原有价格水平服务的质量。

3.顾客满意度指标

根据上面提出的顾客满意度评价体系,可以构建一套研究顾客满意度的指标。这套指标的应用可使研究人员得出每个顾客对服务评价体系中各概念所持的态度水平。

(1)测定顾客预期的服务质量。要求顾客回想以往消费服务的经验,确定对该服务的预期质量水平。测量指标包括:顾客对服务质量的总体期望(消费前);对服务的顾客化程度(或服务如何适应个人化的需要)的期望(消费前);对服务可靠性(或服务出错率)的期望(消费前)。

(2)测定顾客经历的服务质量。测量指标包括:对服务质量的经验的总体评价(消费后);服务的顾客化程度的评价(或服务如何适应个人化的需要)(消费后);对服务可靠性(或服务出错率)的评价(消费后)。

(3)测定顾客感知价值,要求顾客评价他所感受到的相对于所付出价格的质量水平。测量指标包括:对于给定价格下的服务质量水平的评价——这一指标适合于研究人员进行同业同项服务质量的横向比较;对于给定服务质量下的价格水平的评价——这一指标适合于所有进行差异化市场营销规划的经营环境,可以对同一市场定位的各服务项目的竞争力进行比较。

(4)测定总体顾客满意度。测量指标包括:总体满意度水平;期望差距(次于或优于期望的服务水平);服务表现相对于理想中该类服务水平的差距。后两者指标中指的"期望的服务水平"与"理想的服务水平"是两个不同的概念,服务的顾客满意度水平的测定是由服务表现与这二者的差距共同来测量的。

(5)测定顾客抱怨。对顾客抱怨的测定通过测量顾客的抱怨是正式的(如写信、打电话等到服务企业)还是非正式的抱怨来实现。顾客抱怨水平可以反映企业与顾客的沟通水平和抱怨管理水平。

(6)测定顾客忠诚度。企业可以通过测量顾客对服务再消费的倾向性来实现对顾客忠诚度的测定。具体而言,包括三个指标:①再次消费该服务的可能性。②愿意重新购买该服务条件下的价格容忍度(提价)。即假设顾客已经表示可能再次消费该项服务,企业对服务价格提高几个百分点,顾客会取消购买决定。该指标反映了顾客的忠实程度。③吸引重新购买该服务的价格容忍度(降价)。即假设顾客已经表示不可能再消费该项服务时,企业对服务价格降低几个百分点,顾客才会在消费同类服务时重新选择该企业的服务。这一指标反映了顾客对服务的潜在抱怨及企业为挽留顾客需要付出的代价。

(三)提高顾客满意度的策略

现代企业实施顾客满意服务战略的根本目标,在于提高顾客对企业经营活动的满意度。而要真正做到这一点,必须制定和实施切实可行的有效策略。

1. 塑造"以客户为中心"的经营理念

"以客户为中心"的企业服务经营理念是服务顾客最基本的动力,同时又是引导决策、联络公司所有部门共同为顾客满意目标奋斗的动力。麦当劳成功的要素就在于始终重视顾客,让顾客满意,它的整体价值观念就是质量、服务、卫生和价值。

2. 开发令顾客满意的产品

顾客满意战略要求企业的全部经营活动都要以满足顾客需要为出发点,把顾客需求作为企业创新服务的源头。因此,企业必须熟悉顾客,了解用户,全面调查他们现实和潜在的需求,深入分析他们的购买动机、行为、能力和水平,研究他们的消费传统、习惯、兴趣和爱好。只有这样,企业才能科学地顺应顾客的需求走向,确定服务开发方向。

3. 提供令顾客满意的服务

热情、真诚为顾客着想的服务能够带来顾客的满意。所以企业必须不断完善服务系统,以方便顾客为原则,用服务的魅力和一切为顾客着想的体贴去感动顾客。售后沟通是服务企业接近顾客的直接途径。它比通过散发市场问卷来了解顾客意见有效得多,因此,今后企业的行为必须以"顾客满意"为焦点。

4. 科学地倾听顾客意见

现代企业实施顾客满意战略必须建立一套顾客满意分析处理系统,用科学的方法和手段检测顾客对企业服务的满意程度,及时反馈给企业管理层,不断改进企业的服务,及时、真正地满足顾客的需要。

第四节 营销审计

一、营销审计的概念与特征

营销审计是一种典型的经营审计,是指对企业的营销环境、目标、策略、组织等加以综合的、系统的、独立的和定期的检查与考核,以便确定营销活动的难点所在,寻求新的营销机会,并提出行动计划与建议。营销审计具有以下四方面的特征:

(一)全面性

营销审计并不局限于对营销活动中出现的某些问题的审计,而是涉及企业的全部营销活动。或者说,应当将营销活动中发现的问题放在整个营销系统中加以分析。例如,销售队伍不稳定、推销人员流失过于严重,其原因可能并不仅仅是待遇过低或人员培训不力,而且还可能包括公司产品价格政策不合理、质量太差以及促销手段有误等因素。全面审计有助于发现真正的营销问题所在。

(二)系统性

营销审计应当是有规律、分步骤进行的一项活动。其对象包括营销环境、内部营销制度和各种具体的营销活动,以及在此基础上制订的调整行动方案。

(三)独立性

营销审计可以通过六种途径和方式实现:①营销部门自我审计;②公司内部交叉审计;③公司审计处审计;④公司任务小组审计;⑤上级审计;⑥局外人审计。其中,自我审计由营销部门自行审计,其独立性和客观性都不及其他方式;局外人审计主要靠聘请企业外界的有关专家进行审计,与企业无任何利害关系,故独立性和客观性最强。

(四)定期性

营销审计应做到定期进行。任何营销活动都不同程度地存在着问题,有的问题暴露较明显,有的则属于隐患,暂时未充分显露出来。通过定期且经常性的营销审计,可以随时把握问题的影响程度,并及早采取调整措施,而不至于一味地对陷于困境的营销活动作被动应付。

二、营销审计的工作程序

任何一种审计工作为达到经济和高效率的要求,都必须制定一个周密而细致的工作方案。营销审计受客观环境变化的影响很大,因此,更需要有一个科学的工作程序。

营销审计的工作程序分为六个步骤:

(一)选定审计主体

如前所述,进行审计的人员可以是营销经理本人,也可以是企业内部的审计部门和审计人员,还可以是企业外界有资格的审计专家。

(二)确定审计时间

审计工作一年内至少要有一次,有条件的企业也可以间隔更短些。为保证审计结论的可比性,各年度最好选定相同的审计时间。

(三)界定审计范围

营销审计分横向审计和纵向审计两种。横向审计是指对营销活动的全部内容(包括产品、价格、促销、分销等的组合)进行审计,从中发现影响营销绩效各因素的相互关系与相对重要程度;纵向审计则是就营销活动的某一方面进行的深层分析,如对产品计划的审计。

(四)设计审计表式

列出审计的范围以及进行评审需要了解的详细内容。审计表式通常可采用问卷的形式。如横向审计可通过设计如下问题进行:

1. 计划、组织与控制方面

(1)有无特定的营销目标?

(2)营销目标是否随环境改变而改变?

(3)是否对消费者行为、消费者需求和消费者态度进行过研究?

(4)营销组织是否具有系统性?

(5)有无营销计划的制定程序?

(6)是否要进行全面的销售预测?

(7)营销计划是否是在对购买者行为调研的基础上制定的?

(8)营销计划中是否明确包括了营销战略和营销策略?

(9) 对环境变化如何控制？
(10) 进行营销决策时是否考虑企业的社会责任？
(11) 是否通过销售分析、盈利性分析和营销审计进行营销控制？

2. 市场调研方面
(1) 有无完整的市场信息系统？
(2) 企业是否对市场调研活动给予足够支持？
(3) 市场调研部门与管理部门之间有无良好的沟通？

3. 产品方面
(1) 是否有系统的产品设计过程？
(2) 是否根据产品生命周期理论制定产品政策？
(3) 是否具有开发新产品的正规程序？
(4) 是否对所有产品作定期考察？
(5) 对进入成熟期的产品是否已考虑更新？
(6) 对衰退期的产品是否实行逐步淘汰的政策？

4. 分销方面
(1) 市场覆盖面是否很广？
(2) 对各分销渠道成员是否经常评估并予以激励？
(3) 是否对各种可选运输方案进行比较？
(4) 是否对仓储作充分调整？
(5) 是否计算经济订购批量？
(6) 客观条件发生变化时，分销策略有无作相应调整？

5. 促销方面
(1) 是否制订了总体促销方案？
(2) 是否对各种促销手段进行权衡？
(3) 广告效果如何？
(4) 是否努力寻求有利的公共关系？
(5) 对销售队伍的招募与培训工作怎样？
(6) 是否定期分析销售力量的组织状况？
(7) 对直接推销方式如何控制？
(8) 价格策略是否符合政府有关法规的要求？
(9) 价格策略是否令各分销渠道的成员满意？
(10) 确定价格时是否同时考虑了消费者需求和成本补偿两个因素？
(11) 价格是否具有竞争力？
(12) 价格能否保证企业利润最大化目标的实现？

(五) 进行评审工作
这一步骤的效果取决于雇员对营销审计的认识和审计工作时间的允许程度，要求审计报告应及时提供，揭示实质性问题并提出建设性意见。

(六) 提交终审报告
将审计报告交给有关管理部门，以便对营销审计结果作出合理反应。

三、营销审计的内容

营销审计的内容由评价公司营销形势的六个方面组成:

第一,营销环境审计。营销环境审计主要分析宏观环境中影响公司目标的因素,包括人口动态、经济发展状况、生态环境、技术革新、政治体制、文化观念、教育水平、本企业产品的市场供需状况、顾客态度、竞争者情况、各种运输、储存以及资金的可靠程度等方面。

第二,营销战略审计主要是考察企业营销目标、战略与当前及预期的营销环境相适应的程度。

第三,营销组织审计主要检查营销组织在预期环境中实施公司战略具备的能力,包括对组织结构、组织功能效率、各部门间联系效率等方面的考察。

第四,营销系统审计涉及对企业的分析、计划、控制系统质量的检查,包括营销信息系统、营销计划系统、营销控制系统、新产品开发系统等。

第五,营销效率审计考核营销活动的成本效率和获利能力,包括盈利能力分析和成本效益分析。

第六,营销功能审计主要对市场营销组合的各因素进行评价,包括产品、价格、分销、广告、促销、公共宣传、销售队伍等方面。

复习思考题

1. 什么是营销预算?其作用如何?
2. 如何编制营销预算?
3. 什么是零基预算法?零基预算法在营销费用预算中有何作用?
4. 营销业务报告系统应包括哪些基本内容?
5. 如何设计营销业务报告系统?
6. 营销业务报告系统的运行要求是什么?
7. 何谓营销控制?营销控制包括的内容有哪些?
8. 如何衡量营销绩效?
9. 年度计划执行分析的适用范围是什么?怎样进行年度计划执行分析?
10. 企业应如何进行营销盈利性分析?
11. 营销审计包括哪些内容?
12. 如何进行营销审计?
13. 如何进行顾客满意度的心理分析?
14. 顾客满意度指标包括哪些内容?如何测定?
15. 提高顾客满意度的策略通常有哪些?

案例分析

巨额广告费丢失在哪里？

与北方市场相比，LX 饮料公司在华东市场的表现乏善可陈。上海作为华东市场的核心，经过 10 年运作，销量的增长已经连续 5 年处于停滞不前的状态。在这种情况下，A 被老总钦点，委以重整上海市场并带动华东市场整体销售上升的重任。新官上任，A 立刻烧了两把火，期望借此提升业绩。

首先，A 提出了重整上海市场的三项策略：其一，以功能性诉求为主，并通过大规模的高空广告重新吸引消费者。其二，放弃全面分销策略，重点抓住现在的终端渠道。其三，在收缩后的重点渠道——卖场，以促销进行地面拉动。

第二，实施四个战术。其一，重新拍摄广告片，主打 LX 饮料的健康诉求，试图改变消费者对 LX 饮料的产品认识，将消费者的视线集中在饮用方式和口味上。其二，在广告投放上，进行了立体的组合，不仅包括电视、报纸和广播等高空媒体，还包括卖场的 DM、POP 等终端媒体。其中，电视广告以生活时尚、电视剧等频道为主，投放周期为一个月；广播宣传锁定交通台，采取硬广告方式，每天 6 次，投放时间为两个月；报纸选择《新民晚报》、《申江服务导报》等，以软文的形式出现，在两个月内以一定的密度穿插刊登。其三，借助公关活动来改善品牌形象，如献血车的免费赞助、健康科普活动、健康征文活动等，所有都围绕 LX 饮料的健康进行，力求全面打响"健康牌"。其四，在终端上，加强与高空媒体的配合，采取地面组合促销的战术，形成对消费者的快速拉动。终端促销以赠饮（通过现场赠饮聚集卖场人气）和买赠（买一个价值 6.5 元的 1 升装 LX 饮料，送一个 250 毫升的 LX 饮料）为主，并以刮刮卡有奖销售来提升终端促销的影响力。

经过两个多月的操作，在宣传方面花掉了 418 万元，其中，电视广告 190 万元，报纸软文 40 万元，电视专题节目冠名 100 万元，健康征文活动 20 万元，健康科普活动 8 万元，献血车 20 万元……结果销售收入竟然还不到 360 万元。这样的结果与往年同期基本相差无几。

市场推广费究竟浪费在哪里？

在 A 的核心策略下，其宣传战术是：通过高空广告、公关手段和终端促销来重整上海市场。在这个整体市场推广组合中，推广费用的浪费几乎体现在每一个环节中（见下表）。

推广费用表

类别	形式	费用	效果评估
高空广告	电视广告、电视专题节目冠名、广播广告、报纸软文	电视广告 190 万元、电视专题节目冠名 100 万元、广播广告 10 万元、报纸软文 40 万元	电视广告，投放时间短，没有达到投放目的；电视节目冠名，成效低、时间段差、到达率低；广播广告，投放时间短，没有达到传播实效积累；报纸软文，难以对销售形成最直接的提升
公关手段	健康征文活动、健康科普活动、献血车	健康征文活动 20 万元，健康科普活动 8 万元，献血车 20 万元	属于"小火慢炖"的手段，不能直接提升销售量，因此成效慢
终端促销	买赠、小礼品抽奖，以及配合促销印制的 DM 和 POP	30 万元	由于资源分散在高空传播中，终端的直接拦截就显得十分不足

通过上表，我们可以发现四个关键问题：一是非直接提升销量的推广手段过多，直接导致了费用的浪费；二是电视广告作为较好的提升手段，没有坚持长期投放（仅一个月），让前期的投放成为泼出去的水，导致了有限费用的浪费；三是在诉求广告的核心内容上，期望通过短时间较高密度的广告投放改变消费者原有的印象，这个策略判断的失误直接让推广投入变得无效；四是对终端消费者直接拦截宣传不力，导致了费用的浪费。

问题
1. LX公司巨额广告费的丢失带给我们哪些启示？
2. 如果由你来重新制定营销策略的话，你将如何设计以避免营销费用的浪费？

◇第十六章

市场营销后勤业务管理

企业在执行市场营销计划与控制、实现市场营销目标的过程中,还要做好一系列的市场营销后勤业务管理工作。这些工作主要包括销售合同管理、物流管理、销售结算和营销后勤管理等内容。其主要任务是保证以最低的服务成本,最迅速地完成营销任务。

第一节 销售合同管理

一、销售合同及其内容

销售合同是企业在销售产品(或劳务)时与顾客(购货单位)签订的一种购销契约。销售合同一经签订,即具有法律的约束力,合同中所规定的条款都受法律的监督与保护,缔约的任何一方如不履行合同条款,都要负法律责任,并承担经济损失。

销售合同根据其适用范围,可分为以下几种:

1. 产品订货合同,是生产企业与购货单位签订的合同;
2. 经销合同,是生产企业与经销企业签订的转让产品所有权的合同;
3. 代销合同,是生产企业与代销企业签订的不转让产品所有权的合同;
4. 联销合同,指生产企业之间或生产企业与经(代)销企业签订的联合经(代)销合同;
5. 加工合同,是供方企业按需方企业要求加工制造产品所签订的合同;
6. 新产品试制合同,是生产企业根据用户需要试制新产品而签订的合同;
7. 工艺性协作合同,是生产企业承担用户的某项加工工艺协作而与用户签订的合同;
8. 承包合同,是企业就工程项目、成套项目或其中的单项工程(或系统工程)进行的整体(或部分)承包所签订的合同;
9. 劳务合同,是企业与用户就提供劳务(如设备安装、维修或运输等)而签订的合同;
10. 租赁合同,是企业为出租其设备而签订的合同。

以上各种销售合同的内容与特性尽管都各不相同,但一般都应包括下列各项条款:产品的品种、规格、型号、质量和技术标准;产品的数量与计量单位;合同交货期、交货地点、交货方式和运输方式;产品的包装要求;产品的价格和货款结算方式;产品验收方法和必要的技术服务条件;合同双方各自承担的经济责任;合同的公证;合同的签署、附注及附件等。

签订销售合同的双方必须都具有法人资格(或是具有委托书的代签单位)。合同的签订应建立在自愿、互利的基础之上,同时必须遵守国家有关法律和政策的要求。

二、销售合同管理

企业加强销售合同管理应从下列几方面着手进行:

(一)建立合同管理系统制度,提高合同履约率

销售合同的系统管理是指企业应加强从合同的签订、整理、履行到合同完成情况分析的全过程管理。其中每一个环节都应实行权责分工,明确各种技术要求,并严格监督合同的执行。销售部门应设置销售合同的专管人员,根据销售合同督促检查生产进度、成本保管、产品发运、货款回收等工作,保证严格执行合同条款。对合同执行过程中出现的问题,要及时向有关部门反映。

(二)健全销售合同执行的保障系统

执行销售合同决非销售部门单方面的责任。在销售合同签订之后,销售部门要对合同进行分类汇总,将各种产品的品种、规格、型号、质量以及交货期等指标反馈给经营计划部门,据以编制材料物资供应计划、产量计划、生产作业进度计划和货物发运计划等。因此,销售合同的执行是涉及企业采购、生产、质检、仓储、运输等环节的系统工程,只有对这些工作常抓不懈,才能保证销售合同的执行。

(三)销售合同执行障碍的排除

在销售合同执行过程中,不可避免地会遇到各种障碍。这些障碍有的来自企业内部,有的则来自企业外部;有计划方面的原因,也有物资供应、生产技术条件、资金周转以及营销工作等方面的原因。企业上下各级员工都应认识到销售合同的履行是事关企业信誉和市场竞争能力的大事,对合同执行过程中遇到的障碍,要及时采取措施进行排除。属于企业以外而无法自行排除的障碍,应及时与有关部门取得联系,共同协商解决。

(四)销售合同的修改与撤销

销售合同是具有法律效力的经济合同,缔约双方都必须恪守信用,如约履行,一般情况下不得擅自修改或撤销。如确实由于实际情况发生变化(如市场供需状况改变等),使合同无法按原订条款履行,那么要求变更合同条款的一方必须事先征得对方同意,在符合法律规定的前提下,通过合同公证机构的监督来履行合同的更改或撤销手续。其相应的经济损失应由要求变更合同的一方来承担。

第二节 物流管理

市场营销不仅要刺激需求、开拓市场,而且要将恰当的商品,在恰当的时间、恰当的地点,提供给消费者,因此必须进行商品的仓储和运输,即进行物流管理。

一、物流管理的概念与作用

物流译自英文 Logistics,是以满足消费者的需求为目标,把制造、运输、销售等市场情况统一起来考虑的一种战略措施。物流的概念最早是在美国形成的,我国是在 20 世纪 80 年代才

接触"物流"这个概念的,当初被称为 Physical Distribution(即 PD),译成汉语是"实物分配"或"货物配送"。

物流管理就是对营销渠道内发生的产品实体转移的有关活动进行的计划、实施和控制。其作用可概括为下列几个方面:

第一,通过商品的储存功能,物流管理可产生一定的时间效用。商品储存通过提供各种场所和设施来储存和保管商品,以满足商品周转的需要,克服因产销时间的不一致而带来的困难。

第二,通过商品的运输功能,物流管理可产生一定的空间效用。通过各种运输方式,商品可实现空间上的位移,克服商品产销的地理背离现象。

第三,加强物流管理,有利于公司提高服务质量,增强竞争能力。如果公司不能及时供应商品,顾客就可能改买其他公司的产品。另外,及时交货也是体现公司信誉的一个重要方面,若因物流管理不善而耽误了交货时间,顾客也会对公司的信用失去信心。

第四,加强物流管理也是企业节约成本、提高利润水平的有效途径。企业应通过经济订购批量、最优生产批量、ABC 分类法等手段,以保证适时适量的商品库存;通过选取最佳的运输方式和运送批量,实现运输成本的最小化。

总之,物流管理不仅是提供商品储运、保证商品实现其空间位移的手段,而且也是企业市场营销管理的职能之一,它蕴含着极大的经济潜力和企业成功的机会。

二、物流管理的内容

物流管理是一个系统,主要包括需求预测、分销渠道、存货控制、订单处理、厂址与仓储选择、货物订购、包装、商品退还、运输、储存等工作,反映商品时间和空间位置的变换。不同工作间的联系可通过图 16-1 体现出来。

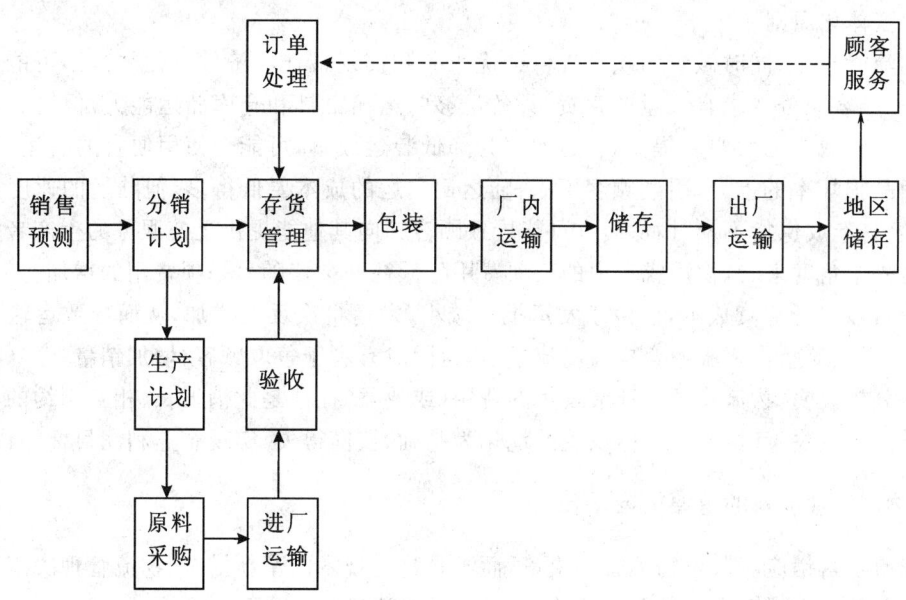

图 16-1 物流管理的主要内容

根据图 16-1,物流管理的第一步是销售预测和分销计划的确定,在此基础上制定生产计划和原料采购计划,确定存货水平;采购的原料通过厂内运输运到仓库,经验收后作为原料存入仓库;存货管理包括原料、在产品和产成品等项目,其中产品存货是连接顾客订单与公司生产经营活动的桥梁;产成品再经过包装、储存、出厂运输、地区储存,最后送达顾客并提供服务。

三、物流管理的原则

(一)市场营销原则

现代物流管理是以市场为起点,逐步向工厂内部物流系统延伸,体现了以销定产的经营观念。也就是说,企业应将物流管理纳入市场营销组合中去,各项物流决策都要服从于目标市场和消费者的需要。从某种意义上讲,物流管理是制造需求的一个最有力的工具。如果货物不能及时供应,服务不周,那么就必然会失去顾客。

(二)顾客服务原则

一切物流工作都应以顾客服务为宗旨。西方营销学家将物流管理的目标总结为"五适",即将适当的产品、在适当的时间、根据适当的条件、以适当的成本运到适当的地方,以便更好地为顾客服务。具体来讲,企业向顾客提供服务的内容主要包括:定点定时送货、货损担保、提供应急发货、代顾客储存和保管商品、拆零和分装、配套供货、缩短订货时间、商品咨询等。

(三)经济效益原则

物流管理一方面要求最大程度地满足顾客需要,努力为顾客服务,另一方面也要求以降低成本和增加利润为前提。专家们认为,物流成本降低的潜力胜过其他任何营销活动,物流成本约占全部营销成本的50%;在工业企业中,物流成本占销售额的13.6%;销售公司的物流成本占销售额的比重则高达25.6%。因此,物流管理被视为"成本经济的最后防线"和"经济领域的黑大陆"。在库存水平、运输方式、装配方法以及工厂、仓库和商店的设置方面,都要充分利用现代决策的各种手段,以实现物流成本的最小化。

(四)整体化原则

在物流管理中,同时做到向顾客提供最优服务和实现最佳经济效益往往是不可能的。例如,最佳的顾客服务要求有大量的存货,具备足够的运输工具和仓库储运能力,但这一切又同时意味着分销成本的大幅度提高;装运部门为降低装运成本,可能会使用便宜的装运工具,从而导致商品损坏率的上升,引起顾客不满;陆运比空运的成本要低得多,但陆运的速度显然要慢得多,容易造成供货不及时,从而有可能导致顾客转向其他能提供迅速服务的生产者。

从另一个角度来看,物流成本中的某项费用降低往往会伴随另一项费用的增加。例如,降低库存量可以降低存货成本,但由于发运批量减小,发运批次反而增加,从而导致运输费用的增加;企业提供应急供货服务会提高物流成本,但同时有利于争取顾客,增加销量。

以上分析表明,物流管理各环节发生的费用(或效益)往往是此消彼长、相互制约的。这就要求在进行物流决策时,要以整体系统的优化为基础,权衡得失,实现企业利润目标的最大化。

四、物流管理涉及的重要决策

现代市场营销应着眼于物流管理决策,而不是物流技术的革新措施。物流管理决策主要是指包括订单处理、仓储、存货控制和运输等内容的"物流策略组合"。

(一)订单处理

订单处理是指从接受订货到发运交货以及处理客户收到货物后的各种单据的全过程。其基本过程如图16-2所示。

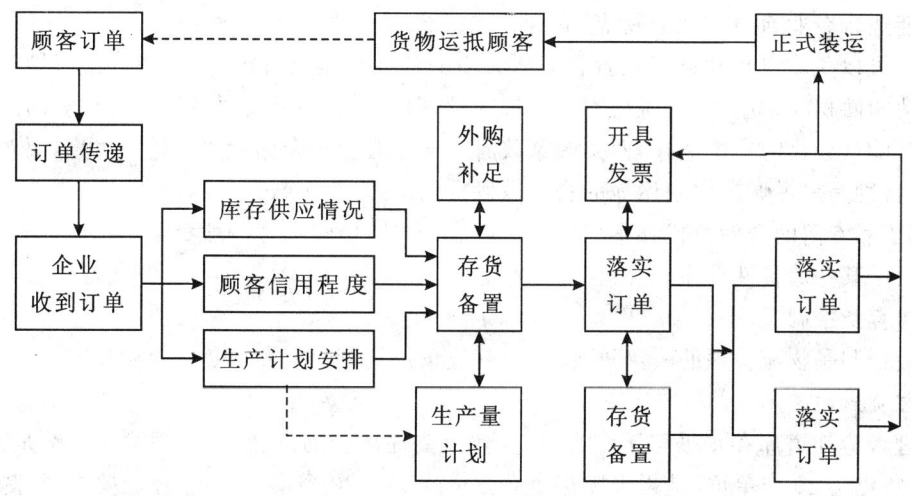

图 16-2 订单处理程序

根据图 16-2，企业在收到顾客订单之后，首先，应检查库存货物能否满足订单要求，如不能满足，应尽快安排生产；顾客信用的好坏，企业也应调查清楚。其次，如决定接受订单，则应及时备好存货，作好产量平衡计划，必要时还需通过外购补足存货。再次是落实订单，包括开具发票和书面通知、组织发运。最后，根据运输计划提货，并正式装运货物，将货物送到顾客手中。

有关订单处理的决策包括：(1)应否接受订单。这需要综合考察顾客的信用程度与企业的供货能力进行决定。(2)货物如何供应。一般情况下，货物是由企业根据订货要求自行生产予以满足的，但在某种特殊情况下(如应急供货等)，为了不耽误顾客需要的时间，企业可能需通过外购方式解决供应。(3)有关装运事宜，包括如何包装整理、选择何种运输工具和运输路线、办理哪些装运手续、运输日程怎样安排等，这些决策需要结合具体情况分析制定，如出口货物需申领的各种单证、食品需经过的各种专门检验等。

(二)仓储

仓储是指利用一定的仓库设施、设备对商品进行储存、保管的活动。在整个物流管理过程中，仓储起着储存与位移的双重作用，能够解决生产与消费在时间或空间上的矛盾。从时间上来看，仓储可以满足季节性需求和应急订货，可以为某些有特殊要求的商品(如肉类、水果等)提供保管条件，可以通过大量供货获得批量效应，同时也有利于货物的正常周转；从空间上来看，对运输货物进行数量和质量的验收，货物运抵后，根据顾客需要进行商品分装或组配，以及出口货物等候舶位等，都需要提供一定的商品储存场所。

仓储决策涉及的内容包括：

1. 仓库选址

通常可采用接近消费地、接近产地以及介于产地与消费地之间三种方案。其中，接近消费地有利于更好地为顾客服务，缩短顾客购物时间，但运输成本会相应提高，同时容易使产品过时；接近产地的仓库选址方案，优缺点正好与接近消费地相反，即有利于节约运输成本，并按顾客要求的品种与规格供货，但不足之处是供货时间难以保证；介于产地与消费地的仓库选址方案对上述两种方案起着调和作用。

2. 仓库类型选择

主要考虑是自建(购)仓库还是租赁专营仓库。二者各有利弊。其中自建仓库或自行购置的仓库能适合企业自身的业务特点,有利于加强仓库管理,节约仓库经费;租赁专营仓库的好处则在于可以免除自行建设或购置仓库所必需的各种场地设备投资,能够根据储量变动调整租用场地的面积和租用地点,避免库容出现闲置,但租赁仓库所支付的租金往往较高。

为鼓励社会化的集中储存,西方国家政府一般都对专营仓储业实行税收优惠,而对企业自营仓库,特别是挤占城市中心用地的仓库课以重税。因此,多数企业除保留少量周转性自营仓库外,都依靠专门的仓储业代办来完成仓储职能。此外,中转仓库一般都采用租赁方式,自营方式则仅限于某些储备性仓库。

(三)存货控制

存货控制是物流管理的一项重要内容,其决策包括订货点和订货数量两个方面。

1. 订货点的确定

管理者应知道库存水平降至多少时,企业就要提出新的订货,这个库存水平便是订货点。例如,订货点为 20 个单位,是指当库存商品数量减少到 20 个单位时,企业就要重新订货。订货点的确定取决于订货前置时间、顾客服务水平和企业存货成本三种因素。订货前置时间是指从订货到正式收到货物所需要的时间,订货前置时间越长,订货点相应越高;顾客服务水平是指企业存货能够随时满足顾客订货要求的程度,订货点越高,企业出现缺货的可能性就越小,顾客服务的水平相应越高;但同时,订货点越高,平均存货量也就越高,因而不可避免地将造成存货成本的上升和企业整体经济效益的下降。营销人员需在提高顾客服务水平与降低存货成本之间进行权衡,以便决定最佳订货点。

2. 订货数量的确定

即每次进货的最佳数量,也称经济订购批量。在货物需求量一定的条件下,每次进货的数量越多,订货次数就越少。从成本角度而言,存货成本与订货数量成正比,而订货成本则与订货次数成正比(或与订货数量成反比)。所以,确定最佳订货量实际上就是权衡存货成本与订货成本,使二者之和达到最小化。图 16-3 是经济订购批量的图解说明。

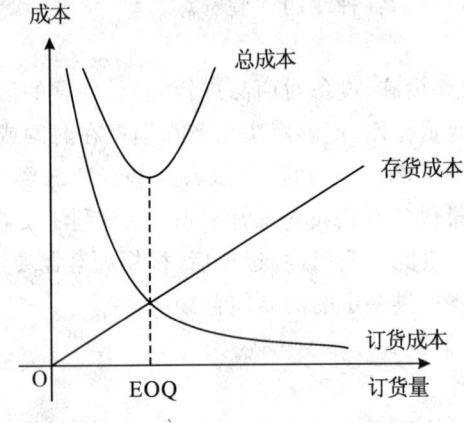

图 16-3　经济订购批量示意图

经济订购批量还可通过公式求解来确定:

$$经济订购批量(EOQ)=\sqrt{\frac{2AC}{S}}$$

其中:A——每年货物需用量;

C——每次订货费用;

S——单位货物的年存货成本。

例如,某企业对某种货物的年需要量为9000件,每次订购费用为25元,单位货物的年保管费用为5元,则:

$$经济订购批量=\sqrt{\frac{2\times 25\times 9000}{5}}=300(件)$$

(四)存货管理

存货包括原材料、在产品、半成品和产成品等项目,其管理要求基本上是一致的,所以为叙述方便起见,后面将以产成品管理为例进行说明。

1. 产成品的入库和出库

产品经过全部生产过程加工完毕后,须经过质量和技术鉴定,合格后方可作为产成品入库。入库时,应由主制车间的统计人员填列产成品入库通知单(见表16-1),经车间负责人和产品质检员签章后,送交成品库。成品库保管员对产品进行复核验收后,进行签章,并据以登记库存产成品台账。

表16-1 产成品入库单

生产车间:　　　　　填报日期　年　　月　　日　　缴库日期　年　　月　　日

产品名称	规格	单位	本制号批量	本次入库		累计完成数	在制品数量	本次检验情况	备注
				数量	质量等级				

成品库保管员:　　　　检验员:　　　　车间负责人:　　　　制单:

产成品的发出工作是在销售人员开具发票和运输部门落实运输计划的基础上进行的。成品库保管员根据提货单注明的品种、规格、数量予以发货,并据以登记产成品台账。提货单是由销售部门与发货票一并开出的,其简要格式如表16-2所示。

表16-2 提货单

购货单位:　　　　　　　　　　　　　　　　　　运输方式:
收货地址:　　　　　　　　年　　月　　日　　　　编号:

产品编号	产品名称	规格	单位	数量	单价	金额	备注

成品保管员:　　　　开票员:　　　　提货人:

2. 产成品的保管

产成品保管是指对产成品从完工入库以后,到发货出库之前所进行的保管工作。其基本要求包括:

(1)账、卡、物相符。产成品一经入库,就须设立库存台账记录。同时,按产品品种和规格填写货物登记卡片(见表16-3)。为保持产成品收、发的原始凭证齐全,保证产成品实物数量不发生短缺,要求对产成品与其台账、卡片记录经常核对,使其保持一致。

表16-3 货物登记卡片

货号:　　　　　　　　品名:　　　　　　　　　　计量单位:

年		摘要	收入	发出	结存	备注
月	日					

(2)标志明显。为发运与保管时辨认方便起见,产成品的包装上应标明制造厂名、产品名称、规格、型号、外形尺寸、净重、包装日期等内容。

(3)码放整齐。产成品码放要做到节约仓库面积、便于清点数量、标志清楚、包装完好。分箱包装的产品还要按套集中存放,以防止混乱,并便于提高发货效率。

(4)保证质量。应保证产品质量始终处于完好状态,防止出现受热、受潮、腐烂、变质等现象。要注意仓库的通风设施,安装温度、湿度调节装置。领用时坚持先进先出的原则,尽量减少产成品的存放时间。

(五)商品运输

商品运输是指将货物从生产地运送至顾客手中。在物流管理总成本中,运输成本所占比例近50%,所以,运输应当成为物流成本中最具节约潜力的领域。企业在营销活动中应精心安排运输计划,选择合理的运输方式,以便做到最大限度地降低物流成本。

1. 运输方式的选择

在将货物运往仓库、中间商和顾客的过程中,企业可选择的运输方式有铁路、水路、公路、管道和航空运输五种。

(1)铁路。铁路运输是最重要的运输方式。它适用于远距离、批量大、单位价值较低的笨重货物运输,如煤、砂、矿石、农产品、木材等。最大的优点在于货运量大、运输费用低、速度快。

(2)水路。水路运输分远洋运输、近海运输和内河运输。适用于数量较多、体积大、笨重和不易腐坏的商品。水运方式投资省,运输成本仅为铁路运输成本的一半左右。但水运是最慢的运输方式,且受气候条件的影响较大。

(3)公路。公路运输的主要交通工具是卡车,具有运输路线和时间安排灵活、能够实现直接送货上门、减少装卸次数和损耗等优点;不足之处是能源消耗量大,污染严重,长距离运输成本较高。所以,适用于高价值商品的短途运输。

(4)管道。管道是将石油、天然气以及化学制品从产地运往市场的一种特殊工具。其主要优点是安全性强,易于管理和组织,运费也较低;但管道运输投资数额多,基建工程难度大。一般仅适用于液体、气体商品和某些易燃、易爆的危险品运输。

(5)航空。尽管由于昂贵的运费,航空运输在商品运输总量中所占比重很小,但它仍不失为一种重要的运输方式。这是因为航空具有速度最快的优点。一般来说,高价值、体积小、易变质和精密度高的产品宜采用航空运输。

企业在选择运输方式时,应当考虑所运商品的数量、体积、种类等特点,以及顾客需要的服务内容,如果以追求速度为主,则采用空运与公路为宜;如果以费用节约为主要目标,则最好采用水运或管道运输。在某些情况下,还可以将几种运输方式结合起来运用。如公路与航空相结合、铁路与水运相结合等。

2. 运输路线的设计

设计运输路线应以运程最短、交货最快、损耗最低、库存最少为原则。具体做法包括:

(1)运用线性规则、网络技术等方法,计算出最佳运输路线,避免迂回或相向运输,以便减少运输费用。

(2)通过建立运输联合体,把小额订单集零为整,实行合并装载,沿途分头卸货。

(3)划分销售区域,调整仓库地址,以求运输路线合理化。

(4)制作送货时刻表,保证及时送货。

第三节 营销后勤服务管理

企业营销部门在实施前面各章所提到的各种营销策略(包括新产品开发、促销、分销价格等方面)时,可能需要为之创造一定的条件,如进行广告宣传时,需要设计宣传词或制作电视或记录片断;产品包装时,有必要提供包装袋、包装盒等手段。这些工作就称为营销后勤服务。其质量好坏关系到营销活动本身的成败。

一、营销后勤服务的内容

营销后勤服务包括的内容很多,归纳起来有如下一些方面:
1. 制作广告宣传的录音、录像带、宣传牌、拍摄图片资料、设计广告词;
2. 筹备以促销为目标的晚会、演出、宴会,包括时间、场地安排,挑选节目主持人,拟定节目单等;
3. 产品展览的有关事宜,包括租借场地,确定展览时间,商议费用支出等;
4. 设计并制作纪念品,便于促销;
5. 印制产品说明书,以及其他宣传性材料;
6. 直接邮寄销售所必需的各种服务,如办理商品邮寄等;
7. 组织销售人员培训工作,包括联系培训场地、整理培训材料、聘请培训专家等;
8. 为有奖销售方式备置奖品等;
9. 产品商标注册申请工作;
10. 印制商标标签;
11. 制作包装物,包括包装袋、包装盒、包装箱等;
12. 办理售后服务事宜,包括退货、换货、维修、零配件供应等;
13. 设计并制作顾客信息反馈表;
14. 收集行业报告资料、竞争者资料和顾客意见反馈资料,如与行业协会联系,订阅公开出版刊物等;
15. 组织营销评估,包括召开会议时间、地点、日程等安排。

二、营销后勤服务管理

对营销后勤服务工作加强管理,应从以下几方面着手考虑:

(一)树立市场营销导向观念

市场营销导向观念要求公司各部门的工作都服从于"为顾客服务"的最终目标,而不仅仅是生产与销售产品。市场营销除强调销售队伍管理和直接推销产品的销售功能外,更要强调营销调研、新产品开发、广告与促销以及顾客服务等职能,制定营销战略和营销策略组合应当成为企业一切经济活动的前提。只有这样,才能保证企业整体目标的实现。

企业应经常举办营销研讨班,对企业高层管理当局直至基层管理部门的所有管理人员进行培训,使其树立"营销第一"的意识,一切工作均服务于营销。

(二)成立营销行政事务部门,具体完成营销后勤服务的各项工作

现代营销部门有多种组织形式,其机构可按职能、按地理区域或按产品来进行设置,参见

图 14-2、14-3 和 14-4。

从营销部门的各种组织形式可以看出,营销机构无论怎样设置,都应当包括从事营销行政事务的一个机构,其主要任务就是为营销活动提供各种后勤保证。营销行政管理经理享有与其他营销职能经理同等的权利和责任,业务上对广告与促销、新产品开发、市场调研、产品销售等营销职能部门起协助和辅佐作用。

(三)企业各职能部门要与营销部门密切配合

从原则上讲,企业的各职能部门只有紧密协调配合,才能实现企业的总目标。市场营销导向观念要求企业其他职能部门的利益与营销部门发生冲突时,应以满足顾客需求为重,从而为营销活动的顺利开展提供保证。

我们把第十四章所述有关营销部门与其他部门间冲突简要列示如表 16-4。

表 16-4　营销部门与其他职能部门的冲突情况

部门	其他部门着重点	营销部门着重点
研究与开发	基础研究,内在质量,功能设计	应用研究,认知质量,销售前景
工程技术	标准化,产品型号单一,设计时间较长	多样化,产品型号齐全,设计时间较短
采购	材料价格,经济订购批量,定时采购	材料质量,大量采购,及时采购
制造	标准订货,长期生产,少数型号,生产前置时间较长,易装配	定制订货,短期生产,多种型号,生产前置时间较短,造型美观
财务	固定预算,按原则开支,定价着眼于成本补偿	灵活预算,根据需要开支,定价着眼于促销和扩大市场
会计	交易条件单一,便于核算	交易条件多变,适应需要
信贷	追求低风险,收款程序严格,要求客户全面公开财务资料	风险适中为宜,收款程序灵活,对客户作最低限度的信用审查

企业在制定工作计划和进行预算时,应当以销售为起点,实行以销定产的原则,在满足顾客需求的基础上,最大可能地增收、节支,实现利润最大化的目标,各职能部门的局部利益应服从企业的整体利益。

(四)利用营销顾问

营销顾问是指根据以往经验或相关推断为企业营销活动提供建议与方法的公司或个人。营销顾问作为一种专门职业,其重要性已逐渐被企业所认识。概括地讲,营销顾问有下列几方面的优势:

1. 分析客观

营销顾问不像企业内从事营销工作的人员那样容易受以往惯例与行业习俗的约束,他可以充分发挥其才能,做到公正、客观地分析问题,为企业营销部门当好参谋。

2. 见多识广

企业内部营销人员由于知识面和经历的限制,分析问题时往往易偏激或走极端,营销顾问则凭借其丰富的阅历见地,能够准确地把握企业营销工作的现状与存在的问题(包括潜在的问题)。

3. 技术手段先进

营销顾问在处理各种营销事务的过程中,积累了大量经验,掌握了许多技巧性知识,加上具备专门从事营销顾问工作所必需的设备装置、数据处理软件和计算技术,为其应付新的工作提供了极大的方便。

4. 节约人工成本开支

企业营销后勤服务工作涉及的内容很多,如果全靠企业自己完成,则营销行政事务部门将是一个包括工程设计、美术装潢、影像制作、演讲表演、书法、宣传、外交以及事务管理专家在内的庞大机构。这从经济节约的角度来讲是不合理的,实际上也不可能做到。企业营销行政事务部门应充分发挥外界营销顾问的优势,做好营销的后勤服务工作。

企业可从一些大的营销公司聘请有营销才能的专家或经过正规营销教育的人才,让他们参与制定企业营销计划,为企业营销工作出谋划策。

对那些专业性较强的营销服务工作,企业不必大包大揽,可委托营销顾问公司全权代理,只要其服务质量能够令人满意,且索取报酬不高于企业自己承担时的所耗太多即可。

(五) 给予营销后勤服务足够的资金保障

营销方面的费用支出所产生的效果,有些是短期内的,有些则属于长期受益。例如将一笔经费预算用于电视广告,能否保证销售数量和销售收入在短期内得到增加呢?显然不一定,进行广告宣传不一定就会直接引起销售的增加。即使有所增加,也不可避免地存在一定的滞后性,难以在短期内看出其效应。正因如此,才要求企业在安排经费预算时,应当具有长远眼光和战略卓见,给予营销活动足够的资金支持,使营销服务工作能够顺利地开展下去。

(六) 加强对营销后勤服务绩效的考评

营销后勤服务作为营销活动的组成部分,其绩效考评无疑与其他营销活动有许多共同之处,如衡量市场份额有无扩大、销售收入是否增加等。这里需要特别指出的是对营销后勤服务考评时需要考虑的一些特殊因素。

1. 营销后勤服务的隐性作用

营销后勤服务多为幕后活动,其活动往往通过其他营销活动间接地表现出来。例如,衡量销售队伍培训工作的好坏,应当以销售人员推销技能的提高为准,但这一指标最终只能量化为销售人员推销产品数量的增加。可以肯定地讲,对销售人员进行培训,对提高销售数量是有利的,但销售数量的增加有多大比例应归功于销售队伍的培训工作,却很难准确说明。

2. 营销后勤服务责任归属的复杂性

如果某项工作由一个职能部门全权负责,那么要做到职责明确、赏罚明确并非难事。但营销后勤服务工作绩效考评的难点恰恰在于几个职能部门共同负责。如前所述,企业应成立营销行政事务部,为营销活动解除后顾之忧,但营销行政事务工作同时又离不开其他职能部门的密切配合。例如产品展览未能成功,其原因可能是由于营销后勤服务的场地选择不合理、时间安排不周,也可能是由于企业产品品种、花色单一或质量不符合标准造成的,如果属于后者,那么责任显然应在产品设计和制造部门。由此看来,权衡营销后勤服务的绩效需要通过具体分析才能实现。

另外,企业在衡量营销后勤服务的绩效时,应以注重服务质量为主,同时尽量使用量化指标,如制作广告节约的资金、举办晚会期间出现故障的次数、办理顾客退货或换货的数量等,以克服绩效考评存在的主观成分。

第四节 销售结算管理

一、销售结算及其重要性

销售结算是指企业通过让渡其货物所有权换回货币资金的过程。实践中的销售结算工作主要是由会计部门完成的。但由于销售结算因营销活动而生,只有通过销售结算环节,货款才能得以收回,才能真正实现商品的价值增值。另一方面,结算条件又是销售合同中最为重要的内容之一,企业采用哪种结算方式,往往是营销人员通过营销谈判而决定的。因此,销售结算是一项很重要的营销后勤服务。

就企业整体而言,销售结算是企业资金循环与周转过程中不可缺少的组成部分。如果营销人员只注重推销产品和向顾客提供服务,而忽视售后货款的结算,那么,资金循环中"由成品资金向新的货币资金转化"环节就很难成为现实,再生产所必需的资金投入更是无从谈起,最终将使资金周转日益恶化。

二、加强销售结算管理的途径

首先,应当强化销售人员的结算意识,应将销货和收款作为销售活动彼此关联的两个方面。在进行销售谈判和签订销售合同时,一方面规定货物的品种、规格、数量、价格、质量要求、交货地点、交货时间等内容;另一方面,也要明确付款条件、结算时间和结算方式等有关货款回收的事项,将销售结算作为销售合同的重要组成部分。

其次,要正确选择销售结算方式。我国企业的销货款大多数是通过银行转账进行的,表16-5列出了主要的结算方式及其有关规定。

表 16-5 各种结算方式

结算方式	结算起点	结算期限	适用范围	备 注
支票	100元	5天	同城	现金支票可提现,转账支票不能提现
银行汇票	500元	1个月	异地	
银行本票	100元	1个月	同城	可利用背书转让
汇兑	——	——	异地	电汇速度快,信汇速度慢
委托收款	——	——	同城、异地均可	委托银行代收
托收承付	10万元	——	异地	付款人验单或验货后付款
商业汇票	——	——	同城、异地均可	属于延期付款

以上各种结算方式中,支票结算方式的速度最快,拒付风险最小;而托收承付结算方式所需时间则较长。企业可根据各种结算方式的适用范围和"备注"中所列的特征要求,结合实际需要进行选择。需要特别说明的是,企业应充分利用商业汇票这一结算方式,它既属于赊销方式,允许客户延期付款,有利于扩大销售,提高市场占有率;同时,又以书面的票据形式作为收款保障,弥补了纯信用式无限期赊欠货款的不足;加之多数商业汇票还载有利率,对销售企业延期收款给予了一定程度的补偿。因此,应提倡企业多运用商业汇票。

再次,企业应明确销售结算工作的职责,应指定专门人员负责与银行的各种结算。实践中,这项工作通常由出纳完成。销售部门在开出发票或有关票据时,应及时传递给出纳,由出纳正确填写委托收款书、进账单等有关凭证,并做好催账工作。如果结算未按期完成,则应追究票据传递人员或出纳人员的责任。

最后,对销售结算中出现的纠纷,企业应及时予以解决。销售结算工作不仅是购货人和销售商之间的事,而且还涉及银行,出现一些纠纷是难免的。无论采取何种结算方式,购销双方都应及时办理有关手续,填具各种结算凭证,并送存银行。如货款被拒付,企业应与银行积极配合,查明原因,以便尽快解决。

复习思考题

1. 试述销售合同的内容与管理要求。
2. 什么是物流管理?其作用如何?
3. 物流管理应遵循哪些原则?
4. 试述物流管理涉及的重要决策。
5. 营销后勤服务的内容有哪些?如何才能搞好营销后勤服务?
6. 如何加强销售结算管理?

案例分析

TNT 惠普物流服务案例

供应链管理是一项全球性的业务,但即使是在惠普这样一个业务运营和供应商遍布全球的大公司里,它的一切革新也只能从某一地开始。今天,在惠普 Unix 服务器总装厂里,惠普公司正在对其供应链管理方式进行革新。

一、TNT 成为沟通惠普和供应商的桥梁

1999 年开始,TNT 物流公司成为惠普的第三方物流(3PL)管理商,负责管理零部件仓库和来自世界各地供应商货品的进口运输。随着惠普开始减少直接开支、允许低成本服务商接管原来由惠普自己的员工管理的一些事务,TNT 的势力逐步增长。

惠普在罗斯韦尔的物流合同是由具有 25 年物流经验的大卫·埃尔韦负责的。1994 年到 1999 年期间,埃尔韦代表 4 家 3PL 公司来管理惠普的物流业务,除了 TNT 物流公司外,另外 3 家分别是 Roadway 物流公司、Caliber 物流公司和联邦快递物流公司。这 3 家公司后来由于种种原因没能继续获得惠普的物流合同,其中最主要的一个原因是不能培育出与惠普公司合作的业务伙伴关系。尽管在外包合同中,减少成本、提高效率是最终目标,但另一方面,人际关系也是非常重要的。

TNT 管理着惠普的 11 座仓库,每年的营业额约 2600 万美元。位于罗斯韦尔的仓库在其中占大部分。位于罗斯韦尔的工厂占地 80 万平方英尺。由于仓库和生产线在同一处,所以这种经营又称为"同址"运营。目前在其他许多公司,零部件还需要在仓库和工厂间运来运去,既耗时又费钱。而在罗斯韦尔,配送零件通常只需一辆叉车跑一趟来回。接到要求提取某一零部件的提货单后,一名 TNT 员工就会在排满了 8000 种库存产品的巨大货架上找到所要的零部件,然后更改库存记录,最后把零件送到组装线上。通常这只需要 30 分钟。但在过去,由于仓库和厂房遍布罗斯韦尔全城,运送一趟通常需要两到三个小时。节省的不仅是时间,而且是产品的损耗和破坏。

TNT物流公司除了管理上千万美元的库存,还从惠普员工手中接过了运输管理业务,这在惠普公司历史上尚属首次。TNT将过去众多的运输商减少为寥寥几家。其中Eagle物流公司负责重型产品的国内空运联邦快递公司则运送小部件,Schneider、US Freightways、Con-Way公司和联邦快递货运公司负责惠普国内运输的70%,Expeditors公司承担亚洲地区的空运,并且是惠普在亚欧地区的货运代理,德迅公司(K&N)在欧洲空运中发挥作用。

在TNT管理运输之前,惠普产品的国际空运通常耗时17天,国内空运需要7~8天,供应商为了赶上配送时间,通常要加夜班。如今,TNT保证在美国境内的运送时间是1~4天,国外的运送时间是4天,99%的产品运送都能按时送达。如果中间出了岔子,惠普将和TNT一起来解决,保证零部件按时送达。

TNT的运输经理就像是沟通惠普采购经理和公司供应商的桥梁。TNT从惠普手中拿到订单后,联系供应商,确保零部件能及时送到惠普的工厂,中间具体的运输过程就是承运商的事了。每周,TNT都对每一条产品线上的国内和国际运输费用开出清单,这在惠普历史上也是从未有过的。仅仅是在与惠普合作的头6个月,TNT就通过减少加急运输,为惠普节省了250万美元。另外,TNT还通过减少运输商的使用、改变运输方式,帮惠普省下了400万美元。同时,TNT还利用旧垫板,而不是像原来租用带垫板的面包车,在半年内又为惠普省下了50万美元。过去,惠普要租赁大量飞机保证及时运输,但现在TNT只在为了保证生产线继续运转的紧急情况下才使用空运,其余情况下都通过公路运输。

二、不断调整适应惠普的变革

惠普自身也在进行着变革,公司原来的物流经理都离开了原有岗位。惠普与康柏合并之后,新公司使用的3PL供应商有三十多家,遍布全球。新公司希望在近期把这一数目减至15家。合并后,公司对所有的3PL公司都进行合同评估,公司内部对于运营的集中化程度分歧很大。过去惠普都是对每一地的物流单独管理,但现在人们对于本地化还是集中化持有不同的意见。对于TNT来说,必须让当地工厂经理和总部的决策者双方都满意。过去惠普是反对外包的,而在康柏,外包是企业文化的一部分。在合并过程中,TNT必须加倍小心,因为他们通常是和那些在惠普有着二三十年工龄的老员工打交道。

现在惠普、康柏已合二为一了,双方的物流业务正慢慢融合。如果康柏在物流方面占上风的话,那么对3PL来说,将会有更多的外包机会,而且业务会越来越集中到少数企业中。

TNT物流公司还替康柏管理着5个卫星枢纽,这和惠普在罗斯韦尔的情况大不相同。这5个仓库的库存由供应商管理,TNT并不掌控库存。而在罗斯韦尔,TNT掌握着所有的库存。

惠普之所以最后选定TNT,并不是因为价格,而是因为TNT的作风。由于经济下滑、高科技企业受挫,惠普必须紧缩开支。惠普邻近罗斯韦尔的一个80万平方英尺的仓库关闭,一些生产线转移到罗斯韦尔,实际产量比3年前增加20%,但开支增幅只有6%。

TNT物流公司和惠普之间签订了一个颇具激励性的合同,TNT必须在不提价的前提下,达到一系列指标。当TNT成功地把成本减少了12%时,其中的4%作为奖励给予TNT的员工。成本得以缩减,很大程度上得益于TNT在二百多名员工中进行的交叉培训。

问题

1. 分析TNT公司如何加强物流管理,为惠普节约成本。
2. 结合案例,分析企业在选择运输方式和设计运输路线时应注意哪些问题。

第六篇　市场营销新理论

国际营销

网络营销

服务市场营销

21世纪营销新发展

第十七章

国际营销

随着世界经济的一体化与国际贸易的高速发展,经济全球化和一体化趋势日益明显,世界各国企业的市场营销活动日益超越国界,走向国际化经营。在这样的形势下,如何认识国际市场的需求与特征,如何适应国际市场营销环境,如何开发满足国际市场需要的产品或服务,如何占领国际市场,如何有效地管理海外营销机构……这些问题要求人们在原有的市场学原理和体系的基础上掌握新理论、新方法、新经验。

改革开放以来我国企业的国际市场营销活动日益活跃。随着我国加入世贸组织,我国更多的企业走向国际市场,参与国际分工与合作。这样我国企业需要面对国际竞争、解决国际市场营销活动的种种问题。

本章从国际市场营销的基本特征出发,着重介绍全球经济一体化背景对国际市场营销的影响、主要的营销策略。

第一节 国际市场营销概论

国际市场营销是将营销学的理论应用于国际市场方面而形成和发展起来的。国际市场营销是指超越国境的市场营销,是引导企业的产品和劳务提供给一个以上国家的消费者或用户,以满足其需求,实现企业盈利目标的行为。

一、国际市场营销的基本特征

国际市场营销的特殊性主要决定于它的"跨国界经营"这一特点,使之与国内营销相比具有以下特征:

(一)国际市场营销环境复杂多变

企业在从事国际市场营销时,一方面要受到国内政治、经济、文化及其他企业竞争等环境因素的制约,另一方面要受到各目标市场国政治法律、文化语言、经济技术、自然地理及国际竞争者等环境因素的影响,此外还要受到国际政治经济关系、跨国企业及国际组织等方面的影响。各国之间的环境要素存在着巨大的差异:首先,各国政治制度、法律形态、经贸政策往往各具特点,市场的管理制度和竞争环境就各不相同;其次,各国经济发展速度不同、经济体制不同、基础设施条件与自然环境、地理条件也不同,从而对国际市场需求结构、规模大小、经营方式均产生影响;再次是文化价值观、生活方式、语言、宗教等因素千差万别,消费者的购买行为就具有不同特征。

各国间营销环境要素不仅差异大,而且极易变化。特别是在国际经济日益一体化的今天,世界任一角落发生的事件都可能迅速波及其他国家和地区,迫使后者调整本国的政策以应付外来的变化。例如1997年爆发的始于泰国、又迅速扩散到整个东南亚并波及世界的东南亚金融危机就是一个典型的例子。此外,企业国际营销往往与国际经济、政治、军事关系相联系,比如接受某一国家的贷款必须限定采购该国商品;海外投资或合作生产被东道国要求返还一定比例;国际经济制裁限制在特定国家或地区开展营销活动等等。

(二)国际市场营销形态的多样性

国内营销一般指企业利用本国资源在国内进行生产经营,满足国内市场需求;如果产品输出国外,则是出口营销;如果由国内作决策,利用海外资源在境外某国委托制造,独资或合资合作生产,并在当地销售,则称为国外营销;如果上述生产经营活动不限于东道国,而是利用多国资源,供应多国市场,则称为多国营销。国际市场营销比国内营销呈现更多样的形式,既有出口贸易,也有经济技术合作、劳务与技术输出,还有对外直接投资与海外生产,营销活动的内容大大扩展了。

(三)国际市场营销风险更大,竞争更激烈

国际市场营销中企业要面对比国内营销更大的风险,主要有:(1)政治风险,如国有化、外汇管制、进口限制、政变骚乱、外部制裁、法律变化等;(2)信用风险,即由于对对方的资信了解不够而带来的风险;(3)商业风险,即进口方往往以各种理由拒收货物以达到自身的目的,这些理由在拒收前是无法确定的;(4)外汇风险,即由于国际结算中汇率变动可能给企业带来的风险;(5)价格风险,即合同签订后价格变动给企业带来的风险;(6)税收风险,包括来自国内和东道国财税政策的变化以及母国与东道国之间征税冲突给企业带来的风险。

随着越来越多的国家加强了经济对外开放,鼓励本国企业进行国际化经营,使得国际市场竞争更趋激烈。在激烈的竞争形势下,工业发达国家为了维持其在国际市场上原有的垄断地位,一方面实行贸易保护主义,采用关税壁垒、大量倾销等传统方式争夺市场;另一方面凭借其先进的技术与雄厚的资本,实行金融垄断,发展中国家则尽力发挥其劳动力资源和自然资源优势,并积极采用新技术,利用外国资金,力争以低成本优势参加国际市场竞争。

(四)营销对策与手段更综合、更复杂

企业从事国际市场营销,必须根据各国环境要素的特点和市场的特点,采取适宜的策略。比如,企业为满足国际市场的需求,就需要对产品是实行标准化还是差别化进行决策;国际营销定价除考虑成本外,还要特别考虑各国不同市场的需求与竞争状况,考虑运费、保险费、各国关税、汇率及各国政府的价格管制;在分销策略方面,由于国外中间商的介入和中间商的多样化,以及各国市场模式、分销系统及其差异性,使得选择和利用国外中间商的分销渠道更为复杂;在广告与促销方面,受各国文化、语言、媒体及政府法律法规的影响,呈现多变的形态;虽然国际经济一体化程度越来越高,但许多国家特别是西方发达国家为保护本国产业,还会采用关税壁垒和配额、反倾销税、技术标准管制等非关税壁垒限制进口,封闭市场。当前,在国际贸易中,绿色壁垒已成为最重要的壁垒之一。绿色壁垒是现代国际贸易中商品进口国以保护人类健康和环境为名,通过颁布、实施严格的环保法律和苛刻的环保技术标准,以限制国外产品进入的贸易保护措施。我国加入WTO之后,已经多次遭遇了绿色壁垒。为了成功地进入特定市场,

并在那里从事业务经营,企业需要在策略上协调地运用经济的、心理的、政治的和公共关系等手段,以获得外国经销商、供应商、消费者、市场研究机构、政府人士、新闻媒介的合作与支持,也就是所谓的大营销组合策略。

(五)国际市场营销战略与管理难度更大

国际市场营销面临的主要困难在于:国际市场不可控因素影响极大,交换关系复杂,从而使国际营销决策、计划、组织、执行与控制等营销管理过程难度增大;制定营销战略所需的市场环境信息常常变幻莫测,不易取得,不确定性太高;为协调各地各项营销策略形成有效的整体策略常常求而不得;海外分支机构的协调与控制也是非常复杂且不易解决的问题。

二、国际市场营销的主要内容

企业开展国际市场营销,核心问题是进行文化适应,即开发、运用可控的营销因素(产品、价格、渠道、促销等)去适应不可控的营销环境(包括国内环境和国外环境),特别是文化形态迥异的各个不同国家的环境因素及其变化。有时也要运用政治力量、公共关系等手段去影响特定国家的市场环境以满足自身的经营目标。

市场营销人员往往对本国文化环境具有良好的适应能力,并随着经验的积累演化为本能的反应。而一旦面对新的文化环境,最紧要的任务就是调整自己的本能,改变习惯的思维与做法,切实研究不同国度政治、经济、宗教、语言等文化因素,切忌以本国文化所特有的价值观、思维与行为方式去估量国外不同的市场。所以说,照搬国内市场营销的经验在国外往往行不通。研究与适应不同文化背景下的各国市场就成为国际营销的首要任务。这一要求应贯穿国际营销活动的全过程。

具体而言,国际市场营销的主要内容包括以下方面:

1. 分析与识别国际市场机会

主要通过对国际营销环境的分析、国际市场与需求分析、国际竞争分析以及企业自身资源能力分析等工作,发现并确立本企业目标市场与营销目标。

2. 决定进入国际市场的方式

在进入国际市场的方式选择上,要根据企业现有竞争实力和驾驭能力,采取形式多样、高效快捷的方式进行跨国经营。目前常见的进入方式包括:出口进入方式、合同进入方式、投资进入方式、对等进入方式、加工进入方式等。

3. 制定国际市场营销战略与策略

即在统筹考虑海外各目标市场总体战略基础上,有针对性地制定开发产品、价格、分销渠道、促销、公共关系以及与政治权力机构的沟通、企业形象等一系列营销组合策略和相应的竞争策略。

4. 管理与协调企业国际营销组织的各项活动

包括国内机构、国外中间商、分支机构、投资企业的营销规划、组织、控制、协调、监督等。

三、国际营销与国际贸易的异同

(一)国际贸易与国际营销的共同点

国际贸易与国际营销都是以获取利润为目的而进行的国家之间的商品、技术、资本、劳务的交换经济活动;两者都是以商品与劳务作为交换对象;两者都面临着相同的国际环境;两者的理论基础都是早期的"比较利益学说"、"国际价值理论"以及"国际产品生命周期理论"。

(二)国际贸易与国际营销的主要区别

1.商品的交换主体不同

国际贸易是国与国之间的产品或劳务的交换,交换的主体是国家,国家是国际贸易的组织者。国际营销则是企业产品或劳务与国际市场需求的不断适应过程,交换主体是企业,由企业组织国际营销活动,买主可能是国家、企业或个人,还可能是本企业的海外子公司或附属机构。

2.商品交换范围不同

国际贸易的商品流通范围是跨越国界的,其参加交换的产品或劳务必须从一个国家转移到另一个国家。国际营销的商品流通形态呈现出多样化,产品可以跨越国界,也可能不需要跨国界。例如:某企业在若干个国家分别设有工厂,生产的产品用于满足东道国市场需要,在这种情况下,企业产品并未发生跨国界交换,但企业所进行的市场营销活动则是跨国界的异国营销或多国营销。

3.国际营销的运作流程比国际贸易要复杂得多

国际营销要涉及整个营销过程与企业发展战略问题。纵向来看,国际营销活动要涉及从市场营销调研、市场分析、目标市场确定和营销计划的制定、执行、控制等一系列问题。横向看,国际营销需要多种营销手段的配合,不仅涉及产品开发、产品定价、实体分配,还涉及产品购销、分销渠道管理、仓储运输及促销等营销活动。国际贸易虽然也涉及几种市场营销功能,如产品购销、产品定价、实体分配等,但它往往未涉及国际营销管理,缺乏整体营销计划、组织和控制。

4.两者的效果评价不同

评估国际贸易的效益所依赖的信息来源是国际收支状况,从中发现国际贸易的经营状况与效果。评价国际营销的信息来源是企业营销的实施状况。

第二节 经济一体化与区域化对国际市场营销的影响

当今,世界经济一体化正加速发展,全球的贸易、金融、投资等经济要素日益融合。经济一体化的形式从贸易转为对生产的直接投资,又转换为对有价证券的间接投资,最终进入对地产、信息和金融的直接投资。与此同时,国际经济区域化的形势也日益明显,欧洲共同体的成功引起许多国家的效仿,各种形式的国际经济联盟组织应运而生。两种经济发展趋势并存的世界经济环境,成为企业国际营销新的挑战。

一、世界经济一体化对国际营销的影响

世界经济一体化的发展使各国经济联系和相互依赖空前紧密,加入世界经济体系的国家日益增多。诸如东欧国家及独联体国家向市场经济转化,积极加入国际分工。中国实施改革开放,积极参加国际分工及加入世界经济体系。某些后进的发展中国家从新兴工业化经济的经验中获得启迪,也实行开放政策,积极参加国际经济体系,因而扩大了经济全球化的范围。

经济一体化对企业的国际营销提出了如下要求:

1.企业要转变经营哲学,从只重视国内营销转为重视国际营销,乃至全球营销。自觉树立国际营销观念,积极开拓国际市场,这是企业面临经济全球化、谋求生存与发展的必由之路。因为在经济全球化格局下,任何企业无论是否直接进入国际市场,都会面临国外竞争的挑战,只有积极转变经营指导思想,才能使企业的经营活动赶上经济全球化发展的步伐。

实施国际营销需要考虑海外市场的差异和相同点,需要对每一个国家制定计划,采取不同的营销策略。此外,企业的全球营销计划可能包括标准化的广告或者标准化的品牌和形象、调整产品满足特定国家的需求等等。例如,无论在哪个国家,麦当劳总会将其工艺、标识、大部分广告、店面装潢和布局标准化。然而,在法国的菜单上仍然会看到葡萄酒、在德国有啤酒、在马尼拉有菲律宾风格的香辣汉堡,所有这些都是为了迎合当地口味和习俗。最重要的是,国际营销是一种观念,需要渗透到营销工作之中并落实。

2. 要开拓国际市场,必须对国际市场进行调研,了解和熟悉各国及各地区的营销环境,如经济环境、社会文化环境、政治法律环境等,然后对要进入的市场进行评估,以便有针对性地制定营销战略与策略。然而,至今我国不少从事国际营销的企业很少了解和熟悉各国市场的背景,这往往造成营销的事倍功半。

3. 要求企业学会根据国际目标市场特点来制定国际营销组合策略,必须摒弃传统的依靠单个营销手段的价格策略来开展企业之间的竞争的方式,而要依靠整个营销来发挥企业在国际市场中的优势。例如雀巢公司的每一位产品经理手中都有一本"国家信息手册",记载着目标市场的各方面环境因素,与公司特征进行对比,试图发现并通过营销组合策略满足东道国的需求。借助这些信息,雀巢生产了二百多种速溶咖啡,从拉美国家喜欢的深色咖啡到美国流行的淡色混合咖啡,应有尽有。此外,还分析不同国家的消费习惯。如咖啡在法国是传统饮料,而在日本则多作为礼物,然后制定相应的营销策略。

4. 经济全球化要求调整企业组织结构。国际营销需要面向全球市场的资源,组织需要根据市场的情况进行设置。由于组织涉及公司的很多方面,如规模、决策的层次、命令链的长度、自然资源和人力资源、集权与分权的程度、营销形式和开展等,组织的设计也因此变得很重要。很多跨国公司的计划没有获得完全的成功,就是因为责权不明、沟通不畅、母公司和子公司缺乏沟通造成的。

目前我国企业组织形式多为小型、分散、低效企业,即使已组建的大型企业集团,效益高的也不多,这种状况不能适应经济全球化的特点,因而必须组建大企业集团,发展跨国企业及跨国银行,造就一批具有强大国际竞争力的企业"航空母舰",以便加强我国参与国际竞争的主导力量。

二、国际经济区域化对国际营销的影响

第二次世界大战以来,国际间的经济合作已成为国际生活中一大潮流。这种以在彼此间减少贸易和关税壁垒为目标的跨国合作组织,实际上是市场一体化或经济一体化的过渡。这种区域合作组织对各成员国之间的经济合作提供了便利和共同利益,同时也给非成员国带来不利。

国际经济区域联盟按照其经济结合的程度及相互依存的关系可以分为三种类型:自由贸易区(如:拉美一体化联盟、北美自由贸易区)、关税同盟(阿拉伯共同市场)和共同市场或经济共同体(欧洲联盟)。这些区域化经济联盟的出现极大地改变了整个国际市场的格局。区域化经济联盟大大地拓展了成员方市场的边界,减少乃至消除了该联盟中国与国之间的关税壁垒和限制,给从事国际贸易的公司提供了巨大的业务机会。区域化经济联盟的存在影响着跨国公司的生产、财务、人力配备和市场营销等各项决策。

(一)创造了新的营销机会

经济区域联盟为国际营销人员造就了庞大的市场。许多国别市场过去由于规模太小,不值得开辟,但而今联合起来,就具有举足轻重的地位。欧洲联盟在人口和贸易额方面均超过了美国。对于那些习惯于大量生产和大量经销的公司来说,庞大的市场尤为重要。不少国际经济联盟都还在迅速扩大和不断地改进,提供着越来越多的营销机会。

大多数经济联盟组织都制定了共同促进经济增长的行动计划。这类计划可以提高购买力,改善当地的基础设施,促进经济的发展,因此对国际营销人员来说是有利的。庞大的市场规模和经济增长活动相结合,使许多因为经济落后而与世界经济隔绝的国家成为有利可图的市场。

(二)增加了竞争的激烈程度

国际经济联盟组织加剧了国际竞争,其中有些是由法律、规章造成的,但主要原因是庞大市场的诱惑。一些国别市场在并入国际经济联盟组织之前往往是被外国大公司所忽视的,一旦并入,各国的公司就会在大量生产、大量经销的业务机会的吸引下趋之若鹜。一些在本国占据支配地位、多年来都是想怎么干就怎么干的制造厂商或营销公司很可能会发现其他国家的同行突然侵入了自己的市场。

此外,还有被国际经济联盟组织的规模、潜力和繁荣吸引而来的其他国家的竞争者。竞争越激烈,国际业务经理们的工作就必须越有效率,生产成本就必须进一步降低,从而会将所有竞争者的营销水平都提高到一个新的高度。每个竞争者一般都是决心要扩大自己的市场占有率,而市场不可能满足如此之多的竞争者,因此有些可能会遇到失败。例如,在由6个国家合并而成的跨国市场中,总的消费量不大可能超过6个国家消费量之和,但竞争者的总数却很有可能成倍增加。

(三)增加了市场的复杂性

"共同市场"往往名不副实,各成员国情况并不一样,仍然需要针对不同国家采取不同的方法。经济联盟之中,不仅各个国别市场之间互有差异,同一国别市场之内的各个地区也互不相同。至今,各个共同市场并没有能够消除语言障碍、文化障碍,并没有解决大众传播媒介的问题,甚至也未能完全消除成员方之间的关税和非关税壁垒。国际市场营销人员面临共同市场和各个国别市场的双重复杂问题。

对于国际业务经理而言,不仅国别市场中存在经济起伏、市场变化和环境变化的问题,经济联盟中也存在着同样的问题。此外,还增加了一个新的复杂因素:在某种意义上,经济联盟中的每个国家可以说都有两个政府:一个是本国政府,另一个是同样拥有经济主权的经济联盟组织。

(四)改变了市场壁垒的结构

国际经济联盟的一个主要目的是保护在其境内开业的工商企业,并使之在与各个成员方打交道时处于有利地位。人们曾对各个国际经济联盟之内地区间和国家间的贸易情况进行过分析,发现它们都实现了上述目的。成员方之间的贸易确实增长了,而成员方与非成员方之间的贸易确实下降了。这种排他性倾向确实给国际经济联盟之外的出口商带来困难。

国际经济联盟的成员方通过共同的政治行动可以将一些外国公司完全拒之门外。有的跨国市场给予其成员方的某制造厂商的产品在整个跨国市场境内营销的特殊便利,而将外部竞争对手拒之门外。有些跨国市场组织在其经济发展计划中指定某个成员方(甚至某个公司)为某种产品的独家生产者。一些跨国市场的所谓内部分工计划可以将某类外国产品完全拒之门外,也可以通过共同的关税削弱某类外国商品的竞争能力。

日本和欧洲共同体之间的贸易就是一例。日本向共同市场大量推销钢铁、电视机和汽车,使一些共同市场成员方的基础工业受到冲击。这些成员方强烈反对,并已设法使欧洲共同体委员会通过规定限额、提高进口关税、设置其他种种壁垒的方式限制日本商品的进口。尽管采取了这些限制措施,欧洲共同体对日本的贸易逆差在1980年仍高达100亿美元,并且以每年10亿美元的速度继续增长。如此巨大的贸易逆差使欧洲共同体内主张更多保护主义的呼声高涨。

第三节 国际市场营销组合策略

针对国际目标市场所采取的营销组合策略同国内市场一样,主要包括产品策略、价格策略、促销策略和渠道策略四项内容。但由于环境的差异性,每一策略都有新的特点和需要解决的新问题。

一、国际市场营销的产品策略

进入国际市场,需要决定采用什么样的产品形式:是销售与本国市场完全相同的产品,是对现有产品部分改造以适应国际市场的需要,还是开发全新的产品推向国际市场。

(一)直接延伸策略

直接延伸策略就是直接在国外市场销售与国内相同的产品,并采用相同的信息传播策略,树立相同的产品品牌形象,也称为标准化产品策略。例如可口可乐、麦当劳快餐、柯达胶卷、莱维牛仔裤等均采用这一策略并获巨大成功。

直接延伸策略的优点在于:第一,取得规模经济,降低产品开发与生产成本。第二,容易树立产品及企业的独特形象。如果产品与一个国家或地区的文化特色与形象密切相关,又能适应国外的消费要求,则不必进行改变。如我国的某些土特产、工艺品、纺织品。第三,使国际旅游者、迁居者等国际人士在所到国都能买到他们熟悉的品牌产品。第四,满足产品本身的技术性能要求,如生产资料商品。

(二)产品变更策略

产品变更策略是根据国际市场的区域性偏好或需求差异,适当改变原产品再投放到国际市场的策略,也称差异化策略。

其优点在于:第一,能满足不同的使用条件,如地理、气候条件。第二,能满足不同收入水平、不同生活习惯和爱好的消费者需要。第三,适应目标市场国政府的要求。例如美国要求进口汽车必须装有防污装置,欧洲各国按汽车发动机规格征税。

因为这一策略适应面广、优势明显,所以为大多数企业采用。变更的内容、程度可以从实际出发、灵活选择:

1. 功能变更。即在原产品上增加或减少功能。
2. 外观变更。即对原产品进行造型、色彩方面的改变。
3. 商标品牌变更。适应当地文化习惯或法律禁忌,如有的国家不许使用山川、河流、地名作品牌,有的不许涉及功能,或出于利用知名中间商品牌的目的改变品牌。
4. 包装变更。如中国茶叶出口欧美多采用袋装茶,而出口东南亚华人区则多以盒、筒散装。
5. 标签变更。根据目标国政府要求,标明应备的文字内容,使用法定语言。

(三)全新产品策略

开发适应国际市场需要的新产品打入国际市场,具有高回报、高风险的特点,特别是新产品开发往往需要较高的开发费用,但也是建立企业差别优势的产品策略。

二、国际市场营销的价格策略

(一)国际营销价格的影响因素

1. 价格术语

价格术语又称价格条件,是在长期国际贸易交往中逐渐形成和约定的。它表明了商品价格的构成、买卖双方在货物交换过程中分别承担的责任、费用和风险的简单概念形式。一般应列入合同条款加以明确。

国际商品价格通常由成本、利润、进出口关税及附加、流通费用(包括中间商费用、运费、装卸费、仓储费、保险费等)组成。常用的价格术语有:

(1)离岸价格,又称产地价格、港口交货价格或船上交货价格(FOB)。它要求卖方负责在合同规定的港口和期限内将货物装上买方指定的运输工具,向买方提供货运单据,缴纳出口税,承担货物装船前的一切费用和风险。

(2)到岸价格,又称买主所在地价格、统一运送价格(CIF)。它要求卖方负责装上运输工具,统一送货,并支付起运港至目的港的运费和保险费。

(3)成本加运费价格,又叫离岸加运费价格(C&F)。由卖主将货物装上运输工具并支付起运港到目的港的运费,但不负担保险费。

(4)国际市场价格,指商品在国际市场上一定时期内具有代表性的成交价格。

2. 计价货币

国际市场营销中可采用本国货币、目标国货币或第三国货币进行计价结算。由于货币汇率存在差异和不可预期的变动,因此,需要正确选择计价货币。一般应选用在国际外汇市场上可自由交易的币种,如美元、英镑、德国马克、法郎、日元等;收汇力求坚挺币种,出汇力求疲软币种;订立合同时增加保值条款。

3. 政策与立法

如《反倾销法》,对外国涉及商品的价格有限制规定,为此使用低价策略或降价策略均需小心。

(二)定价策略

1. 出口定价

通常要同时考虑货币选择、报价、信贷方式及内容等。

(1)发达国家出口定价。发达国家的产品一般先以内销为主,然后才转向出口,而且出口产品以标准产品为主。由于出口产品大多为新产品或高技术产品,加上由于出口而增加了费用和海外风险,所以其出口定价往往高于国内销售价。为了解决出口产品价格偏高问题,可以采取以下策略:尽量缩短国际分销渠道以减少流转次数来降低成本;采取弹性价格策略,在未实行反倾销法的国家尽量降低价格;出口主要零件或半成品,在对方国家装配销售;在对方国内设厂生产以降低成本而扩大销售。

(2)发展中国家的出口定价。为了出口创汇,发展中国家一般不用高价策略。当产品是专供某一个海外市场而又由对方提供样本样品时,一般是按订单生产。在此情况下,要以成本为主要因素,结合买家特点采取相应的策略。通常都要逐单、逐项进行酌定,协商定价。当国际市场不景气时,则尽可能降低价格争取新的买家。

2. 转移定价

是指跨国经营企业与其国外子公司、分支机构或子公司之间转移产品和劳务时采用的定价方法。它便于加强各子公司的经济核算和效益评估。但许多跨国企业常利用转移价格作为获取更大利润的营销手段。主要方法有：

(1)当产品从甲国输往乙国时,如果乙国采用从价税,且关税较高,则采用较低的转移价格以达到少纳关税的目的。

(2)高进低出,当某国所得税较高时,转移产品到该国定较高转移价格,转出产品定较低转移价格。这样,降低跨国企业在该国的利润,少纳所得税。

(3)当某国出现较高通货膨胀率时,如向该国子公司转移产品,也应采用高进低出的转移价格,避免资金在该国大量沉淀。

(4)在外汇管制的国家,采用高进低出,避免利润汇出的麻烦。

3. 不同国家市场定价协调

同时在几个国外市场上经营,要决定在各市场之间是采取统一定价策略还是差别定价策略。如果采取差别定价,要注意各市场的价格协调,避免本企业产品互相竞争。

三、国际市场促销策略

(一)广告策略

1. 广告的对象

促进产品出口的广告主要针对外国进口商、代理商、经销商,促进消费者购买的广告直接针对消费者。

2. 广告的标准化与差异化

所谓标准化,是指企业在不同国家的目标市场上,使用主题相同的广告宣传。而国际广告的差异化则是指企业针对各国市场的特性,向其传送不同的广告主题和广告信息。例如雀巢公司在世界各地雇用了一百五十多家广告代理商,为其在四十多个国家的市场作各种主题的咖啡广告宣传,运用的是国际广告差异化策略。

3. 国际广告控制

主要有三种方法:(1)高度集权式广告决策;(2)分散决策,由国外分销商或子公司按销售额的一定比例提取广告费,开展差异化的广告促销;(3)按广告职能的不同,分别采取分散或集中的国际广告管理。

4. 国际广告法规与政府限制

包括内容限制、方式限制、媒体限制、费用限制等。

(二)人员推销

1. 销售人才本土化与国际化;
2. 销售人员培训;
3. 销售人员激励。

(三)公共关系与政治力量

运用营销手段对进入国外封闭性较强的市场十分有效。主要方式有:保持与当地政府的顺利沟通与良好关系,特别是那些重要部门和关键人物;建立良好的媒体合作;积极参加东道国的重大社交活动,资助公益事业,积极组织国际间文化、教育、体育交流;协调企业内部劳资关系,尊重当地雇员的风俗习惯;争取本国政府支持,制定有利于本国企业开拓国际市场的外交政策和外贸政策。

(四)营业推广

如通过参加各种国际市场商品展销会和交易会对国外进口商、经销商进行推广。

四、国际市场的渠道策略

国际市场分销渠道的组成既有本国中间商,又涉及国外中间商。西方发达国际商业贸易发达,分工细密,进口商、进口佣金商、国外代理商、批发商、零售商各具独特功能。

我国企业出口营销渠道的主要类型见图 17-1。

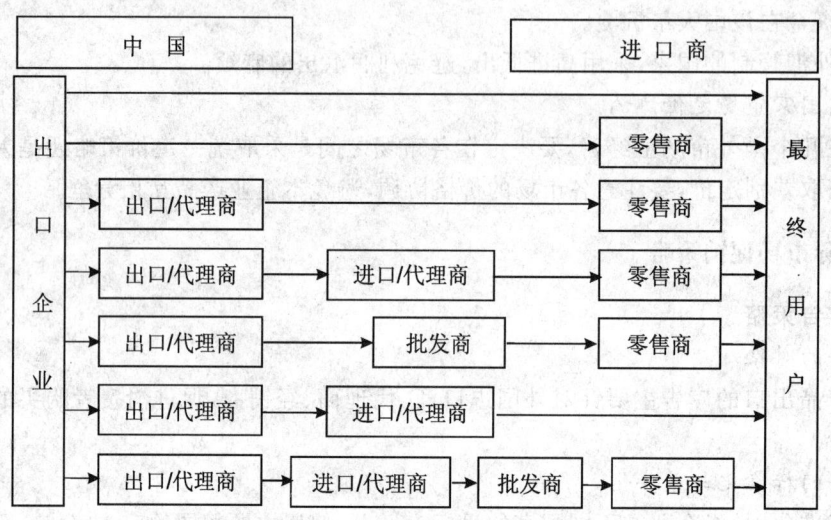

图 17-1　可供选择的国际分销渠道

企业在确定具体渠道策略时要综合考虑市场特点、产品特点、中间商特点和企业能力等因素,从而设计最有利的渠道长度、宽度,并选择那些经营能力强、信誉好、经验丰富的中间商。

五、新营销策略在国际营销中的应用

在传统的营销理论中,强调最佳的营销策略组合是 Product(产品)、Price(价格)、Place(渠道)和 Promotion(促销)的组合,由此影响着消费者的购买行为。

进入 20 世纪 90 年代后,市场竞争的加剧和市场营销理论的发展,使适应顾客满意管理的 4C 营销策略组合应运而生,即 Consumer(消费者)、Cost(消费者满足需要与欲望的成本)、Convenience(消费者购买的便利性)、Communication(沟通),成为创造顾客满意、开拓市场的有效手段。

顾客策略是企业的整个生产经营必须彻底地以顾客为中心的营销策略。顾客的需要比产品的质量和功能更重要,产品质量不是越高就越好,产品功能不是越多就越佳,产品的质量和功能必须服从顾客的需要,因为科学技术的进步和生产力的发展已经使依靠质量和功能满足顾客需要的类似产品不胜枚举,顾客有极大的选择余地。因此,顾客策略强调以顾客为中心,确保顾客满意应成为企业生产经营的根本。

成本策略。这里所说的成本是指顾客满意成本,而不是通常意义上的企业生产经营成本或产品价格。顾客满意成本不仅包括顾客购买产品所支付的货币,还包括顾客购买和消费产品过程中产生的时间成本、精力成本和体力成本,如排队、换货、获得关联产品和配件的难易程度、

营销人员的服务态度等。顾客满意成本营销策略要求企业在生产经营活动中尽最大可能地降低顾客取得和使用产品的货币成本、时间成本、精神成本和体力成本,从而获得成本上的相对满意感。

方便策略是指为顾客购买和消费产品提供方便性的营销策略。方便策略要求企业在简练过程中不仅要考虑产品的价廉物美,还必须提供给顾客获得商品信息的方便性、购买的方便性(如顾客从所在地到达购买场所交通方便、停车方便、购物方便、携带方便等)、购买后使用的方便性等。方便策略能促进产品从生产经营领域流转到消费领域。在现代化社会大生产的条件下,产品的同质性不断增大。因此,哪个企业能为顾客提供更多的购买和消费的方便性,谁就能更有效地吸引顾客,从而占领市场竞争的制高点。

沟通策略是指企业与顾客建立双向信息沟通的营销策略。它要求企业改变以我为主的思想,改变用各种信息传播手段强力地、单方向地向顾客灌输商品信息的传统模式,而要以顾客满意为导向,建立企业与顾客相互沟通的双向循环信息系统,以顾客满意调查为手段,不断反馈企业目标市场的顾客需求动向、顾客对产品预期值、顾客观念满意度、顾客行为满意度、顾客视觉满意度、顾客产品满意度、顾客服务满意度等顾客信息,并根据顾客反馈的不满意的信息,改进产品和服务以增加销售和企业利润。企业要尽最大可能将资源投入到顾客真正需要的地方,形成企业和顾客相得益彰的利益共同体,使顾客满意,同时使企业获利。

4C营销策略强调:产品策略让位于消费者的需求与欲求,企业应将重点从产品功能的多少、性能的好坏转移到它的需求程度,从顾客需求的角度重新设计定位。把研究消费者为满足需求与愿意付出的成本作为定价策略依据。选择能提供给消费者更大便利的渠道,即如何使消费者更快捷、更方便地购买自己需要的商品。抛开促销策略,立足于加强与消费者的沟通,更加注重消费者的感受,针对消费者的心理,选择正确的策略与方式。

在国际营销领域中,企业更是经常面对出口代理商,或批发、零售商,很少直接面对最终消费者,因此,国际营销中企业面对的是中间顾客,需要4C营销策略有所调整后才适合使用。4C营销策略所体现的顾客导向的营销理念是值得企业学习和借鉴的,企业在国际营销过程中应当积极建立和维护与所接触到的中间商和代理商的关系,与顾客建立双向信息沟通,在有利于双方共同利益的基础上进行合作。

复习思考题
1.国际市场营销与国内市场营销相比,有什么不同的特征?
2.国际市场营销与国际贸易有何不同?
3.世界经济一体化对国际营销有什么影响?
4.国际经济区域化对国际营销有什么影响?
5.国际市场营销有哪些策略?

案例分析

联想的国际化营销

2001年,联想提出了"高科技的联想、服务的联想、国际化的联想"的企业愿景。

2002年12月,联想技术创新大会取得了圆满的成功。大会上,中国企业首次面向世界IT业同行全面展现了自己的技术规划与风貌——关联应用技术战略。

评论家们往往更看重这次"面向世界"对联想的"技术意义"——事实上,当时及事后的评论声音都把大会作为"联想在产品技术上取得实质性进展"的标志,但很少有人思考,以"关联应用技术战略"的宏伟规划,前端、后台、社会信息服务无所不包——如果仅把自己规划为以本土为主要市场区域的企业而非具备跨国品牌影响力、市场营销能力的超一流企业,联想能将这一野心勃勃的规划变为现实吗?

IT产业本身就是一个国际性产业,而联想只是国际产业链中的一部分。国外的一些技术、资源通过联想的整合加工变成了产品,而后进入中国消费市场或者再返销国际市场。2003年4月28日,联想集团正式对外启用集团新标识"Lenovo联想"以代替原有的英文标识"Legend",并在全球范围内注册。联想集团总裁杨元庆说:"我们之所以要进行切换,最直接的原因,就是联想国际化的需要。"联想更换企业标识给了世人一个信号,那就是联想开始为大踏步进军国际市场作前期准备。

联想在20世纪90年代以前走的是以贸易为主的路子。其后,联想付出了艰辛的努力,不仅在与国际品牌之间的较量中杀出一条血路,还在亚太市场推广和巩固了自有品牌。至2010年之前,联想希望将企业规模升级至100亿美元以上,同时把联想变成国际化的"巨头"——但品牌、市场的扩展与企业业绩的提升其实是相辅相成的。特别是国际化不可能"一蹴而就",语言、政策和文化环境、成本控制和渠道建设、消费习惯与消费心理……各种因素都可能让一家在本土呼风唤雨的企业遭遇意料不到的"滑铁卢"。

2004年3月26日,联想正式跻身于国际奥委会全球合作伙伴(TOP)。联想与国际奥委会、北京奥组委、都灵奥组委签订的四方合作协议规定,联想将在未来4年内,为2006年都灵冬季奥运会和2008年北京奥运会,以及世界二百多个国家的奥委会及奥运代表团独家提供台式电脑、笔记本、服务器、打印机等计算技术设备以及资金和技术上的支持。有史以来,中国企业第一次与可口可乐、柯达、斯沃琪、源讯、恒康人寿、三星、通用、麦当劳、松下电器、VISA等跨国巨擘同台共舞。携手国际奥委会进军TOP计划,站在全球奥运营销的平台上,搭建了将品牌影响扩展至世界的"奥运平台",联想获得了国际化发展的又一利器。

而在牵手国际奥委会之前,联想2003年第三财季的业绩发布会上,杨元庆表示,今后,联想将逐步落实三个方面的变革:其一,专注于核心业务和重点发展业务,保证资源投入与业务重点相匹配;其二,针对市场环境的迅速变化,建立更具客户导向的业务模式;其三,提高公司整体运营效率。联想"变革"的核心内容是,将业务锁定为"个人电脑及笔记本、服务器、外部设备等相关产品",这既可以理解为联想对市场环境有了新的认识,把PC作为其获得营收和利润的最可靠保障,也可以理解为联想希望以芟夷枝节业务为代价,使其专注地投身于自己的优势业务,并以此为国际化的业务筹码。

到今天整合IBM公司全球电脑业务,联想的国际化战略已是箭在弦上、一触即发。IBM将与新的联想公司共享品牌、研发、销售体系,强大的品牌以及面向企业客户的全球销售、服务和客户融资能力将帮助全新的联想展翅腾飞于国际市场。

联想在海外已经有了7家办事处和超过100家经销渠道,过去联想的海外业务主要是生产加工及产品出口业务,没有真正意义的品牌业务。但是没有品牌不等于没有知名度。联想过去在海外业务部分所作出的努力已经为联想将来实施企业重组、并购打好了基础。企业真正的国际化关键在于品牌的国际化。不同的国家或地域的消费者在购买商品的时候,有时候并不是为了商品本身,而是为了品牌提供的一种信用。品牌观念是企业让消费者通过其产品来形成的。

总之,国际化是联想的愿景,经济全球化是社会发展的趋势,它在给联想带来压力和挑战的同时,也带来了新的发展机遇。不单单是联想,国内企业所面临的同样是激烈的竞争和广阔的市场。经济全球化给我们提供了利用全球资源的机会,我国企业应当加强国际间的交流与合作,充分利用自身的竞争优势,努力学习国外先进的技术、管理方式,以增强企业综合实力,加速形成企业的核心竞争力。

问题
1. 联想的国际化营销手段或策略有哪些?
2. 联想是如何应对全球经济一体化的背景的?

◇第十八章

网络营销

20世纪90年代初,Internet的飞速发展在全球范围内掀起了互联网应用的热潮,世界各大公司纷纷利用互联网提供信息服务和拓展公司的业务范围,并按照互联网的特点积极地寻找适合自己的经营管理模式和市场开拓以及营销管理方式,网络营销随之诞生。网络营销的出现为企业提供了适应全球网络技术发展与信息网络社会变革的新的技术和手段,是现代企业走入新世纪的营销策略。

第一节 网络营销概述

一、网络营销的产生

一般来说,网络营销的产生有其在特定条件下的技术基础、观念基础、理论基础和现实基础,是多种因素综合作用的结果。具体地分析其产生的根源,可以更好地理解网络营销的本质。

(一)互联网的发展是网络营销产生的技术基础

互联网是一种集通信技术、信息技术、计算机技术为一体的网络系统,通俗地讲,是众多计算机及其网络,通过电话线、光缆、通讯卫星等连接而成的一个计算机网。它将入网的不同类型的网络和不同机型的计算机互联起来,构成一个整体,从而实现了网上资源共享。20世纪90年代以前,互联网主要用于学术交流和军事信息系统,但近年来已发展成了一个以信息娱乐和商业为主流的大众网络。互联网的发展极其迅速,比如,无线电广播问世38年方拥有5000万听众,电视诞生13年后拥有同样数量的观众,而互联网从1993年对公众开放到拥有5000万用户只用了4年时间。

在这一技术背景下,虚拟市场、虚拟社会开始出现并逐步发展,这为众多的企业开展网上营销、进行网络营销开辟了广阔的前景。网络技术的应用改变了信息的分配和接收方式,改变了人们的生活、工作和学习的环境,对于营销者来说,意味着新的发展机遇和新的销售方式。网络营销的产生是社会经济发展的必然。

(二)消费者价值观的变化是网络营销产生的观念基础

随着消费者主导的营销时代已经来临,消费者面对更为纷繁复杂的商品和品牌选择,这使得当代消费者心理与以往相比呈现出新的特点和趋势,这为网络营销的产生提供了普及的可能。消费者观念的改变主要有:①个性化消费的趋势。在市场经济中,产品的数量和品种都得到了极大的丰富,消费者的消费水平得到提高,能够以个人心理愿望为基础挑选和购买商品或服务。从心理学的角度看,消费者的心理需求是多样的,在条件许可的情况下,消费者会选择与心理认同相吻合的商品,这说明个性化消费是消费者购买行为发展的必然趋势。②消费主动性增强。由于商品生产的日益细化和专业化,在消费者的选择增多的同时,购买的感知风险也在增大,在这种情况下,消费者会主动通过各种可能的途径获取与商品有关的信息进行分析比较,这些分析也许不够充分和准确,但消费者可从中获得心理上的平衡以减轻风险感或减少购买后产生后悔感的可能,增加对产品的信任和争取心理上的满足。③对购物方便性和购物乐趣的追求。现代社会中,由于人们的工作压力大,生活节奏加快,消费者更加看重购物的方便性以节省时间成本,特别是对于对商品品牌有固定偏好的消费者来说更为重要。同时,随着生活的丰富,人们的需求也在上升,购物不但是消费需求,也是心理需求,从中可以获得享受。④价格对消费的重要影响。虽然现代市场营销倾向于以各种策略来削减消费者对价格的敏感度,避免恶性价格竞争,但价格始终对消费者产生重要的影响。只要价格削减的幅度超过消费者的心理预期,难免会影响消费者既定的购物原则。

(三)网络整合营销、网络"软营销"、网络直复营销理论是网络营销产生的理论基础

网络营销是企业整体营销的一个组成部分,网络营销理论属于市场营销的范畴,它是市场营销理论的延续和拓展。一般来说,它包括以下三个理论基础:①网络整合营销理论。以 4P 理论为典型代表的传统营销理论的出发点是企业利润,没有把顾客的需求放在同等重要的位置上。而网络互动的特性使得顾客能够真正参与到整个营销过程中,所以,网络营销首先要求把顾客整合到整个营销过程中来,这样网络营销中的整合营销从 4P 转向 4C 组合理论。②网络"软营销"理论。与"软营销"相对应的是"强势营销",它是工业化大规模生产时代的营销方式,比如传统广告和人员推销,企图以一种信息灌输的方式在消费者心中留下深刻印象。"强势营销"的主动方是企业,而软营销与其根本区别在于主动方是顾客,它在遵守网络规则的同时,通过对网络规则的巧妙运用从而获得微妙的营销效果。③网络直复营销理论。仅从销售的角度看,网络营销是一种直复营销。根据美国直复营销协会(ADMA)的定义,直复营销是一种为了在任何地方产生可度量的反应和(或)达成交易而使用一种或多种广告媒体的相互作用的市场营销体系。网络销售可以通过网络直接向企业下订单,可以与顾客进行交互并获得明确回复,因此,网络营销是一种典型的直复营销。

(四)市场竞争的激烈化是网络营销产生的现实基础

随着市场竞争的日益激烈,企业为了获得竞争优势,都在采用各种营销手段吸引消费者的注意力。在这种情况下,营销手段的新颖性和独特性在不断下降,市场竞争依靠表层的营销手段来进行已经行不通,需要在更深层次的经营组织形式上进行竞争。经营者迫切地去寻求变革,以尽可能地降低商品在从生产到销售整个供应链上所占用的成本和费用比例,缩短运作周期。而网络营销的开展正好可以迎合这些需要,它可以节省店面的租金成本,也不需要大量的库存商品,同时能够使经营规模脱离场地的限制,这些都从根本上增强了企业的竞争优势,增加了盈利。

二、网络营销的概念、内容和特点

(一)网络营销的概念

从营销学的角度出发,网络营销是为实现企业总体经营目标所进行的、以互联网为基本手段营造网上经营环境的各种活动。为了更好地解释这一概念,有三点容易模糊的认识需要澄清:

1. 网络营销不是孤立的

它是企业整体营销战略的一个组成部分,不可能脱离一般营销环境而独立存在,在很多情况下,网络营销理论是传统营销理论在互联网环境中的应用和发展。

2. 网络营销不是网上的销售

网上销售是网络营销发展到一定阶段产生的结果,网络营销是为实现网上销售目的而进行的一项基本活动,但网络营销本身并不等于网上销售。这是因为:①网络营销的效果可能表现在多个方面,例如企业品牌价值的提升、客户关系的加强等;②网上销售的推广手段也不仅仅靠网络营销,往往还要采取许多传统的方式,如传统媒体广告、发布新闻以及发放宣传册等;③网络营销的目的并不仅仅是为了促进网上销售,很多情况下,网络营销活动不一定能实现网上直接销售的目的,但是可能促进网下销售的增加,并且增加顾客的忠诚度。

3. 网络营销不等于电子商务

电子商务与网络营销有着明显的区别,电子商务的核心是交易,而网络营销的核心是顾客需求。网络营销是企业整体营销战略的一个组成部分,无论传统企业还是互联网企业都需要网络营销。但网络营销本身并不是一个完整的商业交易过程,而只是促进商业交易的一种手段。根据国际商会于1997年在巴黎的世界电子商务会议上对电子商务的定义,电子商务主要是实现整个贸易活动的电子化,它强调的是交易行为和方式,所以,可以说网络营销是电子商务的基础,开展电子商务离不开网络营销,但网络营销并不等于电子商务。

(二)网络营销的内容

网络营销涉及的范围较广,所以包含的内容较为丰富。

1. 从企业对互联网的认识和应用能力来看,网络营销的内容包括企业利用网络进行宣传活动、利用网络进行市场调查、网络分销联系、网上直接销售和网络营销集成等。

(1)企业利用网络进行宣传活动。这是网络营销最基本的应用方式,可以分为两种:其一是建立自己的网站,通过它来充分地宣传企业及其产品,并与消费者进行交流。这个媒体的成本较低,没有传统媒体所受到的时间和版面的限制。其二是在别的网站上发布广告。目前网络广告的形式多种多样,而且制作得越来越具有吸引力,同时,价格相对来说也不是很高。

(2)网络市场调查。其实施方式可以是在网页上进行信息检索以获得大量的资料,也可以是通过网络直接获得调查对象的意见和建议,如问卷调查可以通过电子邮件进行,或者把设计好的调查问卷直接在WEB站点上公布,通过访问者的浏览获得。

(3)网络分销联系。虽然网络营销较之传统营销具有非常大的优势,但在当前情况下,它并不能完全取代传统营销,企业传统的分销渠道仍然是非常重要的,互联网所具有的高效、及时的双向沟通功能可以大大加强制造商与分销商的联系。

(4)网上直接销售。互联网是直接联系企业与消费者的最短渠道,它消除了时间和空间上的限制,并使得选择范围扩大以及选择方式更为灵活。网上直接销售不仅是面对个体消费者的销售方式(B to C),而且也包括企业间的网上直接交易(B to B)。网上直接销售合并了全部中间环节,可以提供非常详细的产品信息,并且可以与购买者进行及时的双向沟通。

(5)网络营销集成。它是指企业通过网络,充分实施网络营销的各种内容。当前已经有很多企业,依靠网络与原料供应商、销售商、消费者进行密切联系,通过网站进行宣传,通过网络收集、传递信息,并且在网络上实现了产品制造及销售服务的整个过程。

2. 从网络营销的实施和操作过程来看,网络营销的内容包括网上市场调查、网络消费者行为分析、网络营销策略制定、网络产品和服务策略、网络价格营销策略、网络渠道选择和直销、网络促销与网络广告、网络营销管理与控制。

(1)网上市场调查。它主要利用网络交互式的信息沟通渠道来实施调查活动。它包括直接在网上通过问卷进行调查,还可以通过网络来收集市场调查中需要的一些二手资料。与上述分类中的网络市场调查相同。

(2)网络消费者行为分析。网络用户作为一个特殊群体,有着与传统市场群体截然不同的特性,因此要开展有效的网络营销活动,必须深入了解网上用户群体的需求特征、购买动机和购买行为模式。网络作为信息沟通工具,正成为许多兴趣、爱好趋同的群体聚集交流的地方,并且形成一个个特征鲜明的网上虚拟社区。了解这些虚拟社区的群体特征和偏好是网络消费者行为分析的关键。

(3)网络营销策略制定。不同企业在市场中处在不同地位,在实现网络营销目标时,必须采取与企业相适应的营销策略,因为网络营销虽然是非常有效的营销工具,但企业实施网络营销时是需要进行投入和有风险的。同时企业在制定网络营销策略时,还应该考虑到产品周期对营销策略制定的影响。

(4)网络产品和服务策略。网络作为信息有效的沟通渠道,它可以成为一些无形产品如软件和远程服务的载体,改变了传统产品的营销策略特别是渠道的选择。作为网络产品服务营销,必须结合网络特点重新考虑产品的设计、开发、包装和品牌的传统产品策略,如传统的优势品牌在网上市场并不一定是优势品牌。

(5)网络价格营销策略。由于网络具有定制性、互动性、即时性等特点,因此网络产品价格的制定具有更多的方法和弹性。在制定网络价格营销策略时,必须多加考虑网络本身的独特性。

(6)网络渠道选择与直销。如果问网络对企业营销影响最大的是什么,那应该是对企业营销渠道影响最大。前面案例介绍的 Dell 公司借助 Internet 的直接特性建立的网上直销模式获得巨大成功,改变了传统渠道中的多层次和管理与控制问题,最大限度地降低了渠道中的营销费用。但企业建设自己的网上直销渠道必须进行一定投入,同时还要改变整个传统经营管理模式。

(7)网络促销与网络广告。网络作为一种双向沟通渠道,最大优势是可以实现双方突破时空限制,直接进行交流,而且简单、高效、费用低廉。因此,在网上开展促销活动是最有效的沟通渠道。网络广告作为最重要的促销工具,主要依赖网络的媒体功能。目前网络广告作为新兴的产业得到迅猛发展。网络广告作为在第四类媒体发布的广告,具有传统的报纸杂志、无线广播和电视等媒体发布的广告无法比拟的优势,即网络广告具有交互性和直接性。

(8)网络营销管理与控制。由于网络信息传播速度快,使得网民对网络营销出现的问题反应强烈且迅速,因此,企业必须对网络营销进行必要的管理与控制以避免其负面效果。鉴于网络的特殊性,与传统营销相比,网络营销管理与控制的重点不同,主要有网络产品质量保证、消费者隐私保护、信息安全与保护等。

(三)网络营销的特点

1. 技术性

网络营销是以互联网技术和其他信息技术为依托的,比如邮件营销、群发软件、RSS 技术等。技术性是网络营销最基础和最根本的特点,它使得网络营销能够持续不断地向前发展,并区别于传统营销而有其独特性。

2. 即时性

指企业发送营销信息和获取顾客反馈的及时性。网络营销信息传输速度快,节省了时间成本,从而实现了营销信息的及时发布和更新;从顾客反馈角度看,企业也不需要花费大量时间和费用通过社会咨询机构或内部营销信息管理机构调查搜集顾客反馈信息,而完全可以通过网络获得直接、及时的反馈。

3. 经济性

在传统的营销方式中,大量的人力、物力资源耗费在这些中间环节和渠道上。网络营销利用 Internet 使交易过程的中间环节和渠道日益多余,比如互联网广告的发布次数和效果均可以通过技术手段精确统计,极大地降低了企业成本,提高了交易效率,优化了全球范围内的资源配置。

4. 互动性

企业可以在网络上主动发布产品或服务信息,消费者在任何地点都可以咨询有关信息和发出购物信息,从而实现交互式销售交易。这样,通过网络营销,企业可以方便地与用户进行互动式的双向交流,可以更好地为顾客服务,建立长期良好的客户关系。

5. 定制性

网络营销的一个重要思想就是要尽最大努力满足单个消费者的特定消费需求,立足于处理好与每一位顾客的关系,提高顾客的忠诚度。这样可以使企业向顾客提供独特、个性的产品或服务,让每一位消费者感受到"专有的服务享受"。

6. 高效性

网络营销应用电脑储存大量信息,同时不受时间、地域的诸多限制,使企业可以针对市场变化很快进行策略调整,可以有效地了解和满足顾客需求。网络可以集中各种传统媒体形式的精华,传送的信息量大、精确度高,可以提高效率。

三、网络营销与传统营销

(一)网络营销与传统营销的比较

网络营销是传统营销在网络时代的延伸和发展,仍然属于市场营销理论的范畴,但是,由于传统市场营销运行机制与网络市场运行机制有较大差别,传统的营销理论已经不能完全胜任对网络营销活动的指导,所以网络营销要求在某些方面强化或调整传统市场营销理论的观点。其中,二者最大的区别是"卖方"角度到"买方"角度的调整,即从以"产品"为中心转变为以"顾客"为中心。具体说来,网络营销和传统营销的区别主要有以下几点:

1. 产品策略的区别

在传统营销中,企业一般采用标准化的产品策略;在开展网络营销时,可借助于互联网这个全新的通道随时了解分布在全球各地的目标顾客的需求以及他们对产品的看法和特殊要求,这使得企业有可能随时把握消费者的需求动态,根据每位顾客的特定要求单独设计、生产产品,开发出"量身定造"的产品去满足他们的需求。

2. 定价策略的区别

传统营销中,绝大多数企业采用成本导向的定价策略;在网络营销中,消费者可利用网络的主动性和开放性在全球范围内收集与购买决策相关的信息,消费者价格的敏感性大大增加,这要求企业要以满足消费者需求为基点,进行反向定价。而且,传统营销中信息不对称情况下采用的不同区域不同定价的策略在网络时代易于被消费者感知,因此使用将会受到限制。

3. 商业模式的区别

传统市场是实物市场,要处理好经营规模、对顾客的吸引力和资金占用、货物积压、地域等矛盾;在网络环境下,无需受到这些困扰,经营者"无限"扩大产品组合不会造成负担。对图书零售领域亚马逊公司(Amazon.com)和著名的庞诺集团(Barnes & Noble)的核心经营指标进行对比,见表18-1。

表 18-1 传统营销与网络营销商业模式对比[24]

企业名称 经营指数	Amazon.com	Barnes & Noble
员工人数	几百人	上万人
店铺	一个虚拟网站	1011家大型连锁分店
租金	几百万美元	上亿美元
提供给客户可挑选的产品	310万种	21万种(1000分店的总数)
服务客户的范围	全球60亿人	美国境内能到达其连锁店的人
水平相对库存比	2%(二者相对比)	100%(二者相对比)
水平库存天数	<15天(最小为零)	>60天(最大为180天)
年销售增长率	>500%	10%左右
存货退回比	2%	30%
存货年周转次数	24次/年	3次/年
对长期资本要求	很低	很高
现金流量	相对很高	相对较低

4. 营销渠道的区别

在传统营销中,一般都借助中间商来完成产品从生产者向消费者的转移,因此中间商的选择与管理非常重要;但通过互联网,生产者可以与最终消费者直接联系,即应用网上直销。如Dell公司通过按网上订单生产并进行直销,减少了流通环节和传统渠道中间商的高额价差,并成功实现了零库存销售,成为世界上最大的计算机生产商。

5. 促销策略的区别

传统促销策略借助于人员推销、广告、营业推广等方式,促进销售需要投入大量的财力、物力、人力,效果有时并不理想。而在网上开展促销活动,可以借助网络广告、站点推广、销售促进、关系营销来完成。其中,借助发布定向广告,可以节约广告费用、提高广告效果,并可以通过网上调查及时评价广告效果,具有传统广告不可比拟的优点。而利用站点促销,可以提高企业及企业产品知名度、稳定顾客访问、促进销售。

(二)网络营销和传统营销的整合

传统营销是网络营销发展的基础,从长期来看,网络营销和传统营销是一个整合的过程,它们将相互影响、相互补缺和相互促进,以实现相互融合的内在统一,因此,把握网络营销理论与传统营销理论的整合尤为重要。

1. 顾客概念的整合

传统的市场营销学中的顾客是指与产品购买和消费直接有关的个人或组织，比如个人购买者、中间商、政府机构等。在网络营销中，这种顾客仍然是企业最重要的顾客，但是随着网络的普及，网络营销中的顾客还包括大量传统营销模式不能顾及的潜在顾客。同时，由于网络的信息量大，越来越多的消费者采用搜索引擎获得所需资讯。网络营销中，企业要转换固有的顾客概念，顾客并不一定是直接消费者，也可以是间接传递者，这是由于搜索引擎直接决定了网上顾客接受的范围。因此，搜索引擎也是网络营销中企业的特殊顾客。

2. 产品概念的整合

传统营销中，产品概念分为三个层次，分别为核心产品、有形产品、附加产品。其中，核心产品体现了消费者追求的基本利益，有形产品是核心产品的外在表现，附加产品是消费者在购买中得到的各项服务。网络营销中的产品概念继承了传统营销中的概念，同时又进行了进一步的扩大和细化。网络营销中，产品概念除了核心产品、有形产品和附加产品，还包括期望产品和潜在产品。这是由网络营销中消费者的主动性、个性化、理性化和需求多样性所决定的。期望产品体现了顾客的主动地位，产品的设计和开发必须满足顾客这种个性化的消费需求。潜在产品是指顾客购买产品后可能享受到的超乎顾客现有期望、具有崭新价值的利益或服务，是一种服务创新。

3. 营销组合的整合

网络营销中，随着市场形态从实体化向虚拟化的转变，传统营销组合中的4P，即产品、价格、渠道和促销也发生一定的转变。网络营销中，产品既包括有形产品也包括电子化的产品，同时，标准化的产品策略逐渐向定制化策略转变。传统营销中以成本为基础的价格策略需要适当改变，要考虑顾客的需求，结合顾客感知价值来制定，且区域间的不同定价情况随着网络的普及逐渐减少。渠道方面，虽然仍然需要有形产品中间商，但随着互联网与最终顾客联系的直接性和方便性增强，中间商的重要性逐渐降低。网络营销中，网络促销的优势日益明显，与传统营销相比，可以进一步节省财力、物力和人力，可以更大范围地发布信息。

4. 企业组织模式的整合

随着网络应用的日益广泛，企业内外部沟通和经营管理的模式有所转变。在企业外部营销中，组织形式的变化主要表现在销售渠道中的中间商减少、销售人员有所减少、销售组织层级递减和扁平化。同时，适用于网络营销的组织形态逐渐出现，如虚拟经销商、虚拟门市、网络营销管理部门。在企业内部管理中，内部局域网的使用也逐渐增多，它改变了企业传统的内部运作方式，有助于企业内部营销的开展，能够有效地激励员工。

第二节 网络营销策略

一、网络营销的产品策略

(一)网络营销产品层次与分类

虽然与传统营销一样，网络营销的目标是为顾客提供满意的产品和服务，但是由于其特殊性，产品整体概念有所扩展和延伸。网络营销的产品主要分为5个层次(如图18-1)：核心利益层次，是产品提供给消费者的基本效用或益处，网络营销中要从顾客需求出发考虑产品的核心利益;有形产品层次,是产品的具体物质载体,主要表现在品质、特征、式样、商标、包装方面,是核心利益的物质载体;期望产品层次,在网络营销中,顾客消费呈现出个性化的特征,因此,产品的设计和开发必须相应地满足顾客的需求,这种顾客在购买商品前对所购商品的质量、使用方便程度、特点等方面的期望值就是期望产品;延伸产品层次,是由产品的生产者或经营者提供的需求,主要是帮助用户更好地使用核心利益或服务;潜在产品层次,是在延伸产品层次之外,由企业提供、能满足顾客潜在需求的产品层次,主要是产品的一种增值服务。它与延伸产品的区别是,没有潜在产品层次,仍然可以很好地使用产品的核心利益。比如,联想电脑推出天禧系列时,不仅提供电脑原有的一切服务,顾客还可以通过联想电脑公司网站获取信息和网上其他服务。

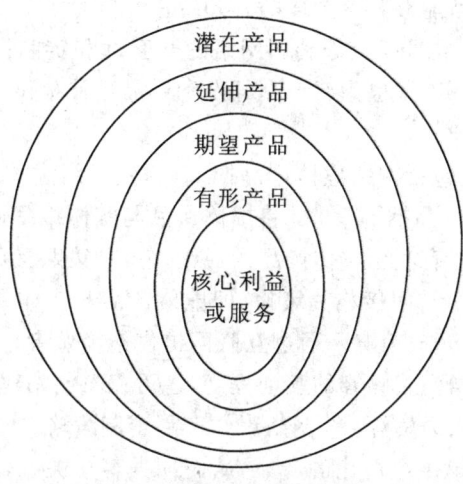

图 18-1　网络营销产品层次图

一般按照产品性质不同,网络营销产品可以分为实体产品和虚体产品两类,见表18-2。实体产品是具有物理形状的物质形态产品;虚体产品是无形的,即使表现出一定形态,也是通过其载体体现出来,但产品本身的性质和性能必须通过其他方式才能表现出来。虚体产品又可以分为软件和服务,软件包括计算机系统软件与应用软件,而服务包括普通服务和信息资讯服务。

表 18-2　网络营销产品分类[20]

产品形态	产品品种		产　　品
实体产品	普通产品		消费品、工业品、旧货等实体产品
虚体产品	软件		电脑软件、电子游戏等
	信息	普通服务	远程医疗、法律救助、航空订票、火车订票、入场券预订、饭店和旅游服务预约、医院预约挂号、网络交友、电子游戏
		信息资讯服务	法律咨询、医药咨询、股市行情分析、金融咨询、资料库检索、电子新闻、电子报刊、研究报告、论文等

(二)网络营销产品策略

1. 网络实体产品策略

实体产品策略主要包括网络实体产品开发策略、网络实体产品包装策略、网络实体产品解析策略和网络实体产品定制策略。①网络实体产品开发策略。首先,对于企业来说,可以通过网上市场调研深入了解顾客的需求特征、购买动机和购买行为模式,从而开发和设计符合顾客需求的产品创意构想。第二,企业可以借助计算机辅助设计和制造系统,把要测试的产品概念做成实物模型,然后放在网上的虚拟店铺中请消费者进行虚拟参观、购物,从而观察、测试消费者行为并收集其意见。第三,消费者、供应商和经销商都可以通过网络全程参与和协作产品的研发工作,这将极大地提高产品研发速度和可靠性。②网络实体产品包装策略。首先,可以利用网站展示原有产品的包装图案;第二,可以充分利用网络和多媒体技术,通过图片、动画、音响和交互工具等,通过信息载体的整合给消费者以视觉、听觉和心理上的全方位的感受;第三,还可以通过网页设计来包装实体产品,进行产品介绍与推销。③网络实体产品解析策略。利用网络的图形技术和多媒体技术,可以将产品的外观、性能、品质、功能、产品使用体验等一层层进行解析,使消费者对于产品能够获得全面的感知价值。④网络实体产品定制策略。网络营销中,由于消费者的主导性,企业可以充分利用网络的交互性和定制性的特点,对顾客进行一对一的定制化的产品设计和服务,这也为新产品开发和产品延伸提供了思路。

2. 网络虚体产品策略

网络虚体产品策略主要包括网络虚体产品捆绑策略、网络虚体产品开放策略和网络虚体产品定制策略。①网络虚体产品捆绑策略。将虚体产品与实体产品捆绑起来,这样虚体产品不但拥有它本身的价值,同时也有利于实体产品的促销。这种策略又可分为直接相关策略,即虚体产品与实体产品有直接联系;间接相关策略,即虚体产品与实体产品不直接相关,但是目标顾客相同。②网络虚体产品开放策略。通过互联网提供给消费者一个开放性的平台进行信息的相互交流的策略,这不仅增强了顾客的互动程度,还可以将网站建设者从完全提供者角色中解放出来,减少网站管理的人力资源。③网络虚体产品定制策略。与网络实体产品定制策略相似,它可以根据顾客的需求提供个性化的产品,从而加强客户关系,提高顾客的满意度和忠诚度。

3. 网络服务策略

这里的网络服务,并非虚体产品所指的信息服务,而是指提供网络实体和虚体产品时的售前、售中和售后服务。售前服务主要是指企业在进行产品销售前,通过网络向消费者提供诸如产品性能、外观介绍,以及在购买产品后如何能迅速得到咨询回答等方面的服务;售中服务主要是提供用户在购买过程中所遇到问题的咨询;售后服务主要回答用户在购买产品后、在使用过程中所遇到的问题。

提供良好的服务是实现网络营销的一个重要的环节。网络服务策略主要包括建立完善的数据库系统、提供网上的自动服务系统、建立消费者论坛和大客户定制化网页。①建立完善的数据库系统。以消费者为中心,充分考虑消费者所需要的服务,以及按照所要求的服务建立数据库系统。②提供网上的自动服务系统。依据客户的需要,自动适时地通过网络提供服务,比如在消费者购买产品的一段时间内提醒消费者应注意的问题。③建立网络消费者论坛。通过网络了解消费者的意见、建议,以此掌握顾客对于产品特性、品质、包装及式样的想法,协助产品的研究开发和改造。④大客户定制化网页。为重要的客户定制专门的网页,以将一些内容与数据提供给用户。比如,戴尔公司为五千多家美国公司提供首页服务,当公司赢得一家有400人以上的企业客户时,就为其建立首页。首页由一些网页组成,与客户的内部网相连,可以让客户在线配置计算机、付款、跟踪交付情况、得到即时技术支持,并将一些信息告诉客户,如一年后公司哪些型号的计算机将停产或推出等等。

二、网络营销的价格策略

（一）网络营销价格的影响因素

价格的制定要受一系列内部与外部因素的影响和制约，企业定价时必须考虑这些因素。企业内部因素包括营销目标、产品成本等；外部因素包括市场和需求的性质、竞争和其他环境因素，如宏观经济状况、政府的法令政策等。

1. 企业的营销目标

营销目标与价格制定密不可分，它一般包括企业维持生存、争取利润最大化和争取最大限度市场占有率。由于目前网络处于快速发展期和网络中的马太效应，即在网络中会出现赢者通吃的现象，争取最大限度的市场占有率成为网络公司的主要营销目标。例如著名的亚马逊公司就是以争取最大限度的市场占有率为现阶段的经营目标，采取低价策略迅速扩大市场份额。

2. 产品成本

产品成本通常是产品价格的下限，即最低限度。产品价格必须能够补偿产品生产、分销和促销的所有支出，并补偿企业为产品承担风险所付出的代价。因此，成本是影响定价决策的一个重要因素。对于网络营销来说，企业可以减少中间环节和传统广告媒体的使用，从而节省产品成本。特别对于网络虚拟产品来说，由于产品电子化，产品本身的成本也会减少。

3. 供求关系

供求关系对价格的影响主要由市场结构和消费者对产品价值的理解决定。市场结构可以分为完全竞争、垄断竞争、寡头竞争和完全竞争，网络营销市场通常属于不完全竞争的市场。消费者在作出购买行为的时候，总要将产品价值和价格进行对比从而制定购买决策，而网络营销可以运用网络和多媒体技术使顾客对产品有全方位的了解，从而提高其对产品价值的认知。

4. 竞争因素

企业在制定产品价格时，都会考虑竞争产品的价格，而网络营销中，竞争因素尤为重要，因为网络的广泛性和即时性，使得消费者更容易获得所需的产品的信息，从而进行产品价格的比较，这就使得企业对于竞争产品的价格更为敏感。

5. 其他外部环境因素

企业定价时还必须考虑其他环境因素，比如国内或国际的经济状况、是否通货膨胀、经济繁荣或萧条、利息率的高低等，这些因素影响生产成本和顾客对产品价格与价值的理解。此外，政府的有关政策法令也是影响企业定价的一个重要因素。

（二）定价策略

传统营销中，产品的定价策略种类很多，大部分方法都可适用于网络营销。这里，主要介绍基于网络营销独特性的定价策略。

1. 实时定价策略

成熟的定价要仔细考虑成本、顾客和竞争。当这些因素中任意一项发生变化时，都可能需要价格进行变动。由于环境在不断变化，因此对大部分企业而言，寻找或设定一个固定的价格很困难，而通过信息电子技术可以实行实时定价策略。实施实时定价策略需要设计两个系统：一个是自动调价系统。根据季节变动、市场供需状况、竞争产品价格及其他因素，在计算最大盈利的基础上，进行实际的价格调整。另一种是智慧型议价系统。这种系统包括顾客与商家议价和顾客之间议价。前者是消费者直接在网上与商家协商价格，这是两种立场（商家立场和顾客立场）的价格策略的直接对话，充分地体现了网络营销的整合特点；后者是顾客之间在网上议价,比如在线拍卖,消费者通过互联网轮流公开竞价,在规定时间内价高者赢得产品。

2. 定制化定价策略

网络营销中,消费者的主动性和个性化增强,按照顾客需求进行定制化生产是网络时代满足顾客个性化需求的基本形式。定制化生产根据顾客对象可分两类:一类是面向工业组织市场的定制生产。一般来说,这种生产方式是基于工业产品要求的特殊性,比如波音公司在设计和生产新型飞机时,要求其供应商按照飞机总体设计标准和成本要求来组织生产。另一类是面向大众消费者市场,满足顾客的个性化需求。由于消费者个性化需求差异性大、需求量小,企业实行定制生产必须从管理、供应、生产和配送各个环节上适应这种要求。因此,企业利用网络技术和辅助设计软件,帮助消费者选择配置或者自行设计能满足自己需求的个性化产品,同时承担自己愿意付出的价格成本。比如 Dell 公司专门为中国市场设计了可自行定制定购的主页,消费者可自行选择配置,同时也相应选择了自己认为合适的价格产品。

3. 使用定价策略

在传统交易向网络交易的转变中,完全产权式的购买也在发生变化。网络信用和产品生命周期缩短等因素制约了顾客对于产品的需求。使用定价策略正好适用于这种情况,它使顾客可以采用类似租赁的、按使用次数定价的方式进行购买,即顾客通过网上注册后直接使用产品,根据使用次数付费,而不需完全购买。这既可减少企业的生产和存储成本,也可以吸引有顾虑的顾客使用产品。一般来说,采用这种定价策略的产品主要为通过互联网传输的产品,如软件、电影、音乐、在线电视节目等。

4. 信誉定价策略

众所周知,企业和产品较高的信誉可以增加消费者对产品价值的理解,减小其对产品价格的敏感度。在网络营销中,由于网络的虚拟性和信息量大等原因增加了消费者对于网上购物的疑虑,使得信誉成为网络营销的重要问题。因此,企业在网络营销中可以借助提高信誉制定相对高的价格。提高信誉的方法主要有三个:一是通过制作高品质的网页和网站,比如制作精美、信息全面,从而获得顾客较高的感知价值,提升信誉;二是通过在网上提供过硬的事实、可靠的证明书来提升信誉,比如第三方出具的产品检验结果和消费者试用后的肯定评价;三是通过借助外部力量提高信誉,比如与知名网站联合,在信誉好的知名网站上宣传和销售产品。

三、网络营销的渠道策略

(一) 网络营销渠道的功能与结构

网络营销渠道是指借助互联网技术提供产品或服务信息以供消费者信息沟通、资金转移和产品转移的一整套相互依存的中间环节。它的主要任务是为产品从生产者向消费者转移提供方便:一方面要为消费者提供产品信息,让消费者进行选择;另一方面,在消费者选择产品后要能完成支付的交易手续。

网络营销渠道具有三种功能:(1)订货功能。网络营销渠道要能够为消费者提供产品信息,使消费者可以通过网络直接查询并订购想要的商品。目前,无论是 B to C 平台还是 B to B 平台,都开设了服务完善的网上订货功能。(2)结算功能。不同的消费者在购买商品后,往往以不同的方式付款,因此生产者应提供多种结算方式。目前,国外流行的结算方式有:信用卡、网络货币、网上划款等。(3)配送功能。网络营销产品一般可分为实体产品和虚体产品。虚体产品如软件、音乐及其他一些服务等可以直接通过网上进行配送,因此配送一般涉及的是实体产品。

网络营销渠道的结构与传统营销渠道相比要简单得多。传统市场营销组合中,如图18-2,分销包括渠道、覆盖面、分类、地点、仓储及运输等要素,它主要是指产品从生产者到消费者的一系列过程。网络营销渠道分为直接营销渠道和间接营销渠道。网络的直接营销渠道和传统的直接分销渠道都是零级营销渠道,这方面没有多大差别;而对间接营销渠道而言,网络营销中只有一级分销渠道,即只有一个信息中间商来沟通买卖双方的信息,而不存在多个批发商和零售商的情况,所以也就不存在多级分销渠道,如图18-3所示。

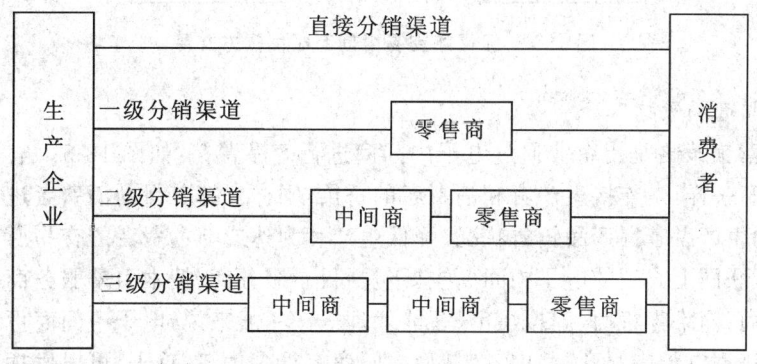

图 18-2 传统营销渠道[25]

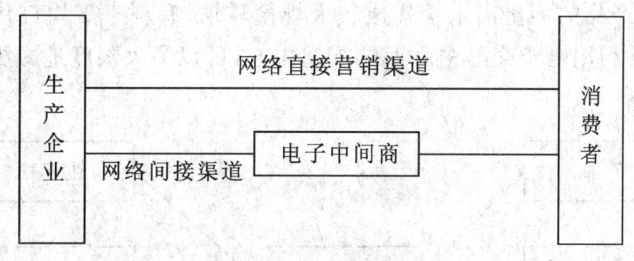

图 18-3 网络营销渠道[25]

(二)网络营销渠道策略

1. 网络直销策略

网络直销策略是企业通过网络直接销售产品,没有营销中间商,它不仅包括企业对消费者的消费方式(B to C),而且包括企业对企业(B to B)的网上直接交易,如图18-4。网络直销渠道具有订货功能、支付功能和配送功能。企业在互联网上申请域名、建立自己的网站,在自己的网站上陈列本企业的商品,接受订单等处理有关产品的销售事务,顾客可直接从网站订货。网络直销市场交易变得更为直接、便捷和迅速,减少了许多交易支出。Dell公司是世界上最成功的网络直销的计算机公司,它的理念是按客户要求制造计算机,并直接向客户发货。它通过"直线订购模式",与大型跨国企业、政府部门、教育机构、中小型企业以及个人消费者建立直接联系。在实际运作过程中,Dell公司站点容量在访问时很容易伸缩,当访问量急剧上升时,Dell公司可以在一个小时内增加需要的硬件容量,来满足技术服务高速运转的要求,这保证了客户可以以最少的等候时间尽快得到他们查找的数据。

此外,网上直销可以通过与一些电子商务服务机构如网上银行合作,通过网站直接提供支付结算功能,简化过去资金流转的问题。对于配送方面,网上直销渠道可以利用互联网技术来构造有效的物流系统,也可以通过互联网与一些专业物流公司进行合作,建立有效的物流体系。

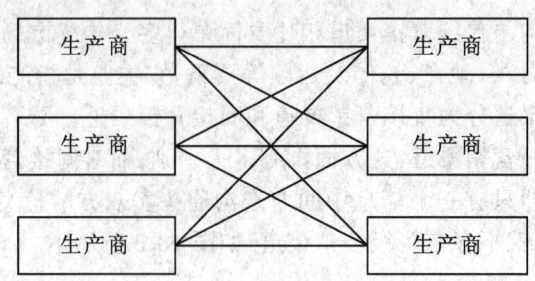

图 18-4　无网络交易中间商时供需方交易

2. 网络间接营销策略

网络间接营销策略是指企业通过电子中间商进行产品营销,如图 18-5。电子中间商的功能与传统中间商一样,是连接生产者和消费者的桥梁,同样发挥着帮助消费者进行购买决策和满足需求、帮助生产者掌握产品销售状况、降低生产者为达成与消费者的交易所付出的成本费用等作用。在互联网上出现的电子中间商主要包括目录服务商、搜索引擎服务商、虚拟商场、互联网内容供应商、网络零售商、虚拟集市、智能代理等。一般来说,电子中间商可以分为交易型中间商和非交易型电子中间商。其中,交易型中间商有很多优势:首先,可以发挥商品交易机构集中、平衡和扩散的功能,更大程度地提高交易效率;第二,电子交易中间商具有信息沟通功能,可以将消费者对产品的零星需求聚集成较大规模需求,有利于平均订货量的规模化,平衡供需矛盾;第三,企业利用电子交易中间商的配送中心,可以最大限度地减少运输费用,从而使交易活动常规化。

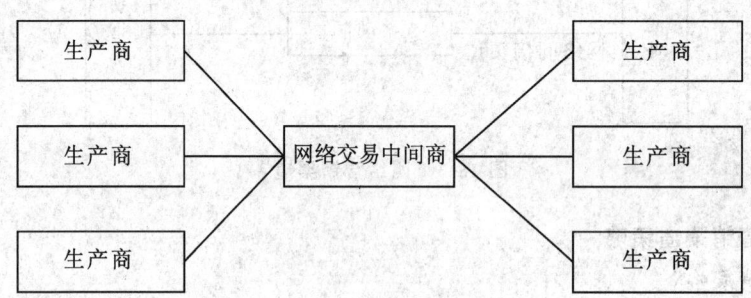

图 18-5　有网络交易中间商时供需方交易

3. 双渠道策略

双渠道策略是指企业同时使用网络直接营销渠道和间接营销渠道。在买方市场下,通过两条渠道销售产品比通过一条渠道更容易实现"市场渗透"。从目前来看,单纯的网络直销和单纯的网络间接销售都存在一定的局限。对于网络直销而言,消费者面对众多企业网站和大量分散的域名,无法也缺少耐性一一访问,这导致访问量不高。对于网络间接销售而言,网络中间商很可能在企业宣传、客户管理、售后服务等方面存在不尽如人意的地方。因此,使用双渠道策略可以集中网络直销和网络间接销售的优势,达到扩大销售量的目的。

四、网络营销的促销策略

网络促销就是营销者将有关企业及产品(品牌)的信息通过互联网传递给消费者和用户,促进其了解、信赖并购买本企业的产品,以达到扩大销售的目的。网络促销的实质是利用互联网使营销者与购买者和潜在购买者之间进行信息沟通。传统的促销组合包括4种促销方式:广告、人员推销、营业推广和公共关系。与之相对应,网络促销的4种方式为网络广告、网络销售促进、站点推广和网络公共关系。其中,网络广告和站点推广是主要的网络促销形式。

(一)网络广告策略

传统广告的沟通模式是"推"式信息传播策略,见图18-6,即信息传播是发送者通过若干中间环节单向、大面积地向目标受众进行强势信息灌输。在这个信息传播过程中,受众被动地接收信息,不能实现与信息发送者的即时双向交互沟通。该模式中,发送者根据受众的信息解码方式对广告信息进行编码,运用能传播到目标受众的有效媒介将信息传送给接收者,同时建立反馈渠道以了解顾客对接收信息的反应。传统沟通模式通过反馈渠道了解沟通效果的测试与改进之间有一段时间差,即改进行动总是滞后于顾客需求的变化。

网络广告的沟通模式是"拉"式信息传播策略,见图18-7,即受众成为主动的信息寻求者,而企业被动地寻找目标——信息源。但是网络广告沟通中的企业不是静态的,而是伺机而动,一旦受众确定了某个企业成为他的信息源,他马上就会与企业进行即时互动。这种沟通方式消除了传统广告沟通中信息发送和反馈单向流通、相互隔离、有时滞的缺点。另外,网络广告沟通不是强势灌输,消费者具有主动性,企业要根据消费者的需求进行服务,因此,可以实现对顾客的定制化服务。

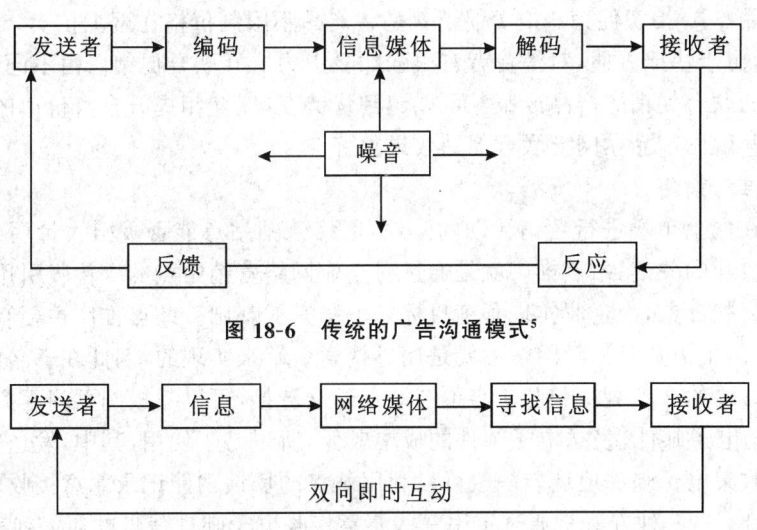

图18-6 传统的广告沟通模式[5]

图18-7 网络广告的沟通模式[27]

具体说来,网络广告策略主要包括以下几种:① 万维网(Web)广告。万维网是绝大多数用户通用的信息数据平台,具有图像传输、视频传输、音频传输、大容量信息的按时传送、24小时在线以及在广告主和受众之间具备互动功能等特点。网络广告大部分还是在万维网上。它的主要形式有按钮型广告、旗帜广告、主页型广告等。② 电子邮件广告。电子邮件广告就是利用E-mail发布广告信息。由于E-mail的发送非常简单,而且费用非常低廉,吸引许多企业利用E-mail来发布广告。③ 电子杂志广告。电子杂志广告与电子邮件广告不同,电子邮件广告是商家通过搜集E-mail地址大量发送本公司产品信息,不管收件人是否愿意;而电子杂志广告是由网民根据兴趣和需要主动订阅的,所以更能准确、有效地面向潜在客户。④ 公告栏(BBS)广告。公告栏广告可分为两种,一是与商品相关的BBS,如网上交易市场;二是作为某个专题的讨论栏,如留言版、交流讨论等。⑤ 新闻组广告。新闻组就是一个基于网络的计算机组合,这些计算机可以交换一个或多个可识别标签标识的文章。通常每一个新闻组都有自己讨论的主题和特殊规则,发布纯赢利性质的广告被认为是粗野和无礼的,所以只有在讨论组中单独挑起一个话题,并保证它有足够的吸引力,才能获得回应,也才有可能达到广告的目的。

(二) 网络销售促进策略

网上销售促进就是在网上市场利用销售促进工具刺激顾客对产品的购买和消费使用。网络销售促进的主要策略有折扣促销、赠品促销、有奖促销、积分促销、拍卖促销和联合促销。① 折扣促销。由于网上销售商品不能给人全面、直观的印象,也不可试用、触摸等原因,再加上配送成本和付款方式的复杂性,造成消费者进行网上购物和订货的积极性下降,而折扣可以促使消费者尝试进行网上购物并作出购买决定。② 赠品促销。一般情况下,在新产品推出试用、产品更新、对抗竞争品牌、开辟新市场情况下,利用赠品促销可以达到比较好的促销效果。③ 有奖促销。抽奖促销是以一个人或数人获得超出参加活动成本的奖品为手段进行商品或服务的促销。网上抽奖活动主要附加于调查、产品销售、扩大用户群、庆典、推广某项活动等。消费者或访问者通过填写问卷、注册、购买产品或参加网上活动等方式获得抽奖机会。④ 积分促销。网上积分活动很容易通过编程和数据库等来实现,并且结果可信度很高,所以操作起来相对较为简便。积分促销一般设置价值较高的奖品,消费者通过多次购买或多次参加某项活动来增加积分以获得奖品。⑤ 拍卖促销。拍卖促销就是将产品不限制价格在网上拍卖。网上拍卖市场是新兴的市场,由于快捷方便,对消费者有很强的吸引力。⑥ 联合促销。由不同的商家联合进行的促销活动。联合促销的产品或服务可以起到优势互补、互相提升自身价值的效果。例如,某白酒品牌与某解酒产品在网上联合促销效果很好。

(三) 站点推广策略

作为企业在网上市场进行营销活动的阵地,网络营销站点能否吸引大量用户是企业开展网络营销能否成功的关键。站点推广就是通过对企业网络营销站点的宣传吸引用户访问,同时树立企业网上品牌形象,为企业实现营销目标打下坚实的基础。站点推广主要有以下方法:① 搜索引擎注册。由于消费者找新网站主要是通过搜索引擎来实现的,因此在著名的搜索引擎进行注册是非常必要的。② 建立链接。与不同站点建立链接,可以缩短网页间距离、提高站点访问概率。③ 发送电子邮件。发送电子邮件的成本较低,所以易于使用,其中,发送电子邮件重要的前期工作是收集电子邮件地址。一般可以利用站点的反馈功能记录愿意接收电子邮件的用户电子邮件地址。另一种方法是通过租用一些愿意接收电子邮件信息的通信列表。④ 发布新闻。发布新闻要注意及时掌握具有新闻性的事件,并定期把这样的新闻发送到你的行业站点、在公告栏和新闻组上加以推广。⑤ 提供免费服务。提供免费资源的代价比较昂贵,但可用增加站点流量得到回报。应当注意,提供的免费服务应与销售的产品密切相关。⑥ 发布网络广告。可以通过加入广告交换组织或在适当的站点购买广告栏发布网络广告。⑦ 使用传统的促销媒介。配合传统的促销媒介往往使促销效果更为有效,比如直邮信函、分类展示广告等。

(四) 网络公共关系策略

网络公共关系是指企业利用互联网与利益相关者包括供应商、顾客、雇员、股东、社区团体等建立良好的合作关系。网络公共关系方法主要有以下三种:① 与网络新闻媒体合作。网络作为一种信息传播方式,具有媒体功能。网络新闻媒体一般有两大类:一类是传统媒体上网,通过互联网发布媒体信息,如《人民日报》建立电子版,这种模式主要是将传统媒体播放的节目转化成电子版;另一类媒体是新兴的真正的网络媒体,他们没有自己的传统媒体作依托,而是依靠其他传统媒体提供新闻稿,或者自己挖掘信息来源发布自己的新闻。无论哪种模式,网络都使企业与新闻媒体的合作更加亲密了,比如:传统媒体以往都要亲临现场对企业进行报道,现在可以通过网络实现远程沟通;基于网络沟通的便利性,企业可以定期将信息资料发给媒体,与媒体保持密切联系。②宣传与推广产品。企业除了利用直接促销工具(如折扣),还可以采用软性工具,如讨论、介绍、展示等方法宣传推广产品。新闻组和公告栏是很好的方法,使用时要注意两点:一是发布信息要以讨论和介绍形式以免引起社区成员反感,结果适得其反。二是要关注虚拟社区对企业以及企业产品的评价和讨论,及时采取措施应对突发事件。③建立沟通渠道。通过网络的交互功能,企业可以与目标顾客直接进行沟通,了解顾客对产品的需求和意见,维护和促进客户关系。同时,企业通过在网上介绍产品、服务及其他相关资讯,可以让对企业感兴趣的群体充分认识和了解企业。这种网络渠道主要包括 Web 页面展示、公告栏和新闻列表等。

复习思考题

1. 什么是网络营销?它主要包括哪些内容?
2. 网络营销与传统营销相比有何特征?我国开展网络营销的意义何在?
3. 网络营销有哪些策略?如何应用?

案例分析

阿里巴巴的网络经营模式

阿里巴巴(Alibaba.com)创建于 1999 年,总部设在中国香港,并在美国硅谷、伦敦等地设立分支机构,是目前全球最大的网上贸易市场,已成为全球首家拥有 210 万商人的电子商务网站,被评为"最受欢迎的 B to B 网站"。几年间,公司一直在探索网络经营模式,发展迅速,获得了巨大的成功。

首先,公司进行了准确定位。阿里巴巴的目标就是:为中小企业服务。而中小企业需要的服务很多,但是摆在中小企业眼前最头痛的问题就是销售不怎么好;销售不怎么好的关键,在于小企业资金有限,很难开发销售渠道,同时销售方面的信息不多,很封闭。所以阿里巴巴就提供给中小企业进行销售的信息和销售资源,帮助它们更好、更快地找到销售渠道。

第二,公司制定了合理的营销策略。一方面,实行免费会员制吸引企业登录平台注册为用户,从而汇聚商流、活跃市场,会员在浏览信息的同时也带来了源源不断的信息流,创造了无限商机。2001 年,阿里巴巴会员数目已达 73 万,分别来自 202 个国家和地区,每天登记成为阿里巴巴商人会员的超过 1500 名。阿里巴巴会员多数为中小企业,免费会员制是吸引中小企业的最主要因素。在市场竞争日趋复杂、激烈的情况下,中小企业当然不肯错过这个成本低廉的机遇,利用网上市场来抓住企业商机。大大小小的企业活跃于网上市场,反过来为阿里巴巴带来了各类供需,壮大了网上交易平台。

另一方面,在充分调研企业需求的基础上,阿里巴巴将企业登录汇聚的信息整合分类,形成网站独具特色的栏目,使企业用户获得有效的信息和服务。阿里巴巴主要信息服务栏目包括:①商业机会:有 27 个行业、700 多个产品分类的商业机会供查阅,通常提供大约 50 万供求信息。②产品展示：按产品分类陈列展示阿里巴巴会员的各类图文并茂的产品信息库。③公司全库：公司网站大全，已经汇聚4万多家公司网页。用户可以通过搜索寻找贸易伙伴，了解公司详细资讯。会员也可以免费申请将自己的公司加入到阿里巴巴"公司全库"中，并链接到公司全库的相关类目中，方便会员有机会了解公司全貌。④行业资讯：按行业不同分类发布最新动态信息，会员还可以分类订阅最新信息，直接通过电子邮件接收。⑤价格行情：按行业提供企业最新报价和市场价格动态信息。⑥以商会友：商人俱乐部。在这里会员交流行业见解，谈天说地。其中"咖啡时间"每天为会员提供新话题，如为会员分析如何进行网上营销等话题。⑦商业服务：航运、外币转换、信用调查、保险、税务、贸易代理等咨询和服务。这些栏目为用户提供了充满现代商业气息、丰富实用的信息，构成了网上交易市场的主体。

第三，公司制定增值服务。增值服务一方面加强了这个网上交易市场的服务项目功能，另一方面又使网站能有多种方式实现直接赢利。尽管目前阿里巴巴不向会员收费，但阿里巴巴拥有众多的赢利栏目：中国供应商、委托设计公司网站、网上推广项目和诚信通。中国供应商是通过阿里巴巴的交易信息平台，给中国的商家提供来自国际买家的特别询盘。客户可以委托阿里巴巴作一次性的投资，建设公司网站，这个项目主要是阿里巴巴帮助企业建立拥有独立域名的网站，并且与阿里巴巴链接。网上推广项目，由邮件广告、旗帜广告、文字链接和模块广告组成。新推出的诚信通项目包括：帮助用户了解潜在客户的资信状况，找到真正的网上贸易伙伴；进行权威资信机构的认证，确认会员公司的合法性和联络人的业务身份；展现公司的证书和荣誉，业务伙伴的好评成为公司实力的最好证明。

问题
1. 阿里巴巴的网络经营模式有哪些特色？
2. 通过这一案例，谈谈你认为网络营销的重点是什么。

◇第十九章

服务市场营销

随着生产力的发展与科学技术的进步,人们在追求生活水平提高的同时,更加注重生活质量的改善。各类工商企业、社会团体、政府组织在自身运作和发展中越来越多地从组织外部寻求形形色色的支持、协作和帮助。丰富多样的服务正是顺应这一需求而不断涌现的。经济与技术的发展也推动着世界产业结构的变化,服务业产值占各国国民生产总值的比重越来越大。在一些发达国家,这一数字甚至超过了70%,一个名副其实的"服务经济"或"服务社会"已然到来。随着服务市场的日益扩大与成熟,服务竞争也日益激烈。本章主要介绍服务和服务市场的性质与特点、服务质量的构成及其管理、服务市场营销的主要策略、关系营销及内部营销。

第一节 服务市场的类型和特点

一、服务与服务供给

(一)服务

由于所处的角度和层次不同,国内外给"服务"所下的定义很多。我们在这里选择几个较有代表性的定义,以供学习和比较。

"服务是一方能够向另一方提供的基本上是无形的任何功效或利益,并且不导致任何所有权的发生。它的生产可能与某种有形产品密切联系在一起,也可能毫无联系。"[5]

"服务是由一系列或多或少具有无形特性的活动所构成的一种过程,这种过程是在顾客与员工、有形资源的互动关系中进行的,这些有形的资源(有形产品或有形系统)是作为顾客问题的解决方案而提供给顾客的。"[19]

"服务是行动、过程和表现。"[17]

"服务是一种顾客作为共同生产者的、随时间消逝的、无形的经历。"[16]

上述定义使我们清楚地看到"服务"乃是一种与买卖物质商品截然不同的市场交易对象,它具有很多独特的性质。

(二) 服务供给

1. 服务产品

服务在某种意义上也可以看成是一种产品,一种可以开发、生产、传递、营销和消费的对象。这样可能会更有利于我们认识服务与物质产品的异同,从而结合原来的产品营销经验,控制和掌握全新的服务营销的方式、方法。

服务产品是由多种服务构成的集合体。过去一般把它分成两项内容,即主要服务(也叫核心服务、基本服务)和辅助性服务(亦称为外围服务、额外服务)。比如在旅馆服务中,住宿是主要的或核心的服务,而诸如接待服务、为旅客洗熨服务和送酒菜到房间等则属于一般服务产品中辅助性的或外围的部分。这样描述服务产品简单明了,但从管理角度看还存在不足。因为服务本身十分复杂,即便同属辅助性服务,其目的可能完全不同。因此,为了便于管理,有必要将服务产品的内容分成三项,即核心服务、便利性服务(和产品)及支持性服务(和产品)。核心服务是服务产品上市的主要理由,例如旅馆提供住宿。一个企业的核心服务也可能不止一个,如航空公司可能既提供短程往返运输服务,也从事远距离运输服务。为了使顾客能够使用核心服务,常常设有一些附加的服务,称为便利性服务。如果缺少便利性服务,核心服务就不能使用。有时还要有一些便利性产品,比如顾客有银行卡才能操作自动取款机。还有一种服务叫做支持性服务,它们也属于辅助性服务,不过不是为消费或使用核心服务提供方便,而是用来使服务增值或有别于竞争者的服务。有时一些物质产品也可以看作支持性产品,如旅馆中提供的洗发香波和鞋油等。事实上,便利性服务与支持性服务的界限并不是很明确的,在某种情况下属于便利性服务的可能在另一种情况下是支持性服务。比如航运飞行中的供餐在长距离飞行中属于便利性服务,而在短程飞行中属于支持性服务。

从管理角度看,区分便利性服务与支持性服务很重要。便利性服务是强制性的,省略了它,服务产品就会垮掉。企业不仅能够,而且应该对便利性服务进行设计,将其作为一种竞争手段,促进服务的差别化。支持性服务则仅仅是充当竞争手段的,缺了它,核心服务仍能使用,只是可能会降低整个服务产品的吸引力和竞争力。

2. 服务供给

由核心服务、便利性服务(和产品)及支持性服务(和产品)这几个要素所构成的服务产品还并不等同于顾客所感知到的服务产品。前者只明确了顾客得到"什么",而没有说明他们"如何"感觉的过程。事实上,对服务过程的感知和对服务产品要素的感觉是不可分的,必须将服务过程与服务产品结合在一起,形成完整的服务产品或服务供给,称之为扩展的服务供给。这才是顾客最终所体验并评价的服务。

服务过程也就是买卖双方的相互作用,对它的感觉在不同情况下是不同的。从管理角度看,大多数服务的服务过程包括三个基本因素,即服务的可接近性、与服务企业或组织的相互作用以及顾客参与。这些因素与服务的概念和服务产品结合在一起构成了扩展的服务供给,其关系如图 19-1 所示。

影响服务的可接近性的主要因素有:服务人员的人数和技能,办公时间安排及办公室地点和服务渠道的设置及其内外部状况,参与服务过程的顾客的数量和知识等。在这些因素的作用下,顾客会感到是否容易接近服务、购买并使用它。比如,若维修站的电话接待员让顾客久等而不接电话,或者不能给顾客找到一位可以诉说情况的技师,那么这项服务就不具备可接近性。这样一来,优秀的服务产品也会被破坏,即使不会完全损坏服务产品本身,也会严重损害顾客对服务产品的感觉。

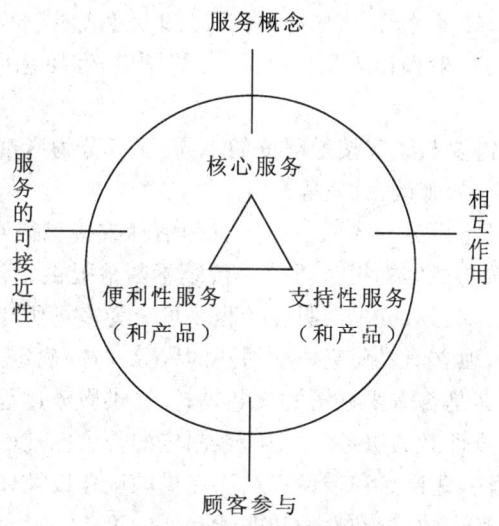

图 19-1 扩展的服务功能[45]

与服务组织的相互作用有以下几类:服务人员与顾客相互沟通,这取决于服务人员的行为,即他们的言行和方式;与组织的各种物质、技术资源相互作用,如服务过程中所需要的工具、设备;与制度的相互作用,如等候制度、付账制度、定约制度、投诉制度等;与同时参与服务过程的其他顾客的相互作用等等。顾客要与服务人员接触,服从组织运营和管理的制度与常规,有时还要使用像自动取款机这样的技术性资源,不可能与其他顾客发生联系。所有这些相互作用都是服务感觉的组成部分,如果顾客认为这些相互作用过于复杂、令人讨厌或不友好,那么优秀的服务产品的感知质量就会降低。

顾客参与意味着顾客对其所感知的服务有影响力。在服务过程中,往往需要顾客填表、说明情况或操作自动售货机等,员工的行为使服务改善还是相反,取决于顾客是否受过有关训练和是否情愿。例如,病人如不能正确地说明自己的问题,医生就不可能作出正确的诊断,他们提供的服务就受到损害,病人往往得不到正确的或有效的治疗。

因此,在买卖双方的种种相互作用中,顾客对服务产品中的核心服务、便利性服务和支持性服务产生各种不同的感觉,这取决于服务的可接近性如何、种种相互作用感觉起来是否容易和具有吸引力,以及顾客对自己在服务过程中的角色和任务了解多少。

另外,服务概念被摆在图 19-1 的最顶端,这是因为它对扩展的服务供给的各组成部分起指导作用。从这个意义上讲,服务概念指明了使用什么核心服务、便利性服务和支持性服务,服务产品的可接近性如何,怎样开展相互作用,以及应当如何训练顾客使其参与服务过程。

二、服务与服务市场分类

(一)服务的类型

服务活动本身的广泛性和多样性决定了难以用简单划一的标准对它进行分类。事实上,服务的分类也是多种多样的,许多专家提出了不尽相同的划分方法。

依据服务产生的影响将其分为:影响人的和影响产品的服务、永久性影响和暂时性影响的服务、可逆性影响和不可逆性影响的服务、物质性影响和精神性影响的服务及个人的和集体性的服务。

服务还可以分为以人为基础的和以设备为基础的两类。以人为基础的服务又分为由不熟练劳动力(如看护自行车)、熟练劳动力(如修理汽车)和专业人员(如律师、牙科医生)提供的三种;以设备为基础的又分为一般操作人员控制的(如影剧院)和熟练操作人员控制的(如航班)两种类型。

根据提供服务过程中需要与顾客接触程度的不同,服务分为紧密联系型(如保健、旅馆、餐馆等服务)和非紧密联系型(如邮政、批发等)。

按服务行为与性质,可将服务分为人们看得见的活动或接触得到的事物和人们看不到的行为或接触不到的事物;按与顾客的关系可分为持续不断地提供、间断性的交易、"成员"的关系及非正式关系四种类型的服务;按提供服务的程度可分为多场所与单一场所提供的服务、预约的和随到随享受的服务、独立消费和集体性消费的服务、时间确定型与任务确定型交易的服务以及提供活动过程中顾客是否需要在场的服务等;按提供服务过程中的需要和评断情况,分为由顾客和与其接触的人员评断的服务、根据顾客制定的需求标准而提供的服务;根据设计产品的情况分为纯服务、伴有一些产品和借助产品而提供的服务以及体现在产品之中的服务;还可将服务分为公众性的和私人的、营利性的和非营利性的等。

(二)服务市场类型

服务市场通常由从事某项或某类服务业务的行业或行业群及其顾客所构成,如餐饮市场、旅游市场等。这些市场的划分往往是根据服务的内容性质以及划分者进行市场区分的目的等进行的。由于服务业务具有多样性,不同国家往往有着不同的服务业务,甚至同一种服务的具体内容和方式在不同国家也存在着很大的差异,而且许多服务业务本身的发展变化十分迅速,因此,对服务市场的划分是具有相对性的。表 19-1 列出了一些重要的按标准工业分类方法(SIC)划分的服务产业类型,并以美国的情况为例,给出了每类产品中的一些较具体的服务项目。

表 19-1 一些主要的服务产业[47]

SIC 码	产业	SIC 码	产业
4	运输	65	房产
	城郊公共运输		公寓楼
	航空		租房公司
	汽车运输		旅馆
	汽车租赁		活动住房区
48	通讯	72	个人服务
	电话		美容院
	无线广播		影剧院
	电视广播		保龄球馆
49	家庭		滑冰场
	电力公司	73	咨询
	污水处理厂		广告代理
	洗衣店		户外广告
	清洁服务		直接邮寄
60	金融		雇佣代理
	银行		测试实验室
	储蓄与贷款		临时帮助
	存款互助会		审计
	商品交易所	80	保健

续表

SIC 码	产　业	SIC 码	产　业
63	证券交易所 保险 保险代理 人寿保险 健康保险 火灾与意外事故保险	82	医院 医学实验室 内、外科诊所 教育 大学和专科学校 图书馆 技术学院

三、服务市场运营

（一）服务的性质

尽管服务活动是多种多样的，而且不同的服务往往带有不同的具体特征，但是，相对于有形产品来说，形形色色的服务也带有一些共同的性质，如表 19-2 所示。

表 19-2　服务的性质

服　务	有形产品
无形的	有形的
异质的	同质的
生产、分配和消费同时进行	生产、分配和消费过程相分离
某种活动或过程	某种东西
核心价值在买卖双方的相互作用中产生	核心价值在工厂中产生
顾客参与生产过程	顾客（通常）不参与生产过程
不可存储	可以存储
无所有权的转移	有所有权的转移

在服务的这些性质之中，最主要的有五个，即无形性、异质性、不可分割性、顾客参与性和易逝性。

1. 无形性

它既看不到，也摸不着、嗅不到。它既不能像一般商品那样在展览会上展销，或在商店橱窗里陈列，也不可能事先送样品让顾客鉴定。它通常只能依靠主观感觉，顾客们总是以抽象的方式去描述服务。他们会使用诸如体验、信任、感觉、安全等表达方式，这都是因为服务具有无形性。当然，许多服务也包括支持的有形要素，比如餐馆中的食物、维修店中的零部件等，但从服务这一现象的本质来看，它是无形的。也正因为服务具有高度的无形化，顾客往往很难对其进行评价，尤其是作出具体的、精确的评价。这就要求服务提供者用具体的、物质的证据使服务过程"有形化"，便于顾客作出评判。

2. 异质性

众所周知，商品往往是标准化的，具有极强的"同质性"。也就是说，企业生产的大量的同一产品往往具有相同的性质和差不多的质量，消费者的购买与消费行为无论发生在何时何地，都不会对产品本身的特性产生影响。服务则不然，不同提供者提供的同一种服务往往有很大的不同，即使是由同一服务提供者提供的服务也不是一成不变的，它因时间、顾客等具体情况不同而表现出相当大的差异性。这就是服务的"异质性"，也可说是"异变性"。其原因在于服务是一个复杂的动态过程,因此,其特征取决于每次发生时的特定条件,如服务人员、顾客、时间、地点及其他具体情况等。这就给企业提出了一个重要问题,即如何使自己生产和给予顾客的服务保持一致的感知质量。

3. 不可分割性

一般商品在被制造出来以后往往要经过存储、运输、销售等一系列过程,最后才进入顾客手中,而且消费过程多是由顾客独立完成的。服务的生产、分配及其消费则常常是同时进行的,也就是说,这些行为是在服务的供求双方共同参与下一次性完成的。在服务被出售和消费之前,不可能事先进行"产前质量控制",比如发型师的服务几乎全都是在顾客出席并接受它,亦即消费它的同时生产的。因此,对服务的质量控制和营销必须与服务的生产和消费同时、同地进行,单纯依靠过去那种产品质量控制和营销的方法,会使有顾客参加的服务的生产失去控制,造成顾客对营销的不满。

4. 顾客参与性

与传统的制造业不同,顾客在服务传递过程中不仅仅是服务的接受者,从某种意义上说,他们本身作为一种"生产资源"而参与服务的生产过程,这才是问题的关键。即使不能存储服务,但服务提供者可以试着去存储顾客,比如一家爆满的餐馆,总是可以努力使顾客在吧台处停留片刻直到有座位腾出。这就要求服务经理必须重视服务设计。对于顾客来说,服务是一种发生在服务设施环境中的体验,如果服务设计符合顾客的需要,就可以提高服务的感知质量。

5. 易逝性

服务不能存储,因为对各种服务的利用都是即时的,如患者来看病,医生及时提供医疗服务是有意义的,在事前、事后这种服务都不可能发生。一架航班还剩半数空位,那么这些座位不可能在下次出售,而只能"浪费"了。服务的易逝性会给服务提供者带来一系列特殊的问题,特别是在服务需求的波动性很大时,服务提供者很难对需要保持多大的服务能力作出一个满意的计划。规模过大,则增加资金负担,管理困难,而且面临需求不足或不均衡的风险;相反,规模过小则难以充分满足可能出现的服务需求。

正因为服务具有上述的特性,使得服务运营过程中具有高度的不确定性,服务包的概念对于服务市场运营有着十分重要的作用。

(二)服务包

服务包(Service Package)是指在某种环境下提供的一系列产品和服务的组合。该组合包括支持性设施、辅助物品、显性服务、隐性服务四个方面的内容,如图19-2所示。

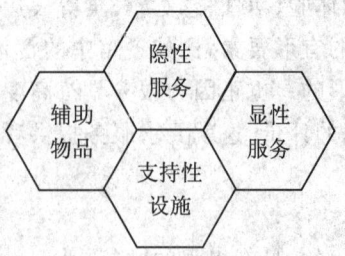

图19-2 服务包的构成

支持性设施是指企业在提供服务之前必须具备的物质资源。例如旅馆的客房、高尔夫球场、饭馆和汽车等。

辅助物品是指顾客购买和消费的有形产品,也包括顾客自备的物品。例如肥皂、高尔夫球杆、饭菜和汽车零件等。

显性服务是指那些可以感知到的和构成服务基本性质的利益。例如在旅馆中度过了安适的一晚、就餐后饥饿感的消失、经过修理后的汽车顺利平稳地行驶等。

隐性服务是指顾客能模糊感到服务带来的精神上的利得,或服务的非本质特性。例如,名牌大学的身份象征、银行业务的保密性、旅馆停车场的照明良好等。

服务包由顾客在服务传递过程中经历,并形成他们对服务的感知,这些对于服务市场的运营具有十分重要的意义。

(三)服务营销三角形

与有形产品的营销相比,服务营销最大的不同在于并不存在事先生产出来的产品。在服务企业中,只能实现设计好的服务概念和部分可事先准备好的服务。在服务传递的过程中,企业应致力于借助不同类型的资源,在与顾客实时、互动的过程中发挥出应有的作用并为顾客创造出价值,顾客感知价值的形成与企业服务营销的水平有密切的关系。图19-3所表示的是服务营销三角形。

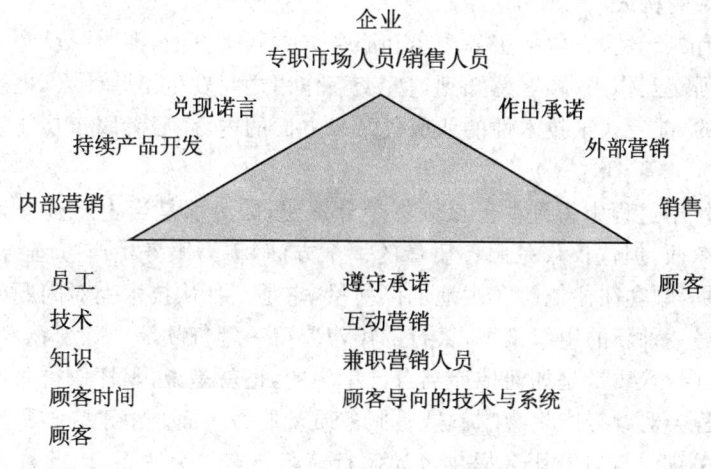

图19-3 服务营销三角形[48]

营销和销售部门仍然是企业不可或缺的组成部分,它们同专职营销人员一起,同属于企业的营销系统。在服务传递过程中,顾客的高参与性使得企业能够从多个角度获取顾客信息,并能为之提供个性化服务,而这些体验正是顾客想要得到的。

图19-3表明,员工、技术、知识、顾客时间和顾客构成了服务的一角。企业存在的目的在于创造顾客、为顾客创造价值。员工在顾客价值的传递中担当着极其重要的角色,他们的行为举止将会影响顾客感知服务质量和服务价值的形成。员工的知识和技能对于服务的技术解决方案的影响很大,顾客时间管理也可以视为一种资源。在服务的最终形成和服务的及时性上,顾客都具有十分积极的作用,他们自己的参与将会影响到自己所感知到的服务质量。

第二节 服务质量与管理

通过前面的介绍,我们已经对服务的复杂性和独特性有了一定的认识,企业成功地进行服务产品开发及营销活动的关键在于,为顾客提供有质量保证的、令人满意的服务。为此,必须首先对服务质量有一个正确、完整的认识,进而从服务质量管理入手,争取最佳的服务营销绩效。

一、服务质量

(一)感知质量

西方理论界对服务质量的研究一直是服务研究的重点。特别是自20世纪80年代以来,以服务质量为主题的研究机构、国际性研讨会、颇具影响的研究成果如雨后春笋般冒了出来。据美国学者Fisk(2001)等人所作的一项调查显示,服务质量是迄今为止服务营销研究中最为集中的问题。

一般产品的质量往往主要取决于其有形部分,有时企业也常常运用一些形象策略使产品增添时尚、身份或生活方式等想象性的辅助部分,以提高其质量。服务的特点决定了它是一系列多少带有无形体验的过程,顾客在服务的生产和消费过程中始终起着积极的作用,他们所期望和评价的东西就是服务质量的所在。从这个意义上说,服务质量是一种"感知质量",即对某种服务而言,其质量在于顾客说它是什么以及感觉它是什么。

(二)服务质量的构成

服务质量具有二元性,它包括服务内容和服务方式两个方面,即"什么"和"怎样"。服务是买卖双方的一系列交互作用,顾客感知到这些交互作用之间发生了些什么,也感知到这些交互作用是如何进行的。前者属于技术性的或服务结果方面的内容,后者属于功能性的或服务过程方面的内容。

顾客在交互作用过程中得到些什么固然十分重要,因为那是当生产过程和交互作用结束后能留给他们的东西,但这仅仅是服务质量的一个方面,称为服务生产过程结构的技术质量。对于这方面的质量,顾客往往能够客观地加以衡量,它是一种从技术上对问题的解决。比如商业顾问的客户取得一种新的组织策划,银行的用户取得一笔贷款等。除了技术质量这一面外,顾客还关注着这种技术质量是如何传递到自己手中的,也就是说,怎样取得服务及怎样经历服务的生产消费过程会对顾客产生影响。这是服务质量的另一面。由于它与买卖双方交互作用中如何处理种种关键时刻以及服务提供者如何行使职能有很大关系,因此称为服务过程的功能质量。比如,饭店的可接近性,服务员的容貌举止、他们在完成工作任务过程中的一言一行及其他顾客的数量、行为等都会影响顾客对服务的看法。

技术质量和功能质量构成了服务质量的两个方面,如图19-4所示,两者缺一不可。长期以来,技术质量被放在首要位置,这种策略在企业具有出色的技术开发能力并且没有竞争出现时是成功的,而现在,这种情况越来越少见。大量的企业都能生产出相差无几的技术质量。而且,由于在许多产业中,竞争者都可以很快引入相似产品,创造技术质量的优势变得难上加难。况且,如果对买卖双方交互作用的管理和控制很糟糕,也就是说,服务过程的功能质量不能令人满意,那么,即使产品具有极佳的技术质量,也会被抵消,企业难以取得成功。例如,顾客的某件投诉得到了解决,这一投诉处理的结果具有很好的技术质量,然而顾客可能对另一方面不太满意,比如得到这一结果费了很大劲,花了很长时间。在这种情况下,投诉处理过程的功能质量不高,整体质量就比原来的要低。正因为如此,大多数企业开始把改善买卖双方的交互关系视为质量规划的基础,提高功能质量不仅能够为顾客带来实际价值,而且可以提高自身的竞争力。

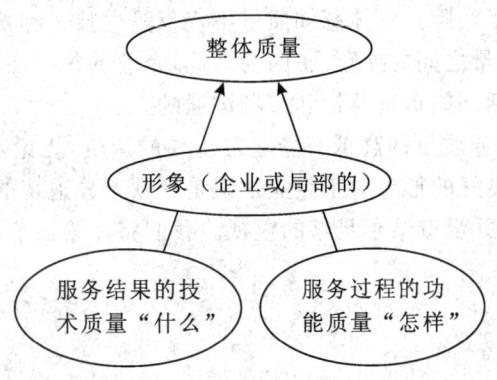

图 19-4　服务质量的两个方面[45]

(三)整体感知质量

由两个基本方面构成的服务质量在很大程度上是顾客主观感知的。这种质量感知过程是比较复杂的,顾客绝不仅仅是体验一下这两个方面就确定出质量是好、是坏,还是一般。事实上,只有当顾客实际体验到的质量达到了他的预期水平时,才能获得好的感知服务质量(如图 19-5 所示)。

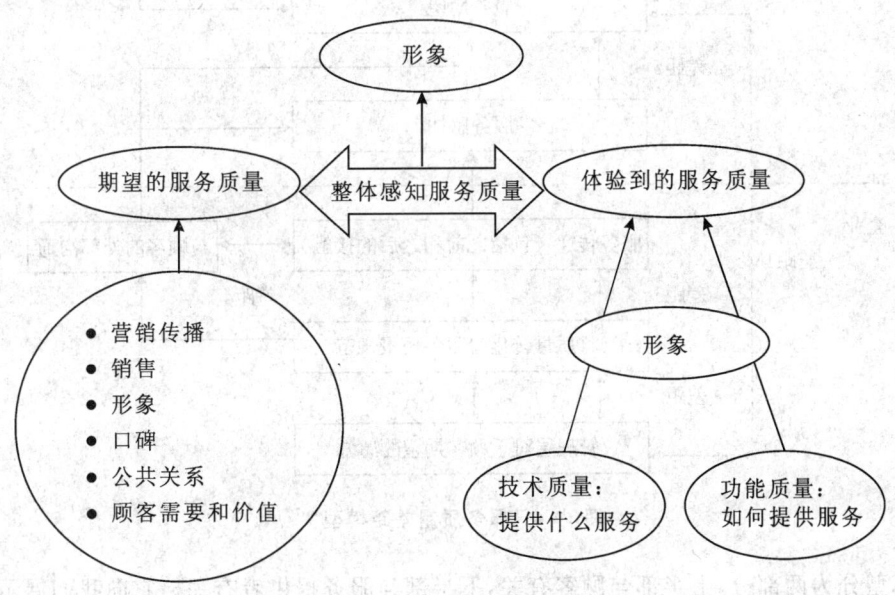

图 19-5　服务的整体感知质量[19]

如果顾客的期望不能实现,即使体验到的服务质量不错,整体感知服务质量也会降低。期望的服务质量受多种因素的影响:营销传播、销售、形象、口碑、公共关系等。营销传播包括广告、直销、销售促进、网站、互联网沟通、销售活动等,这些沟通手段均直接处于企业控制之下。形象、口碑和公共关系等手段是企业无法直接控制的。外部的市场沟通活动也许会对这些因素产生影响,但这种影响是基于企业前期工作的绩效情况,并通过广告而起作用的。最后,顾客需要及价值也对顾客期望值的形成具有重要的影响。

即使企业制定了质量改进计划,并且注意了功能质量方面,服务的感知质量仍然可能不高,甚至被破坏。比如企业在开展服务的同时,在广告活动中承诺过多,或者在其他方面存在不足,使得企业的承诺脱离了实际。整体感知质量不仅仅是由技术和功能质量的水平决定的,更取决于体验质量与期望质量之间的差距。正因为如此,企业的每一项质量计划就不应该仅仅牵涉有关操作人员,还要包括那些负责营销和市场沟通的人。

形象对于顾客感知服务质量的高低有着非常重要的影响,无论对于服务企业还是其他组织来说,都是如此。树立良好的形象对于企业来说是一项十分迫切的任务,人们对形象的形成和形象危机等一系列问题并没有给予足够的重视。我们将在第三节进一步探讨服务品牌与形象管理的问题。

二、服务质量管理

(一)服务质量的差距分析模型

为了便于分析服务质量问题的根源,帮助经理人员认识如何提高服务质量,Berry 和他的同事提出了一种称为"差距分析模型"(Gap Analysis Model)的分析方法。该模型如图 19-6 所示。

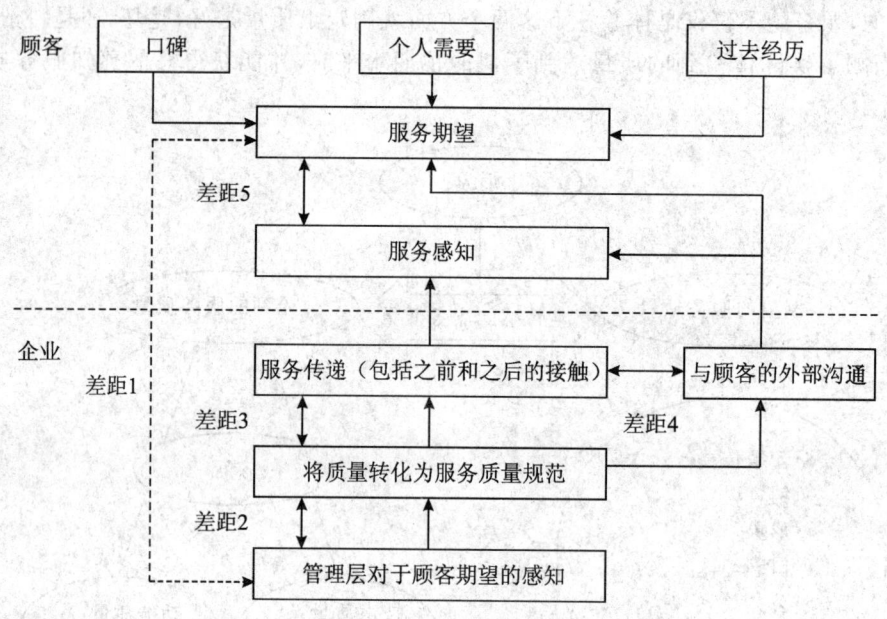

图 19-6　服务质量差距模型[49]

该模型分为两部分,上半部与顾客有关,下半部与服务提供者有关。它向我们展示了对服务质量进行分析和计划时应该考虑哪几步,以及基本结构中各要素之间 5 个相互脱节的地方,也就是所谓的质量差距。这些质量差距是由质量管理过程的不连贯性造成的。最终差距,也就是存在于预期服务与体验服务之间的差距是其他那些在服务过程中可能产生的差距的函数。

1. 管理部门的感知差距

出于某些原因,管理部门往往会不正确地感知顾客的预期质量。这些原因可能是:从市场调研和需求分析中获得的信息不准;对有关顾客预期的解释不对;没有进行需求分析;不存在从服务第一线到管理部门的自下而上的信息沟通;组织层次过多,使自下而上的信息受到阻滞或改变等。缩小这一差距的方法是改进管理,提高管理部门的工作能力,特别是使经理人员增强对服务竞争的本质和需求的了解和判断能力,同时加强研究工作,以便更好地观察、识别顾客的需求和期望。

2. 质量规范差距

这一差距指服务质量规范与管理部门对质量预期的感知不一致。它的产生原因大致是计划有误或计划程序不当、计划管理不善、组织目标不明确、服务质量缺乏高层管理者的有力支持等等。这一差距的大小视第一个差距的大小而变化，不过即使第一个差距不存在，也就是说能够得到足够的、正确的顾客预期信息，对质量规范的计划仍然可能失败，而且常常缘于高层管理部门缺乏真正的质量信念。当然问题也会出在计划过程本身，那些提供服务的人是必须认同服务质量规范的，仅仅由高层制定而得不到实际生产人员合作的计划过程决不是好的程序。理想的情况应该是服务提供者、计划者和管理部门在各目标和规范上都能达成共识。此外，还要记住目标和规范不能过于僵化，否则会降低组织弹性，削弱员工甘冒风险采取灵活行动的积极性，并且最终可能损害服务质量。

3. 服务传递差距

这是指服务的生产和传递过程没有按照企业所设定的标准来进行。导致此差距的原因有：标准定得过于复杂和僵化，员工们不赞成这些标准，标准与企业文化不相容，服务运营管理不善，内部营销不充分，技术或制度不利于按照标准进行工作等等。这些原因很复杂，但可以粗略地归为三类：(1)管理与监督问题，比如监控体系与良好的服务或质量标准有冲突。那些把确定控制和奖励标准与制定质量标准计划分离开来的组织很容易产生服务传递差距。因为那样一来，错误的和不重要的行为得不到控制，甚至还会得到奖励。与质量标准相矛盾却得到控制体制鼓励的情况会使服务人员感到困惑和无所适从。解决这类问题的关键是改变经理人员和上级对待其下属的方式，改变监督体系对业绩进行控制和奖励的方式。(2)服务人员对质量标准、组织规章及顾客需求与期望的感知问题。一线服务人员意识到顾客期望从服务提供者那里得到的行为与现有的规范不一致，并且认为顾客的需求和要求是合情合理的，而且可以实现，但规范却不允许他们相应地采取行动，他们的积极情绪就会受到挫伤。解决这一问题要靠对监督体系的改革，使之与质量规范保持一致；同时加强对员工的培训，使他们明白，出于一些战略考虑或盈利等原因，服务绩效往往是有局限性的。此外，改进人员的选拔和安置，明确其工作任务，也会减轻对质量的损害。(3)缺乏技术制度支持。问题可能出在引入了错误技术和运营管理制度，也可能技术和制度本身不是错误的，但引入方式不当。解决方法是适当调整技术与制度，或者改善培训和内部营销。

4. 市场沟通差距

即通过市场沟通行为所作出的承诺与实际提供的服务不符。原因可能有：市场沟通计划与服务运营割裂；传统的营销与运营之间缺乏足够的协调；市场沟通活动遵循了质量标准而组织没按这种标准去做；有内在的动辄夸大的倾向，作出了过度承诺等等。这些原因可以归结为两类：一类是外部市场沟通的计划与实施同运营不匹配，另一类是在广告宣传和市场沟通中过度承诺的倾向所致。对于第一类问题，解决的途径是建立一套制度，使两者协调。比如，每一个市场推广活动的推出必须考虑到服务的生产和传递，而不是各行其是。这样做可以实现两个目标：一是确保市场沟通中的许诺更加准确，符合实际；二是能更好地遵循所作的许诺。第二类问题的根本原因在于市场沟通中常常使用溢美之词进行过分的形容。解决方法是改进市场沟通计划的程序，加强管理部门的监督。

5. 感知服务质量差距

这是指顾客所感知或体验的服务质量与其所预期的不一致。引起这种差距的原因有：顾客实际体验到的服务质量低于其预期的服务质量或者存在服务质量问题,口碑较差,企业或地方形象差,服务失败等等。这个差距可能很小,顾客实际接受的服务质量甚至有可能大于他所期望的服务质量。如果存在差距5,原因可能是上面我们所说的某一个,也可能是几个原因同时出现,更有可能包括其他原因。

服务质量的差距分析模型可以指导管理部门发现质量问题产生的原因,并找到适当的方法去缩小这种差距。可以说,差距分析模型是发现顾客和服务提供者对服务质量感知差距的一种非常直观而有效的工具。通过它的运用,管理者可以逐步缩小顾客期望与实际体验之间的差距,由此提高顾客感知的服务质量。

(二)Gummesson 4Q 产品/服务质量模型

Gummesson 4Q 产品/服务质量模型是在综合考虑顾客感知服务质量模型和有形产品质量概念的基础上而得出的,力图对制造业和服务业的质量管理都能有所帮助。

这个模型研究的出发点是服务和有形产品都是服务不可分割的组成部分。所以,该模型将产品和服务的要素都包括进来了,目的是在抽象的情况下探讨如何提高管理质量。该模型包括服务预期和服务体验两个变量。另外,企业形象和品牌要素也被纳入到该模型中。品牌要素是顾客感知服务质量模型中的新要素。形象与顾客对一个企业的看法有关,而品牌则是产品在顾客心目中的定位。顾客对整体服务质量的感知,一方面会影响企业的形象,另一方面也会对顾客心目中的品牌形象起到决定性的影响作用。

模型中的前两个质量概念是质量的来源。设计质量说明的是服务和产品是如何整合为功能质量组合的。设计质量不高会导致工作绩效低下和糟糕的顾客体验。生产和传递质量说明的是这种服务组合是如何生产和传递给顾客的。无论在服务生产还是服务传递的过程中,哪里没有达到顾客的预期,哪里就会出现质量问题。

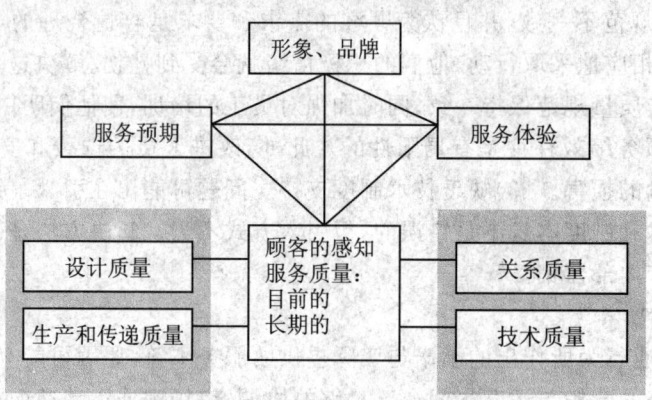

图 19-7　Gummesson 4Q 产品/服务质量模型[50]

模型中的后两个质量概念是从有形产品生产和服务生产得出的。关系质量指在服务过程中顾客是如何感知服务质量的。以顾客为导向、细心、关怀顾客的员工通常具有高超的服务能力和技巧,他们通常会提高与顾客的关系质量。有形产品的定制化生产也是影响这种质量的重要因素。关系质量与功能质量要素紧密相关。在该模型中,技术质量指的是一个服务组合短期和长期的利益。如果对生产设备的维护和保养能够使生产者减少由于设备故障而导致的顾客货币损失,那么,对于生产者来说,这就是一种技术质量;如果一个顾客的损失由保险公司给予补偿,对于顾客来说,保险产品的技术质量是良好的;同样,如果一部汽车能够按照质量标准行驶,它的技术质量也是良好的。

该模型综合考虑了产品和服务两个方面,指出了质量最重要的构成要素。它将整个业务流程都纳入了考虑范围,服务质量优良或者是低下的原因不仅涉及工厂或后台(影响生产质量),甚至可以追溯到设计部门(影响设计质量)。这个模型还将服务的特殊要素(传递和关系质量)纳入其中,以前的顾客感知服务质量模型是不包括这两个要素的。

(三)服务质量评价模型

1985年,BPZ(Berry,Parasuraman,Zeithaml)服务研究组合通过对服务质量决定因素和顾客感知服务质量的实证研究,提出了10项决定服务质量水平的因素,如图19-8所示。

```
1. 可靠性——涉及绩效与可靠性的一致
   公司的第一次服务要及时、准确地完成
   准确结账
   企业财务数据和顾客数据记录准确
   在指定的时间内完成服务
2. 响应性——员工提供服务的意愿
   及时服务
   即刻办理邮寄业务
   迅速回复顾客打来的电话
   提供恰当的服务
3. 能力——掌握所需技能和知识
   与顾客接触的员工所具备的知识和技能
   运营支持人员的知识和技能
   组织的研究能力
4. 可接近性——易于接触和方便联系
   通过电话很容易联系到服务
   接受服务所等待的时间不长
   营业的时间便利
   服务设施安置地点便利
5. 礼貌——包括客气、尊重、周到和友善
   考虑顾客的利益
   与顾客接触的员工的外表干净、整洁
6. 沟通——用顾客听得懂的语言表达和耐心倾听顾客陈述
   介绍服务本身的内容
   介绍所提供的服务的费用
   介绍服务与费用的性价比
   向顾客确认能解决的问题
7. 可信度——信任、诚实和心中想着顾客的利益
   公司名称
   公司声誉
   与顾客接触的员工的个人特征
   在互动关系中推销的难易程度
8. 安全性——安全、没有风险和疑虑
   身体上的安全性
   财产上的安全性
   信任程度
9. 理解——尽力去理解顾客的需求
   了解顾客的特殊需求
   提供个性化的关心
   认出老顾客
10. 有形性——服务的实物特征
    实物设施
    员工形象
    提供服务时所使用的工具和设备
    服务的实物表征(卡片等)
    服务设施中的其他东西
```

图 19-8 决定顾客感知服务质量的因素[49]

1988年,PZB通过深入研究,将这10项因素合并为5项,即著名的服务质量评价方法——SERVQUAL。这5项分别是:

1. 有形性

这个因素与服务企业的服务设施、设备、原材料相关,也和员工的外表相关。

2. 可靠性

准确、及时地提供第一次服务。

3. 响应性

服务企业员工具有帮助顾客的愿望并能够对顾客所面临的问题给予迅速而有效的解决。

4. 真实性

员工的行为能够增强顾客对企业的信心,同时让顾客感到安全,这也意味着员工要有诚意以及解决顾客问题所必须具备的知识和技能。

5. 移情性

设身处地地为顾客着想并对顾客给予特殊的关照,同时营业的时间要充分考虑顾客实际情况。

SERVQUAL 是用来衡量顾客感知服务质量的一种工具。它建立在上述 5 个决定因素的基础上,通过对顾客服务预期与服务体验之间差距的比较分析来衡量。通常选择 22 个指标,被调查者根据其服务体验来回答问题(每个指标的分值在 1~7 之间,分别代表"完全同意"和"完全不同意"),说明他们期望的服务质量和体验的服务质量,由此来确定整体感知服务质量的分值。分值越高,说明顾客服务体验与服务预期距离越远,即顾客感知的服务质量越低。

应用 SERVQUAL 必须十分慎重,究竟应该选择哪些指标要根据具体情况来加以确定,因为面对不同的市场环境、社会文化和服务内容,服务的具体内涵也有所差异,在有些情况下,可能要增加或者减少一些指标以满足不同服务的特殊要求。

(四)服务补救

服务补救(Service Recovery)可以被看作服务失误时的质量管理,它被引入到服务管理理论中的目的是为了帮助服务企业有效地管理服务失误和顾客抱怨。从服务生产和传递的角度来看,服务的特性使得顾客在接受服务时常常感受到相当高的不确定性,尤其是当他们面对复杂、不熟悉以及需要长期传递的服务时,这种不确定性会更高,而这种不确定性即意味着服务失败,负面的结果可能发生在每一个接触服务的地方。当第一次服务出现失误后,服务提供者必须小心翼翼地为顾客提供良好而准确的第二次服务。研究结果表明,服务失误是服务提供者提高顾客感知服务质量的第二次机遇。企业处理服务失误的方式成为弱化或强化顾客关系的基础。服务失误处理得当,有助于顾客与企业良好信任关系的建立,也会提高顾客对企业的忠诚度。

根据 U.S. Office of Customer Affairs 的研究发现,在家庭的服务补救问题中,若是潜在成本超过 \$100,而问题被满意解决,则 54% 的人会继续维持其忠诚度,若对问题解决不满意,则只有 19% 的顾客会重复购买;若是潜在成本不太昂贵的,则问题被满意解决后有 70% 的人会维持忠诚度,若问题没解决则只有 46% 会重复购买。

一个有效的服务补救系统包括三个组成部分:借助不间断监控服务系统,及时发现服务失误;及时、有效地解决服务失误;从质量问题和服务补救中吸取经验教训。

服务补救的方式可以分为三种,即属于被动的服务补救方式的管理角度的服务补救(Administrative Service Recovery)、属于主动的服务补救方式的防御性服务补救(Defensive Service Recovery)和属于超前的服务补救方式的进攻性服务补救(Offensive Service Recovery)。

补救时机的选择非常重要,作为一项基本原则,服务补救越迅速越好。快速的服务补救可以提高顾客对服务质量的满意程度。同时,快速而有效的服务补救的成本比缓慢的服务补救的成本要小得多。

总之,服务补救是提高顾客感知质量的重要因素。服务补救与服务质量密切相关,它会影响顾客对服务质量的感知。有效的服务补救可以提高顾客的满意度。有学者们甚至认为,出现服务失误后,得到及时而有效的补救的顾客,其满意度比那些没有遇到服务失误的顾客的满意度还高。

第三节　服务营销策略

一、市场导向

(一)创建市场导向的组织

一个服务型组织不应该为繁琐的官僚机构或者科层组织所扰。市场导向要求组织成员理解并承担起对顾客的责任和拥有为顾客提供服务所需的能力。那些拥有实质决策权的员工可能不是能够快速为顾客提供优质服务的人员。为了减少顾客与高层管理者之间的沟通障碍,组织中的层级不应过多。

在服务传递的过程中,顾客将会与众多为自己创造价值的人员打交道。组织的后台服务部门、管理部门和员工构成了服务过程中买卖双方进行互动的支持性资源。这些支持性资源为服务传递提供载体和实现功能,也为服务传递过程中相应所需提供必要帮助。例如,组织成功地控制了众多的关键时刻(Moment of Truth),然后让这些关键时刻成为建立良好顾客关系的契机。

有关组织结构的传统观点和现代的服务导向的组织结构比较如图 19-9 所示。对组织结构认识的变迁是根据服务管理原则进行战略性思考的变革的产物。它蕴含着三方面的内容:

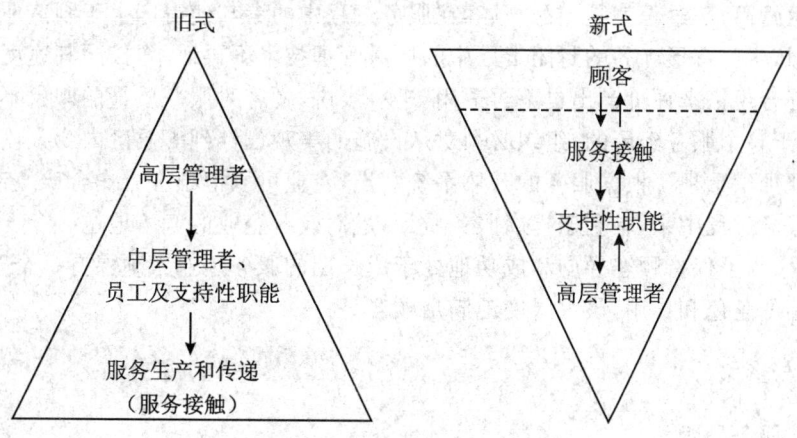

图 19-9　服务导向的组织结构[19]

1. 优先权发生了变化。组织的金字塔结构发生了根本性变化。不是高层管理者,而是组织结构的其他部分决定了企业战略的前途。在服务接触中发生的交互行为,包括人员、有形资源、信息技术、运营系统和与顾客的交往,占据了金字塔顶端的位置。组织在服务接触中的绩效决定了组织能否成功或者可否盈利。

2. 对顾客的责任和业务决策从管理层手中转移到参与顾客接触的员工手中,这些员工也要对关键时刻负责。

3. 新思维意味着组织的金字塔结构必须扁平化。这是责任和权力从部门转移到服务接触过程的结果。这也意味着中间层次的减少。

(二)服务的开放系统观点

服务组织的独特性意味着服务市场的运营需要特殊的方法,这已经超出了以往制造业运营的范畴。服务的独特性要求将系统视野扩大,将作为参与者的顾客包含在内,如图19-10所示。顾客被看作投入,通过服务过程转化为一定满意程度的产出。

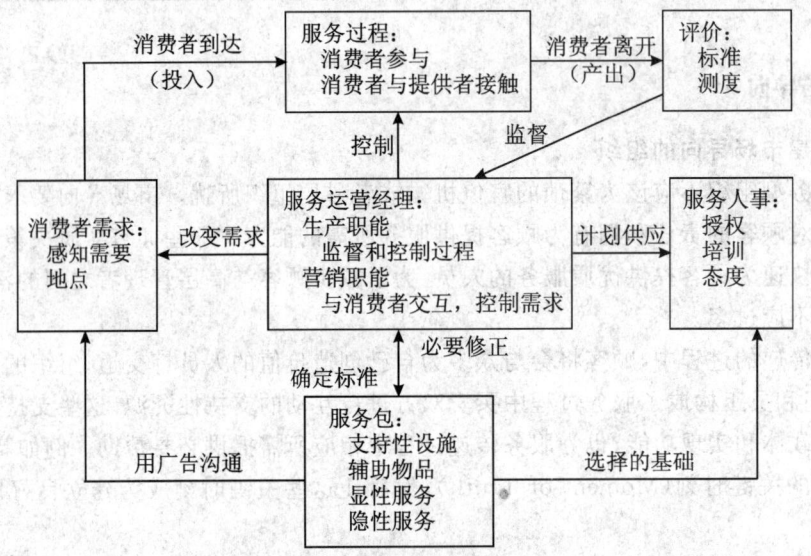

图 19-10　服务运营的开放系统观点[16]

对服务运营而言,过程就是产品。顾客在服务过程中的参与使得产生于制造业的封闭系统观点不再适用,生产有形产品的封闭工厂中的质量管理技术不再适用,按照其速度设计的过程和根据是否符合规格来评价产出也不再适用。进一步讲,顾客对服务质量的印象不仅仅是显性服务,而是基于整个服务经历的,组织必须对从设施的美观设计到等候区内令人愉快的消遣的服务全过程都加以重视。根据服务的开放系统观点,企业可以把顾客看作合伙生产者,让顾客积极参与到服务过程中来,有利于提高服务质量,进而改善企业的竞争地位。

总之,一个为了保持顾客导向和成功地处于成长期的服务企业必须保持一个开放的视野,重新审视顾客的角色和作用,最大限度地满足顾客。

二、品牌与形象

(一)创建服务品牌

按照Grönroos的观点,品牌最重要的意义在于它对顾客的价值,因为这是创造品牌对企业价值的基础。顾客在不断发展的品牌接触的基础上积累了关于某种品牌的知识,或者形成了某种品牌印象,从而将不同的产品、服务、解决方案或者关系区别开来。品牌可以被定义为建立在顾客的品牌关系概念上的品牌形象:品牌是通过持续开发品牌关系,使顾客对有形产品、服务、解决方案、信息及其他要素有区分性的认识,这些都基于顾客所面对的所有品牌接触。

形成某种服务品牌时必须考虑以下两种情况：

1. 创立品牌没有可参照的现成标准格式。处于品牌化过程中心的是服务过程本身。
2. 品牌化过程的基础通常是企业和企业的服务过程本身，而不是单独的服务，尽管企业有时会创造能与企业本身相分离的服务项目。

研究人员很少关注怎样创立服务品牌。Berry 提出了某种系统化的观点，试图以此说明怎样培育服务品牌才能发展基于顾客的品牌资产。他的建议是建立在许多提供优质服务的企业进行深入调查研究的基础上的，包括企业在培育品牌资产、创建良好的品牌关系时应该考虑的四个战略性的观点：差异化、提升企业声誉、建立情感联系、将品牌内部化。在表 19-3 中简要地描述了这四种观点。

表 19-3 如何创建成功的服务品牌关系[51]

观　点	评　价
差异化	具有良好品牌的企业从不将其服务作为一般商品出售。它们总是创新而不是模仿，即创建与其他竞争者相区别的品牌关系。因此，顾客心目中的品牌印象非常清晰
提升企业声誉	具有良好品牌的企业为顾客开发出重要并具有价值的服务。仅仅将自己的服务和竞争者的服务区别开来是不够的，提供给市场的服务必须是有价值的。宣传品牌是表明企业在市场中的目标。因此，这种企业的服务业绩比竞争者要好，在此过程中也会获得好的口碑
建立情感联系	服务通常和情感相连。因此，有良好品牌的企业总是试图超越服务的逻辑和经济层面。它们给顾客带来信任感、热情和亲切感。品牌应该反映顾客的核心价值，这些核心价值往往是超越常规逻辑的
将品牌内部化	品牌关系很大程度上是在服务接触中产生的。在这里，和顾客接触的员工占据非常重要的地位，在服务过程中他们可以支持或者破坏塑造品牌的过程。具有良好服务品牌的企业往往将品牌接触内部化。对这种公司来说，内部营销是一个很重要的工具

（二）管理企业形象

良好的企业形象或者地方形象是企业宝贵的无形资产，因为形象在很多方面影响着顾客对企业的传播和运营情况的感知。不管是国际的、国内的、地方的组织或者任何其他组织，其形象都代表着现有顾客、潜在顾客、流失的顾客和其他相关群体对组织价值的评价。形象的重要作用勿庸置疑。

首先，形象表达了人们的期望。即使在其他组织当中，形象也以类似的方式发挥作用。此外，形象不仅影响着人们的期望，还能帮助人们筛选信息、营销传播手段及口碑。

其次，形象是影响人们感知的过滤器。如果企业的形象良好，可能会成为企业的"保护伞"，即使企业在技术质量或者功能质量上出现了小问题，有时甚至是比较严重的问题，都有可能被人们忽略。然而，它只能在短期内有效，如果该问题总是发生，"保护伞"的作用将会慢慢消失，企业的形象也会逐渐发生改变。

再次，形象是体验和期望共同作用的结果。如果顾客对服务怀有期望并切实体验过，其亲身体验的感知服务质量就会改变形象。如果亲身体验的质量与预期相符或超出预料，形象就会得到加强甚至提高。

最后，形象对员工有内在的影响力，对顾客有外在的影响力。企业的形象越不清晰，就越会影响员工对组织的态度，进而影响员工的业绩及顾客关系和服务质量。另一方面，企业的一流服务、内部价值的交流清晰等正面形象会增强员工对企业的积极态度。

有句名言叫做"形象就是现实",因此,企业的形象管理应该在现实的基础之上。如果出现形象问题,企业的管理层应该分析问题的实质后再采取行动。传播问题应该只能通过提高传播质量来解决;如果不良的形象源于不良的绩效,则只能通过内化管理来改善企业的形象。

三、内部营销管理

在服务营销中,人是关键要素。这当然包括顾客以及供应商和其他为企业提供辅助服务的参与者,也包括企业内部的员工。在建立和加强与顾客的外部关系时,首先必须理顺内部关系,使企业的员工真正作好思想上和行动上的准备。因为服务营销不再仅仅由企业营销部门的专门人员来进行,许多负责生产、送货、技术服务、投诉处理等传统的非营销性活动的人员也与顾客接触,他们的数量大大超过专业营销人员。这些人的技能、顾客观念和服务意识极大地影响着顾客对企业的感觉及其未来的光顾行为。企业必须设法使这些"业余营销者"具备必要的技能和正确的观念。为此,就要针对员工开展企业内部营销。

(一)内部营销

内部营销是指企业在服务意识驱动下,通过一种积极的、目标导向的方法为创造顾客导向的业绩作准备,并在组织内部采取各种积极的、具有营销特征的、协作方式的活动和过程。在这种方式中,不同部门和过程中的员工的内部关系可以用最佳效果进行巩固,并与服务导向的管理及与顾客、其他合作伙伴的外部关系建设相适应。内部营销是一种将员工视为顾客的管理哲学,它的重要性在于它使企业管理部门系统地、战略性地进行这些活动。

内部营销包括两个方面,即态度管理与沟通管理。态度管理是内部营销的主要部分,它是对员工的态度及其有关服务意识与服务意识的动机进行管理,这是一个持续不断的过程;沟通管理指确保企业内部信息畅通,使管理人员、一线服务人员和二线支持性人员能够取得完成各自职责所必需的信息,并能把各自的需要、要求和观点传达出来。与态度管理相比,与企业内部信息传递和反馈有关的沟通管理是将态度管理和沟通管理结合起来,前者施加影响,后者提供支持。这才能使内部营销成为不断发展的永续过程。

内部营销的目标人群是企业的管理层和"业余营销者"。前者包括高层管理部门以及中级管理和监督人员;后者有与顾客发生接触的一线人员及从事支持性工作的企业员工。

企业开展内部营销的总目标有两个:一是保证激励员工作出具有服务意识和顾客导向的业绩,成功地履行其作为"业余营销者"在相互作用营销任务中所承担的职责;二是吸引并留住优秀的员工。

从某种意义上说,内部营销首先是一种人事管理的思想以及培养和强化一种服务文化的系统方式。企业要成功地进行内部营销,就必须把它视为自身战略管理的有机组成部分,同时保证它不受企业组织结构的制约并得到足够的管理支持。

(二)内部营销的三个层次

从原则上说,企业需要开展内部营销的情况有三种:一是当企业建立服务文化,在员工中树立服务导向时;二是维系员工中的服务导向时;三是在员工中引入新产品、新服务及新的营销活动时。这三种情况代表着企业内部营销的三个层次。

1.培养服务文化

在具有服务文化的企业组织中,服务导向和关心顾客是最主要的行为准则,而内部营销常常是实现这种文化的手段之一。通常,这种情况下的内部营销有三个目标:一是使员工们理解并接受企业的经营使命、战略、谋划以及产品、服务和营销运动;二是在管理人员和管理者中梳理服务导向的管理与领导风格;三是向员工传授服务导向的沟通技能。

2. 维持服务文化

服务文化建立起来后必须积极地维护它,否则很容易退回到那种以技术效率为主要指导原则的文化。通过内部营销来维持服务文化要实现三个目标:一是保证各种管理方法能够促进和增强员工们的服务意识及顾客导向;二是保证员工能够得到连续不断的信息与反馈;三是在向顾客推出产品和服务以及发动营销运动之前先把它们推销给员工。在这种内部营销中,经理和上级的表现十分重要,他们的管理风格以及管理上的支持和控制对维系服务文化有很大作用。由于管理者对服务的传递等过程以及实践中员工对具体问题的应对不能直接控制,因此往往要设法在企业内部营造出服务至上的气氛,借以进行间接控制。

3. 引入新的产品和服务以及新的营销运动和活动

当企业计划推出新产品和服务以及发动新的营销运动而员工尚无充分准备时,内部营销在最初能够起到有组织、有系统地处理问题的作用。比如,当一线服务人员不知道发生了什么事或尚未全面接受新的产品、服务和营销活动时,内部营销可使他们依然很好地完成其"业余营销者"的工作。在这种情况中的内部营销围绕以下目标进行:一是让员工认识和接受正在开发和向市场推出的新产品与服务;二是让员工认识新的营销活动并保证接受它们;三是让员工认识并接受企业执行各种影响顾客关系和互动营销业绩的任务的新方式。

(三)内部营销战略的实施

企业的内部营销是一个持续不断的过程,但可以划分为三个阶段:第一,深入分析服务战略的性质和员工、顾客的态度;第二,让员工理解顾客意识的概念和互动营销过程;第三,培养和实现持续的顾客导向和服务导向的运营。

最后需要指出的是,企业在制定和实施内部营销战略时还要注意几条原则:

首先,管理部门必须认识并完全接受内部营销活动的内部中心。也就是说,要让员工参与内部营销过程,比如,让他们感到自己的重要性,觉得能够参与改进对自己重要的事,从而愿意服从企业的经营战略和内部营销战略。

其次,要重视内部营销工作的外部中心。也就是要重视那些改善工作环境和工作内容的行动在每一个员工身上具有什么样的外部营销影响。因为内部营销的最终目的是提高雇员的服务意识和服务观念,归根到底是提高企业员工的互动营销能力与外部营销的绩效。

最后,必须牢记不能将内部营销规划仅仅看成是一种战术手段,而只在企业内与顾客发生接触的员工中间开展。这样做不利于在企业中生成一种牢固的服务文化,从而最终导致内部营销规划的失败。

复习思考题

1. 什么是服务?它与有形产品的主要区别是什么?
2. 为什么说服务质量是"感知质量"?它是由哪两个方面构成的?
3. 如何评价服务质量?试结合具体行业进行测评。
4. 如何理解服务品牌与企业形象?
5. 简述内部营销。

案例分析

香港全球旅游推广活动

作为国际性大都市的香港,是亚洲首选旅游目的地和购物天堂。为进一步巩固"亚洲盛事之都"的地位,香港推出全球旅游推广计划,前后包括"动感之都,就是香港"与"香港,乐在此?爱在此!"两项活动,以不同的表现方式带动了香港旅游业的发展,在全球范围内形成持续的冲击力,全面提升了国际性都市的新形象。

"动感之都,就是香港"

"动感之都,就是香港"是香港实施的为期两年的一项大型旅游计划,其目的是使香港在未来继续成为亚洲最受欢迎的旅游热点之一。

"动感之都,就是香港"是由香港旅游发展局联合全港18个区共同举办的香港有史以来最大规模的旅游推广活动。从2001年4月起到2003年3月,香港旅游局向全球着力推介香港18个区的特色节目、节庆、景点,并举办了一系列大型的以旅游为主题的盛事和活动,推广香港的旅游。此外,主办者还将通过这项推广活动,加强市民对香港的了解,争取全港各界支持旅游业,营造具有香港特色的待客文化。

此推广活动包含香港旅游发展局联同多个机构及团体合办的五项大型活动:

1. "中电"全城动感耀灯辉:展示香港多个地区大厦外美轮美奂之灯饰(2001.12.9~2002.1.5,2002.1.26~2002.2.26);

2. "国泰航空"国际汇演贺新禧暨新春嘉年华:融汇了全球富有民族特色的演出活动及主题花车(2002.2.12);

3. 花城荟萃大展:以花为主题的赏玩活动(2002.3.4~4.17);

4. "汇丰"新世纪劲买:令游客体会香港购物乐趣(2002.7~8);

5. 动感热舞嘉年华:在周日熙来攘往的大街上举行的包括歌舞、街头艺术表演及香港与世界各地美食推广的一个盛大户外嘉年华会(2003年初)。

其他配合活动包括:举办"每月推介",介绍18区的景点,以及推广香港作为美食天堂的"美食之最大赏"。

香港还举办了多项世界瞩目的重要赛事,计有香港国际龙舟邀请赛、香港国际七人榄球赛、香港马拉松和在沙田马场举行的香港国际赛事等,吸引了不少海外和本地劲旅参加。文化方面,一年一度的香港艺术节和香港国际电影节,以及传统节日活动如中秋彩灯会等,均广受欢迎。此外,又在全港各区举行林林总总的地区活动,包括区节、地区文娱体育节目、美食节、节日灯饰,以及传统节庆和巡游。

2002年,香港旅游业得到很大发展,访港旅客达到破纪录的1600多万人次,比2001年增加逾两成。面对市场日趋激烈的竞争,香港2003年2月继续"动感之都,就是香港"为主题的活动,主要开发新兴及有潜力的市场,并开拓高收益的客群,推出迎合旅客口味的推广活动,主要围绕购物、美食、古迹文化、香港的都市和海港及绿色景致组合四个方面进行,使旅客在香港能获得多元化和深刻的旅游体验。

"香港，乐在此？爱在此！"

香港的国民收入中有85%来自服务业（据《香港经济日报》统计），而旅游业占了相当大的比例，与香港经济息息相关。2001年的旅游业收益达643亿港元，访港旅客达1375万人次。2003年初"非典"的爆发，对香港旅游业的打击最大：根据香港旅游发展局的资料，2003年5月份，赴港旅客同比下跌68%至谷底；香港旅游收入减少了123亿港元；美国三大投资银行纷纷下调了对香港2003年GDP增长率预期；香港的失业率达到了空前的8%；旅游业受损，波及了地区消费，从而打击了香港的零售业和消费服务业。

为了恢复香港旅游、振兴香港经济，继"动感之都，就是香港"第一阶段为期2年的推广之后，香港旅游发展局又开展了主题为"香港，乐在此？爱在此！"的第二阶段全球推广活动。

2003年10月11日香港旅游发展局中国内地总监在北京宣布，为使香港旅游业得以全面复苏，该旅游发展局再次投入1.4亿港元，将在10月13日，推出以"香港，乐在此？爱在此！"为主题的第二阶段的旅游系列活动。由"香港旅游大使"成龙担纲演出的旅游宣传片也将在中国主要城市电视台同步播出。

"非典"过后，为了旅游业的迅速复苏，香港政府及业界投入了四亿多港元，推出了"好客月"活动。为了配合"香港，乐在此？爱在此！"为主题的第二阶段的旅游系列活动，香港旅游发展局与内地旅游业界联袂为消费者准备了以下旅游产品：

1. 以家庭为主题的"亲子在此"旅游路线；
2. 以美食为主题的"细味在此"旅游路线；
3. 以购物为主题的"心动在此"旅游路线；
4. 为自助游的旅客准备的"大屿山一日游"、"直升机环港游"、"璀璨香江夜游"等路线；
5. "香港国际烟花音乐汇演"（2003.10）；
6. "香港缤纷冬日节"（2003.10～2004.1）；
7. "新春国际汇演之夜"（2004年初）；
8. "星光大道揭幕前奏"（2004.3）。

据香港旅发局的统计，香港为消除"非典"负面影响所进行的推广活动共花费约5亿港币。但是通过这一系列推广活动，截至2003年10月10日，在国际上为香港带来了总值10.43亿港元的宣传效益。不仅如此，旅游带动消费，为香港经济注入了一剂强心针，让香港在最短的时间里得以重生。

香港旅游的推广方式

1. 定位准确的主题推广

香港旅游有准确的定位，那就是在全球建立香港是："动感之都"、"亚洲盛事之都"的地位。在此定位下，以"动感之都，就是香港"和"香港，乐在此？爱在此！"的主题进行了长期推广。为了突出活动主题和传播的一致化，组织者专门设计了醒目的LOGO。

2. 电视广告推广

由香港政府联合业内专家及世界巨星成龙重金打造新版全球旅游推广广告片"香港，乐在此？爱在此！"，并在全世界三十多个大城市同步播出。

3. 名人代言，公关推广

由成龙、郭富城、莫文蔚、李嘉欣、黎明等担任香港旅游形象大使，利用明星效应，分区域进行推广宣传活动。

邀请知名人士，在2003.6.23～9.15期间，香港旅发局制作了5段新闻影带，分发到69个国家的368家电视台,并邀请了皇马球队、姚明等篮球巨星、奥运滑冰好手关颖珊等多位知名人士,及586位国际传媒嘉宾访港宣传,接受传媒专访并出席演讲活动。

4. 娱乐营销推广

拍摄电视剧,以"动感"为主题,拍摄郭富城主演的电视剧《动感豪情》,并由旅发局配合开展大型公关宣传活动,中国内地、中国台湾和东南亚地区有3亿户家庭收看了此剧。

做电视节目,旅发局与国家地理频道的《亚洲自我挑战赛》节目合作,利用电视节目推广香港旅游。

5. 旅游代理商推广

香港旅发局组织了来自17个不同市场的300多家旅游代理商和1930位旅游业务代表赴香港考察。

6. 旅游产品直效推广

香港旅发局与旅游业界、商界合作,针对不同消费者需求精心打造,在不同市场推出超过100项旅游产品,如"亲子在此"、"细味在此"、"心动在此"等,进行直效推广。

问题

1. 香港的旅游资源并非得天独厚,在全球经济普遍不景气的影响下,香港仍能开拓出一片旅游新天地的原因有哪些?

2. 结合香港全球旅游推广的成功案例,试述创建城市品牌形象应注意哪些问题。

◇第二十章

21世纪营销新发展

第一节 关系营销

关系营销理论以1984年科特勒提出的所谓的"大市场营销"思想为基础,借鉴了系统论、协同学的役使原理和传播学的交换理论,并对传统营销理念进行拓展。关系营销自20世纪80年代后期产生以来得到了迅速的发展,最初主要是讨论如何维系和改善同现有顾客之间关系的问题。今天,人们对关系营销的讨论和关系营销的实践,已从单纯的顾客关系扩展到了企业与供应商、中间商、竞争者、政府、社区等的关系。

一、关系营销的含义与特征

(一)关系营销

关系营销各学派从不同的角度入手,采取不同的方法研究关系营销,因此对关系营销的定义也不同,主要有狭义和广义之分。狭义的如:Bickert(1992)认为,关系营销就是数据库营销;Jackson认为"关系营销是与关键客户建立牢靠、持久的关系的一个营销导向"。有些学者从更宽广的角度认识关系营销,如Moran和Hunt(1994)认为"关系营销是指所有的旨在建立、发展和保持成功关系的一切活动"。

我们在这里所说的关系营销是以广义定义为基础,将关系营销看作一个企业与消费者、供应商、分销商、竞争者、政府机构及其他公众发生互动作用的营销过程,其核心是建立和发展与这些公众的良好关系。

(二)关系营销与交易营销比较

交易营销关注的是一次性交易,关系营销关注的是如何保持顾客,两者的比较可以用表20-1表示。关系营销不仅将注意力集中于发展和维持与顾客的关系,而且扩大了营销的视野,它涉及的关系包含了企业与其所有利益相关者间发生的所有关系。

表 20-1　关系营销与交易营销的比较

交易营销	关系营销
关注一次性交易	关注长期保持顾客
较少强调顾客服务	高度重视顾客服务
少量的顾客承诺	充分的顾客承诺
适度的顾客关系	密切的顾客关系

(三)关系营销的特征

1. 双向沟通

在关系营销中,沟通应该是双向而非单向的。只有广泛的信息交流和信息共享,才可能使企业赢得各个利益相关者的支持与合作。

2. 合作

一般而言,关系有两种基本状态,即对立和合作。只有通过合作才能实现协同,因此合作是"双赢"的基础。

3. 双赢

即关系营销旨在通过合作增加关系各方的利益,而不是通过损害其中一方或多方的利益来增加其他各方的利益。

4. 亲密

关系能否得到稳定和发展,情感因素也起着重要作用。因此关系营销不只是要实现物质利益的互惠,还必须让参与各方能从关系中获得情感需求的满足。

5. 控制

关系营销要求建立专门的部门,用以跟踪顾客、分销商、供应商及营销系统中其他参与者的态度,由此了解关系的动态变化,及时采取措施消除关系中的不稳定因素和不利于关系各方利益共同增长的因素。

此外,通过有效的信息反馈,也有利于企业及时改进产品和服务,更好地满足市场的需求。

二、关系营销的内容

(一)关系营销的核心内容——顾客忠诚

顾客是企业存在和发展的基础,市场竞争的实质是对顾客的争夺。随着企业营销观念从交易营销转为关系营销,越来越多的企业认识到要取得竞争优势仅仅依靠争夺新顾客是远远不够的,企业必须重视留住老顾客,培育和发展顾客忠诚。因为忠诚顾客会向企业购买更多的产品,即使产品的价格略高于竞争对手产品的价格;他们会变成公司的忠实信徒,并且会向同事、家人和朋友推荐本企业及本企业的产品;他们会使本企业变成组织或家庭采购的标准;他们会试用本企业推出的新产品或服务,并有助于企业完善自己的产品或服务。要实现顾客忠实于企业,必须与顾客建立良好的密切关系,而且要以各种方式来维持这种关系。根据关系营销维持顾客关系的手段和实现顾客忠诚的程度不同,贝瑞和帕拉苏拉曼将关系营销分为一级关系营销、二级关系营销和三级关系营销。

1. 一级关系营销

一级关系营销是最低层次的关系营销,它维持顾客关系的主要手段是利用价格刺激增加目标市场顾客的财务利益。

频繁市场营销计划是一级关系营销经常采用的一种手段。所谓频繁市场营销计划,是指对那些频繁购买以及按稳定数量进行购买的顾客给予财务奖励的营销计划。如香港汇丰银行、花旗银行等通过它们的信用证设备与航空公司开发了"里程项目"计划,当积累的飞行里程达到一定标准之后,共同奖励那些经常乘坐飞机的顾客。

一级关系营销的另一种常用形式是对不满意的顾客承诺给予合理的财务补偿。例如,新加坡奥迪公司承诺,如果顾客购买汽车一年后不满意,可以按原价退款。

2. 二级关系营销

关系营销的第二种方法是既增加目标顾客的财务利益,同时也增加他们的社会利益。公司人员可以通过了解单个顾客的需要和愿望,并使服务个性化和人格化,来增加公司与顾客的社会联系。因而,二级关系营销把人与人之间的营销和企业与人之间的营销结合起来。二级关系营销的主要表现形式是建立顾客组织,以某种方式将顾客纳入到企业的特定组织中,使企业与顾客保持更为紧密的联系,实现对顾客的有效控制。

3. 三级关系营销

第三种方法是增加结构纽带,与此同时附加财务利益和社会利益。结构性联系要求提供这样的服务:它对关系客户有价值,但不能通过其他来源得到。这些服务通常以技术为基础,并被设计成一个传送系统,而不是仅仅依靠个人的建立关系的行为,从而为客户提高效率和产出。良好的结构性关系将提高客户转向竞争者的机会成本,同时也将增加客户脱离竞争者而转向本企业的利益。

(二)关系营销应处理好的五种关系

关系营销要求企业不仅要和顾客建立紧密的联系,而且要和经营过程中的所有利益相关者建立良好的关系。因此,除了顾客关系外,企业还要注意处理好以下五种关系:

1. 与供应商的关系

任何一个企业都不可能独自解决自己生产所需的所有资源,如生产 1 辆汽车大约需要 8000 到 10000 个零配件,任何一个企业都不可能单独生产全部零部件,必须通过其他供应商进行专业分工、协作生产。因此,企业与供应商必须结成紧密的合作网络,才能实现资源交换。而且与供应商的关系也决定了企业所能获得的资源数量、质量及获得的速度。另外,公司在市场上的声誉也是部分地来自与供应商所形成的关系。

2. 与内部员工的关系

任何一家企业,要想让外部顾客满意,它首先得让内部员工满意。只有工作满意的员工,才可能以更高的效率和效益为外部顾客提供更加优质的服务,并最终让外部顾客感到满意。内部员工不只是企业营销部门的营销人员和直接为外部顾客提供服务的其他服务人员,它包括所有的企业员工。因为在为顾客创造价值的生产过程中,任何一个环节的低效率或低质量都会影响最终的顾客价值。

3. 与竞争者的关系

在与竞争者的关系上,企业的主要目的是争取与那些拥有与自己具有互补性资源的竞争者进行协作,实现知识的转移、资源的共享和更有效的利用。例如,在一些技术密集型行业,越来越多的企业与其竞争者进行了研究与开发的合作,这种方式的战略联盟可以分担巨额的产品开发费用和风险。现代竞争是"协作竞争",在竞争中实现"双赢"的结果才是最理想的战略选择。

4. 与分销商的关系

在分销商市场上,零售商和批发商的支持对于产品的成功至关重要。企业与供销商之间的关系应遵循求实为本、互惠互利、讲究信用、相互理解、以诚相待的原则,着眼于建立长远关系和发展前景。企业与分销商之间,必须保持良好的信息沟通,了解对方的经营状况和未来规划,树立长期合作的信念。建立企业与分销商之间的良好关系,必须以诚相待,共同解决供应与销售中存在的问题,从而达到共同发展。

5. 与影响者的关系

金融机构、新闻媒体、政府、社区,以及诸如消费者权益保护组织、环保组织等各种各样的社会压力团体,对于企业的生存和发展都会产生重要的影响。因此,企业有必要制定以公共关系为主要手段的各种营销策略来与它们建立良好的关系。

三、关系营销的策略

(一)关系营销组合策略

关系营销扩大了营销组合,在传统营销组合 4P 的基础上,新增加了三大要素:人员(People)、程序制度(Processes)、客户服务(Provision of Customer Service),如图 20-1 所示。

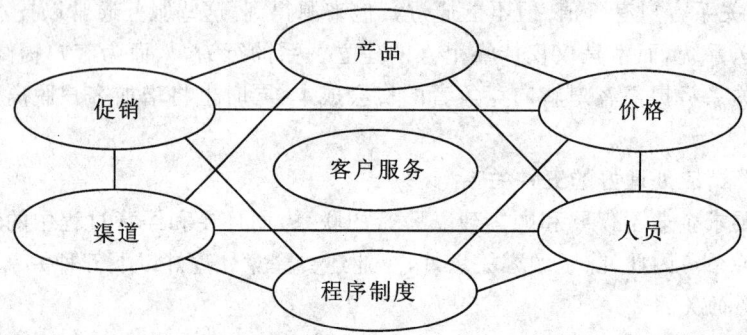

图 20-1 关系营销组合

1. 人员

把公司员工作为新营销组合的重要因素,主要是因为员工是企业赖以生存的活细胞,是企业产品的生产者、服务的承担者,对外又是企业形象的代表者,与企业的利益和目标关系最密切,企业的一切方针、政策、计划、措施,首先必须得到他们的理解和支持,并身体力行、付诸实施。员工的技术水平、创新精神、职业道德、精神风貌、服务态度等直接影响社会公众对企业的整体印象和评价。

2. 程序制度

这是指把产品和服务送达顾客手中的活动过程,包括任务、计划、技巧、活动和途径。程序管理是实现质量改进的前提条件。程序管理对服务业务更重要,因为服务产品是不能储存的。如银行自动提款机(ATM)的使用,改变了银行的服务方式,通过程序向取款的客户提供专门的服务,以便使工作人员能够向其他客户提供更好的服务,处理复杂的客户需求。

3. 客户服务

把客户服务作为营销组合的一个重要要素,是因为它和传统意义上产品策略构成要素中的服务是有区别的。它主要执行分销和后勤功能,可信度和配送速度是其重要指标。

(二)关系营销的实施策略

1. 关系营销的组织设计

为了对内协调部门之间、员工之间的关系,对外向公众发布信息、处理意见等,通过有效的关系营销活动,使企业目标能顺利实现,企业必须根据正规性原则、适应性原则、针对性原则、整体性原则、协同性原则和效益性原则建立企业关系管理机构。该机构除协调内外部关系外,还担负着收集信息资料、参与企业决策的责任。

2. 关系营销的资源配置

面对当代的顾客、变革和外部竞争,企业的全体人员必须通过有效的资源配置和利用,同心协力地实现企业的经营目标。企业资源配置主要包括人力资源和信息资源。人力资源配置主要是通过部门间的人员转化、内部提升和跨业务单元的论坛和会议等进行。信息资源共享方式主要是:利用计算机网络、制定政策或提供帮助、减少信息超载、建立知识库、回复网络或组建虚拟小组等。

第二节 顾客关系管理

"顾客关系管理"源于"以顾客满意为核心"的新型管理模式,它的产生是企业管理理念演变的结果。在激烈的市场竞争中,企业管理的目标不再是仅仅依靠产品或销售或利润来维持企业的生存和发展,而是紧紧围绕顾客的需求开展一系列活动,进行有效的顾客关系管理。

一、顾客关系管理的内涵

顾客关系管理(CRM,Customer Relationship Management)的宗旨是企业必须以顾客满意为目标,才能在市场上维持竞争力。CRM 是指企业导入信息系统来规范企业与顾客之间的一切互动行为和信息而进行的电子化管理。顾客关系管理是企业总体战略的一种,它采用先进的信息技术来获取顾客数据,分析顾客行为和偏好特性,积累和共享顾客知识,有针对性地为顾客提供产品或服务,以实现顾客价值最大化和企业收益最大化之间的平衡,培养顾客长期的忠诚度,发展和管理顾客关系。

顾客关系管理是企业为了提高核心竞争力,通过改进对客户的服务水平,提高客户的满意度和忠诚度所树立的以客户为中心的经营理念;是通过开展系统化的理论研究,优化企业组织体系和业务流程,实施于企业的市场营销、销售、服务、技术支持等与客户相关的领域,旨在改善企业与客户之间关系的新型管理机制;也是企业通过技术投入,建立能搜集、跟踪和分析客户信息的系统,创造并使用先进的信息技术、软硬件,以及优化的管理方法和解决方案的总和。

概括地说,顾客关系管理具有以下三个层次的含义:

首先,CRM 是一种管理理念,其核心思想是将企业的客户(包括最终客户、分销商和合作伙伴)作为最重要的企业资源,通过完善的客户服务和深入的客户分析来满足客户的需求,保证实现客户的终生价值。

其次,CRM 是一种旨在改善企业与客户之间关系的新型管理机制,它实施于企业的产品开发、市场营销、销售、服务与技术支持等与客户相关的领域。一方面,通过向企业的销售、市场和客户服务的专业人员提供全面、个性化的客户资料,并强化跟踪服务、信息分析的能力,使他们能够协同建立和维护一系列与客户和生意伙伴之间卓有成效的"一对一关系",使企业得以提供更快捷和周到的优质服务、提高客户满意度、吸引和保持更多的客户,从而增加营业额;另一方面则通过信息共享和优化商业流程来有效地降低企业经营成本。

最后,CRM 还是一种使用先进的信息技术和网络技术来帮助管理部门实现业务功能运作和提高效率的管理信息系统,旨在优化客户关系产生的总价值。

这三个层次是相辅相成的关系,有效的"顾客关系管理"理念有赖于科学的信息系统的应用,而"顾客关系管理机制与系统"能否在企业发挥效力又取决于"顾客关系管理"理念的普及和深入。

二、顾客关系管理的作用

(一)顾客关系管理对企业的作用

1. 营销智能(MI)

营销智能功能是指企业用发展的眼光看待客户关系。这部分功能应该是按照这样一个流程来执行的:CRM 系统根据所有的历史数据,自动地进行数据分析,在此基础上,提出市场预测,并自动产生具体的营销活动建议。在营销活动结束后,CRM 系统能够收集活动中的反馈资料,这些资料就成为历史数据,为实现下一轮的商务智能营销提供第一手的数据。

2. 销售自动化(SFA)

SFA 主要是提高专业人员的大部分活动自动化程度。它包含一系列功能,不仅涵盖了销售活动本身及参与销售活动的人员管理,同时也包括了随着销售活动而产生的服务管理。

SFA 的另一部分重要内容就是提供服务。在大多数情况下,保持客户和保持获利能力依赖于提供优质的服务。客户只需轻点鼠标或打一个电话就可以转向企业的竞争者,因此,客户服务对公司非常重要。CRM 系统通过整合多种客户的联系渠道,针对客户的个性化要求,提供可靠的信息,从而提高客户满意度,培养客户忠诚度。

3. 提高效率

企业级的 CRM 系统通常都把产品的销售、市场、客户服务以及技术支持信息集中存放于统一的中心信息库。销售人员把账户信息装入"配置引擎"以及名为"市场销售百科全书"的可供共享的数据库中。数据库向销售人员提供了可存取产品与竞争信息的有效手段,以使他们能够及时掌握准确的市场信息,获得更大的销售利润。有了数据库,企业不会因为某一位销售人员的离职而丢失重要的销售信息;同时它的自动化处理过程还可以使企业的销售人员摆脱烦琐的管理事务。

(二)CRM 对客户的作用

CRM 的目标是客户,重点是关系管理。因此,企业一旦建立了 CRM 系统,就会对它的目标主体——客户产生作用。其作用具体表现在:

1. 节约购买成本

这里所指的购买成本,并不是具体指某一产品或服务的价格,而是指在购买的行为过程中所花费的成本,包括时间成本、沟通成本及机会成本。

采用 CRM 系统后,企业的所有前端工作人员都会根据 CRM 信息库提供的与顾客要求一致的信息与顾客联系、提供服务。只要顾客不申明更改或取消某些信息,企业的工作人员就会一直按照以往的信息为顾客提供满足顾客个性需求的产品和服务,从而大大节约顾客再次购买的成本。

2. 满足潜在需求

CRM 系统要求企业尽可能多地收集客户信息,通过对信息的整理和分析,CRM 系统会根据顾客的要求,及时给企业提供建议——在什么时候,哪些客户有可能购买企业的哪些产品,以及用什么手段与这些客户进行联系,从而能够很好地满足顾客的潜在需求。

3. 提供无微不至的服务

CRM 系统通过良好的服务和技术支持来保证客户的满意度,维护客户对供应商的品牌忠诚。因此,CRM 在给企业带来竞争优势的同时,也使顾客得到了更多的方便和益处。

三、顾客关系管理的实现步骤

在实践中,企业要执行"顾客关系管理计划"一般要经过三个阶段:寻找目标顾客,满足目标顾客的需求,与目标顾客维系持久的关系。

(一)寻找目标顾客

由于顾客个性化的发展和企业间竞争的加剧,企业已经无法同时满足所有顾客的需求,因此企业必须对顾客进行分类,选择那些企业想服务的对象,并全力满足其需求。为了达到上述目的,营销人员必须定期反省一个问题——我的顾客是谁? 在明确了企业目标顾客后,还必须回答两个问题:目标顾客是否有意与本企业保持密切的关系? 本企业需要与所有顾客都保持密切的关系吗? 这就需要分析顾客的获利能力。

顾客的价值实际上是各不相同的,营销人员必须以获利能力为标准来为顾客打分——如同衡量顾客终生价值一样——并且将较多的注意力放在较具价值的顾客身上。企业应该从目前的获利能力和未来的获利能力两个角度分析顾客获利能力(如图 20-2)。

A. 目前的状况

	目前的获利能力高	目前的获利能力低
服务的成本低	最具获利性的顾客	具获利性的顾客
服务的成本高	具获利性的顾客	最不具获利性的顾客

B. 未来的状况

	目前的获利能力高	目前的获利能力低
未来的获利能力高	最佳顾客	必须在顾客身上投资
未来的获利能力低	保留顾客	最糟糕的顾客

图 20-2 分析顾客获利能力

基于顾客的获利能力,企业可以将潜在顾客和顾客对本企业的价值分为 4 类:白金顾客("顶尖"客户),即与本企业目前有业务往来的前 1% 的顾客;黄金顾客("大"客户),即与本企业目前有业务往来的随后 4% 的顾客;铁顾客("中等"客户),即与本企业有业务往来的再随后 15% 的顾客;铅顾客("小"客户),即所剩下的 80% 的顾客。

营销人员应该花费更多的时间和精力来接触、服务那些价值较高的潜在顾客。举例来说,企业决定在每个价值较高的潜在顾客身上花费 3 美元(如果潜在顾客的总数为 20 人,那么为他们所花费的资金总额为 60 美元),为每个价值较低的潜在顾客花费 1 美元(如果这样的顾客总数为 500 人,那么在这些顾客身上的总体花费为 500 美元),这种目标明确的营销方式会比花同样的费用来邮寄广告册子给所有的潜在顾客的效果更佳。

(二)满足目标顾客的需求

找到目标顾客后,企业接下来的任务就是如何满足目标顾客的需求。企业应该从两个方面着手来满足目标顾客的需求:

1. 把顾客价值转化为可付诸行动的顾客利益

从顾客的角度来看,顾客会根据购买过程中所获得价值和付出成本的差异来计算自己的利益。根据菲利普·科特勒的顾客让渡价值原理,顾客会选择那些能够给他们带来最大利益的产品。因此,考虑顾客购买成本后,顾客从购买中获得的利益可用下列公式表示:

顾客利益 = u(市场上产品服务的效能)+b(品牌价值)+r(关系价值)−c(产品服务的成本)−t(时间成本)

上述公式中的 u、b、r、c、t,可被视为在各个不同细分市场上的不同权重。"企业对企业"模式中的买方可能会把最高的权重放在 u、c、t 之上;低收入的顾客也许会把较高的权重放在 c 之上,而把较低的权重放在 u 和 t 之上;不同的买方对 r 的权重看法也会大不一样。因此,营销人员可以根据目标顾客的偏好制定不同的服务计划。

2. 推出与顾客选择情境相契合(吻合)的产品或服务

顾客在不同的选择情景下会表现出不同的购买特点和需求,如消费者购买笔记本电脑与购买啤酒相比,显然前者更重视相关产品或服务,因此笔记本电脑的销售商就可以在消费者选择笔记本的同时销售鼠标、延长服务等,实现交叉销售。针对消费者购买的这一特点,企业应该根据选择情景的不同适时地推出相应的产品或服务。

(三)通过数据库营销与目标顾客形成联结

顾客关系管理的最终目的就是要与顾客建立长期的、令人满意的、持久的关系。为了达到这个目标,企业必须建立强大的顾客资料数据库,实现数据库营销。

数据库营销,是企业通过收集和积累消费者大量的信息,经过处理后预测消费者有多大可能去购买某种产品,以及利用这些信息给产品以精确定位,有针对性地制作营销信息,达到说服消费者去购买产品的目的。通过数据库的建立和分析,各个部门都对顾客的资料有详细而全面的了解,可以给予顾客更加个性化的服务支持和营销设计,使"一对一的顾客关系管理"成为可能。

数据库营销的关键是数据的收集与分析,因此在设计数据库之前,首先要让一组营销人员来明确公司的业务需要,明确所设计的数据库要包含哪些功能,简单地说,就是数据库能帮助营销人员去做什么。然后让一组管理信息系统的专业人员去实现相应的运作条件。在具体的开发实施中,这组营销人员和 MIS 专业人员共同协作(Team Approach)、互相支持,使数据库开发顺利进行。所设计的数据库应能够回答有关现有顾客或准顾客的特征和行为的特定问题(或查询);能够在特定标准、营销事件(Marketing Events)或姓名评分模型(Name Scoring Models)的基础上挑选将来促销的对象姓名;能够跟踪促销结果并对反馈者和非反馈者进行顾客轮廓分析(Profiling)。

第三节 市场营销道德与社会责任

随着消费者维权意识的不断加强,任何以欺骗和危害消费者利益为前提的营销行为都必将被社会所淘汰,任何企业想要获得长远的发展,都必须遵循市场营销道德及有关法律,履行一定的社会责任。

一、市场营销道德的含义与标准

(一)市场营销道德

道德是评价某决定和行为正确与否的价值判断及评价某决定和行为是否被大众所接受的标准。市场营销道德则指消费者对企业营销决策的价值判断,即判断企业营销活动是否符合广大消费者及社会的利益,能否给广大消费者及社会带来最大的幸福。

市场营销道德的研究在西方国家始于20世纪60年代,80年代则成为学术界研究的热门之一。1987年美国证券交易委员会前主任约翰·夏德(Jhon Shad)捐资2300万美元在哈佛大学商学院建立起目前全球最大的企业伦理问题研究中心,其研究的重点是企业营销道德。其他国家如英国、法国、意大利、德国、日本等也先后开展对市场营销道德的研究。许多学者著书立说,提出企业经营管理者应当遵循的道德标准;有的提出市场营销决策人应具备的社会与道德责任;有的提出经营管理道德已发生了危机,呼吁管理者重视树立营销道德观等。

(二)市场营销道德的标准

最基本的道德标准已被规定为法律和法规,并成为社会遵循的规范,企业必须遵守这些法律和法规。营销道德则不仅指法律范畴,还包括未纳入法律范畴而作为判断营销活动正确与否的道德标准。企业经营者在经营活动中应当遵循这两种类型的营销道德。

西方国家伦理学家提出了判断营销道德的两大理论,即功利论及道义论。

1. 功利论(Utilitarian Theories):主要以行为后果来判断行为的道德合理性,如果某一行为给大多数人带来利益,该行为就是道德的,否则就是不道德的。

2. 道义论(Deontological Theories):从处理事物的动机来审查是否具有道德,而不是从行动的后果来判断,并且从直觉和经验中归纳出某些人们应当遵守的道德责任和义务,以这些义务履行与否来判断行为的道德性。

在现实中,通常将功利论与道义论相结合来判断营销行为的道德性。

二、市场营销道德问题在营销实践中的表现

市场营销道德体现于企业营销活动全过程。归纳起来,我国市场营销中存在着如下几方面的道德问题:

1. 市场调查中的营销道德问题

为获得市场信息侵犯消费者个人隐私;利用不正当手段窃取商业情报;营销经理从事市场调查的目的并不是为了获得真实、准确的市场信息,而只是为某一项早已决定了的营销方案提供支持证据,或仅仅是为了堵住反对者的口舌。

2. 产品策略中的营销道德问题

产品定位只重视目标市场消费者而歧视甚至侵犯其他消费者的利益;产品缺乏应有的质量,产品实际上提供的利益较少;产品生产造成环境污染和社会成本的增加;企业故意使产品很快过时,缩短产品的物质寿命,或者制造消费者对现有产品的不满,鼓励他们在尚可使用的情况下丢弃不用,不断地更新产品,早买或多买;产品质量危害了消费者的安全及健康;夸大产品内容的包装和欺诈性的品牌与质量标志;不健康的或无积极意义的品牌名称;产品说明书特别是药品说明书不详,造成消费者误用误服。

3. 价格策略中的营销道德问题

利用消费者对价格的无知漫天要价,攫取超额利润;以不实的"厂价"、"批发价"和"成本价"大做广告,抬高标价再声称特价优惠等。

4. 分销策略中的营销道德问题

在交易谈判中故意设置文字陷阱;没有根据消费者的需求选择分销渠道,使产品未能分销到各地区及各阶层的消费者。

5. 促销策略中的营销道德问题

采用过分夸大的、不真实的广告;广告过分干扰了消费者的私人生活,刺激消费者的物质欲望;采用高压式的推销策略,强迫消费者购买;采用贿赂、送礼、宴请、娱乐等不正当行为进行促销;采用有偿新闻这种不正当的公共宣传;促销活动传播一些文化糟粕以及不健康的价值观;美丽的风景区被广告牌所破坏;有些促销活动造成恶劣的政治影响(例如照相馆用日本鬼子道具吸引顾客等)。

6. 竞争策略中的营销道德问题

以不可告人的方式获得竞争对手的知识产权和商业秘密,如以合作、洽谈、考察为名趁机获取对手商业秘密,在对手企业中安插内线等;贿赂、收买对方工作人员;使用工业间谍、利用高新技术窃取对手商业秘密;恶性竞争如有奖销售战、价格战、相互攻击、诽谤等;不公平竞争如权力营销等。

要想防止和杜绝不道德的市场营销行为,一方面要加强企业的自律,另一方面也要提高消费者的自我保护意识、加强行业管理。

三、企业的社会责任

企业作为独立自主、自负盈亏的商品生产者和经营者,在追求企业利润最大化的同时,必须认识到企业的生存与发展所需的各种资源(包括人、财、物等)及企业所生产的产品的实现条件都有赖于社会提供,因而企业应当承担一定的社会责任,其经营行为应当受到社会的约束和限制。

(一)企业的社会责任的分类

有关企业社会责任的看法众说纷纭,可概括为三大类,即保护消费者权益、保护社会的利益和发展、保护社会自然环境。

1. 保护消费者权益

保护消费者权利和利益是企业的主要社会责任。具体说,要求企业为广大消费者提供花色品种多样的、优质的产品和服务,以满足其各种不同的需求。为此,要求企业要树立起以顾客为导向的经营哲学,并根据市场需求的变化,不断调整市场营销策略,以适应消费者不断变化的需求。

在保护消费者权益运动中,社会关心的焦点是要求企业承担以下的社会责任或执行四项基本义务:

(1)使消费者获得安全产品与服务的权利。即要求企业保证购入产品或服务的消费者的身体健康及生命安全。为此,要求生产者及经营者对其所生产和出售的产品或服务所产生的后果负责任。

(2)使消费者获得有关产品充分信息的权利。即要求企业向消费者提供充分的关于产品优劣、构成成分、使用方法及使用效果等真实情报,以避免误导消费者作出错误的购买决策。

(3)使消费者具有自由选择产品的权利。即要求企业在任何时候都要让消费者自由选择自己所需要和所喜爱的产品,反对企业对消费者采取高压推销及垄断政策,反对诱惑消费者购买并不需要的产品。

(4)使消费者具有申诉的权利。企业对消费者因购入的产品或服务不满意而向有关部门进行申诉,应持欢迎及支持态度,并对消费者的损失进行赔偿。

2. 保护社会利益及社会的发展

保护社会利益及社会发展是企业义不容辞的社会责任。企业从事生产经营活动,一方面为社会创造日益丰富的物质财富,以保证社会各经济部门及国民经济的正常运转,以及保证中央及各级政府、各企事业单位职能正常运行所需的物质条件,亦即为保护社会利益及社会发展提供使用价值形态的财富;另一方面,企业为国家及各级政府提供一定的税收,即从价值形态上为国家作贡献,以增加国家积累资金,促进国家建设事业迅速发展。此外,企业还应当对社会公益事业进行支持和捐赠,帮助教育、娱乐、社会贫困地区的发展,这是近年来企业社会责任的延伸。例如美国特快专递分公司制定了一种计算机培训计划,用以帮助残疾者应聘计算机工作。又如 IBM 公司捐赠或降价销售计算机给教育部门。

3. 保护自然环境及社会生态平衡

保护社会自然环境免遭污染,实现社会生态平衡是企业重要的社会责任。随着商品经济的发展,企业在为社会创造巨大财富、给广大消费者提供物质福利的同时,却严重地破坏了自然生态平衡,污染了环境,并造成恶劣的社会环境,严重地威胁着人类生存环境的良性循环。因此保护自然环境、治理环境污染、解决恶劣的社会环境、实施社会可持续发展战略势在必行。通过绿色营销,从微观方面实施可持续发展战略是企业的社会责任,通过绿色营销来保证消费者的绿色消费亦成为企业的社会责任。

(二)社会责任对企业营销的影响

1. 改变企业营销决策出发点

企业社会责任促使企业营销决策不仅以顾客需求为出发点,而且以社会责任为出发点,从而使企业经营目标能将企业利益同消费者利益及社会利益三者有机地结合,使企业短期利益同长远利益更好地结合起来。

事实上,许多企业通过营销实践逐渐认识到,企业要取得竞争优势,要生存和发展,以社会责任心从事企业经营活动带来的长期利益比无社会责任心带来的近期利益更加重要。因此,近年来,西方国家某些大公司建立了调控系统对社会价值变化及发展趋势进行监测,并不断调整企业的社会责任。例如,几十年前,香烟营销者宣传吸烟对身体健康有利,而多年研究发现,吸烟与癌症及其他疾病有关,随之社会对吸烟态度发生变化,企业营销者面临着新的社会责任,如忠告吸烟者吸烟有害于健康,或为消费者提供无烟环境。如果企业营销者为了短期利益,不忠告广大居民吸烟有害于健康,必然会损害消费者的利益,最终会影响企业的形象及其长远利益。

2. 使企业营销决策更加困难

由于社会存在各种不同的团体,各个团体具有不同的利益,企业要找出整个社会需求是困难的。往往企业满足某一群体需求的同时,很难满足另一群体的需求,亦即对某一群体履行了社会责任,对另一群体则未能履行社会责任。而且,满足整个社会需求及满足某一群体需求,均需付出成本。例如,社会要求干净的环境及保护野生动植物和生存环境需要支出大量费用,从而使产品成本及价格提高,并将成本的提高转嫁到消费者身上。而消费者则要求低价高质产品。这种企业利益同消费者利益的矛盾,必然会影响企业履行社会责任。因此,企业需要权衡各种利益,作出最佳的社会责任决策。

第四节 体验营销

随着体验经济时代的到来,体验成为主要的经济提供物,所以各企业都以为自己的目标顾客提供体验作为最主要的工作模式。也只有这样,企业才能更进一步满足顾客更高层次的需求,从而实现自己盈利和成长的目的。所以,体验营销就如同商品营销、服务营销一样,将研究对象集中在经济提供物——体验的让渡上。

一、体验及体验的特征

(一)体验的定义

体验是指在企业提供的消费情景中,顾客作为整个消费事件和消费过程中的必不可少的一员,由于参与设计、协助推动和浸入感受整个消费过程所产生的深刻的感觉。顾客通过互动活动会在脑海中形成印象,那些深刻印象的聚集并与脑海中固有的各种联系相互作用,形成新的联系,使得印象升华,形成难以忘怀的深刻记忆,体验因而形成(如图20-3所示)。

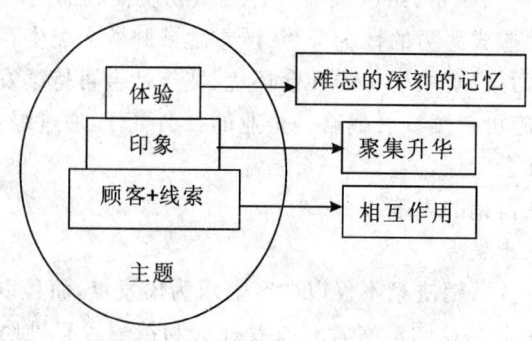

图20-3 体验形成图[11]

(二)体验的特征

1. 产生的间接性

体验是间接的而不是直接的经济提供物,也就是说,提供物的提供者(企业)是无法直接生产体验并提供给顾客的,他们只能提供体验产生所需要的条件,而体验只能是顾客自己产生并被自己消费的。

2. 体验的主动性

无论是在体验的生产过程中,还是在体验的消费阶段,顾客都具有较大的主动性,体验正是这种主动参与所产生的。需要特别说明的是,这种主动参与不但涉及顾客身体方面,还涉及精神方面。

3. 体验的情感性

体验强调的是顾客心理所发生的变化,正是这种情感因素满足了顾客更高层次的需求——自我实现,才使体验比其他经济提供物具有更高的价值。

4. 体验的不确定性

由于体验是情感性的提供物,而每个人的心智模式都不一样,所以即使同样的情景和参与也会产生不同的体验。这也进一步说明,商品经济和服务经济中企业所恐惧的商品化过程,将在体验经济中得到较好的解决。

二、体验营销的内涵

(一)体验营销的定义

体验营销有广义和狭义之分。所谓狭义的体验营销只包括对体验本身的营销,即此时的经济提供物是体验,企业营销的标的物是产生体验的过程,消费者通过付费而消费这一体验过程,最后形成消费者自己独特的体验,企业的目的就是兜售体验。而广义的体验营销包括的范围较广,除狭义的体验营销所指的范围之外,它还包括通过体验的方式来销售产品和服务,企业在产品和服务中附加了体验,体验成了企业的卖点,企业的目的是销售产品和服务,体验只是它的一种手段。

本书使用广义体验营销概念,将体验营销定义为:体验营销是指企业营造一种氛围,设计一系列事件,以促使顾客变成其中的一个角色尽情"表演",顾客在"表演"的过程中将会因为主动参与而产生深刻而难忘的体验,从而为获得的体验向企业让渡货币价值。

从定义的描述可以得知,在体验营销的过程中,如果以戏剧表演来比喻的话,那么企业的角色就是搭建舞台、编写剧本,顾客的角色就是演员(注意:在服务营销中顾客的角色是观众),而联系企业和顾客的利益纽带则为体验。

(二)体验营销与传统营销的比较

1. 关注的焦点不同

传统营销专注于产品的特色与功效;体验营销的焦点集中在顾客体验上。

2. 理论基础不同

传统营销把顾客当作理智的购买决策者,把顾客的决策看成一个解决问题的过程,通过理性的分析、评价,最后决策购买;体验营销认为顾客既是理性的也是感性的,顾客因理智与因追求乐趣、刺激等一时冲动而购买的概率是相同的。

3. 营销的重点不同

传统营销关注产品的分类、确定产品的功能和特色以及企业在竞争中的营销定位,某种程度上是以自我为中心的营销;体验营销侧重为顾客确定体验的主题,按照顾客体验的产生过程进行营销,真正是以顾客为中心的营销。

(三)体验营销的特征

1. 体验营销中体验活动都有一个体验"主题"

体验要先设定一个"主题",也可以说,体验式营销从一个主题出发并且所有服务都围绕着这个主题,或者其至少应设有"主题道具",例如一些主题博物馆、主题公园、游乐区或以主题为设计导向的一场活动等。并且这些"体验"加"主题"并非随意出现,而是体验式营销人员所精心设计出来的。如果是"误打误撞"形成的,则不应说是一种体验式营销行为。在这里,体验式营销要有严格的计划、实施和控制等一系列管理过程在里面,而非仅是形式上的符合。

2. 体验营销注重顾客在消费过程中的体验

体验的产生是一个人遭遇、经历过一些情境的结果。企业应注重与顾客之间的沟通,发掘他们内心的渴望,站在顾客体验的角度,去审视自己的产品和服务。

3. 体验营销以体验为导向设计、制作和销售企业的产品和服务

当咖啡被当成"货物"贩卖时，一磅可卖三百块；当咖啡被包装为"商品"时，一杯就可以卖一二十块钱；当其加入了"服务"，在咖啡店中出售，一杯最少要几十块至一百块；但如能让咖啡成为一种香醇与美好的"体验"，一杯就可以卖到上百块甚至是好几百块。增加产品的"体验"含量，能为企业带来可观的经济效益。

4. 体验营销认为顾客是有理智的感性动物

一般说来，顾客在消费时经常会进行理性的选择，但也会有对狂想、感情、欢乐的追求。企业不仅要从顾客理性的角度去开展营销活动，也要考虑消费者情感的需要。

5. 体验营销是以体验消费情景为中心的营销

营销人员不再孤立地去思考一个产品（质量、包装、功能等），要通过各种手段和途径（娱乐、店面、人员等）来创造一种综合的效应以增加消费体验；不仅如此，还要跟随社会文化消费向量，思考消费所表达的内在的价值观念、消费文化和生活的意义。体验消费情境通过综合考虑各个方面来扩展营销思考外延，并在较广泛的社会文化背景中提升其内涵。顾客购物前、中、后的体验已成为增加顾客满意度和品牌忠诚度的关键决定因素。

6. 体验营销的方法和工具有多种来源

体验是五花八门的，体验式营销的方法和工具也是种类繁多的，并且这些和传统的营销又有很大的差异。企业要善于寻找和开发适合自己的营销方法和工具，并且不断推陈出新。

三、体验营销的策略

（一）产品体验策略

体验营销者认为：产品＝核心产品＋形式产品＋附加产品。根据产品的这一内涵，体验产品策略可以分为以下四种体验策略。

1. 直接提供体验策略。所谓的直接提供体验是指企业直接为顾客提供产生体验的线索。企业提供的核心产品是体验，形式产品是顾客所经历的一系列活动或事件，附加产品是纪念品。

2. 在形式产品中附加体验策略。从形式产品所包含的内容来说，在产品中附加体验的策略包括：①在产品的功能特征中附加体验；②在产品的包装中附加体验；③利用产品质量传递体验；④在产品的外形设计中传递体验；⑤在品牌中内含体验。在形式产品中附加体验，实践中有以下几种具体的方法：①提供定制的产品；②使产品情感化；③使产品稀缺。

3. 附加产品传递体验策略。附加产品包括免费交付、负责安装、信贷、承诺等，其中最重要的是交付、安装、维护修理等售后服务和咨询、引导、介绍、停车、预定等售前服务，以及顾客所要求的其他特别服务，我们把所有这些服务称为销售服务。附加产品是对产品实施体验营销绝好的工具，其中特别是销售服务，可以通过为顾客提供定制化的服务，对顾客实施一对一的营销，给顾客留下难忘的整体体验。

4. 品牌内含体验策略。品牌是产品体验的载体，是顾客对产品产生感官、情感和认知的丰富源泉，是顾客产生值得记忆的美好体验的源泉；品牌应该是知名度、美誉度、承诺与体验的集合体。在体验营销者看来，品牌凝聚的是顾客对一种产品或服务的总体体验。

（二）价格体验策略

所谓价格体验策略是指企业通过对所提供产品或服务的价格作出特别的安排，使顾客留下深刻印象和特别记忆的一种营销策略。企业经常采用的价格策略主要包括体验式折扣、体验式返款和体验式收费方式三种策略。

1. 体验式折扣。它是通过给顾客惊喜,从而促使顾客产生难忘的体验,对企业或企业品牌留下深刻印象的一种折扣方式。

2. 体验式返款。它是一种顾客没有预料到的或者是用给顾客带来惊喜的方式为顾客送去返款。体验式返款要注意返款的时机、返款的方式与返款的数额。

3. 体验式收费方式。体验式收费方式策略包括使用账单明细和分次收取顾客应该交付的产品和服务的费用等多种策略。

(三)促销体验策略

我们可以采用三种体验促销方式进行体验营销,即体验广告、体验式销售促进、体验式事件营销。

1. 体验广告。有五种体验广告,即感官体验广告、情感体验广告、思维体验广告、行动体验广告和关联体验广告。很少有公司采用单一的体验广告形式,很多公司都把各种体验形式综合运用到广告之中以发挥"组织效应",取得更好的广告效果。

2. 体验式销售促进。体验式销售促进的关键是超出顾客的期望,给顾客惊喜。销售促进的工具主要有消费者促销和交易促销。允许顾客品尝、试用或免费赠送样品等都是体验式销售促进的有效手段,但运用这些工具时一定要牢记给顾客以惊喜的原则。

3. 体验式事件营销。体验式事件营销是指以使顾客产生体验的方式从事事件营销。企业应设法主办、赞助、参与或主动使自己与一些活动(事件)相连,以此来展示企业自己独特的体验。

(四)渠道体验策略

渠道体验主要是指顾客在购物过程中所获得的体验。这一过程包括顾客从采取实际的购物举动,一直到产品送到顾客手中,或者顾客家中。为使顾客产生丰富的体验,企业必须精心选择和设计渠道,它包括:(1)选择渠道地点;(2)营造渠道氛围;(3)选择个性化的渠道或渠道组合。

(五)参与者体验策略

这里的参与者主要是指为顾客提供各种线索,影响顾客产生体验的人。这些人用自己的表演为顾客留下丰富的体验,这种体验是综合的,它包括了前面提到的各种体验类型。体验参与者主要通过他们的语言、情感、神态、气质、行为、服饰、道德品质、工作能力等自身所具有的一切品质以及外在的特征,甚至他们的发型来影响顾客的体验。

(六)实体标志体验策略

企业的实体标志是指社会公众或顾客能够接触到的各种传递企业产品特点和优点的可见事物,包括企业的建筑物、办公室、工厂、公共场合、柜台、交通工具、办公用品及器具、招牌、旗帜、标识、衣着服饰、产品形状、包装物等。企业通过使用实体标志能够为顾客提供各种体验。

(七)消费过程体验策略

消费过程体验策略是指在消费过程中使顾客产生体验的策略。首先,良好的产品质量能使顾客在消费过程中产生难忘的体验。其次,良好的售后服务不但本身能为顾客提供体验,而且售后服务作为补救措施,能够拯救企业的声誉,消除顾客产生的消极体验。另外,正如前文所言,售后服务也是企业为顾客提供体验的极好工具,通过售后服务,企业服务人员能为顾客提供各类体验。

(八)整合体验营销

所谓整合体验营销是指企业为实现预期的经营目标,针对所选定的目标市场,将各种体验营销策略整合起来，使之成为一个系统性的体验营销策略整体，发挥体验营销组合的作用，产生更大更好的营销效果，满足目标市场需要。通过整合上面提到的各种体验营销策略，使之形成相互协作的整体营销策略，能够产生巨大的营销效果。

第五节 水平营销

在产品同质化、过度细分和品牌过剩的成熟市场，最有效的竞争方式便是开创新市场或新类别。然而，传统的纵向营销思维无法满足消费者不断变化的需求，我们需要用水平思维创造畅销新品。

一、从纵向营销到水平营销

（一）水平营销的定义

纵向营销（Vertical Marketing）是指在市场界定过程中，通过采取市场细分和定位策略，调整现有的产品和服务，以使市场多样化。它通过序列和逻辑的思维过程，即纵向思维过程，从宏观层面过渡到微观层面。

水平营销（Lateral Marketing）是将已知信息进行重组，通过不具选择性但更富探索性、可能性和诱导性的创新思维，从微观层面过渡到宏观层面。

无论是传统的纵向营销，还是方兴未艾的水平营销，并不存在谁优于谁的问题。事实上，两者是不可或缺的有益补充，而且，如果在新类别发现之后没有纵向营销来提供多样性，水平营销也就不能充分地发展。

简言之，纵向营销是在一个特定市场内部的创新，而水平营销是将这种创新扩展到特定市场的外部，见图 20-4 所示。

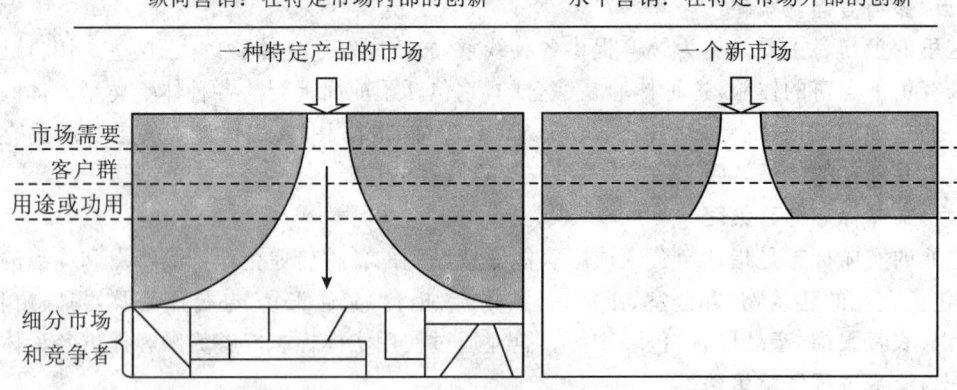

图 20-4 纵向营销和水平营销[12]

（二）比较水平营销与纵向营销

我们进一步就以下方面对纵向营销和水平营销两种过程进行比较，如表 20-2 所示。

表 20-2　水平营销与纵向营销的比较[12]

	纵向营销	水平营销
依据	市场需要、客户群、产品的用途或功用、我们的任务,先确定我们要成为一家什么样的公司,然后再进行创新	被忽视的市场需要、产品的用途或功用,在必要情况下随时对我们的任务进行重新定义,先确定我们当前要提供什么东西,然后再进行创新
运作原理	垂直方向的,遵循营销过程	水平方向的,在营销过程之外
初级阶段	市场发展壮大,潜在客户成为真正客户	新的市场、产品类别或子类别被创造出来,且能够照顾到现有产品无法顾及的目标客户或产品用途
发展前景	低增长性,但新概念的推广更容易	高增长性,但这种选择的风险更高
销售量	夺取了竞争对手的市场份额,以及将潜在客户转变为真正客户,或将潜在用途转变为真实用途	完全新增的,不影响其他市场,或在广泛的竞争范围内影响到多种产品的市场份额
适宜时机	在一个市场或一种产品生命周期的早期阶段(成长阶段) 能够使用低风险策略、低端资源通过分割市场来保护市场	在一个市场或一种产品生命周期的成熟阶段 能够使用高风险策略、高端资源(利用替代品)从外围进攻市场
负责处	营销部门	不一定是营销部门,还有: ·创意代理机构 ·企业家 ·中小企业 ·研发部门、工程师

从表 20-2 不难看出,纵向营销与水平营销这两种过程具有互补性,水平营销并不是纵向营销的替代方式。为了获得新颖的产品构思,已有的那些被淘汰了的需求、目标、用途、情景和属性还可能大有所为。营销人员应该将市场视为一个非固定的模型,并带着开拓新市场的目的来对市场进行重组,通过水平营销过程来创造新的产品类别、重新界定企业业务,进而拓展公司的战略目标。

二、水平营销过程

(一)水平思维的逻辑

水平营销是一个过程,创新性的思维在这一过程中为产生新类别、新亚类别或新市场提供了很大的可能性。

创新性思维遵循三个简单的步骤:

1. 选择一个焦点(Focus)

焦点是我们想关注的东西,它可以是一个简单的物体、一个复杂的问题或一个想象中的目标。例如,"花"就是一个焦点,如图 20-5 所示。

花

图 20-5　焦点

2.进行横向置换(Lateral Displacement)以产生刺激(Stimulus)

横向置换是对逻辑思维顺序的一种中断。例如,花都会凋谢,它的横向置换的结果可能是"花""永不凋谢",在"花"与"永不凋谢"之间有一个空白(Gap),这个空白就是我们的刺激,如图20-6所示。

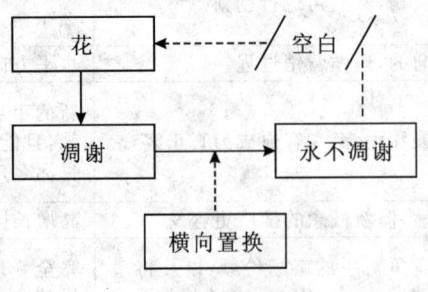

图20-6　横向置换

3.建立一种联结(Connection)

大脑是一个自我组织的系统,它要求建立不中断的联结,这就需要我们的思维作出必要的跳跃,直到建立起一个合理的联结为止。例如,我们可以问自己:花在什么情况下会永不凋谢?假如它是用布或者塑料做的,那么它就不会凋谢,这样我们就找到了一个新的概念:"假花"。于是联结建立起来了,空白也消失了,如图20-7所示。

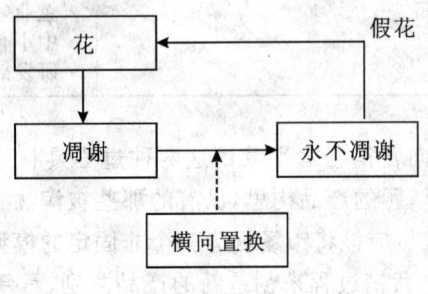

图20-7　联结

(二)水平营销的步骤

水平营销以产品或服务为起点,在选择一种产品或者服务之后,水平营销过程的步骤如下:

第一步,选择一个焦点进行横向置换。

选择焦点的最佳途径之一就是将一个产品或服务分成许多部分,于是,将一种产品或服务分解的最佳方法便是使用纵向营销方案。然而,纵向营销方案有许多组成部分。仅仅从促销策略来看,我们就能想出如广告词、广告媒体、宣传广告、宣传目标、促销建议等十多个可能的焦点,因此必须进行简化。这就需要把纵向营销过程的所有内容划分为市场、产品、其他营销组合三个主要的层面,以达到配合水平营销的目的,如图20-8所示。

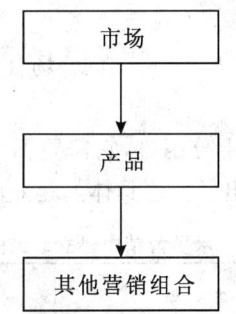

图20-8 水平营销的三个层面

产品层面包括实际的解决方案(什么);市场层面包括功能或需求(为何)、消费者和购买者(谁),以及用途或情境(何时、何地、和谁一起);而营销组合层面更关心如何去销售产品。

第二步,进行横向置换以形成空白。

水平营销的基础就是制造空白,制造空白的唯一方法就是暂时中断思维的逻辑。几乎所有的技巧都是以下面这六种基本操作方法为基础的:替代、反转、组合、夸张、去除、换序。

下面以同一事件来说明这六种技巧。以"情人节给爱人送玫瑰花"(聚焦于产品)为例:

(1)替代:情人节送巧克力。

(2)反转:除了情人节之外,每天都送玫瑰花。

(3)组合:情人节送玫瑰花和巧克力。

(4)夸张:情人节送大量的玫瑰花(扩大夸张)或情人节只送一朵玫瑰花(缩小夸张)。

(5)去除:情人节不送玫瑰花。

(6)换序:情人节由被爱的人向其倾慕者送玫瑰花。

虽然这些操作引出了一系列看似荒唐的结果,但是它们都产生了空白,假如能制造空白,水平营销就成功了一半。这六种方法可以应用于三个层面中的任何一个,确定好焦点之后,只需从这六种操作方法之中任选一种并应用于所选焦点之上,便可制造出一个空白。

第三步,考虑联结该空白的方法。

横向置换的关键是应用逻辑的能力要比任何时候都更强。这就要对刺激进行分析,以提取其中有价值的信息。为了提取价值,就必须进行加值评估。评估的标准与好坏与否、合乎逻辑与否、积极与否、有用与否无关,而是指从刺激中提取那些有效的结论和观察结果。进行价值评估的技巧大概有以下三种:

1. 逐步追踪刺激的购买程序

我们可以想象一下刺激所引发的整个购买过程,从需求确定环节,经过诸如信息收集、购买决定、产品使用等环节,直到购后行为环节。我们想象一个"假想"的购买者如何完成整个过程,然后将想象的情境作为"历史"记录下来。

在每一步中,我们都得记下每一个有价值的点子或刺激的特征,以及那些会使我们的"历史"更为真实的改进方法。

2. 提取有用和积极事物

我们首先在不合理的刺激下找寻积极因素。随后我们可以忘掉这些刺激,采用其他的方法来产生那些积极的效果。

3. 找一个可能的情境

找一个可能的情境（环境、身边的人、时间、地点、场合）来使刺激产生意义。然后，移动或改变刺激，直到它适合那个情境为止。

建立联结并不容易，但是也不是十分困难，它需要不断地锻炼和培训，还需要在观察刺激时保持非常积极的心态。表 20-3 列出了一些具体的建立联结的水平营销案例。

表 20-3　水平营销中建立联结的实例

水平营销的层面	联结	实例	具体内容
市场层面	目标组合	父母与孩子共享的香槟	用不含酒精却能起泡的苹果汁制成的"假"香槟。父母喝大瓶的真香槟，孩子喝起泡的苹果汁
	功能夸张	永远用不完的铅笔	可以更换碳铅的自动笔
	功能去除	不会跑的车	模拟汽车装置
	功能换序	由读者写的书	网站沙龙，由许多多人每人写一页
产品层面	替代	热狗甜饼替代热狗卷	一种可爱的儿童午后小吃，巧克力夹心饼干模仿各种各样的三明治：热狗、汉堡包、火腿和奶酪
	反转	不送货上门的比萨饼	冷冻比萨饼
	组合	装有油量显示器的钢笔	一种新型钢笔，能够显示所剩墨水可用时间
	夸张	200 升的可乐	可口可乐公司与冰箱企业达成协议，在冰箱内安装一个开关，将可乐精溶于水中，可乐就制好了
	去除	不带显示器的手提电脑	适用于配备了台式显示器的地方，是携带处理器和文件的好方法
	换序	先看照片，再冲洗胶卷	照片预览服务
市场营销组合层面	替代（价格）	用银行贷款购买纸尿片	婴儿的所有需求费用都等到孩子 5 岁时再由银行收取（包括利息）
	反转（价格）	不标价的商店	公司可获取同一产品在本市同类商店中标价的最新消息，由此提供一种自动打出最低价格的服务
	组合（渠道）	在杂货亭和加油站都可以购买汽油	汽油分销公司可以推出一种用于在加油站付款或者直接插入油泵就能自动加油的油票，这种油票在杂货亭即可买到
	去除（宣传）	无广告或品牌的服装	针对那些反对全球化和跨国公司的消费者，没有商标意味着利润属于生产这些服装的不发达国家
	换序	打电话前先付费	电话卡

（三）水平营销的结果

水平营销过程有三种结果：

1. 旧产品、新功能

该效果为扩大纵向营销领域，如表达歉意的玫瑰、旅馆服务台的苹果等。

2. 新产品、新功能

效果为创造一个新的市场或类别，如"荧光"爆米花、儿童香槟等。

3. 新产品、旧功能

效果为创造一种新的亚类别,如电话卡。

第六节　非营利组织营销

非营利组织的管理者很早就开始运用会计制度、内务管理、人事管理、战略计划等在营利组织中广泛使用的管理和控制方法,营销则是最后一个被非营利组织所采纳的职能。本节主要对非营利组织营销进行阐释。

一、概念与分类

(一)非营利组织营销的提出

在 20 世纪 60 年代末到 70 年代初,在政府管制逐步放开的大背景下,美国一系列学者包括 Kotler、Levy、Zaltman、Shapiro 等开始了对非营利组织的研究。在成本竞争的压力下,以往那些从事医疗、教育乃至艺术领域的从业人员开始将营销学的一些基本方法与技巧引入,实现非营利组织的营销。而随着需求的日益增长,从事该领域研究的学者越来越多,Philip Kotler、Christopher Lovelock、Charles Weinberg、Michael Rothschild、Paul Bloom、Gerald Zaltman、Robin MacStravic、John Crompton 等一系列学者与业界专家先后加入到这一阵营当中。

到 20 世纪 80 年代末,美国的非营利组织营销理论已经突破了新的发展高度。表现为几本经典非营利组织营销教科书以及众多非学术性出版物的发表,比较具有代表性的著作包括 Philip Kotler 和 Alan Andreason 所著的《非营利组织战略营销》。一时之间,美国各大著名高校将非营利营销作为 MBA 学生的必修课程,截止到 1995 年,已经有七十多所大学开设了与非营利营销相关的课程。

现在,有关非营利营销的组织已经成为一个世界范围内炙手可热的话题。在美国,各大医院有数千名高级营销经理在任职,大量的针对非营利性组织的咨询公司也如雨后春笋般涌现出来,它们以非营利营销组织为服务对象,不断进行探索和深挖掘。在过去这几十年的时间里,非营利营销发生着翻天覆地的变化,一个世界性非营利组织营销思想的时代业已来临,以营销理念打造自身将成为非营利组织获取成功的关键要素。

(二)非营利组织营销的界定

严格来讲,在世界范围内并没有一个统一的关于非营利组织的界定和划分。目前一些比较有代表性的观点是从诸如法律、经济、职能等方面进行的界定。以美国学者 Lester Salamon 为例,他在主持开展非营利组织国际比较研究项目中提出,凡是符合以下五个条件的组织,都可以纳入非营利组织的行列:组织性、私有性、非营利性、自治性和自愿性。

第一,组织性是指正式设立的达到一定规模的公共组织。一般来说应该具有法人资格,有成文的章程、制度,有固定的工作人员,并且能够持续运作。

第二,私有性是指体制方面从政府中脱离出来的民间组织,不承担政府职能,政府官员不能左右其理事会。也就是说,它们并非政府的下属机构,也不受政府控制。但是,这并不等于说非营利组织不能接受政府的捐赠和支持,只是强调组织的本质是民间团体而非官方机构。

第三,非营利性是指设立组织的目的不是为了给经营者创造利润。非营利组织可以收费,但该组织理事会成员不能分红,而且收入的盈余应当全部投入到符合企业经营宗旨的事业当中去。

第四,自治性是指非营利组织自我管理和控制自身的活动。也就是说,它们有自己的内部管理程序,有独立的决策与行使能力,不受外部实体的控制。

第五,自愿性是指非营利组织的组成不是建立在血缘或地缘联系的基础上,成员的加入或者退出完全是自愿的,并且不以营利为目的。它是团体成员基于共同利益或信仰而自愿结成的组织,是一种非政府的、非营利的社团组织。组织的结成和解散也完全是基于自愿基础上的。

综上,可以把非营利组织定义为:不以营利为目的的、开展各种志愿性公益活动的非政府组织。在中国,一般认为非营利组织大体上包括社会团体、事业单位和民办非事业单位。其实严格按照 Salamon 的观点,中国还找不到绝对符合标准的非营利组织,主要是因为在"民间性"和"自治性"上难以满足,因为任何正式注册的非营利组织都要有业务主管单位。但是,诸如高校、非营利性医院、博物馆、图书馆以及各类非营利性协会在社会生活中扮演着举足轻重的作用。随着市场经济的进一步发展,这类组织必将获得更为广阔的发展空间,也必将引起更多目光的关注。

(三)非营利组织分类

台湾学者司徒达贤以"CORPS"为缩写,描述出非营利组织的五项基本要素,简明扼要地表达了非营利组织的整体观念,其中:

C:Clients,服务的对象;

O:Operations,创造价值的业务运营,包括规划与组织;

R:Resources,财力与物力资源,包括资源提供者;

P:Participants,参与者,包括专职人员与志愿者;

S:Services,所创造或者提供的服务。

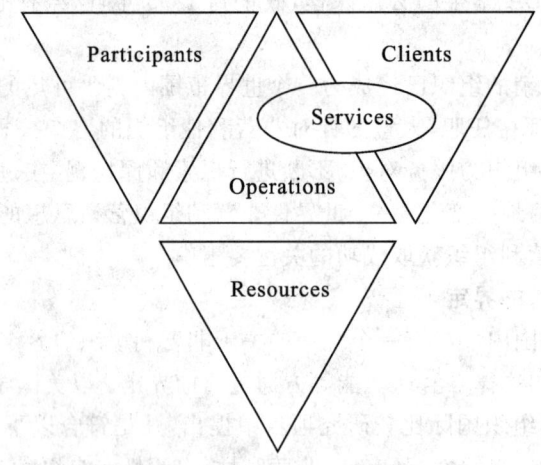

图 20-9 非营利组织的 CORPS 模式

CORPS 模式从本质上阐述了非营利组织的特性,从其架构上看,各类非营利性组织可以一目了然:

有些组织只有 P,没有 C、S、R,这就被称为"互益型组织",例如同乡会或者运动团体等;

有些组织的 C 与 S 分量都很重,P 与 O 的存在与努力是为了向某些人提供某些服务,这种就被称为"公益型组织";

有些组织的运营资金主要来自向 R 的募款,这种组织被称为"捐赠型组织";

有些组织的主要财源来自向 C 提供某些有偿的 S 所产生的收入,这就是所谓的"商业型组织";

有些组织的决策核心来自 P,也就是说,某些热心人士本身财力有限,但他们有理想、有热情、有能力,找到财务支持后成立组织,本身同时也以专职人员或志愿者的身份参与、领导该组织,从而成为决策核心,这种非营利组织是一种"专业型组织";

还有一些组织是由捐款的企业所主导,本身的管理者对机构的大方向未必有主导性的影响力,甚至组织的使命与行动都在尽量配合赞助企业,这种非营利组织可以被称为"企业型组织"。

二、营销手段与技术

(一)非营利组织营销的营销过程

与营利性组织相似,国外非营利组织的营销也符合常规的流程,也是由一系列营销活动所组成的。

首先,分析非营利组织的营销环境。一般来讲,都会先对市场进行调研与预测,了解顾客的需求变化。在此基础上,非营利组织需要分析市场环境的各项基本要素,从中挖掘市场机会与威胁,以便采取相应的措施和策略来实现营销目标。例如加拿大反毒品协会除了对历次滥用毒品的运动进行研究之外,还分析了当前的经济、政治、社会、人口等状况,最终发现,解决问题的关键是对滥用毒品最严重的 11~17 岁的青少年以及他们的父母进行宣传教育。这种对实际情况的充分调研与分析,使得反毒品协会找到了整个营销过程的突破口,为后续的营销活动奠定了坚实的基础。

其次,进行市场细分并选择目标市场。传统意义上的营销细分包括对地理因素、人口因素、心理因素、消费者行为因素的分析,进而确定目标市场的方法同样适用于非营利组织,这将使非营利组织营销更加有的放矢,更有针对性地制定有效的 4Ps。例如教堂一般要为儿童、青年、成人、老人等举办不同的活动,为了满足这些不同个体的兴趣,教堂确定不同的布道及社会交往形式。某些教堂进一步将老人细分为 55~70 岁的"年轻老年人"和 70 岁以上的"年长老年人",年轻老年人依旧神采奕奕、渴望挑战,而年长的老年人则希望稳定安逸、按部就班地生活。

再次,制定 4Ps 战略。产品、价格、促销、分销是市场营销永恒不变的热点问题,也自然是非营利组织营销中十分重要的内容,需要将各种营销手段组合,实现非营利组织的营销管理目标。仍以加拿大反毒品协会为例,协会将 11~17 岁青少年及其父母确定为目标顾客之后,就开展了一次大规模的反毒品运动,它以"真的是我"为名,选择电台、电视台为基本的分销渠道,在黄金时间播放特别节目,同时在全国范围内开展毒品意识周活动,广泛进行毒品意识教育,并制作《真的是我》宣传手册。协会还将对吸毒的青少年予以罚款。

最后,实施和控制非营利组织营销活动。即使是最好的和制定得最为细致的计划也可能无济于事,除非伴随着有效的实施与控制。在制定了 4Ps 营销战略之后,非营利组织应为其实施建立良好的组织机构,并作好职责安排和方案预算,进而保证营销计划的顺利实施。对营销活动的控制可以把工作本身和人为因素造成的偏差控制在可以接受的范围内,从而保证营销活动最大限度地实现既定的目标。

(二)非营利组织营销的营销技术

非营利组织常用的营销技术包括:

1. 创造良好的组织形象

一个组织的形象是顾客信念、观点、印象的集合，它反映了组织外部对该组织的产品及服务的总体看法与评价。国外的非营利组织非常关注自身的形象和美誉，哈佛大学是全世界最知名的学府之一，其形象深深刻入每位学子之心，这不仅是因为哈佛培养出了政治、经济、文化、社会等方面的顶级人才，更重要的是哈佛大学从办学理念、办学方式、办学过程、学习体验中充分展现出良好的形象。这需要将营销理念贯穿于整个组织之中，坚持不懈地进行营销活动，通过有效的广告和口碑传播来树立。公众是以各种方式获取信息的，所以非营利组织有必要考虑人们接受信息的方式并分析人们所接受的信息，顾客的口碑（Word of Mouth）显得尤为重要。

2. 采取积极的公共关系战略

国外的公共媒体是促进非营利组织实现既定目标的重要工具，一些重要报纸上的文章往往能够推进某些行为的进程。如果某人举办新闻发布会，而他的讲话恰好被《纽约时报》或《华盛顿邮报》所引用，那么很容易在相关领域为人熟知。已经有新闻报道了包括约翰·贝内特和新时代慈善基金会的经济丑闻，而《60分钟》、《变更线》等栏目则揭露了大量非营利组织中的黑暗现象，"联合之路"的首席执行官威廉·阿拉蒙就曾经被指控利用女童子军小手饼干以及在教堂聚会中数次骚扰儿童。公共媒体的控制力与影响力，吸引了非营利组织特派专人与之接触，一些组织设立了公共关系经理，他的主要职责是保护和扩大机构在公众心目中的形象，处理危机管理，时刻寻找机会为组织在媒体前作正面的宣传。

3. 打造卓越的组织/产品品牌

品牌是一种名称、术语、标记、符号、设计，或者是前述的组合。其目的是借以辨认本企业，使之与竞争对手的产品和服务区别开来。它是顾客心智中一种价值体系的外化。所谓的强势品牌，其实就是顾客的认知度和归属感强势。国外很多成功的非营利组织都拥有自己的品牌。VISA 国际信用卡组织就是一个非股份、非营利性组织，它在与其他组织或机构进行合作时推出了一系列联名的卡片。非营利组织必须从顾客出发，让顾客感知到自己比竞争对手能够提供更多的价值，形成顾客头脑中独特的记忆定位。Kotler 和 Andreason 就曾经指出，许多非营利组织之所以不能取得成功，是因为目标顾客不知道他们是谁或者他们与竞争对手有哪些不同点。

复习思考题

1. 简述关系营销的含义与特征，并分析关系营销策略。
2. 结合实例，分析如何实现顾客关系管理。
3. 企业营销道德问题反映在哪些方面？
4. 简述水平营销与纵向营销的区别。

案例分析

星巴克成功的秘密

从一个咖啡店发展成咖啡帝国，星巴克以事实证明关系资产与有形资产一样至关重要。1986年霍华德·舒尔茨购买并改造星巴克。15年后，星巴克已经成为全球最大的咖啡零售商、咖啡加工厂及著名咖啡品牌。目前,该公司已从西雅图的一个小公司发展成为一个在全球四大洲拥有五千多家零售店的大型企业。

在各种产品与服务风起云涌的时代,星巴克公司把一种世界上最古老的商品发展成为与众不同、持久的、高附加值的品牌。然而,星巴克并没有使用其他品牌市场战略中的传统手段,如铺天盖地的广告宣传和巨额的促销预算。那么,星巴克从一个西雅图小公司发展成为全球的商业帝国,其秘密究竟何在?事实上,"关系理论"作为星巴克的核心价值观,同烤制高品质的咖啡豆一样重要。当现代企业集中精力做好主营业务的时候,它们越发地依赖同主要股东们的合作关系——使客户们参与产品的开发、与供应商共享信息资源、与合作伙伴建立广泛和持久的沟通桥梁,企业的各个部门需步调一致。随着知识经济全球化的发展,企业应该以星巴克公司为榜样,用同样严格的手段,管理自己的"关系"网络。

星巴克与员工

舒尔茨意识到员工在品牌传播中的重要性,他另辟蹊径开创了自己的品牌管理方法。本来用于广告的支出被用于员工的福利和培训。1988年,星巴克成为第一家为临时工提供完善的医疗保健政策的公司。1991年,星巴克成为第一家为员工(包括临时工)提供股东期权的上市公司。通过一系列"员工关系"计划,公司确实收获不浅。在改革福利政策之后,员工的流动率大幅下降。

星巴克通过有效的奖励政策,创造环境鼓励员工们自强、交流和合作。因为所有的员工都拥有期权,他们同样被称为"伙伴"。即使星巴克公司的总部,也被命名为"星巴克支持中心"——说明管理中心的职能是提供信息和支持而不是向基层店发号施令。

星巴克公司通过权力下放机制,赋予员工更多的权力。各地分店也可以作出重大决策。为了开发一个新店,员工们团结于公司团队之下,帮助公司选择地点,直到新店正式投入使用。这种方式使新店最大程度地同当地社会接轨。创造"关系"资本,跨越企业内部障碍,实现文化、价值观的交流,是创造企业关系资本的基础。

星巴克与客户

星巴克认为他们的产品不单是咖啡,而且是咖啡店的体验。研究表明:2/3的成功企业的首要目标就是满足客户的需求和保持长久的客户关系。相比之下,那些业绩较差的公司,这方面做得就很不够,他们更多的精力是放在降低成本和剥离不良资产上。

星巴克一个主要的竞争战略就是在咖啡店中同客户进行交流,特别重要的是咖啡生同客户之间的沟通。每一个咖啡生都要接受24小时培训——客户服务、基本销售技巧、咖啡基本知识、咖啡的制作技巧。咖啡生需能够预感客户的需求,在耐心解释咖啡的不同口感、香味的时候,大胆地进行眼神接触。星巴克也通过征求客户的意见,加强客户关系。每个星期总部的项目领导人都当众宣读客户意见反馈卡。

当星巴克准备把新品发展成为一种品牌的时候,客户关系是星巴克考虑的因素。他们发现:客户们会建议将新品改良成为另一品种。客户们能够看到一种新产品或服务与星巴克品牌的核心实质的关系。例如,客户不认可咖啡与冰激凌口味的不一致性。

星巴克与供货商

星巴克的关系模式延伸到供货商们,包括咖啡种植园的农场、面包厂、纸杯的加工厂等。

通过我们对"关系"资本的研究表明:星巴克遵从着成功企业的模式。当企业把工作的重心放在主业的时候,同供应商的关系至关重要,特别是关键商品和附加服务的供应商。成功企业知道商业交易和相互信任之间的根本区别,他们使相互信任在采购过程中"制度化",因此在进行正常业务的时候,成功企业进一步紧密和供应商的关系,最后捆绑和整合成战略伙伴。供应商将承担更多的责任和义务。

挑选供应商是一个相对漫长和正规的过程,各部门有关员工都将参与进来,由采购部门牵头,履行程序,提供范围。产品开发、品牌管理和业务部门的员工也会参与其中,这使星巴克公司了解整个供应渠道及对今后业务的影响。为达到特殊的质量标准,星巴克从生产能力、包装和运输等多个方面对供应商进行评估,只有具备发展潜力的供应商才能与星巴克荣辱与共。星巴克已经花费了大量人力、物力、财力来开发供应商,所以希望建立长期稳定的关系,积极配合控制价格而不只是简单地监管价格。

双方合作的合约一旦签订,星巴克公司希望得到特惠待遇——价格、折扣、资源等。作为回报,供应商的营业额将会随着星巴克的壮大而上升。由于星巴克极其严格的质量标准,供应商们也会得益于星巴克良好的品牌。长期的合作提升了供应商的声誉,也会收到更多的订单。

一旦采购程序开始履行,星巴克会积极地同供应商建立良好的工作关系。在开始的第一年,合作双方的代表会见面3~4次,以后每半年或一年作一次战略业务评估。战略性的产品或战略性的地域越多,高层人员介入得也越频繁。评估的内容包括供应商的产量、需要改进的地方等等。另外,双方还会就生产效率、提高质量、新品开发进行频繁的接触。星巴克希望供应商了解业务需求——包括产品的趋势发展、成本的理想化、生产效率等诸多因素,以求得牢固的合作关系。

星巴克与经销商

特许经营模式在舒尔茨的精心呵护下,星巴克凭借日益强大的品牌,通过各种联盟来销售和开发星巴克的产品。除星巴克分店之外,星巴克通过机场、书店、酒店、百货店来销售产品。在星巴克严格的质量管理和特许销售行为之间,产品品质的控制是有风险的。因此,星巴克制定了严格的选择合作者的标准:合作者的声誉、对质量的承诺和是否以星巴克的标准来培训员工。

星巴克的特许业务包括业务联盟、国际零售店许可、商品零售渠道许可、仓储娱乐部项目、直销合资厂等等。星巴克的特许经营店已经发展到九百多家,包括Barnes & Noble 书店,零售连锁店 Target、Albertson。另外,美联航与 Marriot 等公司也已经和星巴克签订协议,只提供星巴克的咖啡。

星巴克还同食品公司和消费品公司结成战略联盟。例如:食品服务集团和指南针集团为公司、学校、医院提供晚餐,在这里人们可以喝到星巴克咖啡。通过同百货公司如 Kraft Peps 和 Dreyer 等公司的合作,使星巴克的品牌延续到了百货零售渠道中,充分利用了现有的分销网络,并共同分担了物流费用。

不过,在迅猛的扩张过程中,星巴克在关系资本的管理方面,也面临一系列挑战,比如如何使用先进的技术工具,提高服务质量,又不会破坏咖啡调制生和顾客的亲密关系?如何使新的合作者接受企业文化,理解其在组织机构的重要地位?如何使更多的供货商保持卓越的质量、合理的价格?对这些问题,舒尔茨认为,始终同合作者们保持相互信任,并在高速发展中保持企业价值观和指导原则的一致性,就会使星巴克的成功延续下去。

问题

1. 从关系营销组合的角度,分析星巴克从一个西雅图小公司发展成为全球的商业帝国所采用的营销策略。

2. 星巴克以"关系理论"作为核心价值观,与其员工、供应商等建立了良好的关系,试述这种关系资产对于星巴克的成功所发挥的作用。

3. 结合星巴克的成功案例,试比较关系营销与传统的交易营销之间的区别。

参考文献

[1] 张玉利.管理学(第二版)[M].天津:南开大学出版社,2004
[2] 郭国庆.市场营销学通论[M].北京:中国人民大学出版社,2005
[3] 鄢睿丽.顾客关系管理理论及其在我国实践的研究[D]:[硕士学位论文].成都:西南财经大学,2004
[4] 谭华.中国移动品牌管理研究与探讨[D]:[硕士学位论文].呼和浩特:内蒙古大学,2004
[5] [美]菲利普·科特勒等.市场营销管理(亚洲版·第二版)[M].北京:中国人民大学出版社,2001
[6] [美]迈克尔·津科特、伊尔卡·朗凯恩著,陈祝平译.国际市场营销学[M].北京:电子工业出版社,2004
[7] 何永祺.基础市场营销学[M].广州:暨南大学出版社,2004
[8] 费明胜、郝渊晓.市场营销学[M].广州:华南理工大学出版社,2005
[9] 李辉、高波.网络营销与传统营销的整合[J].企业研究,2005年,第5期
[10] [英]罗杰·贝内特、吉姆·布莱斯著,刘勃译.国际营销[M].北京:华夏出版社,2005
[11] 邓勤学.体验营销研究[D]:[硕士学位论文].北京:首都经贸大学,2004
[12] [美]菲利普·科特勒、费尔南多·多·巴斯.水平营销[M].北京:中信出版社,2005
[13] 刘英骥.企业战略管理教程[M].北京:经济管理出版社,2006
[14] 方青云、袁蔚、孙慧.现代市场营销学[M].上海:复旦大学出版社,2005
[15] 张欣瑞、尚会英、刘莉等.市场营销管理[M].北京:清华大学出版社,2005
[16] [美]詹姆斯·A.菲茨西蒙斯、莫娜·A.菲茨西蒙斯著,张金成、范秀成译.服务管理[M].北京:机械工业出版社,2005
[17] [美]瓦拉瑞尔·A.泽丝曼尔、玛丽·乔·比特纳著,张金成、白长虹译.服务营销[M].北京:机械工业出版社,2004
[18] 杨锡怀、冷克平、王江.企业战略管理(第二版)[M].北京:高等教育出版社,2004
[19] [芬]克里斯廷·格罗鲁斯著,韩经纶等译.服务管理与营销[M].北京:电子工业出版社,2002
[20] 瞿彭志.网络营销[M].北京:高等教育出版社,2004
[21] 王正平.现代企业网络营销策略思考[D]:[硕士学位论文].武汉:华中师范大学,2004
[22] 陈明.网络营销的产品层次与策略研究[J].商业时代,2005年,第30期

[23] PCHOME 新闻报道组. 从中国的联想到世界的联想[J]. 媒体合作, 2004 年, 第 12 期
[24] 哈金芳. 论网络营销与传统营销的四大区别[J]. 社科纵横, 2005 年, 第 20 卷, 第 2 期
[25] 贺盛瑜. 中小型企业网络营销渠道策略[N]. 西南民族大学学报, 2003 年, 第 6 期
[26] 佚名. 顾客管理三步曲[Z]. www.ccee.cn, 2005
[27] 陈伟. 网络营销的广告策略研究[D]: [硕士学位论文]. 济南: 山东师范大学, 2005
[28] 佚名. 阿里巴巴网站运营模式[Z]. http://www.yxzlw.com 营销资料网, 2005
[29] 韩彦. 惠普的赢取低端之战[Z]. www.icxo.com 世界市场总监网, 2005
[30] 喻祥. 巨额推广费在哪里丢失[J]. 销售与市场, 2005 年, 第 203 期
[31] 李飞、王高. 中国零售类型研究: 划分标准和定义[J]. 北京工商大学学报, 2006 年, 第 4 期
[32] 铂策划、陈奇锐、单艳. 王麻子剪刀: 老字号申请破产——2002 年十大营销失利案例[Z]. http://www.cnele.com 中国电子电器网, 2006
[33] 沈小雨. 定位鲜明 奇瑞 QQ 诠释"年轻人的第一辆车"[Z]. http://cn01.139.com 策划人网, 2006
[34] 佚名. 看华龙如何修炼成价格战中的高手[Z]. http://mkt.icxo.com 世界营销传播网, 2005
[35] 刘鑫. 三大病症芭比娃娃失宠[J]. 成功营销, 2005 年, 第 12 期
[36] 赵平. 向 THE BODY SHOP 学客户关系——与消费者达成共识 按摩你的心灵[J]. 商学院. 2005 年, 第 6 期
[37] 李方毅、张召阳、魏商谋. 山东白酒市场调查[Z]. www.globrand.com 全球品牌网, 2006
[38] 李新风. 香港全球旅游推广活动[Z]. www.emkt.com.cn 中国营销传播网, 2006
[39] 周军. 星巴克成功的秘密[J]. 数字财富, 2002 年, 第 11 期
[40] 吴军嘉. 松下: 品牌收缩[J]. 销售与市场, 2003 年, 第 11 期
[41] 闫荣伟. 神舟电脑平民化营销案例[N]. 中国经营报, 2002 年 9 月 28 日
[42] 祝有华. 龙津啤酒终端突围战役[Z]. www.emkt.com.cn 中国营销传播网, 2003
[43] 燕涛、黄江伟. 雪莲维药"千里追连战"[J]. 销售与市场, 2005 年, 第 8 期
[44] 何云、田宇. TNT 惠普物流服务案例[Z]. www.jx.cn 中国机械网, 2005
[45] Christian Grönroos. Service Management and Marketing[M]. McGraw-Hill/Irwin, 1990, p. 77
[46] Adrian Payne. Services Marketing[M]. Prentice Hall, 1997
[47] Douglas J. Dalrymple and Leonard J. Parsons. Marketing Management[M]. Prentice Hall, 1990, p. 446
[48] Grönroos C. Relationship Marketing Logic[J]. Asia-Australia Marketing Journal, 1996, 4(1), p. 10
[49] V. A. Zeithaml, L. L. Berry and A. Parasuraman. Communication and Control Processes in the Delivery of Service Quality[J]. Journal of Marketing, 1998, Vol 52, p. 36
[50] Gummesson E. Quality Management in Service Organizations[M]. New York: ISQA, 1993, p. 299; further revised by Gummesson, 2000
[51] Berry, L. L. Discovering the Soul of Service[M]. New York: The Free Press, 1999